Pier Paolo Pasolini: In Living Memory

Published and Forthcoming by New Academia Publishing

Popular culture / Visual Culture / Cinema

HERETICAL EMPIRICISM, by Pier Paolo Pasolini.
Ben Lawton and Louise K. Barnett, trs., eds. With Ben Lawton's new Introduction and the first approved English-language translation of Pasolini's essay, "The Repudiation of the 'Trilogy of Life'."

SHOPPING FOR JESUS: Visual Culture and the Marketing of Christianity
Dominic Janes, ed.

SUPER HEROES: From Hercules to Superman, edited by Wendy Haslem, Angela Ndalianis, and Chris Mackie.

VISUAL CULTURE IN SHANGHAI, 1850s-1930s, edited by Jason C. Kuo.

EVERY STEP A STRUGGLE: Interviews with Seven Who Shaped the African-American Image in Movies, by Frank Manchel.

IMAGING RUSSIA 2000: Film and Facts, by Anna Lawton.

BEFORE THE FALL: Soviet Cinema in the Gorbachev Years, by Anna Lawton.

Literature: History / Theory / Criticism

RUSSIAN FUTURISM: A History, by Vladimir Markov.

WORDS IN REVOLUTION: Russian Futurist Manifestoes 1912-1928,
A. Lawton and H. Eagle, eds., trs.

THE MAFIA IN SICILIAN LITERATURE, by Corinna del Greco Lobner.

RIVERS OF FIRE: Mythic Themes in Homer's Iliad, by C.J. Mackie.

ON THE ROAD TO BAGHDAD, or TRAVELING BICULTURALISM: Theorizing a Bicultural Approach to Contemporary World Fiction, Gönul Pultar, ed.

SHAKESPEARE'S THEATER OF LIKENESS, by R. Allen Shoaf.

Scarith Books (fiction / memoirs)

THE DA VINCI BARCODE: A Parody, by Judith P. Shoaf

ON THE WAY TO RED SQUARE, by Julieta Almeida Rodrigues

THROUGH DARK DAYS AND WHITE NIGHTS: Four Decades Observing a Changing Russia, by Naomi F. Collins

PETS OF THE GREAT DICTATORS & Other Works, by Sabrina P. Ramet

CAFÉ BOMBSHELL: The International Brain Surgery Conspiracy,
by Sabrina P. Ramet

LOVE AND SAMSARA , by Eusebio L. Rodrigues

To read an excerpt, visit: www.newacademia.com

Pier Paolo Pasolini: In Living Memory

Edited by Ben Lawton and Maura Bergonzoni

New Academia Publishing
Washington, DC

Copyright © 2009 by Ben Lawton

New Academia Publishing, 2009

All rights reserved. No part of this book may be reproduced or transmitted in any form or by any means, electronic or mechanical, including photocopying, recording, or by any information storage and retrieval system.

Printed in the United States of America

Library of Congress Control Number: 2008906542
ISBN 978-0-9818654-1-6 paperback (alk. paper)

New Academia Publishing
P.O. Box 24720, Washington, DC 20038-7420
info@newacademia.com - www.newacademia.com

Contents

Introduction
The Genesis of the Project
Ben Lawton and Maura Bergonzoni — 1

Part I Political Engagement

1. Pasolini: Between Passion and 'Ideology'
Joseph Francese — 21

2. Giving Flowers to the Policemen: Pasolini, "Flower Children," and *figli di papà*
Simona Bondavalli — 33

3. La bestemmia del lavoro: le borgate e il sotto proletariato scritti e diretti da Pier Paolo Pasolini
Paola Bonifazio — 49

Part II Reflections on Language and on the Means of Representation

4. Doubles
Sam Rohdie — 71

5. Pier Paolo Pasolini e Roland Barthes: linguaggio, forma, immagine e realtà
Flaviano Pisanelli — 77

6. Pasolini e Serrao, due percorsi diversi per una scelta identica: il dialetto
Carmela Scala — 95

Part III The Body, the Word, and the Other: Towards a Definition of the Anti-Bourgeois Author

7. Mimesis: Pasolini's Will to Be a Poet
   Emanuela Patti — 115

8. Il realismo di Pier Paolo Pasolini: una dichiarazione d'amore
   Angela Porcarelli — 131

Part IV History and Society as Seen by Pasolini

9. *Teorema, Porcile* e *Salò*: il potere e le società storiche
   Silvestra Mariniello — 159

10. Pier Paolo Pasolini e Maurice Merleau-Ponty allo specchio: una lettura di *Petrolio*
    Alessandra Montalbano — 185

Part V Works in Progress

11. Il sogno della meglio gioventù
    Michelangelo La Luna — 207

12. Father Pasolini: A Man Wakes Up Screaming. *Affabulazione*
    Thomas Simpson — 225

Part VI The Pasolini Myth

13. Imputato Pasolini: un caso di 'diritto e letteratura'
    Barbara Castaldo — 237

14. "Scrivo a te come guardandomi allo specchio": la corrispondenza Volponi-Pasolini 1954-1975
    Daniele Fioretti — 257

Part VII Pasolini's Impact on Contemporary Artistic Production

15. Pasolini ospite provocatore delle scene contemporanee: da *Teorema* all'*Ospite* di Motus
Federica Ivaldi e Erica Magris   269

16. *Caterina va in città*: nuovo *Teorema*?
Maura Bergonzoni   301

Works Consulted   315

About the Authors   329

Index   333

Introduction

The Genesis of the Project

Ben Lawton and Maura Bergonzoni

Rather belatedly, towards the end of May of 2005, I realized that the thirtieth anniversary of the death of Pier Paolo Pasolini was not being commemorated in any significant manner in the United States. A quick telephone call to Paolo Giordano, then President of the American Association of Teachers of Italian (AATI), during which I offered to organize a number of sections and roundtable on Pasolini was sufficient to get the ball rolling. On June 6 of that year, I sent the following message to a number of friends and colleagues:

> Cari Amici,
> I have proposed a series of panels/sessions on the work of Pier Paolo Pasolini on the occasion of the 30th anniversary of his murder (November 2, 1975). Paolo Giordano has approved the idea enthusiastically.
> I apologize for sending this call for papers and/or other participation so late, but this sad anniversary completely slipped my mind. I am taking the liberty of writing to you collectively since I know that most of you have worked on Pasolini at one time or another.
> Please let me know what you would like to do (participate in a panel; present a paper). We can sort out the titles of the panels/sessions once we know how many people want to be involved and what you wish to discuss.
> [...]

New Academia Publishing [NAP], which will be reprinting *Heretical Empiricism* with a new introduction (http://www.newacademia.com/), is also interested in publishing a collection of essays on PPP.
Saluti cordiali,

In response to requests for clarification I wrote:

> I must confess that I haven't really envisioned or planned anything. The fact that this is the 30th anniversary of Pasolini's death only occurred to me a few days ago when the editor of NAP mentioned that it would be nice to get the reprint of *Heretical Empiricism* out at this time. When I discovered that nothing was being planned by AATI, I asked Paolo Giordano if he had any objections to my trying to set up something. It seems wrong for [. . .] the two major Italian scholarly associations to ignore an artist who defined Italy in many ways for at least a third of the last century.
> At this point my plan is simply to create panel(s) and session(s) based on what I receive. Unlike Marc Anthony, I am not come to bury PPP, that was done 30 years ago. Nor do I think we should merely praise him. Certainly that, but also much more now that some time has passed. To quote Manzoni, we can now perhaps speak of him "vergin[i] di servo encomio e di codardo oltraggio."[1]
> [. . .]
> In addition to the usual things (literature; film; gadfly, poeta civile, difficile, etc.) it might be interesting to reflect on his impact over time.
> How is he seen 30 years later? Is he still relevant? Is anyone still teaching him? If so, what and how? My students are more fascinated by him now than they have been at any time in the last 25 years. But why have the major academic organizations seemingly forgotten him? In 1980 there was a major conference at Yale featuring a host of big names from Italy, from Alberto Moravia to Umberto Eco to Enzo Siciliano, etc, and of young Americans who made major contributions to the study of Pasolini over the years (Teresa De Lauretis, Millicent Marcus, Barth Schwartz, etc.).[2] Then

in 1990 there was another rather large conference at the University of Toronto with more big names from both Italy and the US.³ And it isn't that this kind of thing isn't done any more. In 2003 there were major conferences in Italy, at the University of Washington at Seattle, and in Washington D.C. to commemorate the 10th anniversary of the death of Fellini.⁴ Again, why has nothing been announced so far in memoriam of the death of Pasolini—particularly given that he is very much back in the news.⁵
In short, was his simply a *succès de scandale* or does he [still] have something to say to us? And if so, what is it?
I have to get something to Paolo Giordano by the middle of July, so please send me a title or a topic by the end of June. Thanks.
Saluti cordiali,

Because my call for papers had gone out so late, several people wrote expressing their regret at not being able to participate because of other commitments. This notwithstanding, I was able to organize one section and one roundtable. According to the official program of the 2005 AATI conference, the following scholars presented papers:

Mary Ann Carolan, Fairfield University, "Pasolini's Influence on Contemporary Filmmakers: *Caro Diario.*"
Claudio Mazzola, University of Washington, "Ma fu vero cinema?"
Sam Rohdie, University of Central Florida, "The shot-sequence and montage"
David Ward, Wellesley College, "The Politics of Pier Paolo Pasolini."

There was also a roundtable, in which I participated along with Luigi Fontanella (SUNY, Stony Brook) and Ellen Nerenberg (Wesleyan University).
During the conference, several participants proposed that something be organized for the joint AAIS/AATI conference to be held in Genova, Italy, in May of 2006. I did as they suggested. Given

the proper lead time, the response reflected more adequately the importance that Pasolini continues to have in Italian studies in the United States, particularly among an entire generation of younger scholars. According to the AAIS/AATI 2006 conference program the following scholars participated:

Thursday, May 25
"Pasolini 1: From the Sacred to the Politics of Power."
Chair: Ben Lawton, Purdue University
Adelmo P. Dunghe, St. Joseph's University, "Pasolini and the Semiotics of the Sacred."
Federica Ivaldi, Università di Pisa, and *Erica Magris*, Scuola Normale di Pisa, "Pasolini ospite provocatore delle scene contemporanee: da *Teorema* a *L'ospite di Motus*."
Micheangelo La Luna, University of Rhode Island, "Dal sogno alla cosa: genesi e struttura di un romanzo di Pasolini."
Friday, May 26
"Pasolini 2: Experiments in Film, Language, and Theater."
Chair, Elena Coda, Purdue University
Daniela Bini, University of Texas at Austin, "Hidden Intertextuality in Pasolini's *Che cosa sono le nuvole*?"
Flaviano Pisanelli, Université d'Avignon, "L'officina della poesia tra realtà e rappresentazione, ragione e umorismo: *Trasumanar e organizzar* di Pier Paolo Pasolini."
Thomas Simpson, Northwestern University, "*Affabulazione, Teorema, Manifesto*: problemi teatrali di Pier Paolo Pasolini."
"Pasolini 3: Pasolini and Politics—Scandals, Indictments, and Sex as Metaphor."
Chair: Thomas Simpson, Northwestern University
Paola Bonifazio, New York University, ""La bestemmia del lavoro: le borgate e il sottoproletariato scritti e diretti da Pier Paolo Pasolini."
Barbara Castaldo, New York University, "Imputato Pasolini. Il contrastato rapporto legge-cultura nelle vicende giudiziarie e artistiche di alcune opere di Pier Paolo Pasolini"

Stella Plutino-Calabrese, Nazareth College of Rochester, NY, "Il sesso e la violenza come denuncia metaforica al fascismo nel film *Salò e Le centoventi giornate di Sadoma* di Pier Paolo Pasolini."

"Pasolini 4: Pasolini and Ginsberg, Volponi, and Serrao—Poetry, Politics, Friendship, and Language."
Chair: Silvestra Mariniello, University of Montreal
Simona Bondavalli, Vassar College, "Giving flowers to policemen: Pasolini, flower children and *figli di papà*."
Daniele Fioretti, Università di Firenze, "'Scrivo a te come guardandomi allo specchio': la corrispondenza fra Volponi e Pasolini (1954-1975)."
Carmela Scala, City University of New York, "Pasolini e Serrao, due percorsi diversi per una scelta identica: il dialetto."

"Pasolini 5: The Cinematic Eye and the Body."
Chair, Simona Bondavalli, Vassar College
Claudio Mazzola, University of Washington, "Pasolini's Cinematic Eye in Terza Rima."
Alessandra Montalbano, New York University, "Riflessività del corpo."
Angela Porcarelli, Duke University, "Il corpo nell'opera di Pier Paolo Pasolini."

"Pasolini 6: Reflections on His Opus and His Lessons, and Speculations on His Influences."
Chair, Ben Lawton, Purdue University
Maura Bergonzoni, Purdue University, "Caterina va in città: Nuovo Teorema?"
Luigi Fontanella, State University of New York, "L'ultimo Pasolini."
Joseph Francese, Michigan State University, "Pasolini's Enduring Lesson."
Ben Lawton, Purdue University, "Why We still Need Pasolini."

Saturday, May 27
Round table: "Pier Paolo "
Moderator: Luigi Fontanella, SUNY at Stony Brook
Florin Berindeanu, Case Western Reserve University, "Pasolini e il mito della poesia."

Fabio Benincasa, Indiana University, "Il silenzio e la parola: Pasolini e Flaiano."
Francesca Cadel, Yale University, "Pasolini in the 1970s."
Silvia Calorosi, University of Pennsylvania, "Pasolini e il cinema di poesia."
Ben Lawton, Purdue University, "L'attualità di Empirismo Eretico."
Emanuela Patti, University of Birmingham, "*Mimesis*: La volontà di Pasolini ad essere poeta"

After the conference, given the quality of the presentations, I proposed the publication of a selection of these essays to New Academia Publishing. They accepted the project enthusiastically. At that point I wrote to the participants:

> Cari amici e colleghi,
> I apologize for the delay in writing to you. I hope I thanked you long ago for your wonderful contributions to the Pasolini sessions at the AAIS/AATI conference in Genova.
> At that time we had talked about possibly publishing the essays. I have found a publisher who is interested—the same people who republished my translation of *Heretical Empiricism* [http://www.newacademia.com/]. They do excellent work.
> The question now is, are you still interested in the project? If so, drop me a line and we will proceed from there.
> Saluti cordiali,

While not everyone chose to participate, overall the response was, once again, enthusiastic. Given the number of essays and given the fact that many had been presented in Italian, I asked a former graduate student and teaching assistant at Purdue, Maura Bergonzoni, to help me edit the volume. A native Italian lyceum English professor in Italy, she graciously agreed and proved to be absolutely invaluable.

The first problem that confronted us was, what should be the language of the volume? English? Italian? A mixture of both? We had originally expected most of the essays to be in English, but when it became obvious that the overwhelming majority would be in Italian, we decided to follow the lead of most scholarly publications dedicated to Italian studies in the United States and allow the authors to write in the language in which they felt most comfortable. We also decided to follow the MLA style, modified slightly for the Italian language texts in matters of punctuation. In this process we were aided marvelously by Susan Clawson, production editor of the Purdue Studies in Romance Languages (PSRL).

The Essays.

There have been any number of more or less official commemorations on the occasion of the thirtieth anniversary of the death of Pier Paolo Pasolini. That is not the intent of this volume. Our intent is to acknowledge the significance of his living memory. The interest in his artistic and cultural production and for the socio-political debates and controversies he initiated in the pages of various magazines and journals, from *Vie Nuove* to *Corriere della Sera* to *Tempo*, continues to make the writer/director a fundamental, vital reference point in any discourse regarding the state of the arts in Italy as well as on contemporary political events in Italy and abroad.

Many directors, reporters, and contemporary writers see in the "intellettuale scomodo"[6] personified by Pasolini in his writings, in his films, and in his interviews, an emblematic figure with whom to institute and maintain a constant dialog, both because of the controversial topics he addressed, which are still relevant today, and because of the ways in which he confronted the power structures. His uncompromising attitude brought him to accuse, with his "I know" ("Che cos'è questo golpe?" 362), the Italian political establishment and the CIA of complicity in the massacres of Brescia and Bologna.[7] At the same time he criticized the political left and certain aspects of leftist culture, to which he felt closest ideologically, with his "Repudiation of the 'Trilogy of Life'" (*Heretical Empiricism*, vii-xv). His analytical ability made it impossible for him to believe in the myth of progress; instead, he embraced an ideal that pushed him always to struggle on the firing line of controversy:

A single individual who does something with the intent of 'improving the world' is an idiot... In reality the world will never improve... Instead, the world may become worse; this yes. It is for this reason that it is necessary to fight constantly: and fight for the smallest objective, that is for the defense of civil rights... (Saggi 863)[8]

The Italian books that comment on the current Italian socio-political situation (from Bruno Arpaia's *Per una sinistra reazionaria* to Franco Cassano's *Il pensiero meridiano* to Roberto Saviano's *Gomorra*) all draw on Pasolini's thought because it was both prophetic and at the same time proposed a new way of becoming engaged in politics that went beyond the surpassed—because failed--concept of progress that both the right and the left still employed. The vision of history and of society that Pasolini expressed not only in his political writings, but also in his films and in his literary production is still revolutionary in the true sense of the term. It is revolutionary because it is *against*, even as it recovers themes dear to tradition such as the *sacred* and the *institution*, so long as in so doing it can contest that process of homologation that Pasolini considered to be the most damaging result of capitalism and of consumer society.

Italian filmmakers, from Giordana to Otzpetek,[9] reflect Pasolini's influence in their works. They return to regularly to his favorite themes and to his commitment to an engaged cinema, even though they do not necessarily emulate him stylistically. Consider, for example, Giordana's *I cento passi* (2000) in which Peppino Impastato reads *Le ceneri di Gramsci*. In so doing, Giordana is not merely revealing Pasolini's impact on Impastato, he is embracing the Pasolinian message and passing it on to viewers of the film, contemporary and future. Consider Otzpetek's *Cuore sacro* (2005) which, in addition to presenting individuals disinherited and rejected by society in a manner that is strongly reminiscent of Pasolini, pays homage to the director by reprising the final scene of *Teorema* (1968). Irene, the protagonist of *Cuore sacro* strips herself of her clothes and of her bourgeois nature in the midst of the Roman crowd much as Paolo had done in the earlier film in the central train station of Milan.

This collection of essays intends to continue this recognition of Pasolini's teachings and of his role as engaged intellectual, not only as acute observer of the society in which he lived, but also as semiologist, writer, and filmmaker, always heretical in all his endeavors. We have grouped the essays according to thematic criteria. This decision was born not only of the desire to offer the reader a systematic organization of the texts, but also to foreground at least some of the areas that interest the ongoing academic research of the works and thought of Pasolini.

Political Engagement

Joseph Francese proposes Pasolini as an exemplary 'civic poet,' capable of serving as point of departure for a 'return to Gramsci,' whose goal is the reinvigoration of the figure of the engaged intellectual. Pasolini hoped his youthful ideals—which were lived as an identification with the subaltern classes and as cultural exigencies—would develop into a rational commitment to social progress and to the ethical ideals of justice and equality. Instead Pasolini's insistence on the intellectual's autonomy and pre-eminence prevented him from becoming "organic," in the Gramscian sense, to the working classes. Nonetheless, Pasolini persisted in intervening, as an "amateur" (Said), in the important political and cultural debates of his times. During the last decade of his life he was overtaken by a "dismal enthusiasm" inspired by his belief that the "eternal human sentiments"—the same youthful values and ideals that had transformed him from a passively a-Fascistic young man into a convinced anti-Fascist—could be utilized to convert politically conservative and reactionary youths to progressive politics.

The American protest movement fascinated Pasolini who considered the hippy demonstrations as examples to be followed. "As I said many times and in many places, *I don't want to be Italian. I would like to be American. Finally my form of protest would be free!* ... In Italy even protests are conformist. . . There is nothing left but *to invent the language of protest day by day!* (Saggi 869).[10] Simona Bondavalli's essay discusses the origins of the writer's fascination for the American revolt culture. Pasolini was inspired by the forms of American protest culture in order to criticize the Italian student movement, to spur it to new forms of protest, abandoning violence in favor of expressive creativity. Pasolini was fascinated by Ginsberg, the poet of the beat generation. Both his political activity and his poetry captivated the Italian intellectual because through them Ginsberg, even though he did not belong to the European Marxist culture, epitomized the renewal of the engaged intellectual with his strong criticism of capitalist society. Ginsberg also becomes an instrument in his harsh criticism of the Italian avant-garde which he considered incapable of communicating because hidden behind its elitist positions.

Paola Bonifazio examines the way in which Pier Paolo Pasolini's films *Accattone* (1961) and *Mamma Roma* (1962) and his essays in *Vie Nuove* narrate the spaces of the Roman *borgate* and the bodies of the sub-proletarians who live there during the years of the Italian "economic miracle." The author positions the works in the historical context in which they were born and then analyzes them in relation to Pasolini's perspective regarding the discourse generated by the theory and practice of post-war housing projects and urban planning under the Christian Democrat (Democrazia Cristiana; DC) government. In particular, she discusses the 1948 "Fanfani-Case" (Fanfani-Houses) plan of Labor Minister, Amintore Fanfani, the film propaganda for this plan, sponsored by the "Presidenza del Consiglio" and commissioned to private producers by the Italian Information Services (1951-1960), and the book, *Il problema sociale della casa* (1957), written by DC Senator Giovanni Spagnolli which details the Christian Democracy's policies on the housing question. Her analysis reveals that, while on the one hand the government program of construction of the Roman *borgate* initiates a discourse of modernization and of social control of the proletariat, thus continuing a Fascist policy, on the other hand within the *borgate* one can also observe forms of resistance to the government plan. The protagonist of *Accattone* embodies this resistance by comparing his only day of work to Buchenwald and by refusing to enter into the work/house/progress/modernization mechanism planned by the political establishment.

Reflections on Language and on the Means of Representation

Sam Rohdie's essay opens the section on "Reflections on Language and on the Modalities of Representation." It distinguishes between two broad categories of film: film as a window and film as a mirror and identifies Pasolini's films with the mirror which, by doubling turns representation into discourse. The author locates Pasolini's films within modernism, which stresses the discrepancy between reality and representation, and argues that what they reproduce is only a trace of reality. The spectator becomes aware of this crisis of representation. By observing this stratification, as if the film were an archeological site, a collage, or an analogy, the spectator becomes aware of the contamination of different societies, historical periods, and cultures that coexist in Pasolini's discourse in order to show that filmic representation is always "other" than the reality to which the filmmaker constantly refers.

Continuing within the sphere of research on Pasolini as observer and creator of languages, Flaviano Pisanelli's essay presents a comparative study of Pasolini and Roland Barthes. Pasolini, certainly influenced by the French critic and novelist, according to Pisanelli, resumes the reflections on language and on writing in relation to history and the strictly bourgeois concept of the sacrality of literature which, according to Barthes, writing should surpass. Writing, according to a utopian vision, should represent the event and not be reduced to ritual. Pasolini engages in a dialog with Barthes' opus by asking himself constantly to what extent words can still be an intermediary to reality. From the concept of writing as "empty form," Pasolini arrives at the creation of a new linguistic system which gives a new and provisional sense to reality in *Petrolio*, while in *Heretical Empiricism* he defines his very personal conception of cinema in which the image, and not the word, becomes the primary vehicle for the transmission of reality.

The section on "Reflections on Language and on the Modalities of Representation" ends with Carmela Scala's comparative study of Pasolini and Achille Serrao. The essay concentrates on the motivations which led the two poets to turn to dialect, for Pasolini the Friulan, for Serrao the Neapolitan (or, as the author goes to some pains to explain, more precisely, the Caivanese), as means of privileged expression. Even though personally and culturally different, the two poets choose dialect not only to define their poetics, in search of a musicality which Italian, according to them, fails to express, but above all to rebel against everything of which the paternal language is bearer. Pasolini seeks the maternal language he has identified with tradition and love; for Serrao, instead, dialect is the affirmation of the humble, rural origins of the poet.

The Body, the Word, and the Other: Towards a Definition of the Anti-Bourgeois Author

Emanuela Patti's essay, "Mimesis: Dante's Will to Be a Poet," opens the section on "The Body, the Word, and the Other: Towards a Definition of an Anti-Bourgeois Author." For the author, the concept of mimesis is the guiding principle in the interpretation of the function of language for Pasolini and for his method of representation. She contends that Pasolini's writing has been constantly characterized by a tireless attempt to recreate the reality of things through language. Following the Greek concepts of *analogon* and *mimesis*, which were predicated on the idea that truth is external to the subject, Pasolini considers language to be an imitation of the Other. This method of representation allows him to assert his anti-bourgeois ideology also in his writing. The experience of writing as imitation of the Other becomes an instrument of negation of the bourgeois identity (tied to the paternal figure) and allows his to draw near to the Other (through the language of the mother and the language of Casarsa), going beyond his own linguistic, cultural, and psychological identity. Pasolini did not limit himself to the search for a language liberated from bourgeois logic, he also questioned what it means to be an author, particularly in relation to the desire to part of represented reality. Patti, by exploring Pasolini's critical writings, proposes an original reading of the writer/director's "Dante's Will to Be a Poet" (*Heretical Empiricism* 102-13).

Angela Porcarelli offers an interpretation of Pasolini's opus that takes as its point of departure the writer/director's need to establish a relationship with the Other as an act of love that shapes his unique approach to reality. This love leads Pasolini to perceive in Neocapitalism a new form of Power that is reshaping the world since it no longer infiltrates only the social body, but also the very personal life of individuals. Pasolini's description of this Power has much in common with that of Foucault. Both thinkers contend that, in order to understand the new society, it is necessary to move from the analysis of economic structures to a study of the influence of Authority on human bodies. Pasolini goes on to denounce the homologating force of Neocapitalism because, he argues, it is causing the disappearance of social classes, such as the peasants of Casarsa and the subproletarian Roman *borgate* dwellers, that had to an extent lived untouched by History. All of his formal experimentation was intended to give, as effectively as possible, witness to this disappearing world he so loved. The use of non-professional actors was one way in which the writer/director attempted to express these peoples, who still have a sense of the *Sacred* and through whose bodies he felt it was still possible to find an anti-hegemonic answer to the homologating Neocapitalist *Power*.

History and Society as Seen by Pasolini

Pasolini's reflections on history and power are first predicated on a analysis of Italian politics seen as a continuation of Fascism and of patriarchal society. Later, his observations veer towards a critique of a society which he considers defiled in its very being because, after having experienced an anthropological transformation, it has conformed to the dictates of consumerism. Silvestra Mariniello, traces Pasolini's study of power in his films *Teorema* (1968), *Porcile* (1969), and *Salò* (1975) in light of the writer/director's concept of history and historical societies. With *Teorema* Pasolini represents the end of Italian historical society, born with the Risorgimento and based on class conflict and the State. The preservation of power founded on property is replaced by power as a function of production and consumption. *Porcile* continues the theme of *Teorema* in showing not only the differences between the old power and the new, but also by foregrounding through the criminal pact between Herr Herdhitze and Herr Klotz, the continuity that exists between the two forms of power which are at the origins of neocapitalist society. *Salò* presents the triumph of the new power based on consumerism in that human beings are reduced to objects and, as such, can be consumed like any other product of this society. *Salò* depicts the perpetuation of violence and dehumanization which has become mechanical, routine, and no longer worthy of notice. The apotheosis of the New Power may contain within it the seeds of a possible revolt.

History, a field of research in both Pasolini's essays and narratives, is in conflict with the experience of living and the perception of reality. Alessandra Montalbano's analysis focuses on Pasolini's reflections, as revealed in his last work, *Petrolio*, which demonstrate how impossible it is for the body's experiences to be codified in any narrative. Through a comparative study with Maurice Merleau-Ponty's *L'oeil et l'esprit*, Montalbano underlines the central role assumed by the body. For both Pasolini and Merleau-Ponty it is fundamental in recovering an experience of reality, even though, according to both authors, its importance is underestimated by Western thought. Even though the essay's research perspective is founded on the concept of the mirror, which both authors employ to express their convictions, its approach is philosophical and political rather than psychoanalytical.

Work in Progress

Michelangelo La Luna addresses his study of *Il sogno di una cosa*, seen as a work in progress, demonstrating the complexity of the composition of the novel which passes through various phases, as revealed by Pasolini's letters to friends and acquaintances. Originally set in Friuli, it will be affected eventually by the impact of Pasolini's move to Rome. La Luna bases his conclusions on a comparative study of other contemporary novels by the writer/director and offers an interpretation that distances itself from the Marxian perspective of some Italian critics regarding the genesis of the novel and of its themes.

Thomas Simpson explores the beginnings of Pasolini's "stagione paterna" through a return to the theater with the reading of Sophocles and the translation of the Platonic dialogs in *Affabulazione*. In this work, written while he was hospitalized for an ulcer in 1966, Pasolini attempts to penetrate the mythic mystery of the relations between fathers and sons by employing sex and violence to root out an unfathomable core truth. In the play, a Milanese industrialist wakes from an oracular dream about his son that unmoors him from time and society and leads him to murder and disgrace. This father, a mask for Pasolini, is a god who slaughters himself, and thus creates life, by sacrificing his own son.

The Pasolini Myth

Pasolini, perhaps more than any other Italian intellectual, was always at the center of media attention because of his ideas and his actions. Even though he was never found guilty, the hysterical coverage of his 31 trials contributed to creating a distorted and misleading image of the writer/director as a mythic figure who had lost all human traits: at times he is seen as a victim of society, as an almost Christ-like figure; at others as scandalous. His increasingly provocative works contributed to creating this clash between the prudishness of Italian society and Pasolini's openly expressed ideology as both man and artist. Barbara Castaldo's essay which analyzes "The Myth of Pasolini" from the perspective of relatively new discipline of "law and literature," asks why the rage against the writer/director was such that private citizens filed legal complaints against him even before the official censors had a chance to act. She then goes on to investigate the phenomenon of "moral panic" of which Pasolini was a victim, but which, arguably, he himself instigated with his works and his actions.[11]

Daniele Fioretti's essay reveals the attraction that the writer/director exercised on the new generation of writers of the 1960s and in particular on Paolo Volponi. The correspondence between the latter and Pasolini reveals the deep ties between the young novice author in search of his own style, and the more experienced writer.

Pasolini was seen as a favorite teacher by Volponi who asked him for advice and opinions to enrich his own writing. The approval of Pasolini, also considered a brother thanks to the personal affinities that Volponi felt towards Pasolini, became necessary for the young writer engaged in defining his identity as author. Pasolini was also a father figure who at times was detached from the person who had chosen him as such. In their correspondence one can observe Pasolini's long silences, which apparently resulted because of their differences regarding Volponi's novel, *Corporale*. This asymmetrical relationship seems to change during the last years of Pasolini's life when his interest focused on a new kind of writing in *Petrolio*. While writing the novel, Pasolini turned his attention towards the industrial world which Volponi knew as a result of his work experience. The writer/director, who had now become the student, asked Volponi for information regarding this environment which was alien to him. The two writers' rapprochement ended with the premature death of Pasolini.

Pasolini's Impact on Contemporary Artistic Production

The last section of this collection of essays is dedicated to the continuing impact of Pasolini's work and thought on Italian artistic production. Federica Ivaldi's and Erica Magris' essay analyzes this phenomenon in contemporary Italian theater. Through an analysis of *Teorema*, which appeared as both novel and film in 1968, and the Motus production of *L'ospite*, which was inspired by Pasolini's novel/film, the authors show how the languages used and the hybridization of theatrical and narrative languages with that of the cinema, alter the very concept of artistic endeavor. The technological changes, that are translated into film techniques for Pasolini and into multi-media events for the Motus, modify deeply the artists' means of representation and the spectators' means of perception and organization. The artistic endeavor becomes a work in progress that contemplates the participation of the public which is increasingly part of the creative process.

Maura Bergonzoni's essay concentrates on the contemporary relevance of the themes of *Teorema*. Her comparative study of *Caterina va in città* and *Teorema* reveals points in common between the two filmmakers who both describe the deleterious cultural homologation of Italian society. Virzi's film would seem to repropose Pasolini's dystopic vision of a conformity in Italian society that does not even spare the political parties: there is no longer any difference between the parties of the left and the right. The guest in *Teorema*, who foregrounds the evils of the bourgeoisie, finds his analog in Caterina who is disconnected from the world that surrounds her and yet at the same time offers a privileged perspective on that society. Virzì seems to have absorbed and reelaborated Pasolini's inheritance making it relevant in the context of contemporary Italian society, thus offering us a further demonstration of the importance of the writer/director as point of departure over 30 years later.

Notes

[1] Every Italian school child had to memorize "Il cinque maggio," poem Alessandro Manzoni composed in occasion of the death of Napoleon Bonaparte in 1921. In the verses cited Manzoni refers to the fact that he neither praised the the emperor when in power nor insulted him when he was in exile.

[2] The "Pasolini Double Issue" of *Italian Quarterly* [21.82 (Fall 1980) 222.83 (Winter 1981)] dedicated to the conference includes essays by the following: "Politics and Sociology": Alberto Moravia; Franco Ferrucci; Enzo Golino; Paolo Valesio; Lucio Villari; "Literature": Louise K. Barnett; Dante Della Terza; Franco Fido; Giuseppe Zigaina; Luigi Fontanella; Allen Mandelbaum; Norman McAfee; Anthony Oldcorn; Alfonso Procaccini; Enzo Siciliano; Garth David Schwartz; William Weaver; "Cinema": Giampiero Brunetta; Teresa De Lauretis; Ben Lawton; Millicent Marcus.

[3] The "Pier Paolo Pasolini: Heretical Imperatives" conference program (June 8-9, 1990) reports the following participants, in order of appearance: Massimo Ciavoella; Nico Naldini; Jennifer Stone; Peter Carravetta; Antonio Mazza; Bart Testa; Zygmunt Baranski; Wallace Sillanpoa; Joseph Francese; Michael Silverman; Marguerite Waller; Ben Lawton; Patrick Rumble; Naomi Green; Rachele Lavorato.

[4] The conference program of *"Felliniana*: Seattle's International Celebration of Fellini's Cultural Legacy" (October 29-November 1, 2003) lists the following participants, in order of appearance. The Dignitaries: John Procaccino; David Hodge; former Governor of the state of Washington,

Albert Rosellini; Consul General of Italy, Francesco Sciortino; Director of the Italian Institute of Culture, Annamaria Lelli; Italian Trade Commissioner, Seattle, Pasquale Bova; poet Linda Bierds; actress Barbara Steele; scriptwriter, director, and novelist, Gianfranco Angelucci; Director of the Walter Chapin Simpson Center for the Humanities, Katherine Woodward; Raimonda Modiano. The speakers: Albert Sbragia; Peter Bondanella; William Van Watson; Peter Brunette; Ricardo de Mambro Santos; Mario Sesti; Aine O'Healy; Alberto Farino; Frank Burke; Millicent Marcus; Ben Lawton; David Miller; Giuseppe Natale; Lance Rhoades; Dorothée Bonnigal-Katz; Marguerite Waller; Claudio Mazzola; Carlo Testa; Robert Oelsner.

[5] Giuseppe "Pino the Frog" Pelosi, who had confessed to killing Pasolini, recanted his confession on May 7, 2005. http://www.repubblica.it/2005/e/sezioni/cronaca/pelosi/pelosi/pelosi.html#

[6] "Intellettuale scomodo" refers to a person who makes others feel uncomfortable and awkward because s/he points out the contradictions inherent in their positions. In Pasolini's case, the Others were all the hegemonic power structures, right and left, young and old, male chauvinist and feminist.

[7] The Piazza della Loggia bombing in Brescia (May 28, 1974) and the Bologna railway bombing (August 2, 1980), along with the Piazza Fontana explosion in Milan (12 December, 1969) and the bombing of the Italicus train (4 August, 1974), are generally ascribed to neo-fascist terrorists operating with the connivance if not the active cooperation of the Italian Secret Service, the Masonic Lodge P2, the CIA, and Operation Gladio, the secret stay-behind forces originally set up to function as a guerrilla army in case of an invasion of Italy by the Soviet block.

[8] All translation ours unless otherwise specified.

[9] Although born in Turkey in 1958, Ozpetek has lived in Italy since 1977. While his first two films (*Hamam*, 1997 and *Harem Suaré*, 1999) had Turkish themes, all his subsequent work deals with Italian issues in Italian locales (*Le fate ignoranti*, 2001; *La finestra di fronte*, 2003; *Cuore sacro*, 2005; *Saturno contro*, 2007; *Un giorno perfetto*, 2008).

[10] Emphasis in the original.

[11] ^ Cohen, Stanley (1972) *Folk Devils and Moral Panics*. London: Mac Gibbon and Kee, p. 9. ISBN 0-415-26712-9.

Part I

Political Engagement

1
Pasolini: Between Passion and 'Ideology'

Joseph Francese

Pier Paolo Pasolini was a critical observer of Italian society. He participated in many of the topical debates of his time, casting himself as ceaseless antithesis or negation of the status quo. If we are to cull lessons from Pasolini that are relevant today, we must take care to not fossilize his memory with a-critical readings of an author who in many instances predicted what Italy and Italians would become over the last twenty-five years of the twentieth century. Rather than elevate Pasolini to the status of cultural icon, and thus deprive his life and work of real meaning, we must continue to ask which aspects of Pasolini's opus are still relevant and useful to us today, and separate them from those that are not. In other words, we must view Pasolini critically if we are to be true to his cultural legacy.

Pasolini is often called a "poeta civile." His *engagement* runs throughout his work, and is perhaps most clearly evident in his penchant to sincerely and openly discuss his belief that his government had offended and violated him, as citizen. If we use his work as point of departure for pursuing the meaning and role of the committed, public intellectual, Pasolini may be a model for those intellectuals who believe it incumbent on them to serve as catalysts for progress by animating an ongoing 'cultural revolution.'

Pasolini believed that the intellectual must "trasumanar," a term he took from the story of Glauco in *Paradiso* I to signify a desire to transcend the human.[1] To do so, it was imperative to remain faithful to one's youthful "passions" or ideals and work for a just future while avoiding what Pasolini euphemistically called "organizzar," a tendency toward bureaucratization and loss of initial fervor that was shared by all revolutionary movements as they approached and assumed political power. In fact, demonstrating a certain political naiveté, Pasolini contended that he never wanted to be part of a majority, because, to him, majorities by definition repressively impose their views onto minorities. He preferred to inhabit a position "beneath the underdog," to borrow Charles Mingus's phrase,[2] so that he could give public voice to the voiceless and political standing to the marginalized.

At the same time, Pasolini hoped that his "passion" could be overcome and develop into "ideology." He told his readers that, in speaking of "[p]assione e ideologia," the conjunction "e" is neither a copulative nor a concomitance, but a disjunctive, "nel senso che pone una graduazione cronologica: 'Prima passione e poi ideologia'" (Pasolini, *Passione e ideologia* 488). In other words, the term "passion" was Pasolini's own verbal shorthand for the ideals that had grown out of his youthful "sogno di una cosa," his irrational emotions and self-love. Thus, he struggled to give his "passion" a civil dimension, which he equated with "agape," love for all humanity. "Ideology," as he defined it, denotes a rational, intellectual commitment to social progress and to the moral and ethical ideals of justice and equality.

Such a process is reminiscent of what Gramsci calls "catharsis," the process by which an individual moves beyond emotional, egotistic, economic interests to attain a universal-moral, or ethical-political awareness and identify with the working and subaltern classes (Gramsci 1244). Yet Pasolini falls short: "agape" is merely a form of empathy-based altruism. Pasolini, as we shall see more clearly further on, believed it possible, and necessary, to operate independently of Gramsci's "moderno principe," what Togliatti later called the "collective intellectual" (207), the only locus where an effective counter-hegemonic cultural politics could be elaborated, lest the intellectual remain nothing more than an isolated 'voice in the desert.'

While the image of 'unarmed prophet' does seem to describe Pasolini, and while his efforts to attain "ideology" were not successful—at the conclusion of *Passione e ideologia* he admits as much—the constant tension in his work to transform his "passions" into "ideology" cannot be discounted. Because Pasolini never reached his goal, we may say that the premise for his politics were moral, empathetic-altruistic, and cultural exigencies that became manifest through his "amateurish" interventions into areas outside his area of expertise. In this regard his *Scritti corsari*—especially "Il romanzo delle stragi" and "L'articolo delle lucciole" (*Scritti corsari* 107–13; 156–64)—and the *Lettere luterane* in which he put "on trial" Italy's governing Christian Democrat party (*Saggi sulla politica e sulla società* 632–38) come quickly to mind.

Like Pasolini, Edward Said claims that the intellectual is called on to be an independent 'speaker of truth,' or, in his phrasing, a "disturber of the status quo" (x), an obstructer of the "passive acceptance of unexamined ideas and sentiments" (27). Said argues that the intellectual's principal duty is "the search for relative independence" from the pressures of co-optation into power structures (xvi). The question, for Said then, is that of how the intellectual addresses authority: "as a professional supplicant, or as its unrewarded, amateurish conscience" (83).

In assigning a positive value to amateurism—which he defines as "an activity [...] fueled by care and affection rather than by profit and selfish, narrow specialization" (82)—Said claims that amateurs are "able to speak the truth to power" because they are "crusty, eloquent, fantastically courageous and angry individual[s] from whom no worldly power is too big and imposing to be criticized and pointedly taken to task" (8). They can do so because they resist the pressures of professional specialization and expertise, and the drift toward power and authority (76 and ff.) that challenge the intellectual's enthusiasm and will while finding strength in their "desire to be moved not by profit or reward but by love for and unquenchable interest in the larger picture, in making connections across lines and barriers, in refusing to be tied down to a specialty, in caring for ideas and values despite the restrictions of a profession" (76). According to Said, the intellectual should be

> someone who considers that to be a thinking and concerned member of a society one is entitled to raise moral issues at

the heart of even the most technical and professionalized activity as it involves one's country, its power, its mode of interacting with its citizens as well as with other societies. In addition, the intellectual's spirit as an amateur can enter and transform the merely professional routine most of us go through into something much more lively and radical; instead of doing what one is supposed to do one can ask why one does it, who benefits from it, how can it reconnect with a personal project and original thoughts. (82–83)

While "the professional claims detachment on the basis of a profession and pretends to objectivity, [...] the amateur is moved neither by rewards nor by the fulfillment of an immediate career plan but by a committed engagement with ideas and values in the public sphere" (109). Indeed, Pasolini succeeded in what Said considers the "hardest aspect of being an intellectual," that of "represent[ing] what you profess through your work and interventions, without hardening into an institution or a kind of automaton acting at the behest of a system or method" (121).

Therefore—since, as Said maintains, "all intellectuals represent something to their audiences, and in so doing represent themselves to themselves" [...] you do what you do according to an idea or representation you have of yourself as doing that thing" (xv)—the question we must answer is what does Pasolini represent for us, especially in an age defined by the unabashedly grand récit that is globalized capitalism. As Dombroski has written

> oggi l'interesse per questioni che riguardano lo stato, i media, il razzismo, il patriarcato e il neo-colonialismo sembrano partire dalla premessa che il capitalismo sia una cosa naturale e inamovibile, che costituisca una struttura (materiale ed epistemologica) così forte che non è possible uscire dai suoi confini al punto che è meglio non parlarne neppure. (Dombroski 41)

Indeed, we tend to repress awareness of the extent to which national legislatures and governments are overshadowed and circumvented in a new world system dominated by international corporations, and lending institutions, and of the pressures exerted by globalized market economies on fragmented work forces. We live in a period in which the real living conditions of workers (not only those employed in farming and industry, of course, but those in the tertiary and in research) have been subjected to rapid change by advances in information technology and in which the disappearance of an alternate economic model, the Soviet Union, has rendered 'unnecessary' all sorts of social welfare programs and safety nets.

Against such a backdrop, Pasolini represents, for me, the strength that can be garnered from doubt, or better uncertainty, and the will to contemplate alternate possibilities; the courage to assert that things need not be as they are. Pasolini tirelessly—indeed, with "impegno totale" (*Saggi sulla politica e sulla società* 296)—interrogated and protested his present, while attempting to transform his "passions" into "ideology." This is why his example of "amateurism" challenges both the institution of literature and men and women of letters to see what is not yet visible, and to open up for themselves and for others heretofore uncharted vistas.

For Pasolini literature is action in the world, not a description of it. In other words, literature is not a passive observer/recorder of events, but a protagonist, the incarnation of dialogic exchange and interaction between 'laborers of the mind'—writers and readers— that unavoidably affects and transforms all those who surround us. And since literature is by definition socially incisive and transformative communication, its content cannot feign exemption from ethical and political critique.

Such *engagement* may seem—to some, at least—anachronistic. Yet, as Bodei, following Hegel, reminds us, passion—or to phrase it a bit differently, human desire—is the motor force of history. Indeed, the protagonists of both history and literature give expression to collective forces because they give voice to that which many—consciously or unconsciously—feel (50, 51).

So, I would propose, in representing his doubts, Pasolini represents our own passions, our need to interrogate our present, which for many has been characterized by the disorientation associated with the collapse of ideologies and utopian visions following the fall of the Berlin Wall and the installation of a planet-wide Pax Americana (even though it would seem that there has been relatively little "pax," and a lot of "americana").

Indeed, Bodei maintains, we have entered into "un'epoca del tutto disideologizzata" (73) characterized by a 'common sense' faith in a globalized laissez-faire market economy and the belief in the absolute contingency of the future, now seen as a place of explication of forces that escape human control (42). It would almost seem, Bodei notes with irony, "che soltanto oggi, dopo secoli e millenni, ci fosse caduta la benda dagli occhi e potessimo finalmente vedere la realtà così com'è, con sguardo snebbiato" (73). And that reality is of a piece with "[l]'attuale crisi del *telos* della storia," the "conclamata perdita di visibilità di qualsiasi meta" (55). Despite this state of affairs, Bodei claims it is possible to retrieve a sense of history and to find global and coherent explanations of the world in which we live (19).

This "sense of history," of course, is not History writ large, a meta-narration of events, another grand récit, but it is, nonetheless, "sufficiente a definire la storia" because it re-proposes "il problema della 'verità'" (67): the act of judging an un-modifiable past in order to correct future behavior (an attribute of historiography that is mirrored in literature's transformative power). Consequently, Bodei proposes a "costruttivismo storico" whose point of departure is a "noi strutturato"—his euphemism for the institutions of civil society—that would enable groups to reconnect with the subjective dimension of individuals. Those institutions would be considered forms of organization of both sense and of associated life (67–69). In Bodei's opinion our struggle to comprehend those vaguely perceived, subjective exigencies, or the contradictory drives that Pasolini calls "passions," enables us to "partire da esigenze sentite per comprenderle, allargando gradualmente il compasso del nostro orizzonte, così da imparare a orientarci meglio nella 'selva' degli eventi." Ultimately, we aspire to understand the interaction between "eventi privati o di minore incidenza [ed] eventi pubblici o di più ampio respiro" in a way that allows for "una migliore comprensione reciproca dei vari fattori e al potenziamento degli aspetti significativi della nostra vita" (68–69).

The question, of course, is in the absence of ideologies and utopian visions, how do we guide Bodei's "noi strutturato" in a progressive direction, rather than let it be carried forth by the flow of events?

If we keep in mind Pasolini's limits, we remember that although he approached "agape," he never achieved "ideology," a coherent view of the world and his place in it, or better, a non-egocentric, abstract sense of justice. The reason this is so may well be that he did not believe that he, an intellectual, could become organic, in the Gramscian sense, to the working classes, an attitude ascribable to the fact that Pasolini attributed an absolute value to the term "organic," not a heuristic one. In any case, Pasolini's irrepressible individualism—which is perhaps most easily seen against the background of his difficult relationship with mass society—caused him to insist on the didactic mission—or to use his term, the "funzione sacerdotale"—of the intellectual, and, consequently, the place he assigned the intellectual: as a 'speaker of truth' outside an organized workers' movement. He believed that it was sufficient to talk of himself: because our macrocosm was reflected in his microcosm, he spoke for the rest of us. And this prevented Pasolini from believing possible the full integration of the intellectual into any counter-hegemonic movement or apparatus.

For Gramsci, the youthful passions such as those described by Pasolini were to provoke a "catharsis": which, as Gramsci defines it, is "il passaggio dal momento meramente economico (o egoistico-passionale) al momento etico-politico, cioè l'elaborazione superiore della struttura in superstruttura nella coscienza degli uomini" (Gramsci 1244). "Molecular" change in the individual sparks the refusal of dominant ideologies in favor of the understanding of the role of the individual in a society divided into oppressors and oppressed. This occasions the rational ordering of one's thoughts and participation in what he calls "the collective intellectual" and in counter-hegemonic processes geared to modifying the economic structure and the ideological superstructure of societies. This dialectic of reform of individual and collective consciousness makes possible ulterior, progressive changes in the way we live our daily lives. For Gramsci, the organic intellectual did not serve any "priestly function," but instead was called on to "guidare seguendo, essere alla testa di un corso storico già in movimento, e che fa movimento anche in virtù delle idee, idee-guida, idee-forza che tu [intellettuale] ci metti dentro" (Tronti).

The intellectual, permanent antithesis to the status quo—or, better, catalyst for a Gramscian "spirito di scissione" ("il progressivo acquisto della coscienza della propria personalità storica [...] che deve tendere ad allargarsi dalla classe protagonista alle classi alleate potenziali" (Gramsci 332-33])—broaches "un mondo diverso, un mondo altro, in cui i limiti della *necessità* siano tolti, in cui sia davvero possibile il regno della *libertà*, il regno dei fini, una 'vita morale' degno di questo nome" (Liguori 92), a world in which "un 'voler essere' (più che un 'dover essere') del soggetto, processo affidato alla volontà, e alla scelta, sia pure in un 'campo di forze' di volta in volta dato" is the premise for a "vita morale, ciò che Gramsci chiama appunto 'l'unificazione del genere umano,'" which in turn is the premise for "un mondo morale in cui si possa fare a meno della politica" (Liguori 93).

For his part, Pasolini—whose aesthetic-sentimental identification with the incarcerated Gramsci reduced the great lessons of the Sardinian revolutionary to "puro ed eroico pensiero" (*Passione e ideologia* 487)—maintained that a "battaglia ideale" could be carried forth, particularly among the younger generations, by evoking what he shared with them: the "eternal human sentiments," those youthful values and ideals that had transformed him from a passively a-fascistic young man into a convinced anti-fascist. Thus, the "tetro entusiasmo" that characterized Pasolini's posture in the 1970s is a testimonial to his belief that social struggles are always possible, if we are willing to engage the younger generations, especially those who are politically conservative.

As academics working in North America thirty years after Pasolini's murder, we often deal with de-politicized students, technicians who, it sometimes seems, are interested in little more than pursuit of an egoistic version of the 'American dream' (and, at least at the present, are frustrated by things such as rising gasoline and real estate costs and irritated by pod-casts of global warming) and are willing to pay the price of conformist obedience in exchange for the opportunity to survive and thrive in corporate

America. Meaningful dialogue is not always easy with students who were born and raised in times dominated by Reaganism and Thatcherism, two national, conservative political discourses that in the 1980s succeeded in installing themselves as the hegemonic political discourse. So in contemplating the relevance of Pasolini today, we must first ask how Thatcherism and Reaganism came to articulate a new political wisdom and situate themselves at the center of a consensus that has taken on global form through local applications by producing the discourse through which even neo-liberals and social democrats now operate (Cvetkovich and Kellner 17). Thirty years after Pasolini's murder, we must ask what, if anything, may be found in Pasolini's writings that might suggest instances of counter-hegemony, to then consider if it is possible, feasible, and/or desirable to attempt to channel such instances of counter-hegemony into a larger project capable of reversing what was set in motion in the decade following Pasolini's murder.

Both the object and the source of Pasolini's "tetro entusiasmo" was Gennariello, emblematic figure of a potentially neo-fascist "nuova gioventù." Gennariello caused Pasolini to contemplate his own youthful "sogno di una cosa"—his inchoate discomfort with the fascism that found its resolution in "passion," his youthful ideals and militant anti-fascism—and conclude that certain traditional values, such as social solidarity, and an amorphous desire for justice, are precisely that common ground he shared with the politically conservative. In other words, his "tetro entusiasmo" was grounded in the conviction that it would be possible to use his own autobiography, specifically his uncomfortable position between "passion" and "ideology," to spark a "religious" or ethical-moral response, grounded in empathy-induced altruism, among young people who might be misguided, but not bereft of ideals; whose engagement with society was not completely ego-centric, but based on traditional values they and Pasolini shared. If they could be convinced to follow Pasolini's example, they, too, would become advocates for social justice.

Batson—in investigating the role of justice in the lives of non-victims—defines justice as a universal and impartial moral principle that "can provide rationally defensible guides"—on which victims and non-victims agree—"to the distribution of wealth and the adjudication of disputes" (50). In his words, "[c]onvinced by reason of the rightness of the principle, we will be motivated to uphold it" (50). Since justice is an abstract, general, universal principle, it "facilitates revision of one's perceptions" (53). Like altruism, justice is grounded in prosocial motives (53). But empathy-induced altruism is neither universal nor is it necessarily impartial: "[f]eelings of empathy are directed toward other people as individuals" (54). Therefore, it is capable of introducing a situational ethics or a "partiality that undercuts justice" (57). Nonetheless, Batson theorizes that if empathy-induced altruism—what Pasolini calls "passion"—is used in concert with the abstract goal of justice—a concept not entirely unlike Pasolini's "ideology"—it may be possible to "engender in nonvictims empathy for the victims of injustice" (63), in other words, it may be possible to catalyze "passions" in privileged and/or politically rearguard young persons that lead them to a Gramscian "catharsis."

"Gennariello" was Pasolini's testing ground for exploring possibilities of transforming the frustrations of the younger generations into a desire for justice, and for seeking out means for 'converting' young neo-fascists to progressive causes. Describing the transformation of his "sogno di una cosa" into "passion," Pasolini, in terms that evoke Batson's definition of empathy-induced altruism, claimed that

> il 'moto della coscienza' che porta al tradimento della propria classe sociale è graduato: esso ha generalmente [...] alcuni momenti secondari susseguenti: il momento eretico (un accentuarsi dell'evangelismo come religione pura contro la religione di Stato, ufficiale, conformista; o un accentuarsi del moralismo 'protestante'); il momento anarchico (che è generalmente protesta contro lo stato di cose precostituite, istituite, divenute insopportabilmente impersonali e soffocanti); il momento umanitaristico (che convoglia i due primi momenti in una prima forma d'azione, li rende dinamici verso il prossimo). Tutti questi tre momenti hanno in comune il fatto di essere 'religiosi': cioè di essere prevalentemente irrazionali, amorosi, impregnati di pietà. (Pasolini *Le belle bandiere*, 169)

Indeed, the moral convictions he shared with the nationalist, politically conservative Catholics of his maternal Friuli (Pasolini, *Le belle bandiere* 83) heartened Pasolini to the possibility of engaging in dialogue with all Catholics in the 1950s, and, consequently, with neo-fascist youth in the 1970s, young men such as Gennariello. Once lit, this 'religious spark' would carry Gennariello slowly but surely down a politically progressive path, one, I would add, whose goal was the appropriation of the abstract values of the French Revolution: liberty, justice, fraternity, and equality.

Although Pasolini never achieved "ideology," I believe it is possible to utilize his legacy as a springboard for a necessary and salubrious 'return to Gramsci.' Indeed, the marginalization of the figure of the public intellectual casts into high relief the extent to which laborers in the humanities have come to resemble the "subaltern classes" discussed in the *Quaderni* by virtue of the fact that their actions are determined and conditioned by the hegemony of those who detain political and economic power. This state of affairs, consequentially, underscores the need to overcome Pasolini's limitations and work toward the reconstitution of the "intellettuale collettivo," integral part of Gramsci's "moderno principe": an organism, "sociological category" (Tronti) or, better, collective will within a complex society that is capable of articulating its own counter-hegemonic project.

Notes

[1] Following *Metamorphoses* (XIII, 898-968 [in which Glaucus, a mortal fisherman living in the Boeotian city of Anthedon, after seeing the fishes caught in his net revive after eating a certain herb, ate that same herb and was transformed into a sea god]) in *Paradiso* I (67-72), Glaucus is more than, or quintessentially human: "Nel suo aspetto tal dentro mi fei, / qual si fé Glauco nel gustar de l'erba / che 'l fé consorto in mar de li altri dèi. // Trasumanar significar *per verba* / non si poria; però l'essemplo basti / a cui esperïenza grazia serba."

[2] Charles Mingus (1922-1979), a virtuoso bass player, accomplished pianist, bandleader and composer was one of the most important figures in twentieth century American music. In the 1950s he settled in New York where he played and recorded with musicians such as Charlie

Parker, Miles Davis, Bud Powell, Art Tatum, and Duke Ellington. From the 1960s until his death, Mingus remained in the forefront of American music. He received grants from the National Endowment for the Arts, The Smithsonian Institute, and the Guggenheim Foundation, in addition to an honorary degree from Brandeis and an award from Yale University. In 1971 Mingus was awarded the Slee Chair of Music at SUNY Buffalo where he spent a semester teaching composition. His autobiography, *Beneath the Underdog*, was published that same year by Knopf.

2
Giving Flowers to Policemen: Pasolini, "Flower Children" and *figli di papà*

Simona Bondavalli

Visiting the United States for the first time in 1966, Pasolini is fascinated by New York, "a magical, overwhelming, beautiful city." He compares it to those naturally gifted poets who, "every time they write a line, create a beautiful poem." It isn't just the city's beauty that strikes him. Its youth distinguishes it: "it's the least crepuscular city I have ever seen." He regrets not having gone earlier, "twenty or thirty years [before], in order to stay." ("Un marxista a New York", *SPS* 1598).[1] His fascination with America, however, is different from the aesthetic attraction for Third World countries that characterizes the later part of his life.

> Africa is like a drug that you take not to kill yourself, an escape. New York is not an escape: it's a commitment, a war. It makes you feel like acting, facing things, changing them. You like it in the way that you like things, say, when you are twenty. ("Un marxista a New York", *SPS* 1598)

The city exerts its charm on Pasolini for its youth, the variety of people it hosts, the freedom of attire and behavior that characterizes its dwellers; however, it also attracts his interest because it gives him the impression of a place in which intellectuals are actively involved in social and political protest. Unlike Africa, the escape of his later years, New York represents for him a renewal of political commitment, a place of action, of change. It is like an apparition, "a blinding light at the end of a tunnel [...], Jerusalem appearing to the eyes of the Crusader" (*SPS* 1599). It immediately strikes him, the filmmaker, as a challenge for the camera: "Maybe it is not filmable. Seen from far away it is like the Dolomites, too photogenic, too wonderful, and it irritates you. From up close, from inside it, you can't see it: the lens can't contain the beginning and the end of a skyscraper" (*SPS* 1599). Nevertheless, or precisely because of the city's ineffable nature, he immediately starts planning to shoot his film on Saint Paul among the skyscrapers of New York:

> I want to move the entire action from Rome to New York, setting it in our times but without changing anything. [...] Remaining faithful to his letters. New York has many analogies to the ancient Rome described by Saint Paul: corruption, clientage, the problem of blacks, of junkies. And to all of this Saint Paul gave a sacred response, and therefore a scandalous one, like the SNCC. (*SPS* 1599)

The film on Saint Paul would never be realized, but it represented Pasolini's ultimate project, the one that would occupy his mind until his death.[2] A symbol of intimate contradiction, on one side the strong, vital, self-confident founder of the Church, on the other the weak, humble creature who is tormented by the question of God, Saint Paul embodies for Pasolini the dichotomy of meditation and action, of *trasumanar e organizzar*, that is the subject of the poems written in this period.[3] In the contradiction between his revolutionary spirit and the need to organize the Church, Saint Paul becomes an alter ego for Pasolini's own contradictory relationship with the Communist Party and his problematic approach to militancy in general. His vision of the film on Saint Paul as set in New York is therefore not only motivated by an aesthetic fascination with the city, but also by an ideological agenda.

Pasolini's ideological attraction to New York is largely due to his enthusiasm for the activity of the New Left, "the most beautiful Left that a Marxist can discover today" (*SPS* 1599). The young SNCC organizers make him "think of early Christians": "they are neither communist nor anticommunist, they are mystics of democracy: their revolution lies in taking democracy to its extreme and almost crazy consequences" (*SPS* 1601).

Pasolini praises the total dedication to the cause, the "intensified and almost mystical extremist democracy" of the Civil Rights movement in an article, titled "Civil War", published in the communist newspaper *Paese Sera* (*Heretical Empiricism* [hereafter *HE*] 142–43). Recalling the atmosphere of hope and anticipation he breathed in New York, he describes America as the place where "everything seems to be about to begin" and where "one lives [...] as if on the eve of great things" (*HE* 143). The various events he has witnessed in New York, including a peace rally, the meeting of a black labor union, a gathering of leftist intellectuals and even a right-wing demonstration in favor of the Vietnam war, have given him the sense of a "great human experience," the visionary aspect of which is perhaps more important to him than its immediate political content. The most similar event in Pasolini's personal experience is the Italian Resistance: "In America, granted the very brief nature of my stay, I lived many hours in the clandestine climate of conflict, of revolutionary urgency, of hope, that was proper to the Europe of 1944 and 1945" (*HE* 143). The feeling of hope, the degree of popular participation, the active involvement of artists and intellectuals in this communal experience seem to rekindle Pasolini's interest in protest at a time of disillusionment with political commitment. It is with renewed enthusiasm that he states:

> What is required of an "independent" American intellectual is all of himself, a complete sincerity. Since the days of Machado I hadn't experienced such a brotherly reading as that of Ginsberg [...] American intellectuals of the New Left (because where people fight there is always a guitar and a singing man) seem to do precisely what a line of an innocent song of the black Resistance says: "You gotta throw your body into the fight." (*HE* 148–49)

This "new motto of a real and not boringly moralistic commitment" (*HE* 149) summarizes the sincere and passionate adhesion of

American intellectuals to the cause of peace and of civil rights, and it reflects Pasolini's own ideal position. In the enthusiasm and the "brotherly" affinity he feels for Ginsberg one cannot help but see the desire for a more direct involvement in his own country, for the possibility to throw his own body into the fight.

Paradoxically, this enthusiasm for social commitment and sympathy for the American Civil Rights movement helps understand Pasolini's harsh reaction to the Italian student movement in 1968. His appreciation for the "mysticism" of American counterculture is also a criticism of the Marxist rationality dominating the protest discourse in Italy. The "other America," grown inside a social structure that lacks class consciousness, supports and is supported by an alternative political discourse: a form of "spiritualism [...] which, having first become revolutionary democratic radicalism, is now run through by a new social consciousness which, not accepting Marxism explicitly, is presented as total confrontation and anarchic desperation" (HE 147–48). Its goal is a "complete confrontation of the establishment," a global questioning of the principles underlying the present social structure. Conversely, Pasolini sees the Italian Student movement as restricted by its reliance on Marxist discourse: as unavoidable as such discourse is, it nevertheless does not account for the fundamental changes undergone by Italian society in this decade. A protest envisioned in terms of class conflict, such as that of the Italian *Sessantotto*, reflects a lack of awareness of one's specific situation and will not bring about any real change. An important component of Pasolini's critique also concerns the role assigned to poets and intellectuals by each movement, and his encounter with American poet and countercultural icon Allen Ginsberg is the occasion for a clear comparison.

Pasolini's interpretation of Ginsberg's poetic and political role is inscribed in his, perhaps superficial, interpretation of America. Just like New York, Ginsberg enthralls Pasolini, rekindles his enthusiasm for social protest at a time when he is disillusioned and prone to cynicism, and provides a model for a redefinition of the function of committed artists in neo-capitalist societies. The two poets meet for the first time in the fall of 1966, during Pasolini's visit to New York. They cross paths again about one year later upon Ginsberg's visit to Milan, and have the opportunity to discuss their relationship with social protest and with the political establishment in their respective countries.⁴ While Pasolini is not only uninvolved in the Italian Student movement, but will soon be openly in conflict with it, to the point of being publicly labeled as a student hater, Ginsberg regularly participates in rallies and sit-ins in the Bay Area, in New York, and even in Europe. In Prague, the year before, Ginsberg was crowned King of May and he was carried through the streets in a rose-covered chariot; in London he was welcomed by seven thousand students at a poetry reading at the Royal Albert Hall.⁵ Even in Italy, where his poetry has been translated and made popular by Fernanda Pivano, his reputation among young people is by now that of the father of the Flower Power movement.⁶ Ginsberg is obviously *with* the students, while Pasolini is apparently *against* them. However, Pasolini sees Ginsberg's and his own positions as analogous, inasmuch as the object of their critique is the bourgeois establishment and their critical instrument is poetry. The encounter with one of the poetic leaders of student protest in the US gives Pasolini the opportunity to compare that movement with its Italian counterpart, a comparison on which he reflects again in a subsequent letter to Ginsberg:

> Dear, angelic Ginsberg, last night I heard you say everything that came into your mind about New York and San Francisco, with their flowers. I have told you something about Italy, (flowers only to be found in flower shops.)⁷ Your bourgeoisie is a bourgeoisie of insane people, mine of idiots. You rebel against insanity with insanity (giving flowers even to policemen) but how can one revolt against idiocy? (*Lettere* 632)

The half-joking tone of the letter does not detract from the sharpness of an analysis that, within a couple of pages, outlines the differences in the social and historical structure of the two countries and illustrates the role played by such apparently different poets as Ginsberg and Pasolini in the revolt against the bourgeois establishment. If Pasolini's analysis of Ginsberg's poetic and political role is occasionally superficial, when not arguably fallacious, it is nevertheless revealing: the idealization of Ginsberg seems to correspond, in Pasolini, to an admission of his own limits and frustrations, while the acknowledgement of Ginsberg's poetic achievements indirectly sheds light on Pasolini's own redefinition of the poet's social mandate.

Pasolini's parallel analysis is centered on the relationship between poetic and political discourse in Italy and the United States in the Sixties, and the role assigned to artists and intellectuals in movements of social protest. Pasolini identifies Ginsberg's advantage in his ability to operate outside of a discourse of class struggle. Because the United States, in Pasolini's view, does not recognize itself in terms of classes, a poet like Ginsberg engaged in a critique of the establishment is free to invent a new "revolutionary" language through his poetic art.

> You rebel against the bourgeois assassin fathers by staying within their world [...] and you are therefore compelled to invent your revolutionary language anew and completely—day by day and word by word. (*Lettere* 631)

Ginsberg, in Pasolini's view, speaks from inside the world he is criticizing. His protest does not come from a marginal position, from where avant-garde artists traditionally speak, because Pasolini conceives of these margins in terms of class. Due to the apparent lack of a class conflict discourse in the United States, Ginsberg does not move his protest from a revolutionary outside that throws itself against the establishment; instead, he remains within the bourgeois world and uses his awareness of his position critically to expose the absurdity of the system.[8] By virtue of this position, Ginsberg represents a possible model for the intellectual who wants to be socially committed even in a world that denies the artist the marginal position he traditionally maintained, such as the neo-capitalist world.

Ginsberg's position—within the bourgeoisie, the universal middle class that is America, in Pasolini's view—does not prevent him from exercising his critical function. To do so, however, the American poet is compelled to invent a new language, and uses poetry to that end. He is not tied by a pre-existing political discourse of protest such as that limiting Pasolini. Political discourse in the United States at this time is dominated by war propaganda and Ginsberg uses creative means, both verbal and non-verbal, to expose its absurdity: on one hand he uses the language of mass-media, the same language used in war propaganda, to compose poetry against the war;[9] on the other he organizes peace rallies encouraging protesters to offer flowers to policemen: a creative way to speak not only against physical violence—the kind exercised by the police upon protesting students, and the violence of the war—but also against the psychological violence implicit in mass society. In his suggestions to the organizing committee of a demonstration march planned in November 1965 in Berkeley in support of peace in Vietnam, Ginsberg writes:

> Masses of flowers—a visual spectacle—especially concentrated in the front lines. Can be used to set up barricades, to present to Hell's Angels, police, politicians, and press and spectators whenever needed or at parade's end. (*Deliberate Prose* 10)

Flowers, just like the march itself, introduce a visual spectacle in a war discourse that is mainly verbal, and show the "insanity" of what is presented as a logical discourse—the necessity of attacks in Vietnam—through a creative "insanity." It is this kind of creativity that Pasolini admires in the American student movement and that he sees missing in its Italian counterpart: in Italy, flowers remain in flower shops, and the students protesting in the streets are unable to invent their own language of protest. The new revolutionary language, invented day by day by Ginsberg and other American intellectuals is opposed to the traditional Marxist language that seems inescapable in Italy:

> We here, instead, (even those now sixteen years old) already have our revolutionary language, pre-fabricated, and with its own ethics behind it. [...] Who provided us—both young and old—with the official language of protest? Marxism, whose only poetic vein is the memory of the Resistance, now recalled by the thought of Vietnam and Bolivia. (*Lettere* 631)

Marxist discourse still dominates the language of protest in Italy, and it has lost the "poetic vein" that characterized it in the "great days of Hope of the Forties" (*HE* 143). That was the only time, according to Pasolini, in which revolutionary discourse had gone beyond the practical goals of Marxism and embraced existential issues: the intent was not simply to overturn Fascism, but rather to reconstruct society on a different basis, to redefine democracy. The "mysticism" that characterized the Italian Resistance and the Civil Rights movement in the United States is absent from the Italian Student Movement of the Sixties, and this constitutes its greatest limitation. Not surprisingly, in criticizing the latter, Pasolini introduces the American flower children as a positive model for the Italian *figli di papà*, and he offers the poetry of Allen Ginsberg as a new form of critical poetry in a post-avant-garde world.

Both the visual language introduced by flowers in the anti-war protest and the poetic use of communicative language to debunk the logic of war propaganda represent creative responses based on an awareness of the specific conditions of the country where the protest originates. In his attempt to redefine the critical role of poetry and the poets' mandate in a neo-capitalist world, Pasolini is inspired by the creativity of American activists and poets. The universal middle class that is the United States for Pasolini represents a perfect lab for what Italy is becoming –a homogenized bourgeois society—and the functioning of resistance in the US can provide positive models for the position of dissenting intellectuals in Italy. Since protest in the United States does not oppose one class to another, but comes from within the system, "staying within their world" as he sees Ginsberg doing, American "independent" intellectuals can create a revolutionary discourse that is not limited by Marxist rationality, that is not strictly verbal, and that can address existential issues. In the discourse of counterculture and peace movements, with which he becomes acquainted through Ginsberg, Pasolini identifies a new function for poetry that exceeds literary experimentation and preserves its critical potential.

In his essay "The end of the avant-garde" Pasolini delineates precisely this new function for poetry.[10] He juxtaposes Ginsberg's work to that of contemporary Italian avant-garde poets, which he harshly criticizes for their fundamental acceptance of the status quo.[11] Against the *Neoavanguardia* poets, whose only response to the cultural and economic homogenization produced by neo-capitalism is a type of poetry that simply reflects the flatness of that world, he proposes Ginsberg's existential approach as a positive example of socially committed art. Analogously, in a way, to the members of the *Neoavanguardia*, Ginsberg lives in a bourgeois world and does not openly reject its socio-economic conditions, at least in Pasolini's view. His merit lies, for Pasolini, in his ability to confront the bourgeois world from within, using a critical awareness of his position to expose its absurdity. He represents therefore a useful model for the exercise of a critical activity under the new power conditions created by neo-capitalism, which make it impossible for intellectuals to maintain a marginal position. Unlike the linguistic, and ultimately just literary, approach of the *Neoavanguardia*, for which form is the only possible social commitment, Ginsberg's poetry does not accept the unambiguous, unproblematic attitude of the bourgeois world to which he belongs; instead, it puts the problematic individual, "the protester, the abnormal person, the Different, etc." at its center, and exposes the insanity of what presents itself as normal or, even worse, normative. It questions "both Marxist rationalism and bourgeois rationalism" (*HE* 139) through the "re-presentation of 'naked and poor' problematics" from which neo-capitalism diverts attention (*HE* 138).

Following Roland Barthes' redefinition of the function of contemporary art as "not to *generate* meaning, but on the contrary to *suspend* it; not to construct meanings, but to not fill them *exactly*" ("Entretiens avec Roland Barthes," *Cahiers du Cinéma*, quoted in *HE* 136), Pasolini chooses the suspension of meaning as the basis of the new writer's mandate and Allen Ginsberg as a positive model thereof: "'To suspend the meaning': here is a stupendous epigraph for what could be a new description of the commitment, of the mandate of the writer" (*HE* 136). The suspended meaning characterizes this reemergence of a problematic approach to the bourgeois world, which he has exemplified through Ginsberg's work. The suspended sense differentiates the work of Ginsberg and other representatives of "the other America" from the work of the Italian *Neoavanguardia*. Both operate from within a bourgeois system and both choose antiliterary forms, but while the poetry of the *Neoavanguardia* merely reproduces the lack of problematics of the neo-capitalist world, Ginsberg's work enhances its problematic aspects and suspends meaning. It establishes, in Pasolini's words, a "scandalous relationship" with neo-capitalism.

In the letter to Ginsberg referred to earlier, Pasolini admits his own shortcomings by using a very simple phrase: "I cannot MIX PROSE AND POETRY (as you do)." The expression "mix prose and poetry" allows Pasolini to define, by opposition, literally and metaphorically, Ginsberg's work and his own, or rather to project upon Ginsberg and American counterculture the realization of his own literary and political aspirations. Mixing prose and poetry is presented as a viable alternative to using the language of "civil servants," that Pasolini finds he is now forced to use, i.e. an obsolete language that refers to a now non-existent reality. Pasolini's expression seems thus to refer as much to his own stylistic solutions as to traditional Marxist revolutionary discourse, both of which have been superseded by the new social and political reality. The admission of his own failings is accompanied by the acknowledgment of a more successful solution on Ginsberg's part. Mixing prose and poetry, as Ginsberg does in Pasolini's view, acquires therefore both a poetic and a political connotation: from the point of view of poetics, Ginsberg is able to maintain poetic expressiveness even using a language that is as primarily communicative as that of the media; politically, Ginsberg and the other intellectuals of "his America" take a more visionary approach to political action and invent a new revolutionary discourse that is not thwarted by the "practical and rational" Marxist discourse. "To mix prose and poetry" would therefore mean, in a political perspective, to combine realism and idealism in a revolutionary discourse that relies as much on artists and intellectuals as on politicians. Inventing a new language day by day assumes therefore this double meaning: it means appropriating the language of neo-capitalism, where the communicative function prevails, and using it to compose poetry, thus adding an expressive dimension to it; it also means maintaining a social function for poetry even in a society that denies poets a marginal position.

Pasolini's enthusiasm for the visionary approach of the American student movement, for their ability to "mix prose and poetry", helps clarify his disapproval of the Italian students in 1968.

While the representatives of "the other America" are able, in his opinion, to create a new revolutionary discourse suitable to the specific conditions of American society, Italian students seem to ignore their own specific condition and adopt a protest discourse that cannot bring about real change. This opinion is confirmed and explained by Pasolini in the "ugly verses" of the poem "The PCI to the young," written only a few months after his encounter with Allen Ginsberg in Milan.[12] In commenting upon the students' clashes with the police at Valle Giulia, in Rome, Pasolini turns his interpretation of the students' protest into a satirical pamphlet mocking the students' "revolutionary" aspirations in the face of their bourgeois background. He refers to them as *"figli di papà,"* spoiled children whose revolt is a self-delusion, because they are simply following in their fathers' footsteps.[13] They are apparently unaware that their protest is inscribed in the power structure they are allegedly fighting—the power of their fathers—and that the attention they are receiving from the media is only the ratification of a process whereby the bourgeoisie reaffirms its power: "You are their children, / their hope, their future; if they reproach you / they are certainly not preparing a class conflict / against you!" (*HE* 150) Their slogans, recalling the discourse of class struggle, are therefore not only a sign of the students' lack of perspective, but also of the absurdity of the whole struggle: "At Valle Giulia, yesterday, we have thus had a fragment / of class conflict; and you my friends (even though on the side / of reason), were the rich, / while the policemen (who were in the / wrong) were poor. A nice victory, then, / yours!" (*HE* 150) To expose such absurdity, Pasolini takes the stance that made him unpopular, siding with the policemen, "children of the poor," who were the only representative of a different class at the rally. Unlike the American flower children, the Italian *figli di papà* only demand what they already have by birthright: their fathers' power. The absurdity of their protest is not a result of a creative approach, but the unwarranted result of their lack of self-awareness.

The European revolutionary discourse, in Pasolini's opinion, cannot be disregarded without pre-empting the protest: "Look at / the Americans, your adorable contemporaries, / with their foolish flowers, they are inventing / a "new" revolutionary language! / They invent it day by day! / But you can't do it because in Europe there already is one: / can you ignore it? / Yes, you want to ignore it (with great satisfaction /of the *Times* and of *Tempo*.) (*HE* 151) The contrast indicated by Pasolini in his letter to Ginsberg is here addressed directly to the students. While American students can invent a new and creative revolutionary discourse disregarding class conflict, because their society does not recognize itself in that discourse, Italian students have Marxist discourse at their disposal and must come to terms with it, or else they play the game of the power that they are trying to contest. Revolutionary discourse in Italy must deal with Marxist discourse, even though its rationalism, which Pasolini felt as a strong limitation even in earlier years, appears out of touch with the reality of social and cultural homologation characterizing Italy in the Sixties. A truly revolutionary movement, then, would engage in a radical renovation of the Communist Party: "But instead, children, go attack Federations! / Go invade Cells! / Go occupy the offices of the Central Committee! Go, go / camp out in Via delle Botteghe Oscure! / If you want power, at least take over the power/ of a party which nevertheless is in the opposition" (*HE* 153) Pasolini seems here to reconfirm his faith in the Communist Party as the instrument for promoting change, especially over the "heretical variant of it" adopted by the students, which is based on "the lowest jargon/ of sociologists without ideology." However, the series of rhetorical turns concluding the poem cast on the whole argument an ironic light, confirmed by the "Apology" following it, which asks that the poem be read as "a piece of *ars retorica*:" "Everything is said *in quotation marks*:" it is ironic and self-ironic, and it requires the "good will" of the reader to be understood. The poet's ambiguous and rapidly changing stance is a comment on the impossibility of solving the real current problems through a direct confrontation and a demand for power. The reader is forced to consider different and often opposing opinions and question the simplistic approach of the Student movement.

Pasolini's polemical stance, his sympathy for the "poor policemen," and the final recantation of his statements are his provocative way of exposing a more complex problem confronting intellectuals today: the "bourgeoisization" of society through the dynamics of a *Sviluppo,* an economic development that does not coincide with authentic *Progresso.* As he suggests in the prologue to the film *Teorema,* the conquest of power can no longer be the goal of a real protest: the social and existential problems created by the false emancipation of ever-larger segments of the population to a petty bourgeois lifestyle are.[14] Consequently, what has so far been envisioned as a revolution might well have to be reformulated as a civil war: "(Oh God! must I take into consideration / the eventuality of fighting the Civil War alongside you / putting aside my old idea of Revolution?) (*HE* 152) Set off by parentheses, the concluding statement is qualified by Pasolini as "the only non-provocative passage:" it introduces a real dilemma, with respect to which he does not seem to have a definite answer. Whereas the gradual incorporation of different social groups into a bourgeois-like condition would imply a voiding of revolutionary possibilities in a class-conflict framework, and the consequent need to reconfigure the protest in terms of a "civil war" of the bourgeoisie against itself, Pasolini resists this idea. What he defines, in a characteristically dramatic fashion, as a "traumatic hatred for the bourgeoisie" and its normalizing culture, prevents him from confiding in its renovation from within: it is the result of an experience both personal—"my private exclusion, from boyhood, much more dreadful that that which is the lot of a Negro, for example, or a Jew,"—and public: "Fascism and the war, with which I opened my eyes on life". The particularity of his own experience, an experience of difference, is the only instrument he can provide to the students to fight against the rationality of bourgeois discourse:

> Implementing the last possible choice—on the eve of the assimilation of bourgeois history to human history—in favor of what is not bourgeois (a thing that they can now do only by substituting the force of reason for the traumatic personal and public reasons to which I alluded; an extremely difficult operation, this, which implies a "clever" self-analysis of themselves outside of every convention). (*HE* 157)

Pasolini's complex and somewhat contradictory relationship with the Italian Student movement is the indication of a broader concern with the transformation of society and his own poetic and political role within it. He sees the need for a more global protest, one that goes beyond the rational limits of Marxist discourse and that takes into consideration the existential changes introduced by neo-capitalist power. The admiration he expresses for the American Student movement and Ginsberg's role within it is the admiration for a protest that moves, in his opinion, from an awareness of the specific conditions of the country where it originates. The direct opposition of class conflict is replaced, in the United States, by a protest that comes from within the system: "staying within their world" as Ginsberg seems to be doing, allows American intellectuals to create a revolutionary discourse that is not limited by Marxist rationality and can deal with problems that go beyond the conquest of power. In the discourse of counterculture and peace movements, with which he becomes acquainted through Ginsberg, Pasolini identifies a new function for poetry that exceeds the literary experimentations of the new Italian avant-garde and preserves its critical potential. In the flowers given to policemen by the "adorable" American students Pasolini sees the signs of a non-verbal language that could overcome the rational limits of Marxist discourse and offer poets the opportunity to commit themselves fully to the renewal of society, the possibility to really throw their body into the fight. Pasolini's own contribution to the creation of a non-verbal language of protest is to be found in his "cinema of poetry", which in these same years allows him to explore the expressive possibilities and critical potential of images and confirm the critical function of poetic discourse with respect to the bourgeois world.

Notes

[1] These first impressions are recorded in an interview granted to the Italian journalist and writer Oriana Fallaci that was published in the magazine *L'Europeo* on October 13, 1966, with the title "Un marxista a New York" ("A Marxist in New York"). Now in *Saggi sulla politica e la società*, 1598–1606 (henceforth SPS).

[2] The treatment written in 1968 was substantially modified when it became a script in 1973. It was published only after Pasolini's death, in 1977.

[3] The collection *Trasumanar e Organizzar* was published in 1971. Now in *Bestemmia: Tutte le poesie*.

[4] Fernanda Pivano, Italian translator of Ginsberg's poetry, thus

describes the encounter between the two poets: "Ginsberg spent a few months in Italy and we were very happy to host him. [...] In order to introduce him to some Italian intellectuals I took him to meet [Eugenio] Montale and [Salvatore] Quasimodo; at my house I introduced him to Umberto Eco and Enrico Filippini. One day Pasolini happened to be in Milan and the two poets met on October 17, in the sumptuous house that the architect Nanda Vigo had decorated for the businessman Spaggiari. The two writers needed an interpreter; we sat on a stone bench and for a couple of hours I felt like some kind of simultaneous translator, without the skills that these professionals have. From that meeting a beautiful friendship was born" (quoted in Naldini 307–08).

[5] A detailed account of Ginsberg's appointment to *Kral Majales*, or King of May, in Prague is provided by Michael Schumacher in his biography *Dharma Lion: A Biography of Allen Ginsberg* 439–40.

[6] Fernanda Pivano describes Ginsberg's fame in Italy and the reception reserved to him during his Italian tours in *C'era una volta un beat*.

[7] My translation. Only the first two pages of the original text in Italian are available; the whole letter is available only in the English translation made by Allen Ginsberg and Annette Galvano for publication in the "Lumen/Avenue A" review. Where a comparison is possible, the translation appears often inaccurate, when not completely distorting the meaning of the original. I will therefore rely on the Italian text, where possible, providing my own translation. Here, the English translation actually said "flowers only to be found in forests."

[8] From an American studies perspective, Pasolini's misinterpretation of Ginsberg's poetic and political activity raises questions about the apparent marginality on which much of Ginsberg's discourse is based.

[9] The collection *The Fall of America*, which contains poems written between 1965 and 1971, and in particular the poem "Wichita Vortex Sutra" composed in early 1966, offer good examples of Ginsberg's incorporation of the language of street signs, newspaper headlines, sounds from the radio and other sounds captured by the tape recorder in the car while the poet was driving across America. They can be found in *Collected Poems (1947–1980)*.

[10] The essay was included in *Empirismo eretico (Heretical Empiricism)* published in 1972.

[11] Pasolini mentions the poetry of Allen Ginsberg in several instances as the only positive example of the possibility to renew the social mandate of the poet at a time of poetic and ideological crisis. In the above-mentioned interview with Oriana Fallaci, he includes Ginsberg in the extremely brief list of American authors that he appreciates: "I don't like Hemingway, nor Steinbeck, very little Faulkner: from Melville I go straight to Allen Ginsberg"

(SPS 1600). In a short paragraph titled "The great poets" included in what would become "Almost a testament," the result of various encounters and interviews with the English journalist Peter Dragadze, Pasolini lists Ginsberg next to Sandro Penna, Dylan Thomas, Machado and Kafavis. It is particularly the early Ginsberg that he likes, his poetry of the Fifties, "a poetry that exalts despair" and where he sees "the rebellion against the domination of the society of prosperity" (*Il sogno del centauro*, in SPS 1477). This admiration for the American poet even induces Pasolini to think of him as the possible actor for the part of Jesus in *The Gospel According to St. Matthew* (See Naldini, *Vita di Pasolini* 272). Ginsberg's poetry is also the only poetry, in Pasolini's view, that has been able to truly represent New York (SPS 1599).

[12] The poem, accompanied by a prose "Apology," was written by Pasolini for publication in the literary journal *Nuovi Argomenti*, but was first published in the popular magazine *L'Espresso* with the editorial title "Vi odio cari studenti (*I hate you, dear students*)". It was a verse commentary on the clashes between police and students at the School of Architecture of the University of Rome on March 1st, 1968, which were remembered as "the events of Valle Giulia." The pamphlet's publication in the popular magazine unleashed "a controversy that more than any other unjustly affected Pasolini's posthumous image" (*SPS* XCVI).

[13] They are *figli di papà*, in Italian (papa's boys): an expression that refers to young people who receive everything from their fathers, without having to work for it. It seems particularly indicative here, considering the comparison with American students as "flower children," and the fathers vs. sons discourse that traverses all of Pasolini's later production,

[14] Released in 1968 in both book and film form, *Teorema* is in many ways Pasolini's own creative response to the movements of protest. He explicitly situates its origin in the context of the American poetic protest of the mid-1960s, in "the times of the *Beat Generation*, Ginsberg, Ferlinghetti, Kerouac;" theirs, he says, is a type of poetry "enhanc[ing] despair," conducting a "revolt against materialism," which will then "lead to the explosion of the student protest" (*Il sogno del centauro* 79).

3
La bestemmia del lavoro: le borgate e il sottoproletariato scritti e diretti da Pier Paolo Pasolini

Paola Bonifazio

Alla fine degli anni cinquanta, mentre la società italiana attraversa quello che in seguito verrà trionfalmente definito il "miracolo economico", la rivista *Vie Nuove* pubblica alcuni articoli di Pier Paolo Pasolini che affrontano la questione sociale, culturale, e politica del sottoproletariato urbano che vive nei quartieri all'estrema periferia della città di Roma (le borgate)[1]. Pasolini distingue due tipologie di borgate, come si legge ne "I campi di concentramento" (1958): quelle "libere", sorte spontaneamente dalle macerie delle borgate fasciste, in forma di ammassi di casette a uno o due piani, senza tetto, attraversate da strade di fango, abitate da gente povera, spesso immigrata; e le vere e proprie borgate, quelle "ufficiali": palazzoni nuovi di zecca costruiti dal Comune tra prati abbandonati e immondezzai, per concentrarvi i poveri, gli "indesiderabili" (Pasolini, *Storie* 124-25). I suoi primi due film, *Accattone* (1961) e *Mamma Roma* (1962), sono proprio ambientati, rispettivamente, nella borgata "libera" Gordiani, e in quella "ufficiale", il Tuscolano II[2]. Nel presente saggio analizzerò le immagini e le frasi con cui Pasolini, nei film e negli scritti giornalistici, osserva e crea lo spazio delle periferie romane e i corpi che lo attraversano e vi abitano[3]. In questo modo, mi propongo di definire gli elementi che costituiscono la prospettiva pasoliniana come critica radicale al discorso prodotto dal governo democristiano attraverso la teoria e la pratica dei piani urbanistici ed edilizi del dopoguerra. Mi riferisco, in particolare, alla struttura del Piano "Fanfani-Case" (ovvero Ina-Casa) proposto inizialmente nell'estate del 1948 dall'allora Ministro del Lavoro e della Presidenza sociale, Amintore Fanfani[4]; alla propaganda cinematografica per l'Ina-Casa commissionata dal Centro di Documentazione, un organo governativo creato appositamente dal Primo Ministro Alcide DeGasperi e alla diretta dipendenza della Presidenza del Consiglio per la divulgazione di materiale informativo ed educativo, specialmente cinematografico,[5] dei piani del governo, ed in particolare quelli finanziati dal Fondo Lire (il fondo creato dai proventi del Marshall Plan)[6]; e infine al volume *Il Problema Sociale della Casa* (1957), scritto dal senatore democristiano Giovanni Spagnolli, nel quale si verbalizza la posizione ufficiale del partito riguardo al valore politico e morale dell'abitazione[7]. Come si vuole mostrare, l'analisi del discorso sociale—generato dalla pratica dei piani e dalla narrazione visiva e scritta del loro implemento—mette in luce le relazioni di potere in gioco nella società italiana (del secondo dopoguerra, durante la Guerra Fredda, sotto l'egida del Partito Democristiano): gli scritti e il cinema di Pier Paolo Pasolini sono un attacco al cuore di questo discorso.

Discontinuità, Non-Sincronismo, Modernizzazione

La periodizzazione storica secondo la quale la fine Seconda Guerra Mondiale e la morte di Mussolini definiscono un momento di rottura nella storia della nazione italiana si colloca, a mio parere, all'interno di quello che Michel Foucault ha chiamato il "regime di verità" di una società. Secondo Foucault, tale regime si realizza nei tipi di discorso che la società in questione accetta e fa funzionare come "veri"; nelle tecniche e procedure ritenute valide per acquisire la "verità"; nello statuto di coloro i quali sono ritenuti tali da dire quello che conta (per quella data società) come "verità".[8] Nel nostro caso, nel "regime di verità" che si costituisce nella società italiana del secondo dopoguerra, il discorso "fatto funzionare come vero" è quello che dice che una marcata discontinuità separa il governo democristiano e democratico dal regime mussoliniano e fascista. Pasolini critica diametralmente questo discorso e sostiene, al contrario, che il regime democristiano dell'immediato dopoguerra è "la pura e semplice continuazione del regime fascista" (Pasolini, *Scritti Corsari* 128)[9]. Nel saggio "Oedipus exploded: Pasolini and the Myth of Modernization", Cesare Casarino analizza tale punto di vista di Pasolini e si sofferma sul famoso articolo pubblicato per la prima volta sul *Corriere della Sera* il primo Febbraio 1975 in cui Pasolini parla della "scomparsa delle lucciole"[10]. Casarino propone che il problema in questione non sia la possibilità di una periodizzazione storica, bensì la polemica contro la potenziale strumentalizzazione di tale periodizzazione. Casarino scrive:

> Pasolini's polemics is directed against the tendentious periodizations, organized around merely nominal changes of the guard, that are ultimately meant to produce and disseminate illusions of radical political change in order to conceal and foster what are, in effect, fundamental continuities in the agencies of power and their modus operandi. (Casarino 29)

Pasolini mette in evidenza la continuità fra il *modus operandi* del regime fascista e di quello democristiano parlando delle borgate: in "I Campi di Concentramento", egli afferma che le case popolari costruite dal nuovo governo, i complessi dell'Ina-Casa nelle remote periferie della capitale, sono identiche in architettura e obiettivi alle "borgate rapidissime" fatte costruire da Mussolini al di fuori delle mura Aurelie negli anni trenta[11]. Le nuove abitazioni hanno lo stesso "criterio stilistico, sociologico e umano" (Pasolini *Storie*, 126). Pasolini definisce le borgate dei "campi di concentramento": nell'articolo appena citato si legge che, "ogni città italiana, anche nel Nord, ha, alla periferia, dietro gli ultimi orti, i suoi piccoli campi di concentramento per 'miserabili'" (126)[12]. E poi, più avanti nello stesso articolo: "Siamo sempre alla nozione di campo di concentramento [...]. Le 'borgate' democristiane sono identiche a quelle fasciste, perché è identico il rapporto che si istituisce tra Stato e 'poveri':

rapporto autoritario e paternalistico, profondamente inumano nella sua mistificazione religiosa" (126). Secondo Pasolini, in altri termini, rimangono immutate le relazioni di potere che articola(va)no la società italiana.

Credo che il saggio di Giorgio Agamben "Cos'è il campo?" sia utile per approfondire l'argomento.[13] Sebbene l'articolo di Pasolini sulle periferie come campi di concentramento che ho appena menzionato sia stato pubblicato quasi quarant'anni prima del saggio di Agamben e si tratti di un lavoro giornalistico, non di un'analisi filosofico-giuridica, allo stesso tempo, credo che il modello euristico formulato in "Cos'è il campo?" sia attinente al pensiero di Pasolini, offrendoci una possibile chiave di lettura dei suoi scritti e mostrandoci la rilevanza contemporanea delle sue dichiarazioni. In questo saggio, Agamben intende guardare al campo di concentramento non come a un fatto storico ma come alla "matrice nascosta, al *nomos* dello spazio politico in cui ancora viviamo" (Agamben, *Mezzi Senza Fine* 35). Secondo Agamben, "il campo è il paradigma stesso dello spazio politico nel punto in cui la politica diventa biopolitica e l'*homo sacer* si confonde virtualmente con il cittadino" (Agamben, *Mezzi Senza Fine* 38)[14]. Considerando il campo in questi termini, allora dovremo ammettere che ogni volta in cui si ri-crea tale struttura, siamo di fronte ad un campo. Ad esempio, scrive Agamben, nel caso di "certe periferie delle grandi città" (Agamben, *Mezzi Senza Fine* 39). Se torniamo a questo punto all'articolo di Pasolini, notiamo tre punti importanti: 1) "poveri" è scritto fra virgolette—ci si può chiedere dunque se Pasolini si riferisca unicamente a soggetti indigenti oppure a tutti coloro i quali si trovano nello stesso tipo di rapporto col potere; 2) questo rapporto viene definito da Pasolini "paternalistico:" fondato quindi sulla vita biologicamente intesa, piuttosto che sulla sua forma politica; 3) Pasolini parla di rapporto "inumano": potremmo quindi ipotizzare che il "povero" a cui siamo di fronte sia, nelle parole di Agamben, *homo sacer*, una nuda vita la cui "umanità" è persa poiché persa è la distinzione fra questa e la vita politica.

Inoltre, Pasolini attribuisce la responsabilità di tale dis-umanizzazione al processo di modernizzazione sostenuto dal governo democristiano—come pure da quello statunitense attraverso il Marshall Plan. Infatti, nell'articolo che ho prima citato ("L'Articolo delle

Lucciole") Pasolini dichiara che se un evento di rottura ha avuto luogo nella società italiana del dopoguerra, questo non è stato il cambio di regime politico ma la trasformazione della composizione sociale italiana ad opera del processo di modernizzazione, il quale ha omogeneizzato, nel presente del neo-capitalismo, gruppi sociali antichi, in particolare il sottoproletariato delle zone rurali. La modernizzazione stessa è l'evento, impossibile da nominare se non quando si è ormai realizzato completamente e cioè, come Pasolini descrive in una immagine eccezionale, nel momento in cui le lucciole sono *già* scomparse. Come spiega Casarino, la storia della modernizzazione sembra essere intrinsecamente resistente ad impulsi narrativizzanti: "The history of the gradual incorporation, exploitation, homogenization, and effacement of archaic socio-economic and cultural structures at the hand of industrial modernization is, in fact, a history of conflictual synchronism of radically different and non-synchronous plateau" (Casarino 31). Quest'idea è esattamente opposta alla pratica della propaganda cinematografica prodotta dal Centro di Documentazione: dal 1951 al 1960, centinaia di cortometraggi raccontano il processo di modernizzazione (ricostruzione edilizia, bonifica del territorio e tecnologizzazione dell'agricoltura, industrializzazione a tappeto, etc.) in una forma narrativa lineare e progressiva. Secondo questi film, uniformando gli elementi sociali che Ernst Bloch ha chiamato "oggettivamente non-sincronici"[15] al capitalismo (il sottoproletariato rurale, in particolare), il processo di modernizzazione realizza l'unificazione della nazione italiana, moderna e democratica, al pari delle altre nazioni europee e degli Stati Uniti. In particolare, i film che riguardano l'urbanizzazione di zone rurali e la ricostruzione degli edifici bombardati trattano egualmente il sottoproletariato rurale e i vecchi edifici come "resti in declino del passato", per usare un'espressione di Bloch, e *assicura* che essi saranno convertiti, rispettivamente, in uomini e donne moderne ed in moderni complessi abitativi.

Ne "I Tuguri" (1958), Pasolini denunciava però che la questione del sottoproletariato romano nelle borgate, più di dieci anni dopo la fine della guerra, non si era affatto risolta, come invece aveva previsto la propaganda governativa. Anzi, l'emigrazione dal Sud Italia ne aveva aggravato le condizioni di vita, sovrappopolando le borgate libere, sviluppatesi nelle aree sempre più esterne alla città, aldilà delle borgate ufficiali.[16] In altre parole, mentre i film del Centro di Documentazione si preoccupavano della "trasformazione incorporea" dei loro spettatori (per usare l'espressione impiegata dal sociologo Maurizio Lazzarato[17]), vale a dire aspiravano a formare il modo in cui questi ultimi avrebbero valutato gli eventi che li interessavano (il Marshall Plan, i piani del governo, etc.), allo stesso tempo la "trasformazione corporea" della società italiana sembra aver intrapreso percorsi imprevisti: gli elementi non-sincronici nella società italiana permangono e si riproducono in seno all'industrializzazione e all'urbanizzazione, invece di scomparire per mezzo di essi. Credo che nelle parole di Pasolini si possa rileggere, in nuova forma e in un contesto storico differente, quanto scrisse Frederich Engels molti anni prima, nel 1872, in un articolo pubblicato sul settimanale tedesco *Volkstaat* con il titolo "How the bourgeoisie solves the housing question".[18] Engels riteneva che il problema della carenza di abitazioni o delle loro pessime condizioni fosse "risolto dalla borghesia" come ogni altro problema, vale a dire attraverso "the economic adjustment of supply and demand" (Engels, "How the Bourgeoisie" 32). Questa, secondo Engels, non poteva essere una reale soluzione al problema, piuttosto ri-produceva la questione stessa. Nel caso di Pasolini, il problema delle borgate e del sottoproletariato si ri-produce nonostante le migliaia di nuove abitazioni costruite e ri-costruite ad opera dei programmi dello Stato. In riferimento all'industria edilizia romana, John D. Rhodes descrive brillantemente questa contraddizione come un "cancro": "the [roman] housing industry was coddled by the state and given total autonomy in order to promote its growth so as to create jobs for new migrants; this growth in jobs attracted more migrants who, in turn, increased the need for more housing" (Rhodes, "Stupendous" 60). Ritengo che sia le parole di Pasolini, che quelle di Rhodes ed Engels, descrivano, seppur in modi diversi, uno stesso schema; tale schema mi sembra corrispondere a quello formulato teoricamente da Giorgio Agamben nel saggio "Cos'è un popolo?"[19] Spostando l'orizzonte interpretativo dal piano economico-sociale a quello del linguaggio, Agamben afferma che la frattura fra l'insieme Popolo, come "corpo politico integrale" (Agamben, *Menzi Senza Fine* 32), e il sottoinsieme popolo, come "molteplicità frammentaria di corpi bisognosi ed esclusi" (32), è intrinseca e costitutiva del termine stesso. Di conseguenza, egli spiega, la sua stessa esistenza è condannata a quella frattura: il piano capitalistico-democratico che si propone di eliminare la povertà ri-produce in se stesso il popolo degli "esclusi."

Nel 1961, quando s'interrompe la voce della filmografia della nazione—la quale aveva proclamato la "morte" del non-sincronismo in Italia—Pasolini parla al pubblico con il suo primo film *Accattone* proprio de il popolo degli "esclusi", ri-prodotto nel ventre stesso della modernizzazione: i sottoproletari della borgata Gordiani.

Casa, Lavoro, Soggettificazione

Prima di procedere con la discussione della prospettiva pasoliniana, attraverso l'analisi del suo primo film, vorrei aprire una breve parentesi sul contesto storico entro cui essa si colloca. Nel 1960, un lettore di *Vie Nuove* scrisse a Pasolini che i cittadini romani sono divisi in due categorie: "a pieno diritto" e "a mezzo servizio". Quest'ultimi sono i "non-residenti", "coloro che non possono ottenere la residenza nel comune di Roma perché non hanno un lavoro stabile e che non possono avere un lavoro stabile perché non hanno la residenza" (Pasolini, *Saggi* 901). In effetti, secondo la legge fascista del 1939 in vigore fino al 1961, il sottoproletariato rurale che emigrava verso le grandi città senza prospettiva di lavoro non poteva ricevere la residenza: in questo senso, come scrive il lettore di *Vie Nuove*, il sottoproletario non "esisteva" (civilmente) di fronte all'amministrazione pubblica. Certo, gli emigranti rimangono pur sempre cittadini italiani, si potrebbe obiettare. Ma se guardiamo allo spazio della città di Roma (e qui ci interessa in primo luogo il rapporto fra la città/insieme e la periferia/sottoinsieme) allora la periferia, lo spazio in cui sono concentrati gli immigrati disoccupati, i non-residenti, diventa uno spazio di "eccezione", in cui gli esclusi dalla città sono inclusi in essa pur senza mai appartenervi. L'abitante delle borgate libere, di fronte all'amministrazione comunale, è un'esistenza spogliata della propria forma politica.

Nella letteratura del periodo che riguarda l'amministrazione dei complessi abitativi costruiti mediante finanziamento del Fondo Lire sembra che l'obiettivo ultimo dei progetti sia proprio quello di dare una "forma" politica e morale agli indigenti. Gli elementi cardine di questo processo sono la casa e il lavoro, elementi che si articolano nel discorso del governo democristiano, sia come narrativa (nei film del Centro, ad esempio), sia come pratica (nei piani urbanistici, ad esempio, come il Piano Fanfani). Secondo il piano ideato dal Ministro dei Lavori Pubblici Amintore Fanfani, lo scopo principale del programma di ricostruzione edilizia e urbanizzazione delle zone rurali era quello di risolvere il problema della disoccupazione; la questione della mancanza di alloggi o delle pessime condizioni di quelli esistenti sarebbe stata risolta di conseguenza. "Uno stuolo di cento assistenti sociali" (Spagnolli 105) si occupa dell'educazione morale dei nuovi abitanti dell'Ina-Casa, come scrive il senatore democristiano Giovanni Spagnolli nel volume *Il Problema Sociale della Casa* (1957). La casa, infatti, afferma Spagnolli: "è un fattore primario di salute fisica e morale, uno strumento indispensabile di recupero e di elevazione sociale, un impegno ed un elemento di stabilità, un mezzo di ordine, rinnovamento della collettività, una base di sicurezza e assistenza"(39). Come scrive Barbara Allason nel 1950, nel resoconto del suo viaggio in visita ai villaggi Unrra-Casas (altri complessi di case popolari costruiti mediante l'utilizzo del Fondo Lire),

> L'amore al lavoro, il disprezzo dell'accattonaggio sono i punti essenziali su cui l'assistente batte e cerca di indurre gli assistiti; e se questo non è necessario nelle zone del nord, dove l'abitudine a lavorare è già entrata nel sangue e vivo il senso orgoglioso della propria dignità, è invece punto cruciale nell'educazione o rieducazione delle popolazioni meridionali. Ma l'assistenza va anche più in là, penetra nelle famiglie, incide su questioni gravi di immoralità, di cattiva convivenza. (Allason 23)

L'obiettivo ultimo, sostiene Spagnolli, è quello di *difendere* "nella vita spiritualmente e materialmente sana della popolazione, il principale patrimonio del nostro Paese" (Spagnolli 80). Secondo Spagnolli, assistere coloro i quali ricevono una casa comunale significa proteggere le loro vite, sia dal punto di vista economico che da quello morale. Tale obiettivo, a mio parere, non si deve considerare come un gesto di disinteressata solidarietà ma come un'azione politica, attraverso la quale il Paese protegge la propria stessa vita. Credo che in questo senso Spagnolli parli dello Stato allo stesso modo in cui nell'XVII e XVIII secolo si parlava della *"police"* —una tecnologia di governo specifica dello stato—come evidenzia Foucault nel saggio "Omnes et Singulatim" (1979)[20]. Scrive Foucault che la *"police"* si occupa del "vivere" e la "qualità morale della vita" pertiene ai suoi compiti (Foucault 2000, 321).

Inoltre, secondo Spagnolli, dalla casa dipende anche la *sicurezza* di una società:

> "L'individuo senza una casa o con una casa che non può neppure chiamarsi tale, tanto è lontana dai minimi criteri civili, è un individuo che viene posto al di fuori del consesso umano e spesso obbligatoriamente fuori della legge e quindi contro la legge". (Spagnolli 42)

Mentre Allason dimostra che i piani edilizi, attraverso l'assistenza sociale, si occupano del sradicare vizi e impiantare le virtù della vita moderna (igiene, produttività, abitudini sessuali), Spagnolli aggiunge che un'abitazione dignitosa costituisce un'arma di difesa per la salute della società intera.

Accattone, Eccezione, Resistenza

Questa digressione sul discorso di casa e lavoro nel contesto della ricostruzione e urbanizzazione post-bellica mi sembra utile per comprendere la portata critica di *Accattone*. Non solo Pasolini sceglie come protagonisti del suo primo film i "derelitti",[21] ai margini della città, ma li presenta, secondo la sua prospettiva di regista e autore del film, come individui refrattari al processo di soggettificazione in corso nella società italiana del tempo. Accattone e i suoi amici resistono ostinatamente al lavoro salariato e vivono confortevolmente nelle baracche. La loro malattia cronica, l'indigenza, ha raggiunto un livello tale che, sostiene Pasolini, "dare a questi 'miserabili' un lavoro onesto e una casa, probabilmente, non risolverebbe ancora niente" (Pasolini, *Storie* 130). Accattone e i suoi compagni gridano (ridendo) che il lavoro è una bestemmia: tale paradosso scardina il discorso governativo e destabilizza il senso comune, quella "verità" prodotta da tale discorso, naturalizzata e, infine, verbalizzata nel proverbio "il lavoro nobilita l'uomo". La bestemmia del lavoro attacca l'autorità della costituzione stessa, la quale si apre con le parole "la repubblica italiana è fondata sul lavoro". Credo non si tratti di esibire, semplicemente, un paradosso; piuttosto, ritengo che la posizione espressa da Pasolini suggerisca che per poter elaborare una critica radicale dello *status quo* sia necessario ricercare e svelare le origini (storiche) del discorso sociale da cui la "verità" ha preso forma, anziché continuare ad analizzare tale *status quo* a partire da quegli stessi presupposti che ne reggono il discorso.

Lo spazio di eccezione in cui vive il sottoproletariato romano viene posto al centro dell'attenzione, in *Accattone*, nella sua più cruda violenza. Questa violenza è il modo per migliorare la lotta contro un regime di verità per il quale il lavoro è uno strumento di disciplina, ma il cui discorso ne fa un mezzo di elevazione sociale. In *Surveiller et punir*, Foucault evidenzia che all'interno del carcere il lavoro è uno strumento di "ri-educazione": "trasforma il ladro in un docile lavoratore" (Foucault, *Discipline and Punishment* 243)[22]. Inoltre, osserva il filosofo francese, lo scopo del lavoro forzato trascende i confini fisici del carcere ed è quello di creare una relazione di potere, una vuota forma economica, in cui l'individuo si sottomette e si adatta all'apparato produttivo. In *Accattone*, ci troviamo nei "tuguri", vale a dire ne "i campi di concentramento", descritti da Pasolini come "covi di malattie, di violenza, di malavita, di prostituzione" (Pasolini, *Storie* 130). Qui il lavoro non è né un mezzo per salvare moralmente ed economicamente il sottoproletariato, né uno strumento per ottenere coscienza di classe (come vorrebbe la critica marxista ortodossa), bensì un'attività che rende l'uomo simile al prigioniero del lager. Quando Accattone decide un giorno di cambiare la propria vita e diventare una "brava" persona trova lavoro come manovale; il primo giorno di lavoro però, sfinito dopo breve, dichiara: "Ma che siamo a Buchenwald?" In questo senso, potremmo parlare di una idea di lavoro come pratica "disciplinante". In *Accattone*, i sottoproletari rifiutano proprio la disciplina del lavoro; anzi, l'unica giornata di lavoro trasforma Accattone da sfruttatore a ladro. Alla luce di quanto Michael Hardt ed Antonio Negri scrivono del "rifiuto" (rifacendosi ai principi dell'autonomismo) in un breve capitolo del loro libro *Impero*, possiamo ipotizzare quale valenza politica possa avere l'atteggiamento del protagonista del film, soprattutto in riferimento alla visione pasoliniana della relazione di potere che unisce il sottoproletariato e lo Stato. Secondo Hardt e Negri, "il rifiuto del lavoro e dell'autorità — e in particolare il rifiuto della servitù volontaria — è l'inizio della liberazione politica" (Hardt e Negri 192)[23].

In questo modo, Pasolini si oppone anche all'idea marxista per cui la forza-lavoro è il potere nelle mani del proletariato attraverso cui aprire la strada all'emancipazione di classe. Secondo Hardt e Negri, di fatto, il marxismo ortodosso è ostile al "Povero" proprio perché immune alla disciplina necessaria a creare il socialismo (Hardt e Negri 158)[24]. Il confronto fra *Accattone* e il film di Luchino Visconti, *Rocco e i Suoi Fratelli* (1960) uscito appena un anno prima, esemplifica questa contrapposizione. Pasolini dichiarò, a pochi giorni dall'uscita del film, che "Accattone non può diventare Ciro". Ricordiamo che il film di Visconti tratta di una famiglia meridionale (una madre e quattro fratelli) che si trasferisce a Milano, dopo la morte del padre, dove si riunisce al figlio maggiore che vi si era trasferito anni prima. Ciro è il fratello Parondi la cui parabola narrativa sembra incarnare l'idea gramsciana di intellettuale organico. In Ciro si osserva la trasformazione dell'immigrato meridionale in proletario, e con essa l'elaborazione critica del senso comune e l'acquisizione della coscienza di classe. In *Accattone*, invece, come ho sostenuto prima, il *rifiuto* è l'unica forma di potere nelle mani dei sottoproletari, altrimenti in balia di un potere arbitrario, incarnato dalla polizia. Mi riferisco in particolare alla sequenza in cui due poliziotti in borghese si avvicinano ad Accattone chiedendogli di seguirli, senza offrire spiegazioni, e poi, al rifiuto di quest'ultimo, lo costringono a forza ad andare in questura. Qui, forzato ad attendere per ore senza sapere il perchè, Accattone si slancia violentemente contro i gendarmi, tentando l'impossibile fuga, prima verso la porta e poi verso la finestra.

Se consideriamo il film nel contesto storico in cui è nato, il rapporto fra Accattone e la polizia assume significato più ampio. Nel 1965, Pasolini afferma che il suo primo film era nato in un momento di buio, proprio durante l'estate del governo Tambroni[25]. Gli scontri avvenuti nel mese di luglio del 1960 fra manifestanti e polizia durante una manifestazione a Reggio Emilia e terminati con un bilancio di cinque morti e feriti, mi sembrano appropriati per definire "il buio" che caratterizza il periodo in cui nasce il film[26]. A proposito di una registrazione audio della manifestazione resa pubblica da *Vie Nuove*, Pasolini risponde ad un lettore, nell'agosto del 1960, dicendo che lo avevano colpito due fatti in particolare: la freddezza con cui la polizia aveva sparato contro i dimostranti; il fatto che i poliziotti non sembrassero nemmeno "italiani" e che invece fra loro e i dimostranti ci fosse un salto di "nazionalità"[27]. Pasolini propone, inoltre, un parallelo fra la polizia italiana e gli ufficiali nazisti, paragonando il modo in cui i poliziotti avevano sparato sui dimostranti a quello in cui i nazisti uccidevano gli ebrei. Anche in questo caso, come in quello del rapporto fra Stato e "poveri", credo non si tratti di un paragone polemico *per se* ma del tentativo, da parte di Pasolini, di evidenziare nel rapporto fra i dimostranti e i poliziotti la relazione di potere che li lega e che opera nella contingenza storica. Nel momento dello scontro con la polizia, i dimostranti sono ridotti ad una vita spogliata della propria forma politica: di fronte ai poliziotti, essi non sono più dei "cittadini" ma "nuda vita", così come, nell'analisi di Agamben, i prigionieri del lager sono *homo sacer*; di conseguenza, il fatto che contro di essi si usi violenza non dipende dalla "legge" ma dalla "bontà" della polizia che regna sovrana. Sembra dirci Pasolini che, nello "stato di eccezione" che si crea nel momento della manifestazione di protesta contro il governo della Repubblica, gli individui che si oppongono allo Stato sono uccisi "con freddezza" in quanto "nemici" della Nazione. Come scrive Agamben in "Polizia sovrana", "la polizia, contrariamente all'opinione comune che vede in essa una funzione meramente amministrativa di esecuzione del diritto, è forse il luogo in cui si mostra a nudo con maggior chiarezza la prossimità e quasi lo scambio costitutivo fra violenza e diritto" (Agamben, *Mezzi Senza Fine* 83-84).[28] A Reggio Emilia i dimostranti, in *Accattone* i sottoproletari, sono i protagonisti di questo scambio.

Per Pasolini, è quindi necessaria un'azione radicale da parte degli intellettuali, sia politica che estetica: egli biasima i registi neorealisti per non aver avuto il coraggio di rappresentare fino in fondo la realtà dei tuguri (Pasolini, *Storie* 128). Rappresentare questa realtà fino in fondo non significa, in *Accattone*, riprodurla oggettivamente. Pasolini afferma che la frontalità delle inquadrature, la semplicità dei movimenti di camera, la generale fissità che caratterizza il suo modo di guardare al mondo del povero, corrisponde al desiderio di mantenere la purezza degli elementi in gioco nella "psicologia dei derelitti" (Pasolini e Fioravanti 32)[29]. Rappresentare la realtà dei tuguri fino in fondo significa ricercarne la "purezza". Ed essere "puri" significa vivere fuori dalla Storia: Accattone "vive", nelle parole di Pasolini, "fuori dalla coscienza storica e precisamente, della coscienza borghese" (Pasolini e Fioravanti 32). Ricordiamo l'ottava tesi sulla Storia di Walter Benjamin in cui il filosofo tedesco dichiara che,

> One reason why Fascism has a chance is that in the name of progress its opponents treat it as a historical norm. The current amazement that the things we are experiencing are "still" possible in the twentieth century is not philosophical. This amazement is not the beginning of knowledge—unless it is the knowledge that the view of history which gives rise to it is untenable. (Benjamin 91)

Per migliorare la lotta contro il Fascismo, scriveva Benjamin, bisogna rendersi conto che il nostro compito è quello di suscitare un vero "stato di eccezione". In *Accattone*, il vero stato di eccezione è in funzione nello spazio delle borgate libere: da questo spazio, in cui coloro che vi sono protagonisti vivono *fuori dalla Storia*, possiamo (finalmente) riconoscere che, come afferma Benjamin, l'eccezione è diventata la regola.

Epilogo: *Mamma Roma*

Per concludere il mio saggio, desidero volgere l'attenzione al secondo film di Pasolini, *Mamma Roma*. Non intendo delineare un'analisi completa ed esaustiva di quest'ultimo, quanto piuttosto inquadrarlo nell'ambito delle tematiche precedentemente discusse. È importante notare che il discorso sociale di cui ho parlato si struttura mediante l'esaltazione dell'autosufficienza e della responsabilità dei soggetti coinvolti. Infatti, ritengo che la prospettiva di Engels risulti incompleta, in riferimento alla situazione italiana del secondo dopoguerra, nel momento in cui si considera il fatto che l'organizzazione del sociale ad opera del piano capitalistico-democratico conferisce ai soggetti un ruolo attivo e produttivo. Ad esempio, secondo il Piano Fanfani, tutti i lavoratori devono contribuire alla rinascita dell'industria edilizia statale, e alla ricostruzione del paese, mediante contribuiti obbligatori detratti dal salario percepito. In questo modo, i lavoratori agirebbero in solidarietà con gli industriali e lo Stato (ed il popolo Americano, che pure contribuisce alla ricostruzione con le tasse pagate per rendere possibile il Piano Marshall). Come ha scritto la sociologa femminista Alisa Del Re, "The Welfare state is established once the secular principle of solidarity is substituted for the religious principle of charity" (Del Re 109). Nel libro di Spagnoli addirittura non si parla tanto dello Stato ma della "società" come responsabile del *welfare* di tutti i cittadini, evidenziando l'idea di auto-sufficienza e "self-help" (questo il termine utilizzato dalla propaganda americana per il Marshall Plan) e scacciando l'idea di un'azione autoritaria dello Stato. Allo stesso modo, la propaganda cinematografica del Centro insiste ripetutamente sul senso di responsabilità dei cittadini, sul ruolo attivo da loro esercitato grazie alla presenza di un governo democratico, e sul fatto che il benessere economico e la "libertà" dell'individuo dipendono dalla volontà dei cittadini stessi[30]. Infatti, secondo Maria Adelaide Frabotta, autrice dell'unica pubblicazione sui film del Centro di Documentazione, questi ultimi si distinguono dalla propaganda fascista proprio perchè mancano di indottrinamento e repressione, mentre si devono considerare unicamente come dei mezzi educativi, informativi, e performativi (Frabotta 17).

In *Mamma Roma*, Pasolini evidenzia questo aspetto del processo di modernizzazione della società italiana: dai soggetti resistenti di *Accattone*, si passa a quelli non solo consenzienti ma attivamente partecipanti come la protagonista di questo film. In particolare, credo che *Mamma Roma* metta in evidenza la questione della presunta "autonomia" del sottoproletario nel processo di trasformazione che lo vede trasferirsi dalle campagne alle "borgate ufficiali", per lo più abitate da famiglie piccolo borghesi. Mamma

Roma è interpretata da Anna Magnani, il cui corpo mortalmente ferito in *Roma Città Aperta* giace ancora nella memoria culturale del pubblico italiano. La Magnani è una prostituta che, grazie ai propri risparmi, può finalmente trasferirsi in un appartamento *signorile* in un quartiere Ina-Casa (il Tuscolano II) dove intende vivere una vita *dignitosa* insieme al figlio Ettore, il quale ha vissuto fino a quel giorno nella campagna romana. Mamma Roma ha un nuovo lavoro, un banco di frutta e verdura al mercato, e ne cerca per il figlio uno altrettanto *onesto*. Nel film, il trasferimento nella nuova abitazione e la trasformazione del sottoproletariato (nella persona di Mamma Roma) sembra avvenire come un processo volontario, visto da lei stessa come progresso e miglioramento sociale, economico, e culturale. Tuttavia, più che alla narrazione della falsa coscienza del sottoproletariato ci troviamo di fronte, invece, ad una storia che parla di una società, quella italiana, che si vede e si racconta come "libera" e "autonoma" perché liberatasi dell'autorità che la dominava (il protettore nel caso della prostituta, la dittatura nel caso del sociale). Non voglio in questo modo presentare il film di Pasolini come una perfetta metafora della società italiana, piuttosto intendo far emergere con la mia analisi la rete di relazioni di potere che operano sia nel film che nel sociale in cui esso è prodotto. La "liberazione" di Mamma Roma dal suo protettore avviene attraverso il risparmio, il lavoro produttivo, l'auto-disciplina e il senso di responsabilità (verso il figlio, soprattutto, che ancora vive in campagna); non a caso, a mio parere, ma proprio analogamente al processo di modernizzazione dell'Italia post-bellica.

Proprio per l'entusiasmo con cui assicurano la prosperità futura al popolo italiano, se continuerà a mantenersi responsabile e produttivo, Frabotta tesse le lodi dei film del Centro di Documentazione. Si dimostra incurante, quindi, degli effetti "collaterali" della modernizzazione. Al contrario, *Mamma Roma* mette a nudo tali effetti, che sono tragici poiché si rivelano troppo tardi, quando il processo che li ha determinati si è già concluso. Nell'ultima scena del film, Mamma Roma apre la finestra del suo appartamento al Tuscolano II. È curioso che, in alcuni film del Centro di Documentazione, si trovi proprio l'immagine di una donna che apre le finestre di casa, mentre una carrellata trasporta il cine-occhio dall'interno all'esterno dell'abitazione, verso il futuro che si proietta all'orizzonte, nei profili dei nuovi complessi abitativi. In *Mamma Roma*, di fronte allo sguardo di una madre e del vicinato che la circonda, si staglia in campo lungo il sublime spettacolo dell'*urbe*; Ettore, suo figlio, che ella stessa aveva portato via dalla campagna per trasferirsi in città, per un futuro migliore e per il suo *bene*, è morto. Non è questa, sosterrei, una manifestazione di rimpianto o di nostalgia, da parte di Pasolini, per un innocente sottoproletariato rurale, ucciso (ignaro) dal progresso. Piuttosto, credo che nel volto della Magnani si legga la presa di coscienza del soggetto non di sé ma del processo di soggettificazione che ha attraversato: la normalizzazione del sottoproletariato, trasformato da possibile a concreto proprio grazie alla partecipazione stessa dei soggetti che ri-producono le relazioni di potere che li disciplinano. Nello spettacolo della metropoli romana si vede *chi si è diventati*, non perché costretti da un potere coercitivo ma perché si è creduto in una *visione* (un punto di vista, una possibilità) come fosse la *verità* (la modernizzazione era necessaria, inevitabile, "buona"). Il processo di visione del film si conclude nello scarto fra il vedere (un film che ha luogo nelle borgate romane) e il vedere di un altro vedere (lo sguardo di Anna Magnani su Roma). In questo scarto, in questa frattura, quello che è preso come verità (il progresso, il *bene* del sottoproletariato) ci appare nella sua storicità. Quando le lucciole sono già scomparse, il processo di modernizzazione è terminato. E da quel momento in poi, è davvero un'altra storia.

Note

[1] Cfr. Pier Paolo Pasolini, *Storie della Città di Dio*; in particolare, i due articoli: "I Campi di Concentramento". 124-27; e "I Tuguri". 128-31. Cfr. inoltre l'articolo pubblicato su *Vie Nuove* in data 1 Ottobre 1960, più avanti discusso, in cui Pasolini risponde alla lettera di un lettore riguardo la condizione sociale del sottoproletariato delle borgate. Quest'articolo è stato ripubblicato in "Dialoghi con Pasolini", in *Saggi sulla politica e sulla società* 904-06. Parti del presente saggio sono stati pubblicati in precedenza; cfr. Paola Bonifazio, "Normalizing Spaces of Exception: The Outskirts and Film in the Italy of the Economic Miracle" in *State of Exception: Cultural Responses to the Rhetoric of Fear*, Paola Bonifazio and Elena Bellina, eds. (Newcastle, UK: Cambridge Scholars, 2006).

² John David Rhodes elabora un'acuta e interessante analisi dei primi due film di Pasolini, in relazione allo spazio in cui sono stati girati, considerando lo sviluppo artitettonico e urbanistico della città di Roma, nella sua tesi di dottorato: "Stupendous, Miserable City: Pasolini, Rome, Cinema". Di recente pubblicazione è il libro di Rhodes, *Stupendous, Miserable City: Pasolini's Rome*.

³ Sono consapevole del fatto che la mia analisi non sia esaustiva, non prendendo in considerazione i due romanzi scritti da Pasolini che hanno come oggetto/soggetto quegli stessi spazi e corpi, vale a dire *Ragazzi di Vita* (1956) e *Una Vita Violenta* (1959). Allo stesso tempo, questo saggio non si prefigge l'esaustività come primo scopo, bensì la possibilità di offrire una interpretazione che evidenzi l'originalità della prospettiva di Pasolini riguardo al sottoproletariato e le borgate, e la peculiarità del suo impegno politico come intellettuale.

⁴ Per una approfondita ricerca sul Piano, cfr. *Fanfani e la Casa. Gli Anni Cinquanta e il Modello Italiano di Welfare State. Il Piano INA-Casa*. I contenuti di questo volume sono il risultato di una ricerca realizzata dall'Istituto Luigi Sturzo all'interno di un progetto sugli anni cinquanta e il modello italiano di welfare state. Per una critica radicale a tale modello, cfr. i saggi di Carlo Vercellone e Alisa DelRe in *Radical Thought in Italy: A Potential Politics*, edito da Paolo Virno e Michael Hardt (Minneapolis: U of Minnesota P, 1996).

⁵ La produzione del Centro di Documentazione (il quale realizza non solo film ma anche altro materiale di informazione e propaganda) inizia nel 1952 e termina nel 1960. Per un catalogo e riassunto dei film del Centro di Documentazione, cfr. Maria Adelaide Frabotta, *Il Governo Filma l'Italia*. Nel volume citato alla nota precedente, ci sono dei riferimenti ai film di propaganda per il Piano Fanfani nel saggio di Maria Luisa Sergio, "Le Organizzazioni Economiche e la Società Civile".

⁶ Tali fondi vengono chiamati col termine *counterpart funds*; si tratta dei proventi delle vendite dei prodotti arrivati in Italia tramite l'European Recovery Program (Marshall Plan), amministrati dal governi mediante, appunto, il cosidetto Fondo Lire. Per un resoconto sull'uso dei *counterpart funds* in Italia, cfr. Manrico Gesummaria, *Piano Marshall e Mezzogiorno* e in particolare il capitolo "Meccanismi e funzionamento dei counterpart funds", 63-102. Per quanto il testo sia nel suo complesso venato da un intento di revisionismo storico, si tratta dell'unica opera di mia conoscenza che tratti l'argomento mediante documentazione prelevata dagli archivi statunitensi (National Archives and Records Administration, College Park, MD).

⁷ Spagnolli cita esplicitamente il programma del partito pubblicato in *Orientamenti Programmatici della DC*. Spagnolli fece parte della Com-

missione per lo Studio della Città e dell'Agro di Matera Prima Giunta, formatasi in preparazione alla realizzazione di alloggi per gli abitanti dei Sassi di Matera nelle zone rurali circostanti. I risultati della ricerca furono pubblicati in tre volumi nel 1956.

[8] Questa definizione del regime di verità si trova nell'intervista tenuta da Foucault nel giugno 1976 e pubblicata in Alessandro Fontana e Pasquale Pasquino (eds.), *Microfisica del potere: interventi politic*. Nel presente saggio mi riferisco alla traduzione in lingua inglese "Truth and Power" 131.

[9] Pasolini scrive queste parole nel 1975 e afferma che la situazione "era" tale fino a una decina di anni prima; e cioè prima che il processo di modernizzazione fosse completo.

[10] Cfr. "L'articolo delle lucciole", in Pasolini, *Scritti Corsari* 128.

[11] Rhodes scrive: "The visibility of such squalor [of the *borgate*] from inside Rome's walls was intolerable to Mussolini's Fascist regime. [...] Fascism's hunger for visual and symbolic splendor demanded that the *borgate* inside the walls be torn down and replace, at a further distance from the city center, with what were called *borgate rapidissime*" ("Stupendous" 43-44).

[12] In altre occasioni, Pasolini chiama le borgate "campi di concentramento". Cfr., ad esempio: Pasolini, *Saggi*, 904.

[13] Tutti i saggi di Giorgio Agamben da me citati si trovano nel volume *Mezzi Senza Fine: Note sulla Politica*. Cfr. "Cos'è il campo?", Agamben 35-41.

[14] Secondo Agamben (il quale fa riferimento alla teoria di Hannah Arendt), l'esistenza di un individuo è composta dalla vita biologicamente intesa (zoe) e da quella politica (bios). *Homo sacer* è una esistenza spogliata della sua forma politica e ridotta, in questo modo, alla pura vita biologica (che Agamben chiama "nuda vita"). Nell'*homo sacer*, per il quale, secondo la legge romana, si intende un uomo che si può uccidere senza conseguenze legali ed allo stesso tempo non può essere sacrificato nel rito religioso, dunque simultaneamente escluso dalla legge civile e divina, si trova, secondo Agamben, il paradosso della esclusione/inclusione dell'individuo nella legge: *homo sacer* è colui il quale non è escluso dal tutto di cui è parte e non appartiene al tutto in cui è sempre già incluso. Cfr. Agamben *Mezzi Senza Fine* 32; Agamben, *Homo Sacer* 94.

[15] Scritto nel 1932 e pubblicato all'interno dell'opera di Bloch, *Erbschaft dieser Zeit* (Zurich, 1935). Devo il riferimento alla teoria di Bloch all'articolo sopracitato di Cesare Casarino.

[16] È interessante notare, negli anni cinquanta, l'interesse della carta stampata di larga divulgazione e lo studio dei sociologi riguardo la questione sociale delle borgate. Cfr. ad esempio: Cafiero e Brunori G. "La borgata Gordiani di Roma—un inchiesta sociale". In *Orientamenti social;*

Bruno Pierleoni, "Proposte per lo Sviluppo Economico delle Borgate Romane"; numerosi articoli pubblicati sul *Corriere della Sera,* in particolare nel 1948 e 1949.

[17] Cfr. Maurizio Lazzarato, "Lutte, Événement, Médias", MoltitudesWeb, http://multitudes.samizdat.net, 05/01/2004. Una versione in lingua inglese tradotta da Aileen Derieg si trova on-line in diversi siti web; ad esempio, cfr. *http://www.generation-online.org/p/plazzarato.htm.*

[18] Nel 1872, Engels pubblicò tre articoli sul settimanale tedesco *Volkstaat:* oltre a quello citato, "How Proudhon Solves the Housing Question", and "Supplement on Proudhon and the Housing Question". Nel mio saggio, faccio riferimento alla traduzione in lingua inglese del saggio presente, insieme agli altri due, nel volume *The Housing Question,* edito dalla International Publisher.

[19] Cfr. Agamben, *Mezzi Senza Fine* 30-34.

[20] Con questo titolo ci si riferisce a due discorsi tenuti alla università di Stanford il 10 e il 16 Ottobre del 1979.

[21] Questo è il termine utilizzato da Pasolini per descrivere i protagonisti del film. Cfr. Foucault, "Omnes et Singulatim" 298-325.

[22] In "I Campi di Concentramento", Pasolini definisce l'immagine che un visitatore ha delle borgate ufficiali come "il fronte di un penitenziario". Cfr. Pasolini, *Storie,* 127.

[23] Il breve capitolo in questione si intola, appunto, "Il Rifiuto".

[24] Cfr. "Il Povero", in Hardt e Negri 152-54.

[25] Nel 1960, Fernando Tambroni diventa presidente del consiglio con i voti del partito neo-fascista MSI. Secondo Pasolini, *Accattone* è una sorta di "regressione" rispetto al suo secondo romanzo *Una Vita Violenta* (1959) (ricordiamo che, alla fine di *Una Vita,* il protagonista decide di iscriversi al Partito Comunista Italiano). Cfr. Pasolini e Fioravanti 35. Successivamente, in un intervista con Jon Halliday, Pasolini afferma che "il governo Tambroni non ha influito sul film. [...] con quella battuta volevo dire che era un film che poteva nascere in Italia in un determinato momento culturale, cioè quando il neorealismo era morto". Per neorealismo, dice Pasolini, si intende l'espressione "di tutte le nostre speranze in un nuovo tipo di società". Cfr. "Pasolini su Pasolini. Conversazioni con Jon Halliday" (1968-1971), in *Saggi sulla politica e la società* 1309.

[26] Il 7 luglio 1960, durante una manifestazione sindacale, sono uccisi cinque operai reggiani, tutti iscritti al Partito Comunista Italiano.

[27] Cfr. Pier Paolo Pasolini, "Dialoghi con Pasolini" 896-900. L'articolo viene pubblicato su *Vie Nuove* 33 (20 Agosto 1960). Scrive Pasolini: "I poliziotti che sparano non sembrano nemmeno degli italiani [...]. La Polizia italiana, insomma, si configura quasi come l'esercito di una potenza straniera, installata nel cuore dell'Italia" Cfr. "Dialoghi con Pasolini" 899.

[28] Cfr. Giorgio Agamben, "Polizia sovrana", in *Mezzi Senza Fine* 83-86.

[29] Queste dichiarazioni di Pasolini sono tratte dalla rivista *Film Quarterly*, la quale pubblicò nel 1965 una conversazione avvenuta un anno prima fra gli studenti del Centro Sperimentale di Cinematografia e Pasolini, moderata dal direttore del Centro, Leonardo Fioravanti. Secondo tale pubblicazione, la conversazione fu pubblicata un anno prima dalla rivista *Bianco e Nero*. La traduzione dall'inglese delle dichiarazioni citate è mia.

[30] Sono debitrice per questa mia analisi della società italiana del dopoguerra all'analisi fatta da Jacques Donzelot nel suo libro "The Policing of Families". Donzelot dimostra che le "strategie filantropiche" (in particolare, la campagna per il rispetto delle norme igieniche e quella per la virtù del risparmio), utilizzate durante l'*ancient regime* in Francia al fine di governare la classe operaia, ebbero successo proprio perchè alimentavano e rendevano concretamente possibile il desiderio di autonomia delle famiglie dei lavoratori. Cfr. Donzelot, *The Policing of Families* e in particolare il capitolo "Government through the family".

Part II

Reflections on Language and on the Means of Representation

4
Doubles

Sam Rohdie

Most films are representational. In the history of the cinema there have been two predominant representational practices, one in which the film is a window onto a world and the other in which it is a mirror. The window effect is transparent, that is, through the film you see some kind of reality or the likeness of one. The window is effaced by the spectacle that it frames. The mirror effect is a relation of doubling in which what is seen is not a reality but its image, the reality being absent. All that remains of it is a projected shadow or reflection. The transparent effect has a single dimension: the image of reality. The mirror effect has a double dimension: to the image of reality is added the reality of the image which compromises it. In the first instance the spectator is lost in a make-believe universe. In the second, the spectator in being made aware of the image is made aware of the loss of reality. What is seen is seen as something other than what was once present, now only its trace, in short, an image. If one kind of film is representational, the other kind introduces a crisis in representation making it unstable and insecure. Pasolini's films belong to the second category.

All of his films without exception have three principal characteristics. First, they are layered geographically and temporally like an archaeological site might be. Second, they are structured by analogy where everything is presented as like something else and never quite itself. Everything seen is a copy and despite Pasolini's insistence and celebration of what he calls "reality", reality escapes him. Third, every film is a collage composed of essentially heterogeneous and disconnected elements.

Archaeology

In Pasolini's earliest films set in Rome, *Accattone*, *Mamma Roma* and *La ricotta*, the landscape is relatively barren, meager and impoverished. It is either in or at the outskirts of the Rome *borgate*. In that landscape of shacks, wasteland, garbage, there are remnants of the ancient Roman past and signs of new developments. The human landscape is similar, not only physical types exemplifying different social layers, but types that are pre-industrial, a *sotto proletariato*, as much part of the past as a new *piccolo borghese* belongs to a modernity that threatens these remnants of the past in all respects: architectural, urban, physical and social. What you see in the films are layers of time, history, society, culture, not simply one resting on top of the other, but intermingled, what Pasolini called "contamination".

Comizi d'amore, in which Pasolini moves back and forth, up and down the Italian peninsula, addressing questions on love and sexual mores to Italians of different social classes, age groups, occupations and gender, is a film in which strata of time, history and place are presented as simultaneous. What his questions and the answers given to him, and above all the physical gestures and voices of those who respond to him reveal, is the coexistence of "modern", bourgeois, conformist values essentially associated with the Italian North and with industrialization alongside "ancient", peasant, traditional values associated with the South and the countryside. What is fascinating about the film is not the ever-present, ever-invoked North-South divide in Italy, nor the lament for lost values, than it is the way in which reality in the film becomes language. What Pasolini reveals is the coding of reality and the fact that conformity, whether traditional or *piccolo borghese*, is always a copy, only therefore an image. By seeing the diversity of images in relation to each other, in juxtaposition, opposition and difference, everything becomes duplicitous and performative such that reality is permanently deferred if not set aside since every exchange is a representation and the people he questions are only too ready to strike a pose and become other to themselves. *Comizi d'amore* is a journey film of estrangements and alienations.

A similar journey occurs in all his films where consciousness and reflection lead to destruction, the loss of an original innocence when reality was simply itself and not what it becomes in his films, a collection of signs, a discourse, a perpetual otherness and deferral. Even in *Comizi d'amore*, peasant and Southern Italian culture, however backward and retrograde in one respect seems genuine, direct, sincere and unself-conscious in another, the reverse of what is recorded in interviews in the rest of Italy as if traditional Italy is forever under threat by a modern future.

Analogy

Pasolini travels through modern Israel and contemporary Jordan in a doomed search for traces of ancient Palestine in his *Sopralluoghi in Palestina* seeking locations for his projected film *Il Vangelo secondo Matteo*. The failure to find either the physical Palestine he sought (the one exception being the landscape near the Dead Sea) or physical resemblances of the ancient world in the faces and bodies of Jews and Arabs, results in a series of analogical substitutions both for what is found and what is experienced by him as missing. The analogies he creates are of two kinds: either they refer to real places or they refer to represented ones. Thus, modern Israel becomes like Switzerland and other parts of the Israeli landscape like the Italian South: Calabria, Puglia or Taranto. The Arab population in Israel and in Jordan, whose physicality he describes as pre-Christian and therefore belonging to pre-Biblical times, he likens to the European *sotto proletariato*. They are not as a result suitable for his film. They belong for him within an inappropriate simulacrum as if somehow misplaced in an archaeological stratum. It is difficult not to think of the structure of circles in Dante's *Purgatorio* in this regard. The Arabs are like what they are rather than what Pasolini would have them to be, that is, they are not material for transfer into his film, not because they are not real but rather because they are too much so. The same is the true for Israeli Jews, in their case because their reality is excessively modern. The one group, the Arabs, is too distant in the past for them to be of use and the other, the Jews, too near to the present and the future.

What Pasolini searched for in Palestine was an analogy, a linguistic relation, the original having long since disappeared. What he discovered was an analogy of persons and geography from somewhere entirely different and distant, in Calabria, Puglia and Sicily, places where he would eventually film *Il Vangelo secondo Matteo*. To substitute, by analogy, a small hill town in Calabria for ancient Jerusalem retains both places and not primarily as real but as terms whose likeness points to a difference and whose difference evokes a loss. Calabria becomes merely a sign of what it is not (ancient Jerusalem) as if deprived of its physical self, to become an image of a reality that is no longer. Effectively, Calabria as real place is the double of Palestine, an imaginary one that nevertheless, in imagination, by analogy, makes the ruins of Calabria sacred. Seen in conjunction, the one place is lost because it is only a copy, and the other because it is only a sign. The space between copy and original which fluctuates is a space in which reality is fractured, catapulted into language. It recalls Pasolini's paradoxical heretical semiotic "the language of reality" and its pairing with "cinema as the written language of reality" where reality is never itself. Fundamentally, Pasolini asserts a modernist notion involving the discrepant relation between reality and its expression exemplified in the mirror and whose reflections Pasolini multiplies and that supersedes mere appearances, which for him are unconscionably and unacceptably naturalistic.

The other analogical term Pasolini uses relates to Renaissance painting. The reference is visual, historical and cultural. With this material too, Pasolini transforms unlike things into likenesses and because it is a rhetorical relation in order for it to succeed the differences that constitute it must be equally manifest: Da Vinci's *The Last Supper* and the wedding celebration of whores, pimps, thieves and peasants in *Mamma Roma*; the Masaccio *Deposition of Christ* like the death of Ettore on the bed of penitence in the same film; the framing of the pimp Accattone as a Renaissance angel in *Accattone*; and in *La ricotta*, the doubled, indeed quadrupled representation of the deposition of Christ in paintings by Pontormo and Rosso Fiorentino and the staging and filming of it by Welles and behind Welles, by Pasolini. These analogies and serial imagings, like the ones in *Il Vangelo*, bring together other terms: the real and the depicted, the sacred and the profane, the high and the low, the exalted and the despised. The real in these equations is nothing more than a signifier and that is its reality. A real thing is likened to a depicted one and a depicted one (the Masaccio *Deposition*, the Da Vinci *Last Supper*) is given the status of a document. They seem to exchange places and substance as Calabria does with Palestine. Every Pasolini analogy contaminates.

Though Pasolini on the whole appears to construct linear narratives where events logically follow each other, each shot retains its independence as a fragment of life with its own totality. Looked at closely, the shots of his films seem to stand alone, as if separately framed without the requirement to function as a transition. Their separateness allows them to be juxtaposed and compared like elements of language, enabling them as signs without thereby disabling them as actions.

Collage

In *Il Vangelo* there is, besides Palestine and Calabria linked as similar and contradictory, the choral music of Johann Sebastian Bach and citations from Piero della Francesca and Giotto and also and obviously from *Saint Matthew's Gospel*. Pasolini's mother has the role of the mother of Christ; Italian writers, philosophers and intellectuals (and their relatives) have various Biblical roles; and ordinary Calabrians from the town play minor roles and constitute the crowds. Though the film has a linear order and a temporal progression, necessarily this citational bank is co-present and because the differences that they represent, however intermingled, are never effaced, the film, as it moves along, is taken into other directions, toward other worlds with their particular tones, rhythms, histories, references and significances.

The film is a meeting ground of differences whose mix of fictional, historical and real elements, each on differing levels with different intensities, make its borders porous and indefinite. Its interior is provisional and tentative and its temporality compromised since the film spills out beyond itself into multiple exteriors: the intellectual life of Italy, a current politics, various works of literature, the Papacy of John XXIII, the condition of the Italian South, the effects of modernization, Baroque music, Renaissance painting, sacredness, an entire iconographic representational past.

Pasolini's novels and his poetry not only bring together a heterogeneity of references that intersect and take off as occurs in the films, but a variety of languages. In his films real things become linguistic and then are manipulated as such. Quite apart from the multiplicity of elements that are juxtaposed in his work each individual element of which contrasts and analogies are constituted, themselves enclose a multiplicity since each condenses others into a kind of compacted, intensified montage of imbrications: Calabria includes the Southern question, the peasantry, modernization, Piero della Francesca. Once elements become signs, they become multi-directional making it difficult to preserve a unity or coherence, nor to say with certainty or in advance the effect these elements will have encountering each other within the grid of the film. Pasolini's films have remained, since they first appeared, open and ambiguous, impossible to settle or to conclude.

Pasolini's citations in his films are largely of literature, theatre, painting and music, seldom of the cinema. The one exception is silent film comedies cited and parodied in *La ricotta*, *Uccellacci e uccellini*, *La terra vista dalla luna*, *Che cosa sono le nuvole?* and *Fiore di carta*. The taste for the absurdity, unreality and pastiche of these films is one he shared with the Surrealists, with whom I think there are obvious correspondences particularly in relation to the idea developed most by André Breton of reality convulsing itself into a sign, into its opposite. I think the forward movement of Pasolini's narratives, are, as I indicated, constantly being derailed, halted in their movement and freed from the usual function of mere transition. This results in the apparent contradiction in his films between a hyper-realism and an intense discursiveness. His films take place between these contrary poles from where they also derive their energy and force. Pasolini needs to be considered alongside other filmmakers like Resnais and Godard who have done similarly and in so doing have changed the cinema.

5
Pier Paolo Pasolini e Roland Barthes: linguaggio, forma, immagine e realtà

Flaviano Pisanelli

La scrittura letteraria tra linguaggio e segno, realtà e rappresentazione

Questo studio di tipo comparativo su Pasolini e Barthes nasce dalla lettura e dall'analisi di numerosi saggi sulla lingua e sul linguaggio scritti da Pasolini negli anni Sessanta e Settanta. Il poeta-regista infatti fa più volte riferimento a vari testi di Roland Barthes, soprattutto alle sue opere di linguistica e di semiotica come *Le degré zéro de l'écriture* e *L'empire des signes*, sulle quali fonda le sue riflessioni sulla nozione di segno e di linguaggio, per arrivare poi a elaborare la sua personale e controversa teoria sul linguaggio cinematografico. Ricordiamo che a partire dagli anni Sessanta, l'attività di Pasolini sarà soprattutto incentrata sulla realizzazione di film, di corto metraggi e di documentari che solleveranno non poche discussioni tra i critici e gli "addetti ai lavori" italiani e stranieri. Gli studi di Barthes spingono Pasolini ad operare una revisione del tradizionale concetto di "segno", al quale egli associa la nozione di immagine ricca di senso e di capacità espressiva. Il rapporto tra Pasolini e Barthes nasce e si sviluppa grazie ad una sorta di elezione culturale che deriva da una stessa passione, da uno stesso interesse condiviso, quello di portare avanti la ricerca sul linguaggio e sulla letteratura in nome di un nuovo tipo di *engagement* capace di rigenerare la relazione tra intellettuale e società, realtà e rappresentazione.

La riflessione linguistica di Roland Barthes comincia con la pubblicazione del saggio *Le degré zéro de l'écriture*[1] nel quale l'autore, rilevando e analizzando alcune linee di sviluppo della narrativa più recente, rimette in discussione la sacralità della scrittura artigianale che aveva fatto parte della tradizione letteraria borghese, classe sociale che dal XVIII secolo aveva gestito il linguaggio letterario e le sue convenzioni. Il critico francese, alludendo in particolare ad una certa dislocazione del linguaggio letterario provocata dal caos contemporaneo delle forme di comunicazione, arriva a parlare di una sospensione, di una disintegrazione del linguaggio, che lascerebbero al silenzio e alla voce (al registro parlato della lingua) la possibilità di definire il senso:

> Dans ce même effort de dégagement du langage littéraire, voici une autre solution: créer une écriture blanche, libérée de toute servitude à un ordre marqué du langage [...]. La nouvelle écriture neutre se place au milieu de ces cris et de ces jugements, sans participer à aucun d'eux; elle est faite précisément de leur absence; mais cette absence est totale, elle n'implique aucun refuge, aucun secret; on ne peut donc dire que c'est une écriture impossible; c'est plutôt une écriture innocente. (Barthes, *Œuvres complètes* I: 179)

Questo principio implica di conseguenza anche un cambiamento nella concezione dello stile che era stato precedentemente considerato da Barthes come la "cosa" dello scrittore, la sua solitudine o ancora la sua origine biologica, dunque come qualcosa che trascende la dimensione artistica. La sua riflessione, presupponendo un'assenza ideale dello stile, riduce la scrittura ad un "modo negativo" nel quale viene meno ogni tipo di carattere sociale a favore di una "forma" che si manifesta in uno stato neutro e inerte. Da una parte, possiamo senz'altro dire che questa scrittura neutra può affermarsi solo riscoprendo il principio base dell'arte classica, che è quello della "strumentalità", dall'altra, sembra anche che essa riesca a sottrarsi dal ricatto dell'ideologia divenendo il modo di esistere di un silenzio. Barthes pensa che solo la moltiplicazione delle scritture può permettere di costruire una precisa linea di condotta della "forma" capace in seguito di rifondare un'etica della scrittura. La questione centrale della sua riflessione sulla scrittura porta alla necessità di superare il mito e la sacralità del fatto letterario. La scrittura non dovrebbe rappresentare più la storia presente, né scriverla, né giudicarla; dovrebbe invece esserne la voce che combatte le forme di pregiudizio e le convenzioni che riducono la letteratura ad un rito e non in un territorio adatto a rappresentare l'evento. Ciò che Barthes definisce "utopia del linguaggio" non sarebbe altro che la coscienza che ogni scrittura letteraria contiene in sé al contempo l'alienazione e il sogno della storia:

> comme Nécessité, elle atteste le déchirement des langages, inséparable du déchirement des classes: comme Liberté, elle est la conscience de ce déchirement et l'effort même qui veut le dépasser. (Barthes, *Œuvres complètes* I: 185)

Queste considerazioni che scaturiscono dal saggio di Roland Barthes condizionano sicuramente Pasolini nell'elaborazione della sua concezione della scrittura e del linguaggio letterario che egli presenta negli scritti raccolti nel volume *Empirismo eretico*. La sua riflessione non si limita solo al linguaggio letterario ma investe anche il linguaggio cinematografico.

Il contatto personale tra i due scrittori risale alla fine degli anni Cinquanta, quando Maurice Blanchot e Elio Vittorini pensano di creare una rivista letteraria internazionale che avrebbe dovuto riunire, secondo il progetto originario, scrittori francesi, italiani e tedeschi. La rivista chiamata *Gulliver* produrrà solo un numero zero di presentazione. Il segretario del gruppo italiano era Francesco Leonetti e le riunioni preparatorie avvenivano a Parigi, a casa di Marguerite Duras. A questo proposito è stato pubblicato un testo intitolato *Vie et mort des revues* (Barthes, *Œuvres complètes* III: 1095–1101), frutto di un incontro avvenuto tra Roland Barthes e Maria Teresa Padovani. Padovani chiede a Barthes se Pasolini avesse mai partecipato a questi incontri preparatori. L'intervistato risponde:

> Je ne suis pas sûr, je ne crois pas, ce n'est pas resté dans mes souvenirs. J'ai connu un peu Pasolini, mais dans d'autres circonstances, plutôt avec Moravia, ou de ce côté-là.

È certo dunque che Barthes e Pasolini si sono conosciuti, anche se non sappiamo che tipo di rapporto li legasse l'uno all'altro. Sappiamo anche che Barthes aveva preparato un articolo per la rivista *Gulliver*, intitolato *Trois fragments*, che fu poi pubblicato nel 1964 sulla rivista italiana *Il Menabò* (Barthes, *Œuvres complètes* I: 1405–08). L'articolo si compone di tre frammenti: il primo tratta della rappresentazione moderna d'Edipo (argomento molto caro a Pasolini), il secondo della funzione letteraria e stilistica del dialogo e infine l'ultimo dei rapporti tra arte, forma e caso. Nel primo frammento leggiamo:

> Il y a une utopie, qui consiste à imaginer le dialogue comme la pure rencontre de deux bonnes volontés; cette utopie est libérale, c'est-à-dire transactionnelle: on y considère la parole comme une marchandise susceptible d'accroissement, de diminution, ou même de destruction, offerte au contrat et à la compétition. (Barthes, *Œuvres complètes* I: 1405)

È evidente che tra Barthes e Pasolini si instaura una sorta di dialogo in assenza: la voce teorica dell'uno si riflette nei versi e nella poetica dell'altro, soprattutto se consideriamo la produzione letteraria di Pasolini degli anni Settanta, nonché le sue riflessioni sul cinema e sul linguaggio cinematografico.

Nella raccolta *Trasumanar e organizzar* (1971), l'intenzione di Pasolini di creare una certa distanza tra la scrittura poetica e la storia (ivi comprese le sue convenzioni) appare piuttosto chiara. Egli sosteneva infatti alla fine degli anni Sessanta di non vivere più in un'epoca storica ma piuttosto in un "dopo-storia" subordinato alle leggi imposte da un potere omologato e omologante, disumanizzato e disumanizzante. La critica ha spesso parlato di una poesia incentrata su questioni e tematiche storiche (i movimenti di protesta del 1968, il rapporto tra il PCI, gli intellettuali e il popolo italiano, le stragi degli anni Sessanta e Settanta, la Chiesa intesa come istituzione), ma il paradosso risiede nel fatto che questa scrittura si ferma sempre ad un passo dalla storia. Si tratta di una scrittura che, pur concentrandosi sul senso storico, sociale e politico di certi avvenimenti realmente accaduti, resta tuttavia "anonima" poiché al poeta vengono negati la sua funzione e il suo ruolo sociale e soprattutto perché la poesia non presuppone più la presenza di un destinatario ideale. La parola poetica sembra quasi che strappi una "forma" all'informe, là dove la storia si eclissa, là dove l'avvenimento, se è vissuto, è anche presto dimenticato. Non c'è più spazio per una metafora che signifìchi qualcosa, né per il simbolo capace di restituire un senso definitivo e assoluto. Sebbene la scrittura poetica diventi in *Trasumanar e organizzar* "illeggibile", Pasolini fa spesso riferimento alla forza della parola, il cui lemma ritorna per ben quarantasei volte all'interno del *corpus*. Il lemma "parola" è spesso associato all'aggettivo "illeggibile", come nelle poesie *L'ottobre del 1969* e *Charta sporca* inserite nella parte centrale della raccolta.

Pasolini, già agli inizi degli anni Sessanta, si trova di fronte ad un vicolo cieco costituito dal suo rifiuto politico ed esistenziale di un mondo e di una società che chiedono all'individuo di integrarsi all'interno del sistema politico-culturale borghese e capitalista, con l'obbligo di rinunciare alla propria identità originaria in nome di una sola verità, quella imposta dalla logica del consumismo. La sola scrittura possibile sembra essere quella dell'oblio, o fors'anche quella poetica che Pasolini fa emergere dai rifiuti e dai residui di un'epoca che non ammette altro che discorsi prevedibili.

Barthes nel testo intitolato *Roland Barthes par Roland Barthes* (1975), a proposito del "discorso prevedibile", scrive:

> Tout ce qu'ils disent, phrase par phrase (sur quelque prénom de leurs amis, sur le dernier film de Pasolini), tout est absolument conforme, prévu: pas une faille dans le système endoxal. Accord de cette voix qui ne choisit personne et de la Doxa inexorable: c'est la jactance. (Barthes, *Œuvres complètes* III: 209)

Non è un caso che Barthes faccia allusione proprio a Pasolini, in un'epoca in cui la parola perde la sua leggibilità a causa della sua incapacità di opporsi o di accordarsi alla "doxa", ovvero a ciò che è percepibile dai sensi. Ogni presa di posizione individuale di fronte alla realtà finisce sempre per risolversi in un momento di integrazione all'interno di un sistema riconosciuto come familiare, giusto e facilmente interpretabile.

Poco sopra abbiamo fatto riferimento ad un testo riguardante la forma dialogica che Barthes aveva scritto per la rivista internazionale *Gulliver*. In quest'articolo l'autore afferma che la cattiva fede del dialogo deriva proprio dalla tendenza a sublimare, dietro un falso atteggiamento d'ascolto dell'altro, l'irriducibile volontà che porta ciascuno a rimanere se stesso, mentre l'interlocutore si rivela esponendo le proprie argomentazioni. In questo caso la forma dialogica si trasforma in un incontro fra due solitudini che si chiedono reciprocamente ciò che non si vuole o non si può vedere o condividere. A questo proposito Barthes scrive:

> Car, sans doute, les défections du dialogue sont irrémédiables: elles tiennent à la nature même du langage: le langage n'est jamais une puissance dialectique, il ne peut pas former, mais seulement combiner. [...] Ce qui reste cependant possible, ce qui peut être tenté, c'est de construire à plusieurs le spectacle d'une parole dont le sens final soit remis, comme jamais il ne le fut, à celui qui le reçoit. (Barthes, *Œuvres complètes* I: 1406)

Tuttavia Pasolini non cede mai alla tentazione di rendersi al silenzio, al contrario accetta la sfida di una scrittura destinata apparentemente a risolversi all'interno del dominio del non-senso. Può esserci ancora un legame fra parola e verità? Quale scrittura può essere possibile in un'epoca che ha esacerbato ogni idea di letteratura dietro il monopolio di un'eredità borghese che non fa altro che parlare della sua crisi? Quale potrebbe essere il nuovo rapporto da stabilire tra avvenimento e scrittura, tra realtà e parola?

Per rispondere a queste delicate questioni, prendiamo in considerazione una riflessione di Barthes che risale al 1968:[2]

> La parole radiophonique (celle des postes dits périphériques) a collé à l'événement, au fur et à mesure qu'il se produisait, d'une façon haletante, dramatique, imposant l'idée que la connaissance de l'actualité n'est désormais plus l'affaire de l'imprimé, mais de la parole [...]. Non seulement [l'ouïe] redevient le premier des sens (avant le tact et la vue), mais le sens qui fonde la connaissance. (Barthes, *Œuvres complètes* II: 496)

La conoscenza dell'attualità non dipenderebbe più dall'effetto di parola o dalla scrittura, è invece l'udito che ristabilirebbe il processo di conoscenza della realtà. L'ultima parola poetica di Pasolini infatti è pronunciata da un poeta che assume il ruolo del poeta-buffone, la cui parola sfugge alla parola come l'avvenimento sfugge alla storia che lo produce. Ad un linguaggio e ad una scrittura poetica impotenti di fronte ad una realtà sempre più proteiforme, Barthes e Pasolini propongono un discorso nuovo che non si fonda su una struttura linguistico-formale unica ma su un gioco di strutture multiple. Il sistema linguistico-poetico è rimesso in discussione perché cambia l'idea stessa di realtà, come accade anche per le nozioni di rappresentazione e di letteratura. La scelta di Pasolini di intraprendere la via dell'anonimato del poeta e della negazione di un lettore ideale conduce a fare della poesia un gesto, un atto, un'azione. Tale atteggiamento denuncia l'incapacità di tutte le poetiche novecentesche di reinventarsi un linguaggio capace di provocare una rottura definitiva con le convenzioni letterarie borghesi del passato. Questa è la causa principale della crisi del rapporto tra parola e avvenimento, scrittura e realtà, che rimette in discussione la nozione stessa di linguaggio e di segno.

L'empire des signes e *Petrolio*: scrivere la "forma vuota" della realtà

Barthes continua la sua ricerca sul linguaggio e sull'idea di segno nel saggio *L'empire des signes*[3] pubblicato un anno prima della raccolta *Trasumanar e organizzar* di Pasolini. Sin dagli anni Sessanta lo scrittore francese aveva intrapreso la strada degli studi semiotici indagando sul problema del significato, del linguaggio scritto e orale in rapporto alla realtà. Attraverso un'analisi dei sistemi di comunicazione di massa, dell'arte e della moda, gli studi semiotici si focalizzano sulla cultura intesa nella sua accezione più ampia. Nell'opera *L'empire des signes*, Barthes, analizzando la scrittura e la cultura giapponesi, mette a confronto la cultura orientale con la cultura occidentale. La prima risulta essere priva di centralità poiché il suo centro corrisponde con il vuoto concepito come un'idea evaporata che spinge a una circolazione soggetta ad una deviazione infinita di significato; la seconda invece fa coincidere la nozione di centro con la nozione di verità, di pieno. Nella cultura occidentale il centro rappresenterebbe quindi la verità sociale, la pienezza della realtà. Si intravvede in queste due diverse concezioni l'opposizione forte tra una "pratica gestuale" (tipica della cultura orientale) e una "cultura stampata" nella quale l'occidente ritrova la sua tradizione e ricostruisce la sua identità.

In oriente l'esperienza più forte è quella visiva perché la realtà è conosciuta attraverso la traccia che questa lascia sui corpi e sulle cose. Il corpo infatti non è costituito da un dentro privato, personale, bello e curato e da un fuori pubblico, grossolano e formale. La cultura e il linguaggio in Giappone si fonderebbero su una perdita di senso che, facendo vacillare ogni processo di conoscenza, crea un eloquente vuoto di parola. Gli occidentali partono al contrario sempre dal principio che c'è comunicazione solo nella parola. A questo proposito, Barthes scrive:

> Il se trouve que dans ce pays (le Japon), l'empire des signifiants est si vaste, il excède à tel point la parole, que l'échange des signes reste d'une richesse, d'une mobilité, d'une subtilité fascinantes en dépit de l'opacité de la langue, parfois même grâce à cette opacité [...]. Ce n'est pas la voix (avec laquelle nous identifions les droits de la personne) qui communique (communiquer quoi? notre âme—forcément belle—notre sincérité? notre prestige?), c'est tout le corps (les yeux, le sourire, la mèche, le geste, le vêtement) qui entretient avec vous une sorte de babil auquel la parfaite domination des codes ôte tout caractère régressif, infantile. (Barthes, *Œuvres complètes* II: 753)

Barthes spiega dunque che in oriente la voce non è il solo mezzo di comunicazione possibile, non è il solo dispositivo che permette di entrare in contatto con l'altro, ma che il corpo nella sua totalità è un "segno" che si rivela come gesto e attraverso il gesto esprime e significa. Al contrario, l'uomo occidentale ricorre alla parola stampata per ritrovare il senso univoco e definitivo delle cose e questo prevede la presenza di una parola razionale e pratica, dotata di senso. Lo stesso principio vale anche per la concezione dello spazio fisico e geografico. Nel passaggio che segue, Barthes spiega come in Giappone non ci sia bisogno di indirizzi per orientarsi, per muoversi nello spazio:

> Tokyo nous redit cependant que le rationnel n'est qu'un système parmi d'autres. Pour qu'il y ait maîtrise du réel (en l'occurrence celui des adresses) il suffit qu'il y ait système, ce système fût-il apparemment illogique, inutilement compliqué, curieusement disparate [...]. L'anonymat est suppléé par un certain nombre d'expédients, dont la combinaison forme système. (Barthes, *Œuvres complètes* II: 769)

L'uomo in Giappone si orienta attraverso la vista, l'abitudine, l'esperienza che sono forme non verbali di linguaggio. Esse costituiscono il "grafismo" di una realtà che non ha bisogno di segni scritti per essere espressa. Barthes si spinge fino a dire che in Giappone anche la letteratura si fonda sull'assenza di un senso compiuto e definitivo prendendo come esempio l'haiku, la cui brevità si traduce in perfezione e la cui semplicità è sinonimo di profondità. Infatti l'haiku non si può spiegare, la sua natura è "illeggibile" nel senso che sfugge ad ogni definitiva interpretazione, a ogni commento. Al contrario, la cultura occidentale, essendo fondata su un centro portatore di un'unica verità condivisa, proietta ogni tipo di enunciazione sul rapporto simbolo/ragionamento o metafora/sillogismo, alla ricerca di un senso ultimo e definitivo da esprimere. In occidente la finalità della scrittura e della rappresentazione è prima di tutto quella di penetrare il senso. L'haiku invece sospende il senso ponendosi oltre ogni possibile spiegazione. Quando l'occidentale arriva a possedere definitivamente un significato, parla sempre di illuminazione, di rivelazione o d'intuizione; tutto questo nell'haiku corrisponde invece ad una sospensione panica del senso che tende a cancellare tutto ciò che può essere ricondotto a un codice. Il significato non è espresso né contenuto in una busta significante, così come il significante non contiene gelosamente in sé alcun preciso significato:

> La justesse du haïku (qui n'est nullement peinture exacte du réel, mais adéquation du signifiant et du signifié, suppression des marges, bavure et interstice qui d'ordinaire excèdent ou ajourent le rapport sémantique), cette justesse a

évidemment quelque chose de musical: le haïku a la pureté, la sphéricité et le vide même d'une note de musique. (Barthes, *Œuvres complètes* II: 798–99)

Secondo Barthes il linguaggio non serve più a tradurre un'impressione in descrizione e il segno non rappresenta, non descrive ma, in quanto "forma vuota", si presenta come il risveglio davanti al fatto. Egli parla di "scrittura alla prima", di un gesto che non può essere cancellato e sostituito da un gesto successivo. Il fine ultimo della scrittura non è dunque quello di esprimere ma di far esistere. La scrittura di cui Barthes parla non scrive nulla, non si fissa definitivamente in alcun carattere perché in realtà il segno si cancella prima di aver espresso un qualsiasi significato definitivo. Pasolini allude al principio di "forma vuota" in alcune dichiarazioni di poetica contenute nell'opera postuma: *Petrolio*. Nell' "Appunto 6b" leggiamo:

> Fino a questo punto certamente il lettore avrà pensato che tutto ciò che è scritto in questo libro—com'è naturale, e com'è inevitabile—"rimandi alla realtà". Solo lentamente, avanzando nella lettura, e ripercorrendo dunque il cammino del suo autore, egli si renderà conto che, invece, questo libro ad altro non rimanda che a se stesso. Rimanda a se stesso magari anche—perché no?—attraverso la realtà: quella nota—convenzionalmente e in comune—a lettore ed autore. (Pasolini, *Petrolio* 39)

Pasolini non inscrive più l'idea di romanzo all'interno del tradizionale patto tra autore e lettore, al contrario la scrittura letteraria sembra chiedere una certa autonomia e indipendenza nei confronti della realtà, della storia, del suo potere e delle sue leggi. Pasolini non ha l'intenzione di scrivere un "romanzo", non vuole creare una "forma romanzesca", ma un "blocco di segni" inteso come luogo neutro capace di opporsi alle logiche del potere e ai sistemi di interpretazione elaborati dalla società occidentale consumistica e capitalista. L'opera infatti procede per visioni successive che alla centralità della parola sostituiscono il carattere polifocale e gestuale dello sguardo. Si tratta di uno sguardo che non si fissa immutabilmente sulla realtà, ma che fa del movimento della realtà il solo mezzo possibile di espressione e di rappresentazione. Pasolini vuole dunque creare "un blocco di segni" che, restando pura traccia e rifiutando di confrontarsi con un sistema e con un codice linguistico capaci di rappresentare una verità univoca e assoluta, resta soprattutto testimone di una realtà che si svela gradualmente e in modo sempre diverso.

Lo scrittore parla in *Petrolio* di "scrittura a brulichìo", cioè di una scrittura che senza raccontare tende a esprimere le innumerevoli verità che compongono la storia individuale e collettiva. Per realizzare questo progetto, Pasolini adotta un linguaggio che possiamo definire visivo, tipico della visione e del sogno. La struttura dell'opera organizzata in "appunti", evidenziando il fatto che non c'è alcun significato ultimo da definire, indica che la sola scrittura possibile è quella del frammento che si pone tra il mistero ineffabile della realtà e il progetto di un'opera che resta incompiuta e ambigua come la realtà che evoca. Nell' "Appunto 37" di *Petrolio*, Pasolini scrive:

> Ebbene, queste pagine stampate ma illeggibili vogliono proclamare in modo estremo—ma che si pone come simbolico anche per tutto il resto del libro—la mia decisione: che è quella non di scrivere una storia, ma di costruire una forma (come risulterà meglio più avanti): forma consistente semplicemente in "qualcosa di scritto". Non nego che certamente la cosa migliore sarebbe stata inventare addirittura un alfabeto, magari di carattere ideografico o geroglifico, e stampare l'intero libro così. Del resto l'ha fatto recentemente XXX Michaux (?), disegnandosi l'intero libro, riga per riga, in una paziente e infinita invenzione di segni non alfabetici. (Pasolini, *Petrolio* 155)

Creare una "forma" vuol dire dunque nell'ottica pasoliniana forgiare un nuovo sistema linguistico capace di conferire un senso inedito e provvisorio alla realtà che è in un processo continuo di dissoluzione e di rigenerazione. Da questo movimento inarrestabile si originerebbe una scrittura libera da convenzioni che obbligano il segno a confrontarsi con un sistema simbolico o metaforico condiviso. Il vero significato della parola lo si ritrova allora nella sospensione del senso, in un territorio che lo scrittore chiama "epochè" ove non c'è giudizio, né interpretazione, né "doxa" che siano legittimati dal potere di un patto univoco stretto tra autore e lettore, realtà e finzione, narrazione e linguaggio.

Parola, immagine e rappresentazione: il cinema secondo Pasolini

Le riflessioni elaborate da Roland Barthes condizionano e ispirano anche la personalissima teoria che Pasolini sviluppa sul cosiddetto "cinema di poesia" e sul linguaggio cinematografico. Quando nel novembre 1975 esce l'ultimo film di Pasolini intitolato *Salò o le 120 giornate di Sodoma*, Barthes gli dedica l'articolo "Sur *Salò ou les 120 journées de Sodome* de Pier Paolo Pasolini", pubblicato nel giugno del 1976 sul quotidiano *Le Monde*.[4] Barthes sottolinea l'errore di Pasolini di aver messo in scena alla lettera l'opera letteraria del marchese di Sade, un testo da sempre considerato come non figurabile poiché la scrittura vi giocherebbe un ruolo troppo importante. Barthes, sostenendo che le fantasie erotiche di cui lo scrittore francese parla nel suo testo non possono essere oggetto di una trasposizione filmica, accusa Pasolini di aver realizzato il suo film mimando il testo e cercando di non risparmiare allo spettatore alcun dettaglio ripugnante. Barthes non vede alcuna operazione simbolica nel film di Pasolini; si tratterebbe, a suo avviso, di una mera trascrizione filmica dell'opera letteraria. Barthes rimprovera anche a Pasolini la grossolana analogia effettuata tra le nozioni di fascismo e di sadismo:

> Le fascisme est un objet contraignant: il nous oblige à le penser exactement, analytiquement, politiquement; la seule chose que l'art puisse en faire, s'il y touche, c'est de le rendre crédible, de démontrer comment il vient, non de montrer à quoi il ressemble: bref, je ne vois pas d'autre moyen que de le traiter à la Brecht (Barthes, *Œuvres complètes* III: 392).

Il critico francese sottolinea in quest'articolo il doppio errore di Pasolini: quello di aver reso irreale in modo inopportuno il fascismo prendendo alla lettera il romanzo di Sade, e quello di aver reso reale Sade attraverso il riferimento al sistema fascista che non vuole per forza dire "Fascismo". Restando fedele alla lettera al testo di Sade, Pasolini avrebbe così inutilmente deformato l'oggetto-Sade e l'oggetto-fascismo. L'interferenza tra letteratura e cinema, linguaggio scritto e linguaggio cinematografico è già evidente alla fine degli anni Cinquanta, quando Pasolini affianca alla sua attività di poeta e di scrittore quella di cineasta, che gli permetterà di sperimentare altri codici artistici ed espressivi. Egli era infatti convinto che la scrittura letteraria, divenuta il luogo privilegiato d'espressione della corruzione e della volgarità di una società avviata verso la più completa omologazione culturale, non fosse più capace di rappresentare né di esprimere efficacemente la realtà.

Nel 1961 Pasolini realizza il suo primo film *Accattone*. In occasione di una serie di incontri con Jon Halliday,[5] Pasolini a proposito di *Accattone* dichiara:

> Non conoscevo moltissimo sul cinema, ed è stato molto tempo prima che iniziassi tutta la mia ricerca linguistica in proposito. Fu un'osservazione buttata lì a caso, ma intuitivamente profetica, in una certa misura: Jakobson, seguito da Barthes, ha parlato del cinema come arte metonimica, in contrapposizione all'arte metaforica. La metafora è essenzialmente una figura linguistica e letteraria del discorso che è difficile rendere nel cinema se non in casi estremamente rari: per esempio, se volessi dar l'idea della felicità potrei farlo mostrando degli uccelli in volo nel cielo. [...] Il cinema rappresenta la realtà con la realtà; è metonimico, non metaforico. La realtà non ha bisogno di metafore per esprimersi [...]. Nel cinema è come se la realtà esprimesse se stessa attraverso se stessa, senza metafore, e senza alcunché di insipido, convenzionale, simbolico. (Pasolini, *Saggi sulla politica e sulla società*, 1307–08)

Il primo quesito che si pone Pasolini è quello dunque di sapere se nel cinema si debba adottare un linguaggio per rappresentare la realtà, o se sia invece la realtà a svelarsi autonomamente attraverso un insieme di "segni viventi". Pasolini, facendo riferimento alle posizioni espresse da Roland Barthes, sembra optare per un cinema metonimico. Quest'idea è ben argomentata nell'articolo "La fine dell'Avanguardia"[6] compreso nel volume *Empirismo eretico* ed oggi edito nella collezione "I Meridiani" della casa editrice Mondadori:

> Scrive Barthes che probabilmente anche l'espressione cinematografica appartiene all'ordine delle grandi unità significanti, che corrispondono a significati globali, diffusi, latenti, non appartenenti alla stessa categoria dei significati isolati e discontinui del linguaggio articolato. Ma questa opposizione fra una micro-semantica e una macro-semantica potrebbe costituire forse un altro modo di considerare il cinema come linguaggio, abbandonando il piano della denotazione ... per passare al piano della connotazione, cioè a quello dei significati globali, diffusi, in qualche modo secondi. (Pasolini, *Saggi sulla letteratura e sull'arte* 1421)

Pasolini tornerà più volte sull'idea del cinema inteso come arte metonimica, soprattutto in un breve saggio intitolato *Battute sul cinema* anch'esso raccolto nel volume *Empirismo eretico*. Questo testo nasce dalla rielaborazione di una conversazione avvenuta tra Pasolini e Adriano Aprà e Luigi Faccini, pubblicata per la prima volta nel 1966 sulla rivista *Cinema e film*. Pasolini, alludendo ad un'intervista rilasciata da Barthes a Pesaro nel 1966, afferma che il cinema deve essere considerato come un'arte metonimica perché la natura del suo linguaggio non è legata ai segni; si tratterebbe piuttosto di un linguaggio che si fonda essenzialmente sulla figura e sull'immagine. Di conseguenza, la stilizzazione prodotta dalla "scrittura cinematografica" non è una stilizzazione dei segni ma al contrario dei sintagmi, appartenente cioè alla fase di montaggio.

A partire da questa riflessione, Pasolini non spiega solo la sua idea di cinema inteso come arte metonimica, ma sostiene anche che la realtà è essa stessa metonimica, come possiamo evincere dal seguente passaggio:

> Sono i *fenomeni* del mondo che sono i *sintagmi* naturali del linguaggio della realtà. Il cinema *riproducendo tali fenomeni*, cioè presentandosi come lingua scritta del linguaggio vivente della realtà, è a sua volta metonimico [...]. È nel

montaggio che avviene la stilizzazione. Mentre quindi – come ho detto – il piano-sequenza del cinema ideale che scrive virtualmente la realtà nella sua ininterrotta e infinita fisicità, è lineare, il montaggio mantiene tale linearità, ma la riduce a segmenti: cioè la sintetizza. (Pasolini, *Saggi sulla letteratura e sull'arte* 1551)

Così il montaggio, trasformando la linearità della realtà in sintagmi capaci di produrre un senso, sarebbe la fase che attribuisce l'effetto di stile all'arte cinematografica concepita—in quanto arte —come metaforica. Il cinema dunque diventa per Pasolini un piano-sequenza infinito che mostra la realtà in un tempo presente come questa si rivela agli occhi di chi guarda. Ma quando dal piano-sequenza (cinema) si passa al montaggio (film), il regista interrompe il flusso infinito della realtà attribuendole un senso ultimo e definitivo. Allo stesso modo la morte rende esprimibile definitivamente la vita che non può più essere variata. A questo proposito Pasolini, nello studio intitolato *Osservazioni sul piano-sequenza* scrive:

È dunque assolutamente necessario morire, perché, finché siamo vivi, manchiamo di senso, e il linguaggio della nostra vita è intraducibile: un caos di possibilità, una ricerca di relazioni e di significati senza soluzione di continuità. La morte compie un fulmineo montaggio della nostra vita: ossia sceglie i suoi momenti veramente significativi e li mette in successione, facendo del nostro presente, infinito, instabile e incerto, e dunque linguisticamente non descrivibile, un passato chiaro, stabile, certo e dunque linguisticamente ben descrivibile. Solo grazie alla morte, la nostra vita ci serve ad esprimerci. (Pier Paolo Pasolini, *Saggi sulla letteratura e sull'arte* 1560–61)

Il montaggio allora, secondo Pasolini, produce ed esprime il senso della realtà impedendole di cambiare di forma e di significato. Ciò vuol dire anche che il presente infinito del piano-sequenza si traduce nel film in un presente storico che segna il compimento definitivo dell'avvenimento nella realtà. In questo senso possiamo aggiungere che nella tecnica del montaggio si realizza il cinema in quanto arte e in quanto *fatto artistico*: solo nel film infatti risiede lo stile, l'estetica e il senso della realtà che derivano dalla "morte" della realtà intesa come sistema di segni, dunque come linguaggio. Pasolini afferma che per intraprendere uno studio approfondito su un ipotetico linguaggio della realtà, bisognerebbe fondare una "semiotica generale della realtà" di cui ancora non si aveva neppure una vaga nozione.

Siamo certamente ben lontani dal poter formulare conclusioni definitive sul linguaggio (o sui linguaggi verbali e non verbali) e sui suoi rapporti con la realtà, ma possiamo senz'altro dire che le riflessioni di Barthes e di Pasolini hanno da subito suscitato un vasto interesse e nutrito i più moderni dibattiti su una realtà sempre più difficile da rappresentare e sull'importanza che il cinema e l'immagine in movimento hanno assunto nella nostra cultura contemporanea. Le loro idee e le loro riflessioni, provocando una profonda revisione delle nozioni di scrittura e di segno, di linguaggio e di parola, di espressione e di comunicazione, hanno prodotto e continueranno ancora a stimolare ulteriori ricerche non solo sul linguaggio ma anche su tutti quei nuovi codici artistici e linguistici che intervengono oggi a definire e a ridefinire le relazioni tra uomo, realtà, linguaggio e rappresentazione.

Note

[1] (Barthes, *Le degré zéro de l'écriture*). Oggi in: Roland Barthes, *Œuvres complètes*, Tomo I (Paris: Éditions du Seuil, 1993). Tutte le citazioni dell'opera faranno riferimento a quest'ultima edizione.

[2] Il titolo originale di questo testo è *L'écriture de l'événement*, apparso per la prima volta nella rivista *Communications* del novembre 1968, ora incluso in Barthes, *Œuvres complètes* (2: 496).

[3] (Barthes, *L'empire des signes*). Oggi in: Roland Barthes, *Œuvres complètes*. Vol. 2. Tutte le citazioni dell'opera terranno conto di quest'ultima edizione.

[4] Ora incluso in Barthes, *Œuvres complètes* (3: 392).

[5] Le conversazioni tra Jon Halliday e Pier Paolo Pasolini sono state raccolte nel volume: O. Stack (pseudonimo di Jon Halliday), *Pasolini on Pasolini* (London-New York: Thames and Hudson, 1969). Il volume è stato

poi tradotto in italiano: *Pasolini su Pasolini. Conversazioni con Jon Halliday*, traduzione di Cesare Salmaggi (Parma: Guanda, 1992). Gli incontri si sono svolti a Roma nel 1968. Questo testo è stato successivamente pubblicato nel volume: Pier Paolo Pasolini, *Saggi sulla politica e sulla società*, a cura di Walter Siti e Silvia De Laude, coll. "I Meridiani" (Milano: Mondadori, 1999). A quest'ultima edizione si riferiscono le citazioni del testo nel nostro studio critico.

[6]Pasolini in quest'articolo sostiene che il cinema è una lingua che costringe a revisionare e ad allargare la nozione di lingua. Il cinema infatti non evoca la realtà come la lingua letteraria, non copia la realtà come la pittura, non mima la realtà come il teatro. Il cinema riproduce la realtà in immagine e suono. In sostanza, riproducendo la realtà, il cinema esprime la realtà con la realtà.

6
Pasolini e Serrao, due percorsi diversi per una scelta identica: il dialetto

Carmela Scala

"Scendiamo dunque e confondiamo la loro lingua, cosicché essi non comprendano più la lingua l'uno dell'altro" (*Genesi* 11,7). Questa condanna, che secondo il racconto della Genesi, Dio inflisse ai primi uomini sembra, in qualche modo, essersi perpetuata in Italia dove la molteplicità delle lingue ancora "vive", a dispetto dell'ingombrante presenza della lingua ufficiale, è a dir poco sorprendente. Se si pensa al numero dei dialetti (non inferiore a venti) esistenti in Italia e alla distanza che c'è tra ognuno di essi (si pensi, per esempio, alla diversità del dialetto barese rispetto al veneto o al sardo e al lombardo, ecc.), non è poi tanto difficile parlare di babelismo; ed è probabile che sia stata la paura di non riuscire più a capirsi tra gente che pur appartiene ad un territorio "geograficamente unito", l'Italia per l'appunto, che ha provocato negli anni passati una vera e propria lotta contro il dialetto. Il problema della lingua, ovvero la questione della lingua, sembra essere nato con la nostra nazione. E' stato trattato da diversi autori italiani nel corso dei secoli, da Dante con il suo De vulgari eloquentia, al Bembo con *Le prose della volgare lingua*, fino alle soglie del novecento ed oltre. Nel novecento, però, accade qualcosa di speciale: il dialetto viene eletto da numerosi letterati e poeti come lingua prediletta. Perché? Probabilmente perché esso proponeva una musicalità o, in certi casi, una concretezza e veridicità che il toscano aveva perso; oppure, come durante il regime fascista, il dialetto diventava una sorta di strumento propagandistico contro la politica del duce. Queste però sono solo indicazioni generali in quanto sarebbe impossibile elencare le ragioni per ogni singolo poeta-scrittore votatosi all'uso del dialetto nello spazio limitato che un saggio impone.

Questo saggio si propone, infatti, un'analisi circoscritta a soli due dei grandi poeti del novecento dialettale: Pier Paolo Pasolini ed Achille Serrao. Per il primo ci si soffermerà sul suo periodo friulano, indagando le motivazioni che lo spinsero a scrivere in una lingua quasi inventata *ex-novo*, distante e "altra" dalla lingua toscana e dal friulano ufficiale, che spesso sembra essere lo specchio dell'essere diverso, "altro", del poeta stesso. Per Achille Serrao, che scrive in un dialetto da tutti chiamato erroneamente semplicemente napoletano, quando più giusto sarebbe parlar di *caivanese*, (spiegheremo di seguito le ragioni di tale affermazione), invece, ci si propone non solo di esplorare le ragioni, a volte palesi a volte no, del suo approccio al dialetto, altresì si cercherà di capire la "rottura" che con la sua poesia egli crea tra sé e la tradizione napoletana passata, ma anche presente. Infine si cercherà di enfatizzare gli elementi contrari nelle due scelte che pur hanno sortito un identico fine: la poesia dialettale.

Cominciando da Pasolini è interessante sottolineare innanzitutto che le sue origini non erano friulane bensì bolognesi. Pier Paolo Pasolini, infatti, nacque a Bologna nel 1922 ed ivi frequentò il liceo e poi anche l'università laureandosi con una tesi sul Pascoli nel 1945. La sua formazione linguistica fu basata interamente sull'italiano e su una sorta di dialetto veneto tipico, come lui stesso ha piu volte ammesso, della classe medio-borghese cui la sua famiglia apparteneva. Il dialetto friulano, o meglio casarsese, fu, durante la sua infanzia, semplicemente una lingua "udita" durante le vacanze estive che usava trascorrere a Casarsa, paese di origine della madre; una lingua che imparò già adulto, quindi, quando nel 1943 si rifugiò in quel paese per sfuggire alla chiamata di leva che gli era pervenuta l'otto settembre. Quindi il friulano fu per Pasolini "lingua materna" solo in quanto lingua propria dei luoghi di origine della madre, non perché sua lingua di formazione.

Pasolini scrisse i suoi primi versi in dialetto quando viveva a Bologna e il casarsese era per lui una lingua ancora esclusivamente "d'udito":

> Io scrissi i primi versi in friulano a Bologna, senza conoscere neanche un poeta in questa lingua [. . .]. Allora per me il friulano fu un linguaggio che non aveva nessun rapporto che non fosse fantastico col Friuli e con qualsiasi altro luogo di questa terra. (Cadel 16)

L'occasione per questa sua prima lirica in dialetto, che coincide pressapoco, con il suo esordio poetico, gli venne da una parola, *rosada*, semplice e comune, che alle sue orecchie suonò immediatamente come poesia, un momento questo che, come riporta la Cadel, Pasolini ricordava così:

> In una mattina dell'estate del 1941 io stavo sul poggiolo esterno della casa di mia madre. [. . .] Quando risuonò la parola ROSADA. Era Livio, un ragazzo dei vicini oltre la strada, i Socolari, a parlare. [. . .] Proprio un contadino di quelle parti. La parola "rosada" pronunciata in quella mattinata di sole, non era che una punta espressiva della sua vivacità orale. Certamente quella parola [. . .] *non era mai stata scritta*. Era stata sempre e solamente *un suono*. Qualunque cosa quella mattina io stessi facendo [. . .] certo mi interruppi subito: questo fa parte del ricordo allucinatorio. E scrissi subito dei versi, in quella parlata friulana, della destra del Tagliamento, che fino a quel momento era stata solo *un insieme di suoni*: cominciai col rendere grafica la parola ROSADA [. . .]. (Cadel 81)

Ma al di là di questa iniziazione quasi magica, quali furono i motivi concreti che spinsero Pasolini al friulano? È opinione comune, come sostiene, per esempio, Angela Molteni, che l'approccio del poeta a tale dialetto abbia una duplice motivazione: *in primis* una motivazione romantico-affettiva, ovviamente legata al suo amore per la madre; inoltre, ci sarebbe una motivazione politica. Usare il dialetto, in una Italia dialettofoba, era un gesto di chiara opposizione alla politica fascista e al suo paradigma che identificava l'uso del dialetto con un movimento d'indipendenza ed autonomia regionale, deleterio per l'unità della nazione che poteva essere mantenuta solo con una salda unità linguistica.

> Il fascismo non ammetteva che in Italia ci fossero dei particolarismi locali e degli idiomi di ostinati imbelli [. . .]. Ormai l'antifascismo cessava di essere puramente culturale: sì, poiché il Male lo sperimentavo nel mio caso. (Pasolini in Molteni 5)

La scelta del dialetto era inoltre anche un atto di ribellione verso il padre, che era tenente, conservatore e militante fascista, ed aveva combattuto per l'esercito del duce ed era stato prigioniero in Kenya. Fu proprio per questo spirito conservatore che il padre al suo ritorno dal Kenya, nello scoprire che il figlio aveva aderito al Pci, si infuriò con la moglie accusandola di essere stata un madre incapace, colpevole di non aver saputo prevenire che il figlio "frequentasse gli sbandati". A queste due motivazioni, io ne aggiungerei una terza di carattere psicologico, o se si vuole psicoanalitico. A mio parere, infatti, il dialetto viene eletto da Pasolini come unica lingua possibile per esprimere, più o meno liberamente la sua diversità. Questa lingua astrusa e bistrattata da tutti si propone quindi come specchio della sua anima: così come il dialetto era "altro" a cospetto della lingua standard, anche lui era "altro" a cospetto di una società ancora troppo chiusa e bigotta per poter accettare un "diverso", un omosessuale, quale lui era. In effetti, a conferma di quanto appena detto, se si leggono attentamente le prime liriche friulane, raccolte per la prima volta nel volumetto *Poesie a Casarsa* (1942), ci si accorge facilmente del sottile filo omoerotico che le attraversa; effettivamente numerose sono le poesie dedicate a giovani fanciulli, descritti sempre con una dolcezza e una delicatezza quasi strazianti:

> Ti jos, nini, tai nustris cuàrpas, / la fre-cia rosada / dal timp pierdút [...].
> (Vedi, fanciullo, sui nostri corpi/la fresca rugiada/del tempo perduto [...]). (Pasolini, *Dili*, da *Poesie a Casarsa* 2)

Di sottile ambiguità è anche l'immagine dell'io poetico che Pasolini ci regala in *O me donzel*:

In chel spieli Ciasarsa / —coma i pras di rosada— / di timp antic a trima. / Là sot, jo i vif di dòul, / lontàn frut peciadòur, / ta un ridi scunfuartàt [...]. (In quello specchio Casarsa / —come i prati di rugiada— / trema di tempo antico. / Là sotto io vivo di pietà / lontano fanciullo peccatore, / in un riso sconsolato [...]). (Pasolini, *Poesie a Casarsa* 2)

Il poeta parla di "un fanciullo peccatore" che vive di "pietà [...] in un riso sconsolato". Peccatore, perché? Naturalmente conoscendo le inclinazioni dell'autore è logico concludere che il peccato del giovane fanciullo sia la sua omosessualità che la società gli impone di vivere come una profonda vergogna e che d'altronde, secondo il poeta, non potrebbe essere espressa con la stessa forza poetica nella lingua standard, ormai troppo bigotta per dare voce ad un anima sincera. Oltre che per i contenuti, la poesia friulana di Pasolini sorprende anche per il tipo di dialetto in cui è espressa; non è raro, infatti, per un lettore esperto di dialetto friulano chiedersi in quale lingua scrivesse realmente Pasolini. Non si può ovviamente parlare di friulano vero e proprio. La lingua di Casarsa, a parte essere una lingua appresa e non "materna" (nell'accezione di lingua madre, di formazione), è una lingua, come già accennato, quasi inventata o quantomeno molto personalizzata tanto che per Pasolini più che di dialetto si potrebbe già parlare di idioletto, aprendo così le porte ad una concetto molto caro ai neo dialettali novecenteschi. Il friulano ufficiale era solo un punto di partenza, un sostrato linguistico che, "senza temere", il poeta sottoponeva alle più svariate forzature fino a renderlo molto più italianizzato, meno ostico nella comprensione e certamente più orecchiabile. Resta da chiedersi cosa spingesse Pier Paolo Pasolini a scegliere un lemma invece che un altro, ma prima di fare ciò mi sembra opportuno dimostrare quanto appena detto con alcuni esempi tratti da una delle liriche pasoliniane meglio riuscite: *El testament Coran*, non incluso in *Poesie a Casarsa* perché scritto dopo e non in dialetto casarsese bensì, come suggerisce la Cadel, nel dialetto di Bannia, un'altra città del Friuli non lontana da Casarsa (Cadel 128).

Nei primi due versi il poeta scrive:

In ta l'an dal quaranta quatro / fevi el gardon dei Botèrs: / al era il nuostri timp sacro / sabuít dal sòul dal dover. / Nùvuli negri tal foghèr / thàculi blanci in tal thièl [...].
(Nel millenovecento quaranta quattro / facevo il famiglio dei Boter: / era il nostro tempo sacro / arso dal sole del dovere. / Nuvole nere sul focolare, / macchie bianche nel cielo [...]). (Cadel 128)

In questo caso due sono i termini d'interesse, il primo *sòul* (sole), la cui versione friulana originale sarebbe *sou*; la seconda *thàculi*. Questo temine non è propriamente inventato ma è certamente usato erroneamente da Pasolini. *Thàculi* così come scritto dal poeta in friulano significa "escrementi di pecora" e ovviamente in questo caso la poesia non avrebbe alcun senso logico. È probabile però che il termine che Pasolini aveva in mente fosse *thàcula*, che significa "macchia" e in tal caso il verso, tradotto come "Nuvole nere sul focolare / macchie bianche nel cielo", avrebbe più senso.
Ancora più avanti si legge:

Scarpi scuri! ciamensi clari! / dovenetha, tiara foresta! [...]
(Scarpe scure! camicia chiara, / giovinezza, terra straniera! [...]). (Cadel 129)

Dovenetha, che significa "gioventù", dovrebbe essere *doventhut*. Ed infine negli ultimi due versi:

Lassi in reditàt la me imàdin / ta la cossientha dei siòrs. / I vuòj vuòiti, i abith ch'a nasin / dei me tamari sudòurs. / Coi todescs no ài vut timòur / de lassà la me dovenetha. / Viva el coragiu, el dolòur / e la nothentha dei puarèth!
(Lascio in eredità la mia immagine / nella coscienza dei ricchi. / Gli occhi vuoti, i vestiti che odorano / dei miei rozzi sudori. / Coi tedeschi non ho avuto paura / di lasciare la mia giovinezza. / Viva il coraggio, il dolore / e l'innocenza dei poveri!) (Cadel 131)

Prima di tutto *reditàt* sarebbe in realtà *redetàt*; di maggiore interesse è, però, il termine *imàdin* che in friulano non esiste e che pertanto si propone come un neologismo del poeta. Va notato infine il lemma *timòur*, impiegato dall'autore con il significato di *paura* ma che in dialetto significa *tumore*; la parola esatta per *paura*, difatti, è *poura*. (Cadel 128-31).

Ma torniamo ora alla domanda di cui sopra: Pasolini come sceglieva i suoi lemmi, cosa lo ispirava a prediligere una parola ad un'altra? La domanda, che altrimenti potrebbe apparire quantomeno banale, diventa opportuna tenendo presente quanto detto sull'artificialità, nel senso di ricercatezza e innovazione, propria del dialetto pasoliniano.

La formula che più di tutte riassume ed esplica la poetica di Pasolini è in questa espressione di Valery, che per puro caso il poeta lesse in una citazione in un testo di Jakobson: "La poesia è una prolungata esitazione tra il senso e il suono" (Zigania), in effetti la musicalità e il suono furono fondamentali nella sua poesia. Il percorso che lo portava a scrivere iniziava sempre dalla "parola", da una scelta opinata dei lemmi da usare. Uno degli imperativi categorici che lo guidavano era la musicalità, l'armonia che una parola in corrispondenza di un'altra riusciva ad evocare. Pasolini era fermamente convinto che nel dialetto solo esistessero parole "naturalmente" poetiche, si pensi per esempio alla parola *rosada* che ha ispirato la sua prima lirica dialettale, ed erano queste le parole da ricercare e prediligere. Nella sua "sperimentazione" linguistica, quindi, la ricerca della perfetta musicalità prende il sopravvento e l'aspetto fonico, cioè la cura del suono, nelle sue liriche diventa molto più importante di quello semantico. Va sottolineato che la perfetta musicalità di una poesia non dipendeva solo dall'usare parole "musicali" ma dal "raggrupparle" con tecnica e discernimento; Pasolini scriveva:

> Il valore della parola è unico per ogni parola, e basta. Il "tremore vergineo" è dato alle parole dal "tono", cioè dall'ispirazione, cioè dal proprio particolare e raggiunto stile poetico. Non troverai "tremore vergineo" è ovvio nelle parole in se stesse, distaccate dal testo ("fiume" "selva" "strada"

selciato" [sic]); la parola non si sacrifica o si ricerca per se stessa, ma per il testo. (Pasolini, *Lettere* 70)

Questa sorta di ossessione per la musicalità del testo poetico non dipende semplicemente da un'esigenza prettamente poetica, è legata altresì alla convinzione del poeta che, poiché il dialetto nasce prevalentemente come lingua destinata all'oralità, la scrittura rappresenti solo una sorta di "documento" atto a provare, o meglio a testimoniare eventualmente ai posteri, l'esistenza di una lingua che l'autore teme stia morendo. Pertanto il compito del poeta dialettale consiste nel riprodurre in grafica, attraverso un'attenta selezione dei lemmi, quella che è la musicalità tipica della parlata orale.

D'altra parte non si può ignorare il fatto che Pasolini avesse per la musica una vera e propria passione, tanto da sognare di comporre una sua personale ed, ovviamente, assolutamente originale sinfonia:

Pensate!... Una suonata per violino solo... È tanto che ci penso... La scriverei [sic] in venti tempi, molto brevi s'intende, ma cambierei tutta la terminologia. Invece di Adagio, Allegretto, Con Brio, ecc., inventerei dei nuovi nomi. Ecco per esempio, Straziato... Svenevole... Con Brutalità...Venti tempi brevissimi e con lunghissime pause interne, come quelle che fa l'usignolo... Sentite? (Cadel 61)

Così si esprime Pasolini in una lettera indirizzata alla sua cara amica violinista Pina Kalc, che diventò poi la Dina di *Atti impuri*.

L'iniziazione alla musica è legata alla sua "scoperta" di Bach, più esattamente all'ascolto delle sei suonate per violino solo, che lo portò poi a cimentarsi in un'analisi sullo stile musicale del compositore, raccolta nel trattato *Studi sullo stile di Bach*. In omaggio al grande musicista, Pasolini scrisse anche alcuni versi tra cui *Il cant pal Siciliano di Bach* e *Celeste Bach!*, su quest'ultima ritorneremo tra breve. Prima però è giusto chiarire quale lezione utile per la sua poesia il poeta abbia ricavato dai suoi studi musicali. È lui stesso a dircelo in un passaggio della sua tesi di laurea dove, parlando della poesia del Leopardi e del Tasso, scriveva:

Prima il silenzio, poi il suono o la parola. Ma un suono e una parola che siano gli unici, che ci portino subito nel cuore del discorso. Discorso, dico. Se c'è un rapporto tra musica e poesia questo è nell'analogia, del resto umana, di tramutare il sentimento in discorso, con quel risparmio, quella misura, quell'accoratezza che sono semplicemente comuni ad ogni opera d'arte. [...] Tali somiglianze si fanno più sensibili tra l'arte musicale e l'arte poetica. (Cadel 68)

Il legame, dunque, tra musica e poesia dialettale è nella capacità di queste due arti di stabilire un "discorso diretto" tra il cuore dell'artista e il mondo.

Per concludere il nostro discorso sulla poesia friulana di Pier Paolo Pasolini vorrei per un attimo ritornare al componimento in onore di Bach, *Celeste Bach!*. L'interesse per questi versi non è da ricercarsi nella dedica al grande compositore quanto nell'incipit stesso della lirica: "*Tu frut, tu omp, tu muart*" ("Tu ragazzo, tu uomo, tu morto") (Cadel 94) che non può non ricordarci dei bellissimi versi di *Il nini muàrt*, una delle liriche di *Poesie a Casarsa* che sembra sia stata ispirata al poeta proprio dalle suggestioni che la musica di Bach gli faceva nascere nel cuore ad ogni ascolto. Suggestioni ovviamente di ispirazione romantico-sentimentali fortemente legate all'esperienza biografica dell'autore:

Il nini muàrt
Sère imbarlumìde, tal fossàl / 'a crès l'aghe, 'na fèmine plène / 'a ciamìne tal ciamp. / Jo ti ricuàrdi, Narcìs, tu vèvis il colòr / da la sère, quànt lis ciampànis / 'a sunin di muàrt.
(*Il bambino morto*
Sera luminosa, nel fosso / cresce l'acqua, una donna incinta / cammina per il campo. / Io ti ricordo, Narciso, avevi il colore / della sera, quando le campane / suonano a morto.)
(Pasolini, *Poesie a Casarsa* 1)

Questa lirica, così come il verso iniziale di *Celeste Bach!*, introduce uno dei temi più cari a Pasolini: la morte dei giovani fanciulli, di ragazzini appena affacciatisi alla vita.

Eppure anche se parla di morte, la poesia di Pasolini non risveglia mai nel lettore sentimenti di paura e angoscia, anzi ispira una certa serenità. La morte giovane non è presentata come la tragica fine "di tutto", al contrario viene interpretata come una garanzia di "eterna giovinezza", di eterna felicità. Il fanciullo che muore giovane senza "conoscere" la vita, non avrà modo di soffrire nè di essere deluso, se ne andrà con l'errata convinzione che "tutto" sia gioia. Pensiero leopardiano? Perché no? D'altronde Pasolini riconosceva i grandi meriti alla poesia del recanatese per la musicalità che riusciva a trasmettere, quindi, non sorprenderebbe se ne condividesse anche la "filosofia" di vita. Questo "uomo a metà" che lo scrittore onora con i suoi versi, come scrive la Cadel "è parte di un mondo senza *nomos*, si muove in un paesaggio fantasmatico di campi vuoti e silenziosi, contrapposti agli spazi della presenza e della *norma*, alla Chiesa lontana e oscura del Friuli Cristiano, ai suoi campi lavorati dai Padri" (Cadel 94), che è forse il mondo che auspicava il poeta: un mondo che non poteva essere reale e che lui decide di inventare nei suoi versi scritti in una lingua "inventata", quella che la Cadel giustamente chiama "La lingua dei desideri" (uso il titolo del libro della Cadel per esprimere una deduzione mia).

È evidente quindi che il dialetto pasoliniano, pur essendo una lingua "di sfogo" attraverso la quale il poeta riesce a dar voce alle sue frustrazioni, non è però una lingua

"d'istinto", al contrario si presenta come un linguaggio ben curato, ricercato nei minimi dettagli. Il friulano di Pasolini, in particolare quello di *Poesie a Casarsa*, è un felice "sposalizio" tra una meditata raffinatezza metrica, ispirata alla tradizione cortese, e la ricerca di una parlata originale, primitiva, priva di una qualsiasi tradizione letteraria.

Come Pasolini anche Serrao sembra prediligere una lingua priva di tradizione ed infatti pur avendo la possibilità di scrivere in un dialetto più che mai ricco ed "esperto" quale il napoletano, proprio del capoluogo campano, elegge lingua regina della sua produzione il dialetto caivanese, una parlata di periferia pressapoco sconosciuta, propria di un paesino di provincia altrettanto sconosciuto che "si individua sulle carte in scala 1:25.00 (raramente in quelle di scala inferiore) lungo la provinciale che collega Napoli e Caserta" e che "si chiama Caivano [...]" (Serrao, *Presunto inverno* 163).

A differenza di Pasolini, Serrao non nasce come poeta dialettale, al contrario l'inizio della sua carriera poetica è stato in lingua standard; d'altronde, l'italiano, a parte brevi parentesi dialettali legate alla sua infanzia, è la sua lingua di formazione. Una parlata, che a testimonianza dello stesso poeta, gli è stata imposta, più che proposta. Difatti, era convinzione di suo nonno e di seguito di suo padre che l'italiano fosse un mezzo necessario per la riuscita del tanto sospirato riscatto sociale; conoscere l'italiano facilitava la carriera scolastica che il nonno impose al padre del poeta e che suo padre, a sua volta, impose a lui:

> [...] la mia famiglia è contadina, mio nonno lamenta la condizione di costante inappagata fatica e elabora magari pittoresche, ma certamente splendide bestemmie [...]. Al figlio maggiore, (mio padre) impone la frequenza di un corso di studi [...] è ormai opinione da tutti condivisa in famiglia l'idea che l'istruzione e la lingua italiana e il suo corretto uso, e possibilmente esclusivo, rappresentino l'unico strumento di riscatto dalla classe subalterna [...]. Quando gli eventi bellici inducono la famiglia a trasferirsi a Roma, appare più a portata di mano la realizzazione del progetto sociologico di rivalsa, per me innanzitutto: mio padre [...] dispone: liceo classico e, nel seguito, una facoltà umanistica. (Serrao, *Presunto inverno* 164)

Scrivere in italiano fu dunque una conseguenza inevitabile. Serrao però il dialetto lo aveva sentito e vissuto, e scrive:

> ho già corso il tempo dell'infanzia attraverso i campi [...] con adolescenti lontanissimi dal cruccio della riabilitazione [...]. In quei tempi naturali ho parlato il dialetto, respirato il dialetto, perfino la segnaletica sostitutiva della parola ha comunicato efficacemente cultura del luogo che con la lingua nazionale non ha nulla da spartire: anzi, a me e ai miei amici coetanei la lingua nazionale, se non incute paura, procura di certo disagio perché sinonimo di un obbligo, significa senza appello 'i compiti da fare per il giorno dopo'. (Serrao, *Presunto inverno* 164)

Il poeta aveva e ha tuttora il caivanese nel cuore; l'italiano è solo una lingua di facciata, una maschera con cui per circa trent'anni ha vestito le sue poesie. Liriche, peraltro, nelle quali l'autore stesso avverte spesso il disagio provocato dal "forte scollamento" (Serrao, *Presunto inverno* 165), esistente tra il mezzo comunicativo (con tutte le sue regole grammaticali, sintattiche e stilistiche), e le emozioni espresse con esso; profondo era il divario "fra memoria antropologica e parola" (Serrao, *Presunto inverno* 165). Come supplire a questa mancanza? Serrao forza l'italiano ad "assumere i contenuti delle bestemmie del nonno con i baffi corti e gialli di nicotina" (Serrao, *Presunto inverno* 165) e, non avendo a disposizione parole che "naturalmente" esprimessero poesia, anche il parlare di "cose piccole" si risolve nell'uso di un forte simbolismo e di vari sperimentalismi sintattici. I risultati di tale esperimento, però, non sono dei migliori; si avverte, infatti, nelle sue poesie italiane un eccessivo sforzo di decorare e vestire di grazia espressioni e sentimenti, realtà di vita pratica, che vorrebbero essere espressi liberamente e "naturalmente". Di questo si accorge lui stesso e, parlando delle sue liriche in lingua, dice:

> [...] ma per la loro inadeguatezza espressiva [...] hanno finito per spingermi sul versante di uno sperimentalismo talvolta acceso, verso esiti formali del tutto incongrui a consentire una personale, spontanea per quanto possibile, identificazione. (Serrao, *Presunto inverno* 165)

Questa anelata identificazione del suo spirito con i suoi versi avviene grazie al dialetto, al quale Serrao approda esattamente nel 1988, quando scrive *Post meridiem*, l'ultima, fino ad oggi, delle sue liriche in lingua standard. Poesia che lo stesso autore definisce "esemplare", spiegando che la parola esemplare è da intendersi come *exemplum* da *eximere* in cui, ai significati di "estrarre, prendere fuori togler via... si accompagna il senso liberatorio da trascorsi personali di scrittura troppo ingombranti" (Serrao, *Presunto inverno* 164). La vera novità di questa poesia è nell'inserzione di frasi dialettali, tratte da una delle liriche più suggestive di Salvatore Di Giacomo *Era de Maggio*. Nel primo verso della lirica digiacomiana si legge:

Era de maggio e te cadeano 'nzino / A schiocche a schiocche li ccerase rosse, / fresca era ll'aria e tutto lu ciardino / **addurava de rose** a ciente passe [...]. (Di Giacomo 98; grassetto mio)
(Era maggio e ti cadevano addosso, / grappolo dopo grappolo le rosse ciliege, / l'aria era fresca e tutto il giardino / profumava di rose a cento passi [...]) (Traduzione mia).

In *Post meridiem* leggiamo al secondo verso e poi nei versi finali:

Punto a maggio e **te cadeano 'nzino** inquieto / [...] / a parlarne neanche [...] **fresca era ll'aria** s'addensano anche qui un po' / dovunque nugoletti di mosche **e tutto lu ciardino / addurava de rose** sospirò con voce / incupita voce frigia ultimativa / mente il padre soffia che ore songono [...]. (Serrao, *Presunto inverno* 161; grassetto mio)

Questo timido esordio del napoletano nelle liriche di Serrao è importante perchè per la prima volta il dialetto è impiegato come esempio di "contiguità" (Serrao, *Presunto inverno* 162) non c'è "opposizione" tra lingua standard e napoletano in quanto entrambi sono partecipi di un unico bisogno di comunicare ed espiare il grande dolore della morte del padre, "un campano" per cui "l'inserto da *Era de Maggio* ha funzione certificativa, certifica una parlata dialettale viva" (Serrao, *Presunto inverno* 162).

Dopo *Post meridiem* Serrao non ha più scritto in italiano, la sua adesione al dialetto è stata, ed è, totale. Ma quali sono le ragioni di una svolta così radicale? È chiaro che la parlata dialettale si fa strada quando un dolore tanto forte quanto primitivo inonda l'anima del poeta che avverte, così, la necessità di uno sfogo "sincero/naturale" che l'italiano da solo non consente ed allora si ricorre a piccoli "interludi" dialettali. Ma la decisione definitiva è a seguito di questo dolore ed è legata all'impellente necessità, nonché desiderio, del poeta di stabilire una sorta di dialogo metafisico con il padre morto,

un dialogo di verifica del vissuto, dei 'come' dei 'perché' nell'unica lingua in definitiva comune, di eguale lunghezza d'onda, una lingua di possibile intesa rinvenuta nel luogo dove affondano le radici di famiglia dove antropologia e memoria hanno lasciato sedimenti [...]. (Serrao, *Presunto inverno* 165–66)

Quindi il dialetto non è più un mezzo di protesta o ribellione all'autorità politica e paterna come in Pasolini, è semplicemente la lingua della memoria, che risponde a un bisogno propriamente "intimistico" del poeta, di ritrovare se stesso e le sue radici "antropologiche" che per troppo tempo ha dovuto ignorare. Per fare ciò Serrao sceglie però una via ardua e insidiosa: quella del dialetto *petroso* della provincia, il caivanese (Serrao, *Presunto inverno* 163).

Dialetto "petroso" sembra essere una definizione perfetta, infatti per un lettore attento è facile intuire che con Serrao siamo completamente agli antipodi della lirica dolce, melodica e cantabile di Salvatore Di Giacomo; come siamo agli antipodi anche della lingua ironico-realista di Eduardo De Filippo o Antonio De Curtis (in arte Totò). Il caivanese di Serrao è una lingua molto più dura non facilmente orecchiabile al primo ascolto, alla quale però, superato lo shock iniziale, ci si abitua scoprendo in essa una musicalità celata dietro parole a volte troppo crude, ma non per questo di minore effetto. A Serrao vanno anzi riconosciuti meriti maggiori. La musicalità come anche la comicità sono propri del napoletano, inteso come lingua del capoluogo, di fatto tradizionalmente identificato come la lingua della canzone, della poesia, delle serenate o della commedia, delle beffe e delle famose sceneggiate che in nessun altro dialetto "vivono" come in quello napoletano. Quello scelto da Serrao è un linguaggio che non ha alle spalle tutta questa tradizione e che per l'asprezza propria dei suoni che gli appartengono è difficile da gestire, soprattutto nell'ambito di un componimento poetico. Eppure egli ci riesce e con grande abilità artistica da un linguaggio "amorfo", da un punto di vista strettamente poetico, riesce a creare poesie che vanno direttamente al cuore, suscitando emozioni forti e "primitive", scuotendo anche gli animi più assopiti, aprendo gli occhi su una realtà che spesso molti ignorano: se stessi e il mondo circostante, questo grazie soprattutto ad un

> senso profondo di armonia, di equilibrio ritmico, di modulazione compositiva. È innegabile che ci siano delle

resistenze foniche, densità consonantiche, distorsioni sintattiche ma esse sono il controcanto di una fondamentale misura ritmica su cui si adagia la tonalità di base, quella tristezza esistenziale [...]. E questo è verificabile ad ogni passo [...]. (Bonaffini 169)

Serrao, dunque, rompe con la tradizione classica napoletana della troppo ostentata musicalità e ne inizia una sua: quella della musicalità celata dall'asprezza e dalla pronuncia irta delle parole. D'altra parte, non si può ignorare il fatto che tra i fili conduttori della sua poetica ci sia, indubbiamente, quello di riprodurre per iscritto la musicalità tipica della parlata orale essendo il testo scritto semplicemente un documento di testimonianza e conservazione di lingue che rischiano di essere dimenticate; in questo la sua idea di poesia dialettale è in perfetta sintonia con quella pasoliniana.

Prima di andar oltre, sembra opportuno, a questo punto, proporre un saggio della poesia di Serrao, una poesia esemplare non solo per i risultati lirici raggiunti attraverso il caivanese, grazie alla bravura del poeta, ma, altresì, esemplare per i temi tipici delle sue liriche:

Nu tiempo c'è stato... / Nu tiempo c'è stato ch' 'e pparole / nun cagnavano ll'aria, addu nuje / frièvano cu' ll'uoglio / d' 'a iacuvèlla arèto 'a vocca attenùte / pe' ppaura, / cummenienza che ssaccio / nu chiuovo stu silenzio... Abbastava/na guardata, 'a strenta d''e mmane e ttècchete / n'ata manèra 'e parlà. Sulo vicino / o lietto d''o muorto succedeca / n'appìccecco 'e voce nu vòtta / vòtta comme d'aucielle annude / pe' qquacche presa 'e pane.
(C'è stato un tempo... / C'è stato un tempo in cui le parole / non cambiavano l'aria, dalle nostre parti / friggevano con l'olio / della furbizia trattenuto dietro la bocca / per paura, convenienza, che so, / un chiodo fisso questo silenzio... Bastava / uno sguardo, una stretta di mano ed ecco / un altro modo di parlare. Solo accanto / al letto del morto accadeva / una lite di voci, uno spingersi a vicenda / come fanno gli uccelli nudi /per una briciola di pane) (Traduzione mia) (Serrao, *Cantalèsia* 38)

Chiaro il tema della memoria già dal titolo *Nu tiempo c'è stato*, presente anche il *motif*, classico se si vuole, della tristezza per un' idillicità perduta, per un tempo, cioè, in cui per la semplicità della gente, delle cose e della vita in genere, si riusciva a parlare anche attraverso il silenzio con semplici sguardi o gesti, senza paura di equivoci e incomprensioni. Ovviamente, denunciando il malcontento riguardo all'eccessiva artificialità della realtà contemporanea, Serrao finisce col realizzare una sorta di apologia delle "cose piccole", di quei gesti semplici del quotidiano che passano inevitabilmente inosservati e, anzi, per questa celebrazione delle "cose piccole", presente un po' in tutta la sua produzione (si pensi all'attenzione dedicata alla foglia che si accartoccia, da Bonaffini giustamente definita montaliana, nella poesia *Trasette vierno*; alla descrizione del "populino" che scappa per sfuggire alla calamità in *Mal'aria*; o al titolo, emblematico, di una delle sue poesie *'O cunto d''e ccose piccerelle*) si potrebbe intravedere nei suoi versi l'esistenza di una sottile vena crepuscolare. Osservazione che risulterebbe quantomeno superficiale e che proverebbe una lettura frettolosa e poca attenta. Se da un lato, infatti, il poeta crepuscolare si chiudeva al mondo "raggomitolandosi su se stesso", facendo della sua poesia una fortezza, Serrao non usa i suoi versi per chiudersi, al contrario attraverso la sua lirica egli decide di aprirsi ad un dialogo personale prima, quello con il padre morto, e subito dopo a un dialogo universale; la sua è una poesia "aperta" al mondo in cerca di un dialogo reciproco e costruttivo. La lirica di Serrao è un modo per raccontare e raccontarsi, è la voce dell'animo stesso del poeta così come è la voce dei "sempliciotti" che egli elegge a protagonisti delle sue creazioni. La sua poesia è, altresì, un canto liberatorio e di riconoscimento del suo essere sempre e comunque un "campano", proprio come lo era il nonno dalle bestemmie colorate, proprio come lo era suo padre che pure a tratti aveva vissuto, e aveva fatto vivere al figlio, le sue origini come un peso, una macchia da cui liberarsi, abolendo *in primis* l'uso del dialetto. Il recupero di questa lingua bistrattata e accantonata per troppo tempo è pertanto un recupero dell' io, che avviene proprio quando una parte integrante di quell'io, dell'uomo Serrao, cioè il padre, viene a mancare per sempre.

Per Serrao quindi il dialetto è un'ancora che lo mantiene legato al suo passato, che rischia di perdersi nella memoria, e a suo padre, che venendo a mancare fisicamente può esistere per sempre solo attraverso la 'sua' lingua naturale. Per Pasolini, invece, il dialetto era un modo per sottolineare la distanza tra se stesso e suo padre, un uomo che incarnava quella società che il poeta contestava e che lo aveva rifiutato, condannato e calunniato, umiliandolo finanche nella morte. Ma le differenze tra i due non si esauriscono in questo. Da un punto strettamente linguistico va sottolineato che mentre Pasolini aveva quasi inventato il suo dialetto, non disdegnando, come detto precedentemente, l'inserimento di neologismi e forzature piuttosto palesi, Serrao non inventa la sua lingua, usa il suo dialetto così com'è, senza modificare le parole affinché abbiano un suono più dolce e musicale e evitando di crearne di nuove. Va inoltre ricordato che mentre in Pasolini l'italiano e il friulano ebbero due vite parallele (il poeta non abbandonò mai l'una per l'altra), in Serrao l'introduzione dell'uno significa la morte dell'altro, la sua adesione al dialetto, ripetiamo, è radicale. Come si spiega questa divergenza tra i due?

Una delle ragioni plausibili per la radicalità della scelta del poeta campano potrebbe ricercarsi nel fatto che il dialetto è per lui la lingua del suo vero essere, una parlata che da sempre gli appartiene, che s'affacciava nei suoi pensieri anche quando per "abitudine" scriveva in italiano. Liberandosi dal toscano Serrao si è liberato, per sempre, dalla pesante convinzione che parlare caivanese equivalesse a rinunciare al riscatto sociale tanto anelato dalla sua famiglia. Con *Post meridiem* Achille Serrao ha deposto la maschera per non indossarla mai più. Diverso è invece il caso di Pasolini, per lui, infatti, il friulano, o il dialetto in generale, non è legato ad un motivo strettamente intimistico, è più che altro dettato da un desiderio palese di protesta e ribellione. Altresì, per Pasolini il dialetto finisce col diventare una vera e propria lingua di sperimentazione che gli lasciava una libertà di "giocare" con vocaboli e creazioni sintattiche che l'italiano, forte di una tradizione letteraria incancellabile, non consentiva.

Infine, se si volesse trovare nel tema della memoria un punto di contatto tra i due, anche qui bisogna muoversi con discrezione, non tralasciando il fatto che i ricordi che il friulano di Pasolini evoca sono parte di un mondo "estraneo" al poeta, un mondo idealizzato; per Serrao invece i ricordi evocati dal caivanese sono veri, sono "suoi", parte di un'infanzia vissuta in quei luoghi che vivevano di quel dialetto. Da qui scaturisce un ulteriore differenza: Pasolini attraverso il suo idioletto, quasi inventato, vuole rappresentare nelle sue poesie (e questa riflessione concerne strettamente le poesie in friulano) un mondo idilliaco, un mondo altro dalla realtà che lo angustiava; Serrao, al contrario, non inventa nulla ma ci consegna il suo mondo così come lui lo ha conosciuto, proprio attraverso quella parlata aspra e dura che gli appartiene.

Pier Paolo Pasolini e Achille Serrao sono quindi due voci, due anime, con due destini diversi, a tratti opposti, che però hanno in comune il coraggio di aver scelto di esprimersi in un linguaggio "sperimentale" perché privo di tradizione, rischiando, quindi, l'incomprensione del lettore troppo pigro per poter interessarsi a qualcosa di assolutamente nuovo o troppo bigotto per poter riconoscere "la poesia" in una parlata che non appare nell'elenco dei grandi classici.

Part III

The Body, the Word, and the Other: Towards a Definition of the Anti-Bourgeois Author

7
Mimesis: Pasolini's Will to Be a Poet

Emanuela Patti

The Language of the Mother and the Language of the Father

In Pasolini, linguistic mimesis is strictly interwoven with myth and sacred. In his essay "'Ebbro d'erba e di tenebre': le iscrizioni della morte", Agosti pointed out a juxtaposition in Pasolini between *"Canto"* (song) and *"Discorso"* (discourse) or, the language of the Mother and the language of the Father. The latter is the language of the simulation of reality, represented by codes, ideologies, the constituent knowledge of Discourse, which builds history and asserts the law, "la legge, appunto, del Nome-del-Padre" (Agosti 46). The language of the Mother, by contrast, is the language of the possessor of "real" truth, which cannot be formulated in terms of speech, but only babbled or sung outside linguistic codes, "per cui la Madre, in quanto detentrice della verità, la sottrae nel contempo alla sua manifestazione diretta (articolata)" (Agosti 46).[1] Pasolini's poetry was therefore interpreted by Agosti as a "colluttazione incessante di queste due lingue (di questi due piani del linguaggio)" (Agosti 47).

In this sense, Pasolini's poetics seems to follow two main drives, as I shall demonstrate in this article: a critique of discourse, as a form of bourgeois logic and rationality and based on an arbitrary relationship between signifier and signified; and, an attempt to mimetically adjust the signifier to the "song of truth." In my view, this paradigm, Lingua della Madre vs. Lingua del Padre, is particularly relevant to illustrate two important aspects of this question. First of all, it serves well to clarify that in Pasolini representation of reality is actually a re-presentation of reality (mimesis) which follows the deconstruction of the rhetoric of cultural discourse. In a way, this represents a sort of cultural self-effacement, as Pasolini's mimetic desire for reality is actually translated into a denial of his own bourgeois system of representation (the language of the Father) and an imitation of that of the Other (the language of the Mother). On a linguistic level, this corresponds to the author's mimetic desire to deconstruct and re-make language, so it reflects another reality outside the establishment. The author identified the "other" reality, *external* and *excluded* from bourgeois culture, in a primitive world, associated first with Friulan rural society; then, during the time of his political commitment, with the Roman *borgate*; and finally transferred the identification to either a mythic or a geographically remote space (the Third World), both outside bourgeois history. In Pasolini, being an outsider seems to be the *conditio sine qua non* sacred is given;[2] in this sense, his concept of mimesis was quite close to ancient Greek thought that truth is given outside the self.[3] Much as the Greeks considered truth as *ab extra* of the subject, an *ek-stasis*, and as a continuous attempt to adjust human faculties to things (*adaequatio intellectus cum rebus*) by perception through the senses; so Pasolini seems to consider the experience of sacred as *a transgression* of the bourgeois cultural self and of his language and an imitation of the Other. Such a poetic constant, whether interpreted as an ideological commitment or an aesthetic drive, is a relevant entryway into Pasolini's work and helps to decipher his often contradictory assertions.

The "Other" Language

Despite the many reasons that may have inspired Pasolini's decision to write his poems in Friulan, virtually everyone seems to agree that by so doing, he asserted a form of linguistic "otherness," avoiding the standard linguistic system.[4] First of all, in so doing he created a sort of estrangement from his own language; as he stated, he did not want to be understandable: "Era per me il massimo dell'ermetismo, dell'oscurità, del rifiuto di comunicare" (*Saggi sulla politica e sulla società* 1411). Secondly, by rejecting the standard national language, he dissociated with Fascist culture, employing instead the language of a minority linguistic group. Hence Friulan represented the possibility to express "another" identity outside the established language of the bourgeoisie. Whether or not that identity was an objective picture of the Friulan community—and it clearly was not—Pasolini's Friulan poetry should be interpreted as a denial of the established discourse (the language of the Father). As "an outsider in privileged relation to Truth" (Gordon 81), the poet's task was indeed to re-create the link between the word and the sacred, which Pasolini tried to achieve through an objectification of his inspiration in "another" language.

In his idea of harmony between the being of things and their linguistic essence, conceived as a sort of ideal "aderenza tra linguaggio e rappresentazione" (Pasolini, "Da A. Soffici" 11) or "adeguamento del cuore al linguaggio" (Pasolini, "Collezioni" 27), Pasolini was clearly influenced by the myth of Adamic language: it named, but only while listening to and submitting itself to the being of things. *Poesie a Casarsa* illustrates this point well. In fact, Pasolini's first collection of poems was strongly inspired by the desire to convey his encounter with the sacred in the Friulan cosmos through the "body" (the graphic coding) of a "new" language, which was meant to be mimetic of that ecstatic experience. Therefore, the communion between the poet and the Friulan world was a heuristic experience, since it was, like the activity of the Greek *poietes*, an experience of revelation of the sacred through poetic language.

Indeed, Pasolini was drawn to Friulan because this dialect had no written form; therefore, it was not poetically worn with use, but retained all its "rustic Christian purity" (Pasolini, "Academiuta di lengua furlana" 75). In this context, the Friulan dialect was intended to express the material, sensual nature of feelings, which could not otherwise be expressed in the language of tradition. In a letter Pasolini sent on 3 November 1945 to the poet Franco De Gironcoli he described Friulan as a sort of Greek or Christian dialect, close to the moment when Adam pronounced the first words (Naldini 209).

This definition cannot but recall Giovanni Pascoli's description in *Il fanciullino* of the "fanciullo musico" as "the Adam, who names whatever he sees and feels" (Cadel 23).

The desire to make poetic language mimetic of physical reality is also suggested in some of Pasolini's early critical articles,[5] mainly literary reviews he wrote for the journal *Il Setaccio* between 1942 and 1943, and in his dissertation on Pascoli, *Antologia della lirica pascoliana: introduzione e commenti*, written in 1945.[6] Following Gianfranco Contini's stylistics and Roberto Longhi's visual training, Pasolini stated firmly that poetic language had to "adhere" to physical reality to be effective and "honest." As we can read in one of his early critical articles on Ardengo Soffici, written in 1941, Pasolini defines *Giornale di bordo* as "anti-poetic" because of its "inaderenza tra linguaggio e rappresentazione, derivante dall'indulgere della sua ispirazione alle varie possibilità del primo o della seconda" (Pasolini,"Da A. Soffici" 7). On the other hand, he praised Soffici's *Arlecchino*, stating that in these poems "l'anima dell'autore sembra essersi trasformata in terra, alberi, colli, nebbia, tronchi, fiori, senza—si direbbe—alcun residuo umano" (Pasolini, "Da A. Soffici" 11).

The necessity to overcome the self and establish a more direct contact with reality made him also distance himself from Mallarmé and Rimbaud, who still influenced his first collection of poems. Despite that, their poetry, according to Pasolini, did not always find a concrete expression, but remained vague and abstract. As Pasolini wrote in 1946, "Il mondo che ha da costruire la parola è questo in cui ora sono vivo" (Pasolini, "Penso ai mondi metafisici" 150). He was very critical of those authors who indulged in "vaghezze di atmosfere" or "riflessi irrazionali e analogici" (Pasolini, "Commento" 42),[7] as well as those who employed formalism in poetic language. Talking about the work of the poet Beniamino Dal Fabbro, Pasolini defined the poet's style as a "ricostruzione – qua e là felice – di tesi e di gusto" in which freshness is a painful cleverness (Pasolini, "Collezioni"29). In both cases, poetic language did not relate to the concrete experience of reality, which for Pasolini was the essence of the lyrical.

At this early stage, Pasolini's mimesis can therefore be interpreted as a double synergic strategy: in terms of deconstruction, as a refusal of the established language of representation; in terms of re-making of "another" language, as a form of pre-symbolic, pre-linguistic, and pre-historical expression, which attempts to re-present the external reality as an experience of truth.

The "national-popular" Gramscian Phase

Pasolini's mimetic poetry in his Friulan period was essentially a stylistic choice, not yet concerned with "national-popular" issues; however it definitely became more problematic in connection with his adoption of a Gramscian/Marxist ideology in the 1950s.[8] Following Neorealism's commitment to "move towards a reality that was popular, true and hence national" (Rohdie 166), in the first half of the following decade Pasolini's interest in realism was primarily motivated by political convictions and principally concerned with linguistic questions. At that time, bilingualism was still a reality in Italy: in the first decades after the Second World War, the country was linguistically split into areas where the people spoke the national language and others where they spoke dialects. Giving voice to the people outside established bourgeois culture by letting them speak in their own language (dialect rather than Italian) became a general concern of *engagé* authors.

In the wake of the Resistance, for Pasolini, the blend and shift of voices was "at the very heart of Italian populism, of the notion of 'commitment', and of the idea of the 'organic' Communist Party intellectual" (Rodhie 180). Still, one of the main questions Pasolini raised in his critical writing during the years 1950–55 still concerned the false equation between dialect and popular culture, stressing that in most cases vernacular poetry did not correspond to a popular mentality. As he highlights in "Dialetto e poesia popolare", it is a big mistake to think without reservation that dialect is an "immediate" medium for achieving popular poetry, as it usually carries a baggage of cultural conventions that are part and parcel of the bourgeois "prejudices" of the poet (Pasolini, "Dialetto e poesia popolare" 374).

This point is further elucidated in *Poesia dialettale del Novecento* (1952), an extensive analysis of the vernacular poetry in twentieth-century Italy. According to Pasolini, most poets tend to impose a priori a bourgeois consciousness on the popular world they represent, translating it into a language full of clichés: "I dialetti posseggono una tradizione non meno colta, anti-popolare di quella in lingua" (Pasolini, "La poesia dialettale" 717). In his mind, realistic poetry, in dialect or in Italian, is achieved only when the poet performs a sort of self-effacement of his own bourgeois class identity and language (his own symbolic order) so as to be assimilated with that of the common people. Representing "another" reality with the *same* symbolic order, would not this be yet again a trap in the hermeneutic circle? Therefore, according to Pasolini, "realistic" poetry can only be produced by denying the bourgeois rhetoric of representation and, using his own expression, "regressing" toward the Other. When he describes Belli's representation of Rome, he specifies: "una Roma reale appunto perché, svolgendosi la reale esistenza di Roma, come in qualsiasi altra città italiana, dentro il rione, è nel rione che il Belli compie il regresso nel suo parlante pigro e collerico, esibizionista e filosofo" (Pasolini, "La poesia dialettale" 772). On a linguistic level, this is achieved when the signifier becomes one with external reality; on a psychological and cultural level, the bourgeois poet should become one with the common man.

Pasolini's notion of "realism" was therefore quite different from Neorealism, which was characterized in poetry either by popular themes described through the medium of standard language or by insertions in the latter of spoken language or vernacular phrases. For the same reason, he disapproved of Neorealist films because, in his opinion, almost invariably they represented popular themes without experimenting with language. In "La confusione degli stili" he stated: "Caratteristica dell'innovatore «neorealistico» è poi una tendenza anti-sperimentale, come se la sua visione etica, letteraria e conoscitiva (nell'Italia di questi anni) non fosse partecipe di nessun problema (se non di un finalismo sociale), di nessun dolore, di nessun dubbio. E si potesse realizzare senza crisi, ossia senza ricerca se non quella del negare e dell'epurare. Sicché la sua esistenza d'innovazione, destituita di un abito sperimentale, finisce fatalmente, come abbiamo accennato nel nostro schema, col riadottare un materiale linguistico superato e spesso marcescente" (Pasolini, "La confusione degli stili" 1071). In this context Pasolini aimed at going beyond the formal and thematic characterization of the world of common people, which he believed, however popular it may have appeared to be, led back to the social and linguistic identity of the bourgeois poet. As Wagstaff states, "he was therefore fascinated by any possibility of pushing away the elements of conventionality and arbitrariness in the Saussurian notion of language" (187) and was willing to create *ex-novo* the language of the Other.

The same motivations underpin his use of Roman dialect in his novels *Ragazzi di vita* (1955) and *Una vita violenta* (1959). As he wrote in 1958:

> Nell'immergermi nel mondo dialettale e gergale della "borgata" io porto con me una coscienza che giustifica la mia operazione né più né meno di quanto giustifichi, ad esempio, l'operazione di un dirigente di partito: il quale, come me, appartiene alla classe borghese, e da questa si allontana, ripudiandone momentaneamente le necessità, per capire e fare proprie le necessità della classe proletaria o comunque popolare. La differenza è che questa operazione coscientemente politica, nell'uomo di partito prevede o prepara l'azione: in me, scrittore, non può che farsi mimesis linguistica, testimonianza, denuncia, organizzazione interna della struttura narrativa secondo un'ideologia marxista, luce interna. (Pasolini,"Il metodo" 213)

Following the theoretical debate in *Officina* (1955–59), Pasolini's experimentation in his two Roman novels sought to make the narrative language mimetic of the linguistic, psychological, cultural, historical world of the *ragazzi*. As he elucidated in "Intervento sul discorso libero indiretto" in 1965, when a character belongs to another social class, the author gets to know the world of that class only through that character and his language (Pasolini, "Intervento" 1357). In this sense, free indirect speech could be the best way to blend popular and bourgeois, character and author, in one linguistic texture. This stylistic expedient enabled the contamination of both social realities, avoiding the magical reliving of the character's thoughts through the bourgeois author's words or the inserting of the character's voice in the dialogues only. The question of dialect in relation to mimesis was therefore more problematic than it appeared, implying a more critical deconstruction of the a priori relationship between language (signifier) and popular reality (signified).

Nevertheless, the poetic ideal of a mimesis with the popular mass of the *borgate* faded away at the end of the 1950s when Pasolini realized that the members of the *borgate* had also been integrated into the bourgeois logic of a consumerist society (the so-called "omologazione culturale," i.e., social standardization), losing that peculiarity, that sacred element, which actually made them Other. His disappointment with reality culminated with the evidence that written language could only reach reality metaphorically, while cinema offered a way of breaking the barrier of rhetorical representation and allowing direct expressive access to it. The possibility of mimesis seemed, therefore, to become real again, but in another form.

Authorship vs. Performance

After deconstructing the concept of language and discarding the connection between signifier and signified, Pasolini's next challenge was authorship. This question was raised in one of his readings of Dante, "La volontà di Dante a essere poeta" (1965). Following the arguments found in Contini's and Erich Auerbach's critical essays,[9] the poet of the *Commedia* represented for Pasolini the best example of linguistic realism and the model civic poet. Dante's plurilingualism, his free indirect speech, his contamination of styles and narrative techniques, had been Pasolini's guiding light through the experience of Neoexperimentalism. As Dante Della Terza stated in his Prefazione of Auerbach's *Studi su Dante* in 2005: "non è escluso che la traduzione di *Mimesis* che è del 1956 abbia fornito, per la sua attenzione ai problemi dei livelli stilistici nell'interpretazione artistica della realtà, un valido strumento a critici e scrittori militanti nelle propaggini della discussione sul problema del neorealismo. Basti pensare tra tutti a Pier Paolo Pasolini" (Della Terza, "Prefazione" XVI-XVII).[10]

In "La volontà di Dante a essere poeta," Dante, nevertheless, becomes the object of Pasolini's critique: on the one hand, he is an example of mimesis, because his language represents Pasolini's ideal of linguistic realism, but at the same time, as the best example of the traditional author, he also represents that rhetorical system Pasolini wanted to reject with his poetics of mimesis. In this article, Dante is, therefore, the pretext representing that critical duality that had always characterized Pasolini himself, i.e., the unsolved dilemma between the mimetic and transcendental functions of the author, "Pasolini-character" and "Pasolini-author." In his analysis of Dante's poem, Pasolini distinguished two symmetrical series of dichotomies, or "thesis" and "antithesis" as he would also define them, which in his opinion constituted the "double nature of the *Commedia*" (Pasolini, "La volontà" 1382).

The dualist matrix is here employed to analyze the macro- and microstructure of the poem. From a social point of view, Dante is interpreted as a figure who is perfectly balanced between active participation in reality and contemplation of reality ("sociological" point of view vs. "theological" point of view). The former corresponds to passion and immediate impulses such as political, literary, linguistic, and religious battles, while the latter corresponds to ideology and functional logic, which result in an "escatologia impietosa e contenutistica" (Pasolini, "La volontà" 1382). This duality is respectively reflected in "Dante-character," who directly engages the world, and "Dante-author," who acts as *deus ex machina*, assuming all diegetic tasks. On a linguistic level, the same dualism is applied to the dyad "lingua della poesia/lingua della prosa." The former refers to poetic expression with no aim and without any functional logic, whose slow register reflects the metahistorical nature of poetry; the latter is narrative language, the quick register, which follows a pre-determined organizational structure.

The Pasolinian reading of the *Commedia* in dichotomous series recalls Croce's, as it seems to recycle Croce's categories of "poesia" and "struttura" (poetry and structure) and then re-use them in terms of the lyrical and structural/ideological aspects of the poem. In particular, Pasolini seems to identify two poetic functions: one tends toward a social and historical mimesis in search of concrete facts (a sort of Auerbachian *creatural realism*); the other tends toward a theoretical, poetic, and political "intellectual order," also defined as "prose-like rationalism" or "eschatological planning" (Pasolini, "La volontà" 1381). Dante's language consists of a perfect synthesis of the two series, which is as incomprehensible as the coexistence of human and divine natures in Christ. For Pasolini, both Christ and the language of Dante represent the perfect combination of immanence and transcendence in the same body. Pasolini initially assumes that the fusion of such dualities could be explained as an act of will, "Dante's will to be a poet" indeed but he immediately realizes that Dante's linguistic unity is a "sistema bio-linguistico naturale."

In his entire article Pasolini wavers between two positions: on the one hand, Dante's will (to be a poet) is realized by the achievement of a synthesis between the two series; on the other hand, the alternative consists of moments of "*ralenti* metastorico." (Pasolini, "La volontà" 1387). This unsolved contradiction originates in the distinction Pasolini makes between "being a poet" and the "will to be a poet." He considers the poetic function as an act of will and of ideological commitment, in which the poet consciously unites the lyrical elements of an irrational nature with the structural/functional elements of a rational nature. The "double nature" of Dante's language presents an opportunity to reflect on the difficulty of making participation in reality (mimesis) and the representation of that reality (rhetoric) converge without becoming the author of yet another *a priori* "codified abstraction."

Pasolini cannot accept the role of "Dante-author" as the *deus ex machina* organizing the experience of life in an ideological and theological construction. The consciousness of style and language as forms of rational organization of poetry represents, then, for Pasolini, a barrier to the realization of an effective mimesis of reality as they superimpose on it a symbolic order. Thus, the result of his metalinguistic and metadiscursive analysis of Dante's poem is a sort of poststructuralist reassertion of the irrationality of poetry as the only way to elude the rhetoric of authorship. In this context, as has already been remarked,[11] Pasolini's position is quite different from that of the neo-avantgarde,[12] as not only does he deconstruct the traditional language structures, but he also attacks authorship as a mystifying entity.

As Rinaldo Rinaldi has pointed out, Pasolini takes a step forward in relation to the neo-avantgarde by explicitly showing the destruction of the subject, which cannot be hypocritically considered implied. "Il rifiuto dell'avanguardia di nominare il soggetto, per paura di ricostruirlo tradizionalmente, nasconde il desiderio inconfessato di confessarlo integro" (Rinaldi 338). The end of the avantgarde starts when the implied poetic subject emerges on the surface of the text to tell about his death. Pasolini's unsolved drama of not being able to peacefully combine the two crucial sides of his identity, the aesthetic passion and the rational ideology, which he now recognizes in "Dante-character" (immanent and irrational) and "Dante-author" (transcendental and rational), is, therefore, the drama of authorship. Pasolini identifies himself with "Dante-character", who *is* in reality, walks in the lanes, speaks with people, directly feels and experiences the life of the damned and the historical and political events of his time. On the other hand, he rejects the role of the author, who orders and organizes the form and the content of his passion in a sort of *ideology of passion* following pre-determined intellectual categories. In this sense, he actually suggests the notion of poetry as *performance*.

This refusal of authorship is clearly dramatized in *La Divina Mimesis* (1975). In his re-writing of the *Commedia*, Pasolini acts as both "Dante-author" and "Dante-character". The function of the character enables him to express the crisis of ideological identity he was experiencing by delivering all the feelings and directly participating in reality. As author, his imitation of Dante's text challenges the rhetorical apparatus, i.e. the structure of the work underpinning the *Commedia*, elsewhere defined as "prose-like rationalism" (Pasolini, "La volontà" 1381). While in Dante this was supported by his "ideologia di ferro" (Pasolini, *La Divina Mimesis* 24), Pasolini could not see in it anything but the mystifying practice of the author imposing his rhetorical representation of reality. Thus, in terms of formal imitation, *La Divina Mimesis* is definitely an anti-mimesis. How could it be otherwise, since the concepts of authorship, language, and structure were irremediably compromised? First of all, it is far from being a structured work; it is a rather fragmented *corpus* of notes, written between 1963 and 1966/67, excluding the *Prefazione* (1975) and *Piccolo allegato stravagante* (1974). It consists of five "*cantos*" (I, II, III, IV, and VII) which only partially recall the content of the original text. The main textual body is followed by some extratextual parts, which, far from being marginal, seem to play a quite central role in the work: some *note* ("Nota n. 1, " "Nota n. 2," "Nota dell'editore"), some *appunti* ("Altri tre appunti per il VII canto"), and a series of twenty-five black-and-white photos, collected under the name of *Iconografia ingiallita*, photos that were meant to function as "visual poetry" rather than as mere illustrations (Pasolini, *La Divina Mimesis* xi). The lyrical component of the work is allocated, therefore, to a non-written expressive form, photography, which emphasizes once again Pasolini's abjuration of written language as a refusal of its established symbolic order. In a similar way as "cinema di poesia," which apparently had to return reality in an unmediated way according to Pasolini, the twenty-five photos of Pasolini's life were supposed to avoid a pre-determined representation of reality by evoking the past through a more direct, physical contact with it.

In an attempt to leave the text as close as possible to the *pragma* of reality, in *La Divina Mimesis* Pasolini somehow applies the same concept he formulated in a contemporary essay, "La sceneggiatura come «struttura che vuol essere altra struttura»" (1965). Here the author attempts to demonstrate how the screenplay can avoid the problem of the traditional narrative structure. In particular, he emphasizes the value added to a text, which actually represents a work that "is to be done" (*da farsi*).[13] The form of the screenplay remains open, with no destination or representation, avoiding in this way the a priori relationship between signifier and signified:

> La caratteristica principale del «segno» della tecnica della sceneggiatura, *è quella di alludere al significato attraverso due strade diverse, concomitanti e riconfluenti*. Ossia: il segno della sceneggiatura allude al significato secondo la strada normale di tutte le lingue scritte e specificatamente dei gerghi letterari, ma *nel tempo stesso, esso allude a quel medesimo significato, rimandando il destinatario a un altro segno, quello del film da farsi.* (Pasolini, in Duflot 1491).

In a similar way, in *La Divina Mimesis* Pasolini accentuates the dynamic nature of unsolved signifying practices and the ongoing accomplishment of writing, when he suggests that the book should achieve the chaotic and progressive form of reality through the form of a diary. In the "Nota n. 1" he wrote:

Il libro deve essere scritto a strati, ogni nuova stesura deve essere a forma di nota, datata, in modo che il libro si presenti quasi come un diario. Per esempio, tutto il materiale scritto finora, deve essere datato (circa un anno, un anno e mezzo fa): non deve essere eliminato dalla nuova stesura, che deve quindi consistere in un nuovo strato aggiuntivo o in una lunga nota. E così per le stesure successive. Alla fine il libro deve presentarsi come una stratificazione cronologica, un processo formale vivente: dove una nuova idea non cancelli la precedente, ma la corregga, oppure addirittura la lasci inalterata, conservandola formalmente come documento del passaggio del pensiero. E poiché il libro sarà un misto di cose fatte e di cose da farsi—la sua topografia temporale sarà completa: avrà insieme la forma magmatica e la forma progressiva della realtà (che non cancella nulla, che fa coesistere il passato con il presente ecc.). (Pasolini, *La Divina Mimesis* 57)

As this quote demonstrates, Pasolini's last challenge was not to create another codification of reality or, at least, while doing so, not to hide all the fictional expedients that characterize the job of the author (*Petrolio* is the best example to illustrate this). Because authorship, like any other rhetorical form of discourse, according to Pasolini, does not allow otherness, which was his goal as a poet, the author's poetic commitment could have only one motivation: to never betray himself, to always be a poet *out of himself*.

Notes

[1] The duality "Language of the Father vs. Language of the Mother" is exemplified when, about the dedication he wrote to his father in the first edition of *Poesie a Casarsa*, Pasolini stated to interviewer Jean Duflot, *Il sogno del centauro*: "Potrebbe benissimo essere interpretato come un gesto di sfida, quantomeno un gesto abbastanza complesso e contraddittorio da parte mia, dato che non ignoravo che mio padre non aveva grande stima per il friulano. Anzi. Se vuole, la sua ostilità al friulano di mia madre era un modo di tormentarla, sentendosi spalleggiato dall'opinione pubblica "universale" nonché dalla conformità con il disprezzo per il dialetto

apertamente sfoggiato dai fascisti a quell'epoca. Tutto ciò che veniva dai margini dello Stato fascista, tutto ciò che sfuggiva al suo controllo e rispecchiava una vita particolare, delle libertà particolari, era sospetto. Il dialetto era un parlare «inferiore», per riprendere la terminologia sprezzante dei «pensatori» del nazional-socialismo" (in *Saggi sulla politica e sulla società* 1409).

² See *Saggi sulla politica e sulla società*, 1480-1490.

³ "L'evento della verità per i greci dell'epoca classica fu soprattutto inteso come l'evento ogni volta possibile, ma ogni volta contingente, dell'offrirsi alla nostra percezione di qualcosa – to on, l'ente, ciò che è – il cui essere si dà già originariamente formato fuori di noi e nei confronti del quale alla nostra facoltà conoscitiva non resta altro che adeguarsi e conformarsi al meglio delle sue possibilità. In tal senso, anche l'imitazione fa parte di questo incessante lavoro di adaequatio al vero, che impegna in egual misura aisthesis e teoria, percezione sensibile e successiva definizione teorica. No adaequatio rei et intellectus, come verrà inteso dalla scolastica medievale, nel cui intendimento si può già cominciare a prefigurare il paradigma critico-trascendentale kantiano dell'adeguamento del mondo fuori di noi alle nostre facoltà conoscitive, al nostro modo di guardare, ma semmai, adaequatio intellectus cum rebus, adeguamento e subordinazione dell'intelletto, attraverso la percezione sensibile, alle cose fuori di noi. La verità per i greci è calibrata sulle cose prima che sul nostro sguardo" (Guastini 12-13).

⁴ Some sections of this study were included in an earlier article I wrote for *Politics and Culture in Post-war Italy*, edited by Linda Risso and Monica Boria (Cambridge: Cambridge Scholars Press, 2006), which concentrated on Pasolini's project for a film about Saint Paul.

⁵ "*Da A. Soffici, o della divulgazione*" (Dec. 1941); "Collezioni letterarie," *Il Setaccio* 3 (2 Dec. 1942); "Commento a un'antologia di '*Lirici Nuovi*'," *Il Setaccio* 3 (5 Mar. 1943).

⁶ Pasolini's dissertation on Pascoli was published as *Antologia della lirica pascoliana: introduzione e commenti* (Torino: Einaudi, 1993). The text I refer to is its partial version, included in the collection *Saggi sulla letteratura e sull'arte*, Vol. 1 (Milano: Meridiani Mondatori, 1999).

⁷ The article is "Commento a un'antologia di *Lirici Nuovi*."

⁸ Barański 147-50; Vighi 15.

⁹ In particular, I here refer to Contini's Introduzione alle *Rime* (1939) and "Preliminari sulla lingua del Petrarca" (published in *Paragone* in 1951) and to his collection of essays written between 1950s and 1960s and then published in *Un'idea di Dante* (1986); and to Auerbach's "Farinata e Cavalcante" published in 1956 in *Mimesis. Il realismo nella letteratura occidentale* and his collection of essays published in *Studi su Dante* in 1963.

[10] The section of *Passione e ideologia* (1969), "Dal Pascoli ai neo-sperimentali," which accompanies the activity of *Officina* (1955–59), demonstrates how Dante's linguistic model of realism and experimentalism was at the centre of Pasolini's personal re-thinking of language.

[15] See Rinaldi 338; Benedetti 17, 39-41, 192.

[16] Neo-avantgarde was a literary movement founded in the 1960s that was characterized by linguistic experimentalism on a formal level and by the refusal of neocapitalist ideology on a political one. The main writers who joined this movement were Nanni Balestrini, Edoardo Sanguineti, Umberto Eco, Antonio Porta, Elio Pagliarani, Alfredo Giuliani, Giorgio Manganelli, Luigi Malerba, Germano Lombardi, Francesco Leonetti, Massimo Ferretti, Franco Lucentini, Amelia Rosselli.

[17] The phrase "da farsi" was employed by Pasolini in *La Divina Mimesis* 57, when in Nota 1 he described his plan of the book as a "misto di cose fatte e cose da farsi – di pagine rifinite e di pagine in abbozzo, o solo intenzionali." In a wider sense, the concept of "da farsi" actually represents his idea of literary writing as a form with no determined destination or representation, avoiding in this way the a priori relationship between signifier and signified

8
Il realismo di Pier Paolo Pasolini: una dichiarazione d'amore

Angela Porcarelli

In una lettera a Giacinto Spagnoletti, parlando della sua attività di critico letterario, così scrive Pier Paolo Pasolini:

> Io sarei un introvertito, clinicamente fisso a una fase narcissica, non dotato cioè di possibilità conoscitive, di oggettivamento, di conoscenza storica, insomma. Questo, biologicamente; ma naturalmente non ho mai inteso di indulgere alla natura, e ho finito, così attraverso una drammatica vicenda, interiore e no, col diventare (come tutti mi vanno dicendo) "intelligente" da puramente sensibile che ero. Naturalmente la mia critica porta le tracce di tale calvario [...]. È per me comunque una vittoria di cui vado orgoglioso: io provo reale "interesse" per il mondo, per l'ambiente, e, nella specie per i libri che giudico. (Pasolini, *Lettere 1940–1954* 604)

Mettersi sulle tracce dell'opera critica e poetica pasoliniana significa intraprendere quel percorso attraverso il quale lo scrittore riesce a evadere dal chiuso confine del sé per incontrare l'altro. La scrittura pasoliniana muove da uno spazio interiore che deve essere contenuto—di qui la ferita narcisistica e il calvario—al fine di approdare ad un particolare e personale tipo di realismo e di conoscenza del mondo. Il realismo pasoliniano, tuttavia—per scelta o per necessità—non supera mai il narcisismo originario, piuttosto lo trasforma, in maniera paradossale, in mezzo di conoscenza. La contraddizione sparisce se accettiamo di leggere tutto il discorso poetico pasoliniano come discorso d'amore. Nell'esperienza d'amore, infatti, posso provare la vertigine della perdita di me stesso nell'altro senza scomparire, posso fare esperienza della mia indivisibilità senza esserne annientato. Questo accade perché nell'amore soggettività e alterità sono termini che non si escludono, ma si rafforzano a vicenda. In *Storie d'amore* Julia Kristeva ci offre un'affascinante spiegazione del fenomeno descritto:

> L'amore è il tempo e lo spazio ove "io" si concede il diritto di essere straordinario. Sovrano senza essere neanche individuo. Divisibile, perduto, annientato; ma anche, per la fusione immaginaria con l'amato, eguale agli spazi infiniti dello psichismo superumano. Paranoico? Sono, nell'amore, allo zenit della soggettività. (Kristeva 13)

Nell'amore il soggetto oltrepassa se stesso, i propri limiti, per andare incontro ad un altro idealizzato. Riconoscendo la propria limitatezza, egli subisce una ferita narcisistica, mentre, proiettandosi nella perfezione idealizzata dell'altro, glorifica se stesso. L'amore, scrive Kristeva, "regna tra i due bordi del *narcisismo* e dell'*idealizzazione*. Sua Maestà il Me si proietta e si glorifica, ovvero si frantuma e sprofonda, quando si rimira in un altro idealizzato [...]" (Kristeva 14). Da qui prende forma un altro elemento paradossale dell'esperienza amorosa: la sua natura, ad un tempo, transitiva e intransitiva. In quanto promuove l'uscita da se stessi e l'incontro con l'altro, l'amore è per sua essenza transitivo. Nello stesso tempo, in quanto implica un'idealizzazione prodotta dal soggetto, l'amore ci rivela i limiti della nostra capacità di penetrare l'altro e quindi di conoscere. L'identità dell'oggetto d'amore è sempre incerta, come incerto è il linguaggio amoroso. Per questo il desiderio d'amore sembra destinato a rimanere inappagato e l'incontro con l'altro differito all'infinito al fine di preservare idealizzazione e innamoramento. Da quest'analisi si possono trarre conclusioni opposte. È possibile, infatti, affermare che nell'esperienza amorosa l'altro sia semplicemente il prodotto di una rappresentazione immaginaria del soggetto. Ne deriva che l'amore non solo escluderebbe la conoscenza, ma la impedirebbe. L'altra ipotesi vede—all'interno dell'esperienza amorosa—il rapporto tra ideale e reale, tra soggettivo ed oggettivo come dinamico e in continua negoziazione. Una negoziazione dolorosa ma che spinge prepotentemente all'esterno e quindi alla "conoscenza". In questo caso l'elemento emotivo non funge più da impedimento, ma da mezzo di superamento dei limiti della propria soggettività. Amare e conoscere diventano sinonimi. La conoscenza, come l'amore, vive in una situazione di ambivalenza; essa è transitiva e intransitiva, possibile solo in quanto continuamente differita.[1] Pasolini sembra aver aderito alla seconda interpretazione proposta, facendo del discorso amoroso il proprio discorso sulla realtà; accostando l'esterno, l'altro, a partire dalla propria bruciante soggettività. La realtà descritta da Pasolini è "autentica" in quanto vibra di quella stessa vitalità e sensibilità che caratterizzano il mondo interiore. Del reale Pasolini cerca di cogliere l'aspetto più intimo: quello corporeo. Il corpo è al centro del discorso d'amore pasoliniano già dalla sua prima produzione poetica fino all'approdo al cinema. Anche nei momenti in cui non è direttamente evocato, esso rappresenta il punto di osservazione privilegiato, attraverso il quale definire il mondo e le metamorfosi del potere.

Nella sua prima produzione letteraria, Pasolini si aggira nel paesaggio casarsese muovendo i primi passi alla ricerca del proprio essere;

[...] Jo i soj un spirt di amòur
che al so païs al torna di lontàn.[2]
([...] Io sono uno spirito d'amore, che al suo paese torna di lontano).

Casarsa è il luogo di una rivelazione e il risveglio di una coscienza:

O me donzel! Jo i nas
ta l'odòur che la ploja
a suspira tai pras
di erba viva... I nas
tal spieli da la roja [...][3]
(O me giovinetto! Nasco nell'odore che la pioggia sospira dai prati di erba viva... Nasco nello specchio della roggia [...].)

Casarsa è il simbolo di una realtà mitica, immobile e collocata al di fuori del tempo:

> [...] A fiesta a bat a glons
> il me país misdí.
> Ma pai pras se silensi
> ch'a puarta la ciampana!
> Sempri chè tu ti sos,
> ciampana, e cun passiòn
> jo i torni a la to vòus.
> "Il timp a no'l si mòuf:
> jot il ridi dai paris,
> coma tai rams la ploja,
> tai vuj dai so frutíns.[4]
> (Festoso nel mio paese rintocca il mezzogiorno. Ma sui prati che silenzio porta la campana! Sempre la stessa tu sei, campana, e con sgomento ritorno alla tua voce. "Il tempo non si muove; guarda il riso dei padri, come nei rami la pioggia, negli occhi dei fanciulli").

La scelta del dialetto ha un movente innanzi tutto personale. In queste prime poesie Casarsa è un oggetto d'amore che non può essere rappresentato in maniera diretta e razionale, perché costituisce un universo idealizzato che sfugge a quelle che Pasolini definisce "le vie psicologicamente normali del razionale".[5] Lo scrittore, piuttosto che descrivere Casarsa, vuole identificarsi con essa e lo fa appropriandosi del suo linguaggio, proprio perché non gli appartiene. Il dialetto si contrappone alla lingua che funge da codice, diventa spazio della metafora; una metafora resa necessaria dal discorso poetico, ma anche e soprattutto dal discorso amoroso.[6] Casarsa è un teatro d'amore, amore per se stesso ma anche per un paese che "trema di tempo antico" e per la sua "gioventù sconosciuta".

> Fontana di aga dal me país.
> A no è aga pí fres-cia che tal me país.
> Fontana di rustic amòur.[7]
> (Fontana d'acqua del mio paese. Non c'è acqua più fresca che nel mio paese. Fontana di rustico amore).

Il realismo di Pier Paolo Pasolini 135

Una fontana di rustico amore che viene cantata attraverso "una lingua non sua, ma materna, non sua, ma parlata da coloro che egli amava con dolcezza e violenza, torbidamente e candidamente" (Pasolini, *Passione e ideologia* 137). Una lingua lontana e per questo mezzo ideale di avvicinamento all'altro.[8] Per Pasolini, uno scrittore *biograficamente senza dialetto*, non c'è niente di spontaneo in quella parlata; la sua naturalezza è frutto di un preciso progetto stilistico elaborato ad un altissimo livello di coscienza letteraria e rigorosi studi filologici e linguistici.[9] È proprio la distanza dal dialetto che permette a Pasolini di far affiorare all'espressione l'universo di Casarsa.[10]

Già in questa prima produzione poetica, l'eros pasoliniano mette il corpo al centro della propria rappresentazione. Esso diventa, infatti, il simbolo del tempo mitico friulano. Lo scorrere delle stagioni e il suono delle campane scandiscono il tempo ciclico friulano; narrano il segreto di un paesaggio che non muta. Tuttavia è il corpo dei figli che rinasce dal corpo dei figli diventati padri a perpetuare questa umanità antica.

La not di maj

I.
Tal to vuli frugàt
drenti di na rèit
di rujs insanganadis
i no jot un Passàt.

Ma doma àins scurís
e nos dismintiadis
e passiòns soteradis
ta un timp sensa i dis.

II.
Il to cuàrp l'è restàt
a s-cialdassi tal puàrtin
là, in qualchi dí beàt
plen di zemis muartis.
Il to cuàrp, ma tu veciu,
cui sotu, ulí, inciantàt,

cun chel vuli ch'al par
na àgrima inglassada?

III
Ièh, vuarditi ta l'aga
grisa dal Font blanc,
lajú tal fons tal fons
un fantassút al cianta.

Ienfra i aaj al cianta
biel coma to fí,
la so imàzin a brila
ta la roja tranquila.

VI.
Vita sensa distín,
puartada via cu'l cuàrp:
di fí doventàt pari
dal spolèr al sgivín.
Pleàisi, zent cristiana,
a scoltà un fil di vòus,
fra dut chistu sidín,
ch'al ven ju da la cròus.(Pasolini, *Nuova gioventù* 46)

(*La notte di maggio*

I. Nel tuo occhio consumato dentro una rete di rughe sanguinose, io non vedo un Passato. Ma solo anni oscuri e notti dimenticate e passioni sepolte in un tempo senza i giorni.

II. Il tuo corpo è rimasto a scaldarsi nel portico, là, in qualche giorno beato pieno di gemme morte.
Il tuo corpo, ma tu, vecchio, chi sei, lì, incantato, con quell'occhio che pare una lacrima agghiacciata?

III. Ah, guardati nell'acqua grigia del Fonte bianco, laggiù in fondo in fondo canta un giovinetto.
Canta in mezzo agli alni, bello come un tuo figlio, brilla la sua immagine nella roggia tranquilla.

IV. Vita senza destino, portata via col corpo: da figlio diventato padre, tra il focolare e la zolla.
Piegatevi, gente cristiana, a sentire un filo di voce, fra tutto questo silenzio che scende dalla croce).

Quel corpo che resta immobile a scaldarsi nel portico testimonia la continuità tra la generazione dei padri e dei figli e nello stesso tempo la loro esclusione dalla "Storia".

In *La meglio gioventù*[11] (1954) Pasolini raccoglie testi editi e inediti rappresentando la produzione poetica che va dal 1941 al 1953. Il libro è diviso in Parte prima (1941–53) e Parte seconda (1947–53). Le due sezioni, non organizzate secondo criteri cronologici, sono generalmente considerate come appartenenti a due momenti diversi della poetica pasoliniana: il primo in cui il poeta rivolge il proprio sguardo verso l'interno e il secondo in cui lo sposta verso l'esterno, muovendo dal privato al sociale.[12] È importante sottolineare che sulle differenze tra le due parti prevale la costante di un identico rapporto emotivo con la realtà e di una stessa modalità del conoscere. Anche la scoperta e l'inclusione dei nuovi temi storici, sociali e politici si genera all'interno della dinamica del rapporto d'amore.

In questi anni Pasolini si avvicina al marxismo (nel 1949 scrive in lingua *La scoperta di Marx* e inizia a scrivere *Il sogno di una cosa*) e all'impegno politico. Lo scrittore incomincia a rappresentare, nella sua produzione poetica, una Casarsa nuova che esce dalla stasi della sua sublimazione per diventare un luogo di conflitti sociali. Due tipi di vita si scontrano: quella dei ricchi e quella dei poveri.

I dis robàs

Nos ch'i sin puòrs i vin puòc timp
de zoventút e de belessa:
mond, te pòus stà sensa de nos.
Sclafs da la nàssita i sin nos!
Pavèjs ch'a no àn mai vut belessa
muartis ta la galeta dal timp.
I siòrs a no ni pàjn il tiemp:
i dis robàs a la belessa
dai nuostris paris e da nos.
No finiràia il dizún dal timp?(Pasolini, *La meglio gioventù* 110)

(Noi che siamo poveri abbiamo poco tempo di gioventù e di bellezza: mondo, tu puoi stare senza di noi.
Schiavi della nascita siamo noi! Farfalle che non hanno mai avuto bellezza, morte nel bozzolo del tempo.
I ricchi non ci pagano il tempo: i giorni rubati alla bellezza dai nostri padri e da noi.
Non finirà il digiuno del tempo?)

Pasolini percepisce una forza esterna che minaccia l'idealizzazione attorno alla quale egli ha costruito il proprio discorso poetico e amoroso su Casarsa. La gioventù friulana è aggredita dal mondo dei ricchi che irrompe nella metastoricità del borgo friulano avviando un processo di decadenza. Si tratta, è vero, di un discorso politico che implica un conflitto tra classi, ma lo scrittore non può che svilupparlo a partire da una prospettiva estetica, traducendolo nell'immagine di un corpo vivente.

I.
[...]I soj vivút ta na vita di piera:
cu' un vistít di vura e un di fiesta.

II.
Doma na roba i ài vut tal mond.
Ma se roba? L'orela, il vuli, i ciaviej
di soreli, li barghèssis di fiesta.
Doma na roba, ma se roba? la orela...
I sintivi i pluvícs ch'a ciantavin
li vòus dai contadíns, dai pes-ciadòurs,
li ciampanis e li cansonetis...
Quindís àins ! Vinc'àins !
I vistís di piera, na mari di piera:
i eri sòul. I gioldevi, i ridevi, balavi. [...]

IV
[...] Paròn, a Malafiesta dut a era to,
e jo invessi i no vevi nuja;
i vevi par me doma chè roba:
parsè alora i mi l'atu robada?[13]

(I. [...] Sono vissuto in una vita di pietra: con un vestito di lavoro e un vestito di festa.

II. Solo una cosa ho avuto nel mondo, Ma che cosa? L'orecchio, l'occhio, i capelli, il sole, i calzoni di festa. Solo una cosa, ma che cosa? L'orecchio... Sentivo i gabbiani che cantavano, le voci dei contadini, dei pescatori, le campane e le canzonette... Quindici anni! Vent'anni! I vestiti di pietra, una madre di pietra : ero solo. Mi divertivo, ridevo, ballavo. [...]

IV [...] Padrone, a Malafiesta tutto era tuo, e io invece non avevo niente; avevo per me soltanto quella cosa: perché dunque me l'hai rubata?)

Quella cosa è per Pasolini la sacralità del corpo della gioventù friulana e i sogni che appartengono a quell'umanità misteriosa, ora irreversibilmente distrutti nel passaggio dalla vita contadina a quella operaia.

No gò carajo de ver sogni:
il blú e l'onto de la tuta,
no altro tal me cuòr de operajo [...]
El jera un fiol ch'el veva sogni,
un fiol blú come la tuta.
Vegnerà el vero Cristo, operajo,
a insegnarte a ver veri sogni.[14]
(Non ho coraggio di avere veri sogni: il blu e l'unto della tuta, non altro nel mio cuore di operaio. [...]
Eri un ragazzo che aveva sogni, un ragazzo blu come la tuta. Verrà il vero Cristo, operaio, a insegnarti ad avere veri sogni).

Piuttosto che soffermarsi sulle dinamiche economiche e di classe, Pasolini si sofferma sugli attributi fisici della gioventù contadina; piuttosto che esortare l'operaio alla lotta di classe, piange la sua bellezza che svanisce insieme al vigore fisico. Ad apertura del suo romanzo *Alì dagli occhi azzurri* Pasolini inserisce una citazione di Sainte-Beuve: "La cosa più bella, la più santa, la più poetica del mondo è l'essere sani". Ma i ricchi comprano anche la salute:

> "[...] Se i fatu cà a Trièst, biel zòvin vergognòus ?"
> "I soj disucupàt e i puarti la me cròus".
> "Dami la to salút, ch'i ti fai lavorà".
> "ciapa la me salút i ài pur di mangià".
> Sunàit, puoris ciampanis, sunàit l'Aimaria,
> che il zuvinìn al torna plen di malincunia.
> Sunàit, puoris ciampanis, sunàit il Matutìn
> che ormai al è veciu chel biel zuvinìn.[15]
> ("[...] Cosa fai qui a Trieste, bel giovane intimidito?" "Sono disoccupato, e porto la mia croce" "Dammi la tua salute, che ti faccio lavorare." "Prenditi la mia salute, devo pur mangiare." Suonate, povere campane, suonate l'Avemaria, che il giovanino torna pieno di malinconia. Suonate povere campane, suonate il mattutino, che ormai è vecchio il bel giovanino").

L'incanto provato nei confronti della gioventù friulana si interrompe nel momento in cui la società capitalistica fa il suo ingresso nella storia. Al tempo ciclico di Casarsa si sostituisce una temporalità nuova, fatta di fratture; alla sacralità dei corpi della gioventù friulana si sostituisce la decadenza dei corpi della nuova classe operaia. Inizia qui, per Pasolini, la ferita che si apre tra *Corpo* e *Storia*; qui essa prende forma per diventare un elemento chiave di tutta la sua opera.

A seguito di una denuncia per "corruzione di minorenni e atti osceni in luogo pubblico", nell'inverno del '49, Pasolini e sua madre sono costretti ad abbandonare Casarsa in una fuga verso Roma. Finisce il periodo friulano e si apre la stagione romana. La capitale con il suo brulicare disordinato di vita è completamente diversa dalla gente e dai paesaggi di Casarsa. Non più *"la passione mite e virile"* delle *"civili piazzette"* ma quella *"confusa e violenta"* dei *"ragazzetti"* che *"dentro tasche già impure infilano viziate le mani"*.[16] Dalla confusione romana nasce la nuova vocazione narrativa pasoliniana. Il sottoproletariato romano diventa il nuovo oggetto d'amore e anche in questo caso, al fine di avvicinarlo, Pasolini si appropria innanzi tutto del suo linguaggio.

Ho scritto i miei romanzi tardi perché mi sono trovato in situazioni "nuove" in cui l'ambiente era prima di tutto "romanzesco" per me. Scrivere romanzi per me è significato vivere nella scrittura la situazione romanzesca dell'agnizione dell'altrove. (Naldini 145)

Anche questa nuova materia letteraria appartiene alla dimensione esistenziale dell'autore; egli vi è completamente immerso. Nella sua analisi, Pasolini privilegia i dati sensoriali, cercando di riprodurre i colori, gli odori, le forme e i paesaggi delle sue visioni. L'angolazione prospettica rimane la stessa: quella della passione e dell'amore che regolano il rapporto con i fenomeni del mondo.

Ci difendiamo da ogni misticismo [...] ma sappiamo che, alla fine, la serie delle esperimentazioni risulterà una strada d'amore—amore fisico e sentimentale per i fenomeni del mondo, e amore intellettuale per il loro spirito, la storia: che ci farà sempre essere col sentimento al punto in cui il mondo si rinnovan.[17]

È stata, secondo la definizione di Pasolini, una coazione del destino a spingerlo verso le periferie: prima la povertà del suo stato di disoccupato e poi, soprattutto, il suo eros, padrone dei suoi infiniti vagabondaggi alla ricerca dei pagani che vivono ancora la sessualità senza i conflitti e i traumi borghesi. Il metodo utilizzato è sempre lo stesso, quasi antropologico: vivere personalmente la realtà delle persone rappresentate. Il romanesco, come prima il casarsese, funziona da mediatore, forma attraverso la quale è possibile conoscere. Nei romanzi del periodo romano ritorna il dialetto e la regressione dell'autore all'ambiente descritto. La novità è costituita, invece, dall'aperta e dichiarata volontà di inglobare la storia—e quindi l'ideologia marxista e il realismo—che entra però in opposizione con il dato più strettamente emotivo e sensuale della poetica pasoliniana. Alla storia, infatti, lo scrittore aderisce con un amore intellettuale che impallidisce di fronte alla vitalità dei sentimenti. Pasolini non riesce a proiettarsi avanti, aspirando alla rivoluzione; per lui la rivoluzione va cercata nel passato. Nel momento stesso in cui si avvicina alla teoria marxista, egli si rivela immediatamente incapace di condividerne la concezione dialettica della storia.

> [...] Sembra bruciare nel felice agosto
> di pace, ogni tua passione, ogni
> tuo interiore tormento,
> ogni tua ingenua vergogna
> di non essere—nel sentimento—
> al punto in cui il mondo si rinnova [...].[18]

Secondo la teoria marxista, il superamento del capitalismo a favore della società comunista costituirebbe uno sviluppo logico della storia. Il corso degli eventi storici, tuttavia, non sembra preparare la rivoluzione ma accumulare rovine. Esiste una frattura di ordine qualitativo tra il momento storico presente e quelli passati e per questo Pasolini parla dell'avvento di un *Dopostoria*.[19] Non c'è niente di attraente nel futuro perché lo scrittore ama solo l'umanità che precede questo avvento, come precede ogni forma di coscienza di classe. Il presente, Pasolini lo vive con lo spirito di un sopravvissuto:

> *Io sono una forza del Passato.*
>
> Solo nella tradizione è il mio amore.
> Vengo dai ruderi, dalle chiese,
> dalle pale d'altare, dai borghi
> abbandonati sugli Appennini o le Prealpi,
> dove sono vissuti i fratelli.
> Giro per la Tuscolana come un pazzo,
> per l'Appia come un cane senza padrone.
> O guardo i crepuscoli, le mattine
> su Roma, sulla Ciociaria, sul mondo,
> come i primi atti della Dopostoria,
> cui io assisto, per privilegio d'anagrafe,
> dall'orlo estremo di qualche età
> sepolta. Mostruoso è chi è nato
> dalle viscere di una donna morta.
> E io, feto adulto, mi aggiro
> più moderno di ogni moderno

a cercare fratelli che non sono più. (Pasolini, *Poesie in forma di rosa* 26)

Seduce l'idea della rivoluzione comunista, ma lo scrittore percepisce—con il cuore—che c'è qualcosa di profondamente errato in questa volontaristica fiducia nel futuro. Lo stesso movimento Neorealista è colpevole, secondo l'autore, di quello che egli definisce *prospettivismo*, in quanto tentando di anticipare un bene visto in prospettiva finisce con il chiudere gli occhi sulla realtà presente. Il realismo di Pasolini è di matrice diversa, conserva sempre *un fondo sentimentale e umanitario* e si esprime in quella che Gianfranco Contini ha definito come "imperterrita dichiarazione d'amore" e in una lotta contro la nuova Storia. In questa fase, infatti, il discorso poetico pasoliniano si carica, più o meno consapevolmente, di una funzione nuova: quella della conservazione di un'umanità in estinzione.

Ora che il tempo storico è intervenuto a scompigliare la quiete dei paesaggi di Casarsa, e si compone nella violenza delle stridenti contraddizioni della vita della Capitale, ricorrere al dialetto significa anche fermare quel moto, sospenderlo, per dichiarare ancora il proprio amore a quei suoni, per conservarne l'assolutezza ideale. L'isolamento di Casarsa non è più possibile. Il sottoproletariato romano, costituito per lo più da "frange" contadine mal integrate nel tessuto urbano, abita in una zona di confine, la periferia, dove lo scontro con la realtà borghese fa parte dell'identità della borgata, ne compone la durezza che diviene dato necessario alla sopravvivenza. La periferia romana rompe gli argini e si impone a quel mondo borghese che vorrebbe rimuoverne la presenza. Il sottoproletariato della Capitale si definisce in orgogliosa opposizione al mondo borghese e conserva così la sua purezza, che si colora, però, non più di toni lirici, come a Casarsa, ma tragici. Del sottoproletariato romano Pasolini ama l'eccesso di violenza pulsionale, fisiologica; un eccesso di animalità che riporta all'animo, al soffio vitale contrapposto ad una coscienza, consapevolezza di sé, del tutto assente nei protagonisti romanzeschi persi nel flusso inarrestabile della loro vitalità. L'incoscienza del sottoproletariato, contrariamente a quanto detterebbe l'ideologia marxista, viene avvertita come sopravvivenza e resistenza di quelle componenti primitive in cui risiede la vera forza rivoluzionaria del popolo. Tale incoscienza vive, in primo luogo, nel corpo quale forza vitale che non riflette su se stessa ma si esprime. Le scelte linguistiche e stilistiche pasoliniane, il suo sperimentalismo, costituiscono un tentativo di dare una voce al corpo. La rivolta di Pasolini, lo scandalo, è anche una rivolta semantica, un dissenso dalle parole omologate con cui si esprime e da cui prende forma la nuova società neocapitalistica. Bisogna cambiare il senso, e lui lo fa attraverso il suo incessante sperimentalismo il cui fine è raccogliere e conservare le voci e i suoni che precedono l'omologazione. Intanto, mentre la poesia si distende sui toni dell'epica per potenziare la sua capacità di rappresentazione del reale, il dialetto dei romanzi aspira sempre di più all'oralità pura e alla sua metastoricità. Pasolini stesso spiega il motivo della sua predilezione per la lingua orale.

> La caratteristica forse più importante della lingua orale è quella della conservazione di una certa unità, metastorica, attraverso le continue stratificazioni e sopravvivenze di ogni lingua. Nessun "substrato orale" va perduto: esso si dissolve nella nuova lingua orale, amalgamandosi con essa, e rappresentando quindi in concreto la continuità. "Il momento puramente orale della lingua corrisponde ad un momento filosofico dell'uomo: è insieme storico (le comunità umane preistoriche) e assoluto (la categoria della preistoria che permane nel nostro inconscio) donde la necessità della congiunzione, a questo punto, della linguistica con la psicanalisi, con l'etnologia e l'antropologia, e buon lavoro a "L'Homme"! (Pasolini, *Empirismo eretico* 74)

Il dialetto, il realismo, sono strategie che mirano ad uno stesso fine: contrastare l'azione omologante del nuovo potere che cancella le differenze culturali e il passato. Per raggiungere tale scopo Pasolini decide di mettere in scena, nella sua fisicità, quella realtà esiliata che il nuovo potere ha dichiarato "oscena". Per meglio rappresentare tale realtà e la sua fisicità Pasolini decide di aggiungere all'elemento sonoro e vocale quello visivo. L'aspetto figurativo del segno risulta già importante e centrale nell'opera pasoliniana ancora prima dell'approdo al cinema. Gianni D'Elia parla addirittura di una impostazione filmica del discorso vissuto nella poesia, spesso caratterizzata dal viaggio e dal montaggio, dalla carrellata e dalla soggettiva:

> insomma una struttura itinerante e deambulatoria che si dichiara come fondante tutti i poemetti di Pasolini, dove il passo, il viaggio, l'andatura, rispondono alla funzione argomentativa, che illustra e riflette accompagnando lo sguardo [...]. L'antinaturalismo primitivo e sperimentale del film [...], si specchia anche nell'opera in versi che sembra intendere la poesia come discorso vissuto e "cinema di formazione".[20]

Nei romanzi—insieme all'allusione al suono—c'è l'allusione al corpo, alla sua gestualità, alla sua espressività fisica. Alberto Asor Rosa in *Scrittori e popolo*[21] suggerisce una piccola antologia di quella che potremmo definire "espressività gestuale" dei personaggi romanzeschi pasoliniani. Il realismo che produce la poesia epica delle *Ceneri di Gramsci* e i romanzi in romanesco è sempre antinaturalistico, in certi casi quasi allucinatorio, poiché non c'è niente di naturale nella vita; tutto è sacro e la realtà non è altro che *l'irreale qualcosa*. L'aspetto sacro della realtà è, secondo lo scrittore, quello che appartiene ad un universo simbolico che precede l'avvento della ragione; è qualcosa che si sottrae a definizioni univoche per mettere insieme significati che convivono senza opposizioni.

Secondo Pasolini l'opera di dissacrazione in atto è visibile anche a livello corporale. Ma come era il corpo prima dell'avvento del Dopostoria? Era certamente un corpo non codificato e in quanto tale ancora capace di esprimersi. Possiamo provare a descriverlo prendendo in prestito le parole di José Gil, autore di numerosi saggi dedicati al rapporto tra cultura, potere e corpo. Egli spiega come all'interno delle società primitive esista una certa corrispondenza tra corpo umano e mondo vegetale e il corpo non appartenga a nessun codice perché è in primo luogo un "focolaio di energia viva" e "la sua materialità è carica di forti poteri affettivi: rispetto, amore, desiderio, timore" (Gil 1105). Questo tipo di corporalità va interpretata, secondo Gil, utilizzando il concetto di significante fluttuante, un'espressione elaborata da Lévi-Strauss in relazione all'opera del suo maestro Marcel Mauss. Il Corpo, per sua natura, si sottrae ai codici, mantenendo una vuotezza di senso che testimonia l'inadeguatezza tra significato e significante e nello stesso tempo permette ai codici di funzionare.[22] Questa è la corporalità che Pasolini rappresenta nella sua opera: una corporalità in grado di dare un senso al mondo, di effettuare e permettere lo scambio tra i codici proprio in quanto si sottrae ad essi. Il corpo è il luogo dei mutamenti, egli emette e riceve i segni, li iscrive in se stesso e traduce gli uni negli altri. E questo avviene fintanto che esso mantiene la sua vuotezza di senso, il suo "grado zero". "Ogni volta che si assegna un posto al significante fluttuante—o al suo "residuo"—quel posto svanisce, perde i punti di riferimento, diventa invisibile" (Gil 1105).

In Pasolini il corpo invade progressivamente la scrittura perché l'autore comprende che solo sulla superficie vergine di un linguaggio in cui opera la presenza di un corpo non codificato può sorgere il nuovo senso. Il dialetto, l'oralità, sono anticipazioni all'interno di un percorso poetico dove la corporalità diviene sempre più manifesta, fino ad essere rappresentata attraverso la realtà della presenza fisica nei film. Pasolini passa dal romanzo al cinema, perché capisce che al romanesco scritto mancavano tre elementi fondamentali: la pronuncia, il tono e i gesti.

> Se il primo linguaggio degli uomini è il linguaggio dell'azione e se la lingua scritto-parlata non è che un'integrazione e un mezzo di tale agire, e se la lingua parlata è fatta anche di tono e di pronuncia ed è accompagnata dai gesti, allora i personaggi dei romanzi erano amputati di una parte importantissima del loro agire e, quindi, del loro essere. (Betti and Micciché 135)

In *Scritti corsari* Pasolini annuncia l'avvento di un nuovo Potere, che, attraverso una generale opera di omologazione, ha portato alla scomparsa delle varie culture: quella dell'intelligencija, della classe dominata e della classe dominante:

> La cultura di una Nazione è l'insieme di tutte queste culture di classe: è la media di esse [...]. Per molti secoli, in Italia, queste culture sono state distinguibili anche se storicamente unificate. Oggi—quasi di colpo, in una specie di Avvento—

distinzione e unificazione storica hanno ceduto il posto ad una omologazione che realizza, quasi miracolosamente il sogno interclassista del vecchio Potere. A cosa è dovuta tale omologazione? evidentemente a un nuovo potere.[23]

Nella nuova storia, o Dopostoria, tutti posseggono lo stesso linguaggio, le stesse conoscenze e soprattutto gli stessi desideri. Tale fenomeno, in conseguenza del quale nasce l'italiano nazionale, produce i suoi effetti anche all'interno di un altro linguaggio, che Pasolini definisce somatico, e che sarebbe costituito dal comportamento, dalla gestualità, dall'aspetto fisico; in una sola parola dal corpo:

> Ci sono certi pazzi che guardano le facce della gente, il suo comportamento [...] perché conoscono la semiologia. Sanno che la cultura produce dei codici; che i codici producono il comportamento; che il comportamento è un linguaggio; e che in un momento storico in cui il linguaggio verbale è tutto convenzionale e sterilizzato (tecnicizzato) il linguaggio del comportamento (fisico e mimico) assume una decisiva importanza.[24]

Attraverso tale linguaggio si manifestano due aspetti fondamentali della nuova società: (a) la mutazione antropologica degli italiani; (b) la loro completa omologazione ad un unico modello. Oggi, dichiara Pasolini, tutti gli Italiani giovani hanno lo stesso linguaggio fisico, sono interscambiabili;

> cosa vecchia come il mondo, se si limita ad una classe sociale, ad una categoria: ma il fatto è che questi atti culturali e questo linguaggio somatico sono interclassisti. In una piazza piena di giovani, nessuno potrà distinguere, dal suo corpo, un operaio da uno studente, un fascista da un antifascista; cosa che era ancora possibile nel 1968.[25]

Il potere si è incarnato; esso si trova ora esposto nel corpo. Pasolini crede che il corpo—inteso come significante fluttuante—abbia una sua sopravvivenza nel sottoproletariato urbano delle città italiane o nelle periferie del mondo. Per questo, lo scrittore sceglie di rappresentare tale corporalità—senza più mediazioni—nel cinema. Si può parlare di una microfisica della mimica all'interno dei suoi film che Michele Mancini e Giuseppe Perrella hanno cercato di ricostruire, anche fotograficamente, nel loro libro *Pier Paolo Pasolini, corpi e luoghi*, e che assume un preciso senso se rapportata a quel corpo disciplinato di cui parla Foucault in *Microfisica del potere*. Quest'ultimo, infatti, discute le dinamiche di potere utilizzate al fine di controllare il corpo sociale e individuale. Pasolini, invece, nella sua opera mette in scena i corpi di un'umanità che non ha ancora subito l'aggressione delle forze omologanti della società capitalistica. Contro il corpo analizzabile e manipolabile del nuovo potere, Pasolini recupera "il fascino del codice culturale, del rito, di comportamenti fortemente simbolizzati, di un'attenzione ossessiva per le retoriche corporali. [...] Così, per reinvestire nella fiction le energie espressive portate (e chiamate) sul set da corpi di classe, da differenze antropologiche, vengono comunque messi in gioco codici sociali e culturali che interessano i corpi e i suoi elementi, gesti, atteggiamenti e comportamenti" (Mancini e Perrella 116–17). Il nuovo Potere non si impone più con le armi dell'interdizione e della repressione, ma diventa produttore di sapere e di molteplici ideologie di controllo. Questo Pasolini lo aveva imparato già da Antonio Gramsci secondo il quale l'egemonia di una classe non si può realizzare esclusivamente con la forza ma anche e soprattutto mediante il consenso. Gramsci—pur senza mettere in discussione il primato dell'economia—riconosce l'importanza delle sovrastrutture che elaborano l'ideologia del consenso. Pasolini tuttavia, a tale ideologia non oppone la figura dell'intellettuale organico, ma la presenza fisica del corpo. Il nuovo potere, infatti, si è individualizzato fino ad infiltrarsi nel privato. Nella sua poetica Pasolini si dimostra vicino a Michel Foucault, il quale, durante il suo corso sulle origini del potere, tenuto presso il College de France nel 1976, "sembrò proporre come nocciolo dell'esercizio sistematico del potere nella nostra società il *biopotere*, il potere esercitato sulla vita"[26]. Per entrambi il nuovo potere, sempre più invadente, occupa ora le forme più incontrollabili della vita e trova il suo luogo privilegiato di esercizio proprio nel corpo. Per entrambi l'osservazione del corpo va collocata prima dell'ideologia politica. Così scrive Foucault:

non sono tra quelli che cercano di individuare gli effetti di potere attraverso l'ideologia. Mi chiedo infatti se non sarebbe più materialista studiare il problema del corpo e degli effetti di potere su di esso, prima di porre la questione dell'ideologia. (*Microfisica del potere* 140)

Sia per Pasolini, sia per Foucault, la vera sfida, nella società neocapitalistica, è quella tra il "politico" e il "vivente," tra il Potere e il Corpo.[27]

Anche nei film il metodo adottato per rappresentare la fisicità e sacralità di quell'umanità in estinzione che costituisce il proprio oggetto d'amore è antinaturalista. Quando approda al cinema, Pasolini rappresenta i corpi del sottoproletariato come denaturalizzati, onirici, pieni di quell'ambiguità che appartiene alla vita. È la natura stessa di quei corpi, la loro forza pulsionale che si sottrae ai codici. Tali corpi non possono essere rappresentati in maniera naturalistica perché, facendo eco alle parole di Pasolini, in essi, come nella realtà, non c'è nulla di naturale, tutto è sacro.

> Io preferisco lavorare con attori scelti nella vita, a caso, vale a dire scelti per quanto mi sembrano esprimere a loro insaputa: con non professionisti. L'attore professionista ha fin troppo l'ossessione del naturale e del ghirigoro. Ora, io odio il naturale (che del resto viene per lo più esagerato dall'attore per paura di non rendere le sfumature), detesto, in arte, tutto ciò che attiene al naturalismo. (Pasolini, *Il sogno del centauro* 114)

Accattone, Stracci, Cristo sono figure scandalosissime ma senza intenzionalità. Ciò che è osceno in loro è l'irriducibile diversità del loro corpo non disciplinato. Nel cinema di Pasolini la composizione del piano tende ad eliminare l'angolatura obliqua dell'inquadratura privilegiando la ripresa frontale dove il corpo si dà nella sua interezza—come in una pittura—e seduce lo spettatore con la sua semplice presenza fisica.

In effetti, lo stesso inconsulto amore della realtà, tradotto in termini linguistici mi fa vedere il cinema come una

> riproduzione fluente della realtà mentre, tradotto in termini espressivi, mi fissa davanti ai vari aspetti della realtà (un viso, un paesaggio, un gesto, un oggetto), quasi fossero fermi e isolati nel fluire del tempo. [...] Insomma: concepire il cinema come un infinito piano-sequenza non ha niente di naturalistico. Anzi! Invece il piano-sequenza in concreto, nei singoli films, è un procedimento naturalistico. [...] Il mio amore feticistico per le cose del mondo mi impedisce di considerarle naturali. O le dissacra o le consacra con violenza, una per una: non le lega in un giusto fluire, non accetta questo fluire. Ma le isola e le idolatra, più o meno intensamente una per una. (Pasolini, *Empirismo eretico* 234–35)

L'esuberanza gestuale dei protagonisti del cinema di Pasolini rappresenta un lasciarsi andare alla propria corporalità; un lasciarla parlare senza interdizioni. La fisicità di quei corpi contiene—come stigmate—le incisioni e le iscrizioni di un tempo storico e metastorico. Durante un'intervista, lo scrittore afferma:

> In quanto "storicista" [Sorridendo, non appena si lascia andare alle citazioni o alle etichette], capisco che la storia è una evoluzione, un continuo superamento di dati; sono altrettanto consapevole però che tali dati non vengono mai eliminati, ma sono permanenti. Sarà irrazionale ma è così. (Pasolini in *Il sogno del centauro* 77)

Nel mondo che Pasolini descrive—come nelle espressioni della lingua orale e nella gestualità dei corpi—ogni frammento di tempo è insieme storico e assoluto e partecipa ad una dimensione sacra del reale:

> Di che cosa si parlava, prima della guerra, prima cioè che succedesse tutto, e la vita si presentasse per quello che è? Non lo so. Erano discorsi sul più e sul meno, certo, di pura e innocente affabulazione. La gente, prima di essere quello che realmente è, era ugualmente, a dispetto di tutto, come nei sogni. (Pasolini, *Empirismo eretico* 62).

Nella sua opera, Pasolini rappresenta questa umanità che precede la dissacrazione per mantenerla in vita. Quando non riesce più a dare una voce al Sacro, allora egli rappresenta la dissacrazione, come in *Salò*. Tuttavia, proprio seguendo il ragionamento pasoliniano, quello che viene dopo non cancella ciò che lo precede. Nel film *Medea*, appaiono due centauri, uno è quello che Giasone vedeva da bambino, l'altro quello che vede da adulto:

> [...] Questo incontro, ossia questa compresenza dei due centauri, significa che la cosa sacra, una volta dissacrata non per questo viene meno. L'essere sacro rimane giustapposto all'essere dissacrato. (Pasolini, *Il sogno del centauro* 77)

Per questo Pasolini si rivolge al passato. Il guardare indietro dello scrittore non è generato da una passione regressiva, ma dalla speranza di continuare il dialogo con il sacro. Poiché la nostra storia non è conclusa, esiste la possibilità di rimettersi in contatto con il mito, anche ora, dopo la sua estinzione.

Note

[1] Sull'argomento amore e conoscenza e sulla convinzione di una mutua implicazione tra eros e filosofia, cfr. Umberto Curi, *La cognizione dell'amore*.

[2] Pasolini, *Ciant da li ciampanis*, in *La nuova gioventù* 19.

[3] Pasolini, *O me donzel*, in *La nuova gioventù* 11.

[4] Pasolini, *Tornando al paese*, in *La nuova gioventù* 18.

[5] "[...] Il suo regresso da una lingua all'altra—anteriore e infinitamente più pura—era un regresso lungo i gradi dell'essere. Ma era questo il suo unico modo di conoscenza: se all'origine della sua sensualità c'era un impedimento ad una forma di conoscenza diretta dall'interno all'esterno, dal basso all'alto—l'effusione, il calore puro e accecante dell'adolescenza; se uno schermo era caduto tra lui e il mondo verso cui provava una così violenta, infantile curiosità. Non potendo impadronirsene per le vie psicologicamente normali del razionale, non poteva che reimmergersi in esso: tornare indietro: rifare quel cammino in un punto del quale la sua fase di felicità coincideva con l'incantevole paesaggio casarsese, con una vita rustica, resa epica da una carica accorante di nostalgia. Conoscere equivale a esprimere. Ed ecco la rottura linguistica, il ritorno ad una lingua più vicina

al mondo" (in Pasolini, *La poesia dialettale del novecento* 137).

⁶ Cfr. Kristeva: "Impossibile, inadeguato, subito allusivo allorché lo si vorrebbe più diretto, il linguaggio amoroso è una fuga di metafore: è letteratura. [...] Di fatto, nel trasporto amoroso i limiti delle identità personali si perdono, così come sfuma la precisione delle referenze e del senso del discorso amoroso. Quando parliamo d'amore, parliamo della stessa cosa? E di quale? La prova dell'amore è una messa in prova del linguaggio: della sua univocità, della sua capacità referenziale e comunicativa" (9–10).

⁷ Pasolini, *Dedica*, in *La nuova gioventù* 7.

⁸ "Una volta che venni in contatto col dialetto, esso inevitabilmente produsse i suoi effetti, sebbene inizialmente lo avessi adottato per ragioni puramente letterarie. Subito, come comincia ad usarlo, capii che avevo sfiorato qualcosa di vivo e reale ed esso agì come un boomerang. Fu attraverso il friulano che arrivai a capire un po' del mondo reale contadino" (Pasolini, citato in Naldini 32).

⁹ Pasolini, di madre casarsese e padre romagnolo, "appartiene, [...] a quella couche sociale in cui l'eterogeneità dialettale apriva d'obbligo la strada verso l'italofonia, rafforzata dalla condizione particolare di questo padre ufficiale che perfino dai regolamenti del regio esercito era tenuto a parlare in buon italiano" (in De Mauro 155–56).

¹⁰ "Allora bisognava forse, per portare il Friuli ad un livello di coscienza che lo rendesse rappresentabile, esserne sufficientemente staccati, marginali, non essere troppo friulani, e, per adoperare con un senso di verginità la sua lingua, non essere troppo parlanti. Il 'regresso', questa essenziale vocazione del dialettale, non doveva forse compiersi dentro il dialetto [...] ma essere causato da ragioni più complesse, sia all'interno che all'esterno: compiersi da una lingua (l'italiano) a un'altra (il friulano) divenuta oggetto di un'accorata nostalgia, sensuale in origine (in tutta l'estensione e la profondità dell'attributo) ma coincidente poi con la nostalgia di chi viva—e lo sappia—in una civiltà giunta ad una sua crisi linguistica, al desolato e violento 'je ne sais plus parler' rimbaudiano" (Pasolini, *Passione e ideologia* 136–37).

¹¹ L'espressione "La meglio gioventù", oltre a dare il titolo alla raccolta, ritorna anche ad apertura del *Volume secondo* della stessa, come citazione di un noto canto popolare degli alpini che risale alla Prima Guerra Mondiale, *Sul ponte di Bassano*, ripreso successivamente, durante la Seconda Guerra Mondiale, nella versione *Sul Ponte di Perati*. Il canto, che ritornerà poi nella colonna sonora del film *Salò* recita: "Sul ponte di Bassano bandiera nera [...] la meglio gioventù va soto tera".

¹² Su questo tema cfr. quanto scrive Guido Santato: "Tra il primo e il secondo *volume* si realizza dunque questo passaggio dalla prima alla seconda maniera friulana di Pasolini, da una tematica assolutamente squisita e

privata ad una più largamente sociale e popolare, dall'autocontemplazione narcisistica alla rappresentazione di una concreta realtà circostante" (102).

[13] Pasolini, *Chan plor*, in *La nuova gioventù* 121–24.

[14] Pasolini, *Verrà il vero Cristo*, in *La nuova gioventù* 114.

[15] Pasolini, *Bel giovanino*, in *La nuova gioventù* 129–30.

[16] Cfr. Pasolini, *L'umile Italia*, in *Le ceneri di Gramsci* 41–42.

[17] Pasolini, "La libertà stilistica", in *Officina*, n. 9–10 (giugno 1957), poi in *Passione e ideologia* 491.

[18] Pasolini, *Il pianto della scavatrice*, in *Le ceneri di Gramsci* 100.

[19] Secondo Pier Paolo Pasolini, il neocapitalismo apre un nuovo capitolo all'interno della storia. Il potere si è evoluto diventando più efficace e mettendo in opera un *genocidio culturale* senza precedenti: "C'è già nel *Manifesto* di Marx un passo che descrive con chiarezza e precisione estreme il genocidio ad opera della borghesia nei riguardi di determinati strati delle classi dominate, soprattutto non operai, ma sottoproletari o certe popolazioni coloniali. Oggi l'Italia sta vivendo in maniera drammatica per la prima volta questo fenomeno: larghi strati, che erano rimasti per così dire fuori della storia - la storia del dominio borghese e della rivoluzione borghese - hanno subito questo genocidio, ossia questa assimilazione al modo e alla qualità di vita della borghesia" (Pasolini, *Scritti corsari*, in *Saggi sulla politica e sulla società* 511–12).

[20] Gianni D'Elia, *Verso la poesia incivile*, saggio introduttivo a Pasolini, *La religione del mio tempo* xxxv.

[21] Cfr. Rosa, *Pasolini* 414–15: "Il Riccetto tornò ad urtargli il gomito, con aria stizzita, un gesto con la mano come per dirgli : "Embè, che famo?"; "[...] scattò Gigetto allungando un braccio con la mano aperta verso di loro come per mostrare quant'era indegno il loro comportamento"; "se li guardavano con la coda dell'occhio come per dire: "Ammazza quanto so' gajardi'''" ; ""An vedi questo", gli rispose vibrante Marcello, stendendo verso di lui la mano aperta, come aveva fatto poco prima Gigetto con loro"; "[...] proseguì il discorso scuotendo la mano con l'indice e il pollice tesi"; "[...] Nadia si accostò con un sorriso, tutta vergognosa, tenendosi una mano contro la scollatura della vestaglia e l'altra allungata verso di loro"; "Si alzò all'impiedi, e ondeggiando indietro e avanti, fece una specie di ragionamento tutto coi gesti, portò due tre volte la mano dall'altezza del petto all'altezza del naso, poi fece con le dita una piroetta come per indicare un'idea tutta sua che gli passava per la capa [...]".

[22] "Nell'universo simbolico delle società primitive è dato osservare una strana situazione che si ritrova sotto altre forme in qualsiasi società: l'uomo cercando di rendere conoscibile il mondo, distribuisce dei segni secondo le suddivisioni che egli compie nel reale: classifica, raggruppa,

definisce. Egli può in tal modo identificare gli esseri e le cose, stabilendo dei rapporti precisi tra i 'significanti' e i 'significati'. Tuttavia, [...] tutto ciò che l'uomo sapeva avere un senso non era per questo atto a venire identificato, a venire inquadrato nei sistemi di corrispondenze già elaborati fra i segni e le cose. Così si crea una situazione paradossale: esiste *un* senso, *un* significato, ma è impossibile attribuirvi un senso individuabile e preciso (che non solo renda la cosa significante, ma nota); così, quanto ai segni (soprattutto del linguaggio), alcuni rimangono disponibili senza essere ancorati al significato. [...] Accanto all'ordine significante che i vari codici simbolici impongono alla sfera del significato, vi sarebbe una specie di zona di indeterminazione, risultante in primo luogo da questa inadeguatezza fondamentale tra i due ordini, e quindi dal fatto che l'uomo è costretto a distribuire la razione supplementare di significante fra le cose che sono già inquadrate in codici simbolici ordinati. [...] Questi significanti fluttuanti non designerebbero quindi nulla di preciso, avendo solamente un "valore simbolico zero"; sarebbero però provvisti di una funzione fondamentale perché consentirebbe al "pensiero simbolico di esercitarsi". Si può, in tal caso, supporre che la zona del significato indicata dal significante fluttuante si trova nello spazio che separa i codici o nel loro punto di congiunzione: infatti, sebbene questo valore simbolico zero si riduca "a una semplice forma", quando si carica di un contenuto, questo appartiene sempre a quelle zone di disordine semantico, a cavallo di due o più codici, di due oggetti, di due mondi. [...] Esso designa sempre un'energia, una forza che è impossibile vedere significate in codici perché questi parlano sempre delle cose e dei loro rapporti, e non di ciò che le rende possibili; insomma, non è un caso se il significante fluttuante si trova sempre a quei confini dell'ordine sociale che sono occupati da certe istituzioni e pratiche delle società primitive, in particolare quelle della magia e dello sciamannismo, dell'arte divinatoria, della morte, dell'impurità, della malattia e, in genere, di tutti i settori che sfuggono ai codici simbolici" (Gil 1097–99).

[23] Pasolini, *24 giugno 1974. Il vero fascismo e quindi il vero antifascismo*, in *Scritti corsari* 45.

[24] Pasolini, *24 giugno 1974. Il vero fascismo e quindi il vero antifascismo*, in *Scritti corsari* 47.

[25] Pasolini, *24 giugno 1974. Il vero fascismo e quindi il vero antifascismo*, in *Scritti corsari* 48.

[26] O. Mazzoca, "Introduzione", in Foucault, *Biopolitica e liberalismo*.

[27] Sulle similarità tra la descrizione del potere in Pasolini e Foucault, cfr. Simona Bondavalli, "Charming the Cobra with a Ballpoint Pen: Liminality and Spectacular Autorship in Pier Paolo Pasolini's Interviews". A proposito della definizione di potere data da Pasolini, così scrive Bondavalli: "Pasolini describes the results of the rapid transformation undergone

by Italy in the 1960s through an effective metaphor: a Palace at the center of a penitentiary. The Palace, where the traditional power-holders reside, is the object of the interest of intellectuals, who occupy themselves exclusively with what happens inside it, because they believe that power resides solely within its walls. They do not realize that its closure, its apparent separation from the outside, has now become futile because 'leaving the Palace you fall back into a new "inside": the penitentiary of consumerism' (*Lettere Luterane* 96). In this disciplinary system, power does not take the form of violence or repression; instead, it exercises itself through cultural homologation. [...] The similarities between Pasolini's descriptions of Italian society in the Sixties and Michel Foucault's definitions of disciplinary systems highlight Pasolini's awareness of the completely new nature of consumer power [...]" (25–26).

Part IV

History and Society as Seen by Pasolini

9
Teorema, Porcile e *Salò:* il potere e le società storiche

Silvestra Mariniello

Teorema (1968), *Porcile* (1969) e *Salò* (1975) sono tre film sul Potere e le società storiche in cui si inscrive. Quasi contemporanei, *Teorema* e *Porcile* riprendono i temi della borghesia come *malattia* e della continuità tra fascismo e neocapitalismo, temi che in quegli stessi anni Pasolini affronta nelle poesie, nel teatro, nella produzione saggistica e giornalistica. *Salò*, realizzato più tardi, dopo la parentesi della "Trilogia della vita" e durante l'elaborazione dell' "Abiura",[1] riprende, stravolgendola, l'allegoria sessuale di *Teorema* e il discorso sulla continuità tra il vecchio e il nuovo Potere di *Porcile* portandoli alle estreme conclusioni.

Teorema. La malattia borghese o l'emergenza del nuovo Potere

Teorema comincia con un'intervista a degli operai milanesi che hanno ricevuto in dono, dal loro padrone, la fabbrica. L'intervista verte sul significato e le implicazioni di questo gesto, uno dei tanti gesti "inutili" nella filosofia pasoliniana del potere.

Le prime immagini in bianco e nero ci presentano, l'uno dopo l'altro, nel loro ambiente, i membri della famiglia, inclusa la domestica. Un giorno arriva, portato da Ninetto Davoli (una specie di angelo-postino) il telegramma che annuncia la venuta dell'ospite misterioso. L'ospite, bello e silenzioso, lettore di Rimbaud, si inserisce con estrema naturalezza nella famiglia e il suo rapporto con i vari personaggi che la compongono non è fatto tanto di parole, ma di gesti, di sguardi, di una complicità e di un'intesa quasi mute. Lo sconosciuto fa l'amore con tutti: Emilia, la domestica, Pietro, il ragazzo, Lucia, la madre, Odetta, la ragazza e con il padre; con ognuno di loro stabilisce un rapporto originale e importante. Inspiegabilmente e inaspettatamente come era venuto, l'ospite parte. Tale partenza segna l'inizio della catastrofe per ognuno dei personaggi. Tutti, tranne Emilia, (la cui fine si risolve nella nascita di qualcosa di nuovo: una sorgente, simbolo di vita), naufragano nella coscienza della propria incapacità a cambiare, a uscire dalla prigione della propria "inautenticità". Pietro, giovane pittore, distrugge le sue opere; Odetta, con una modalità simile a quella di Julian in *Porcile*, "si chiude in una paralisi isterica, recidendo i rapporti con il mondo" (Murri 99) e viene portata via, per essere chiusa in un'istituzione psichiatrica. Lucia, già moglie fedele, anche se nel vuoto della forma, diventa una ninfomane senza più dignità o pudore; il padre, infine, si sbarazza di tutto quello che possiede e, come un pazzo, nudo, si allontana nel deserto che non è separato dalla città, che anzi la continua, è la città industriale, è la nostra realtà.

In questo film, realizzato nel '68, Pasolini mette in scena la teoria della fine della società storica nata dal Risorgimento, basata sulla lotta di classe e sullo stato. La Nazione, la Chiesa confessionale e l'Esercito non sono più i mezzi attraverso cui il Potere si esercita, si consolida e si definisce. Si è prodotto un cambiamento nella struttura del Potere che si trasforma da un potere fondato sulla conservazione e sul possesso ad un potere fondato sulla produzione e il consumo. C'è una continuità nelle forme del Potere: dal vecchio al nuovo. Il gesto dell'industriale che dona la sua fabbrica agli operai in *Teorema*, appartiene allo stesso tempo al vecchio e al nuovo Potere. Da una parte è una "specie di soluzione religiosa" (Pasolini, *Teorema* 194), un gesto che "nasce dalla colpa anziché dall'amore" (Pasolini, *Teorema* 195), dall'altra, è un gesto che si inscrive nella falsa tolleranza del nuovo Potere: con la sua donazione il padrone toglie infatti agli operai l'iniziativa rivoluzionaria, la loro identità sociale.

Il contesto di questo cambiamento nella struttura del Potere è quello della omologazione piccolo-borghese di tutta la società, quello dell'"entropia borghese" (Pasolini, *Empirismo Eretico* 158), come dice Pasolini nell'*Apologia* che segue la poesia "scandalosa" *Il P.C.I. ai giovani!* Pasolini definisce la sua poesia come un gesto provocatorio nei confronti degli studenti, giustificato dal cambiamento drammatico che segna la distanza tra la sua generazione e quella dei giovani extraparlamentari. La borghesia non è più, come lo era "fino alla mia generazione compresa" (Pasolini, *Empirismo Eretico* 157) "un oggetto, un mondo separato" (Pasolini, *Empirismo Eretico* 157), separato da chi si situa ai margini, da chi la guarda "dal di fuori". Contadini e operai, "quello che poi si sarebbe chiamato Terzo Mondo" (Pasolini, *Empirismo Eretico* 157), costituivano una realtà altra rispetto a quella borghese, resistente ai vari tentativi di rappresentarla all'interno del discorso borghese. Oggi—Pasolini scrive questo testo nel '68—la situazione è diversa. È impossibile per i giovani "rivoluzionari"

> guardare la borghesia oggettivamente attraverso lo sguardo di un'altra classe sociale. Perché la borghesia sta trionfando, sta rendendo borghesi gli operai, da una parte, e i contadini ex-coloniali, dall'altra. Insomma, attraverso il neocapitalismo, la borghesia sta diventando la condizione umana. Chi è nato in questa entropia, non può in nessun modo, metafisicamente, esserne fuori. È finita. Per questo provoco i giovani: essi sono presumibilmente l'ultima generazione che vede degli operai e dei contadini: la prossima generazione non vedrà intorno a sé che l'entropia borghese. (Pasolini, *Empirismo Eretico* 157–58)

Entropia viene dal tedesco *Entropie*, termine proposto dal fisico tedesco R.J. Clausius nel 1850 e ripreso, per analogia con il termine energia, dal greco *entropé* che significa propriamente "cambiamento di disposizione", "azione di rientrare in sé", interpretato comunemente come "ritorno indietro".[2] Pasolini riflette e lavora per anni su questo ritorno in sé, irreversibile, della borghesia che coinvolge il resto della società. *La Rabbia*, *La Divina Mimesis*, i film che stiamo analizzando qui, *Petrolio* sono altrettanti interventi espliciti sulla questione.

> "E se la borghesia—identificando a sé l'intera umanità—non ha più nessuno al di fuori di se stessa cui deferire l'incarico della propria condanna (che essa non ha mai saputo o voluto pronunciare), *la sua ambiguità non è divenuta finalmente tragica?*"
> "Tragica perché, non avendo più una lotta di classe da vincere—con qualsiasi mezzo, anche criminale, come l'idea di Nazione, di Esercito, di Chiesa confessionale ecc.—essa è rimasta sola di fronte alla necessità di sapere ciò che essa è?"
> "(...) non tocca a lei stessa, ormai (e non più alle forze della contestazione e della rivoluzione), di rispondere alle domande che la storia—che è la *sua* storia—le pone?"
> "A QUESTE DOMANDE ESSA NON PUO' RISPONDERE?"
> (Pasolini, *Teorema* 196)

Queste parole condensano il senso del film: dopo la visita del "dio" (tale è la natura dell'ospite) la borghesia, nei suoi singoli esponenti e nelle sue istituzioni—la famiglia in particolare—si guarda e scopre la propria "inautenticità", la borghesia è divenuta una condizione irreversibile e tragica, una malattia. Tutto quello che tocca ne è contaminato: gli operai, la sinistra, il Terzo Mondo, i giovani, la cultura... "La borghesia è una malattia ghiandolare" (Pasolini, *Bestemmia* 1: 876) aveva detto Pasolini in *Trasumanar e Organizzar*, nei versi dedicati a *Il mondo salvato dai ragazzini* di Elsa Morante: come la peste. Storicamente non c'è via d'uscita dalla malattia borghese a parte l'autodistruzione: la follia e la morte.

Emilia, la donna di servizio, costituisce, da una parte, l'*altra* classe sociale, lo sguardo esterno alla borghesia, il punto di disequilibrio nell'entropia; dall'altra, la vittima designata del contagio borghese. La sorte di Emilia è diversa da quella di tutti gli altri: Emilia, toccata dal dio, crea ancora qualcosa di nuovo, tornando indietro (concretamente la donna torna al casolare in campagna da cui era partita verso la città) e ricominciando daccapo, proprio come nei versi de *La Meglio Gioventù*: senza compromessi. Emilia mangia solo ortiche e rifiuta ogni comfort fino a che il suo sacrificio diventa l'inizio di una nuova vita, purificata dal contagio borghese, forse un primo passo verso quella cultura davvero comunista che sarà prospettata negli "Appunti per una poesia in terrone" ne *La Meglio Gioventù*.

> Bisognerà tornare *indietro* e ricominciare daccapo. Perché i nostri figli non siano educati dai borghesi[3], perché le nostre case non siano costruite dai borghesi[4], perché le nostre anime non siano tentate dai borghesi. Perché se la nostra cultura, non potrà e non dovrà più essere la cultura della povertà[5], si trasformi in una cultura comunista[6]. Perché i nostri corpi, se è destino che non vivano più l'innocenza e il mistero della povertà, vivano la cultura comunista. Perché la nostra ansia, se è giusto che non sia più ansia di miseria, sia ansia di beni necessari. (Pasolini, *La Nuova Gioventù* 245)

"Non sono venuta qui per morire, ma per piangere e dalle mie lacrime nascerà una sorgente" dice Emilia alla donna, probabilmente sua madre, che l'ha aiutata a seppellirsi sotto la terra e che la guarda sgomenta.

Ma, dall'altra parte, alla villa, Emilia è sostituita da un'altra donna come lei, che si chiama Emilia e che le assomiglia: porta i capelli nello stesso modo, ha lo stesso atteggiamento dimesso, gli stessi grandi occhi. Questa Emilia ormai fa parte dell'entropia borghese. La parola (l'altra Emilia non parlava quasi mai e, a volte, quando parlava, le sue parole non erano udibili, solo un movimento delle labbra le indicava), l'espressione dei suoi sentimenti davanti alla fine di Odetta sono il segno che la tradisce: lei appartiene ormai all'universo borghese.

Nell'incontro con il dio i vari personaggi della storia escono, se pure per poco, dalla prigione del loro ruolo, della loro ideologia, della loro storia. Lasciati a se stessi, non hanno i mezzi per assumere e capire ciò di cui hanno fatto esperienza, per rispondere alle domande che la loro storia gli pone. Allo stesso tempo, non possono più ignorare la propria "inautenticità", l'"irrealtà" borghese, il conformismo che ora conoscono.

Il concetto di "inautenticità", più spesso esplorato e discusso in termini di irrealtà contro realtà, è uno dei punti in cui si concretizza il dialogo intenso di questi anni tra Pasolini e Morante. Fortini ha scritto che tutto l'ultimo Pasolini dovrebbe essere letto "come una sorta di dialogo con la Morante" (Fortini 240) e credo che questa ipotesi sia interessante. Nel testo *La Rabbia*, pubblicato su *Rinascita* nel 1962, Pasolini attaccava la normalità e il conformismo della violenza che caratterizzano la società neocapitalista. Nei rotocalchi e nei mezzi di diffusione di massa, il mondo "si fa sempre più irreale" (Pasolini, *Le belle bandiere* 225). Similmente nel saggio "Pro o contro la bomba atomica", testo di una conferenza pronunciata nel 1965, Elsa Morante parlava della realtà contro l'irrealtà immonda della bomba atomica, "espressione naturale [quest'ultima] della nostra società contemporanea" (Morante 1540). Ne *Il mondo salvato dai ragazzini*, (a cui Pasolini risponderà con due poesie, poi raccolte in *Trasumanar e Organizzar*), la prima delle canzoni popolari, "La canzone dei F.P. e degli I.M. in tre parti", di vaga memoria majakovskjana, mette in scena il conflitto tra la REALTÀ, nella quale si muovono i felici pochi (F.P.) e l'irrealtà dalla quale si lasciano intossicare gli infelici molti (I.M.).

Il dio visitatore di *Teorema* rivela ai suoi ospiti il loro conformismo, la loro irrealtà; suo "compagno" è, non a caso, Rimbaud, (a più riprese lo vediamo leggere le *Opere* del poeta francese) critico spietato della borghesia, figura mitica per Pasolini e annoverato da Morante tra i F. P. scomparsi (Morante 140). In questo conflitto tra la realtà e l'irrealtà, l'intellettuale, detto anche poeta, ha un ruolo fondamentale da giocare, creando artificialmente lo stato di emergenza contro la normalità (Pasolini, *Le belle bandiere* 223) e "impedendo la disintegrazione della coscienza umana, nel suo quotidiano e logorante, e *alienante* uso col mondo" (Morante 1542). La provocazione agli studenti dell'*Apologia* acquista, nel contesto, ulteriore chiarezza.

> A tale coscienza manichea del male borghese gli studenti possono giungere dunque (per ricapitolare):
> a) rianalizzando [...] i piccoli borghesi che essi sono (che noi siamo) oggi.
> b) abbandonando la propria autodefinizione ontologica e tautologica di studenti e accettando di essere semplicemente degli "intellettuali".

c) operando l'ultima scelta ancora possibile—alla vigilia della identificazione della storia borghese con la storia umana—in favore di ciò che non è borghese. (Pasolini, *Empirismo Eretico* 159)

Il dio di *Teorema* è un intellettuale? Spesso lo vediamo leggere, notiamo anche la sua capacità a capire e a stabilire un rapporto con persone diverse, come Emilia, Lucia, Odetta, Pietro, rapporto fondato sull'intelligenza della differenza e sul rispetto per l'altro. Ma soprattutto ciò che lo avvicina all'intellettuale quale emerge nei testi citati di Pasolini e Morante, è la natura dinamica del suo "essere nel mondo". Il dio di *Teorema* è una specie di detonatore di un'azione/trasformazione, è l'agente di una coscienza critica. L'intellettuale non è più il soggetto di una serie di azioni e di scelte, importanti nella misura in cui ci rinviano all'individuo che le controlla, ma è la capacità di inserirsi nella storia facendone esplodere le contraddizioni sempre in modo nuovo. È l'umiltà di lasciare che il proprio pensiero e il proprio agire non gli/le appartengano, di rinunciare al bisogno di controllarli una volta che essi si traducono in altre azioni, in altri pensieri negli altri. Il dio di *Teorema* non esiste come soggetto psicologico, è amore.

Il sesso è il linguaggio che permette a questa dinamica di esplicarsi. Come Barthes dice a proposito di Sade (Barthes 31–32), l'erotismo non ha niente a che vedere qui con l'erotismo borghese che al cinema si traduce nella creazione di una tensione crescente fino all'atto sessuale, quest'ultimo più o meno romantizzato, più o meno mostrato, ma sempre culmine di una tensione tra due individui che si amano e si desiderano.[7]

In *Teorema*, la tensione è eliminata, o concentrata in uno solo dei personaggi, fino al parossismo che impedisce l'identificazione dello spettatore. L'assenza, o quasi, di parole; la ripetizione della storia con ognuno dei personaggi; il non mostrato che però non suggerisce, non invita al voyeurismo, non invita ad immaginare l'atto sessuale, ma si limita ad un'allusione che ha la funzione di informarne lo spettatore; l'assenza di psicologia e quindi di moralismi, tutto questo fa dell'erotismo una pratica altra dal conformismo erotico borghese e dalle sue aberrazioni.

Pasolini si avvicina straordinariamente a Sade nell'analisi del Potere che porta avanti in questi film, e, in particolare, al Sade di

Klossowski. In *Sade mon prochain* che Pasolini cita con la bibliografia essenziale all'inizio di *Salò*, soprattutto nella prima parte, intitolata "Sade et la Révolution", Klossowski rilegge e parafrasa Sade, commentandone la concezione sociale e politica. Il saggio di Klossowski era apparso nel 1947 ed era stato ripubblicato nel 1967 insieme al testo di una conferenza—"Le philosophe scélérat"—presentata nel 1966 sotto il patrocinio della rivista *Tel Quel*. Il nuovo nasce da ciò che lo ha preceduto e ne porta l'impronta. Non si tratta qui di una considerazione essenzialista e metafisica (sulla natura delle umane cose, per esempio), ma di un'analisi materialista della storia. Infatti, parlando della decomposizione della teocrazia feudale e della nascita dell'individualismo aristocratico, Klossowski, basandosi su Sade, mostra il processo che è alla base del fallimento della Rivoluzione e del progetto democratico e getta sul presente e sulla crisi delle società storiche una luce nuova e interessante.

La monarchia assoluta si sviluppa e si organizza in Occidente all'interno del sistema gerarchico inventato dalla Chiesa per raggruppare le forze sociali in modo da assicurare ad ogni categoria di individui una giustificazione morale. La gerarchia teocratica ha lo scopo di mettere fine all'antica legge della giungla. Il sistema funziona grosso modo così: il re, istituito da Dio, è il suo servitore temporale; il signore, istituito dal re, è servitore del re e chiunque si riconosce servitore del suo signore è servitore di Dio. Così anche all'ultimo gradino della scala sociale l'individuo trova una giustificazione alla propria esistenza perché "partecipa a un edificio di cui la chiave di volta è Dio" (Klossowski 68). Col tempo il re ha concentrato sempre di più il potere nelle proprie mani e il signore ha visto ridursi le sue funzioni, pur conservando e volendo conservare i suoi privilegi. Il signore ha sviluppato in questo contesto un'esistenza autonoma e si è allontanato da Dio. "Basta che il signore metta in dubbio l'esistenza di Dio che tutto l'edificio vacilla" (Klossowski 68). La legge della giungla si ristabilisce. Alla vigilia della Rivoluzione il signore si sa detentore di un potere che può perdere ad ogni momento; cerca di legittimare la sua condizione privilegiata con i sofismi della ragione, uccide Dio. L'essere umano che si trova in fondo alla scala sociale diventa schiavo perché subisce il potere, non più giustificato da Dio, del suo padrone e non potrà diventare a sua volta signore che appoggiando il delitto del suo padrone contro Dio e prendendo il suo posto (Klossowski 69–70). Questo è il circolo vizioso nel quale, come dice Klossowski, Sade chiude la Rivoluzione.

Che cosa diviene questa concezione del Potere in Pasolini? Qual'è la sua grande attualità? Questa analisi spinge a considerare la Rivoluzione, le rivoluzioni, dentro il quadro generale della struttura del Potere e mostra la continuità, per esempio, tra le società cosiddette socialiste e le società a cui esse si oppongono. Come lo schiavo di Sade si contrappone al signore, ma ne condivide necessariamente il delitto contro Dio, le società socialiste si oppongono alle società "democratiche" e fasciste, ma ne condividono necessariamente l'aspirazione al potere e la fiducia nello Stato. Lo schiavo non può che diventare padrone e la società socialista non può che diventare totalitaria e centrata sullo Stato. È interessante notare che l'accusa forse più grave diretta agli studenti di Valle Giulia da Pasolini ne "Il P.C.I. ai giovani!" è quella dell'"aspirazione al potere"(Pasolini, *Empirismo Eretico* 153). Il comunismo di Pasolini non può essere quello delle società storiche, né una nostalgica utopia, ma su questo torneremo più avanti.

Porcile. Ubbidire o morire

Porcile è costituito di due storie che si intrecciano: una ambientata in un "passato misterioso", e l'altra ambientata nella Germania di Bonn. L' episodio "metastorico" di *Porcile*, era stato scritto, come ci dice Naldini, tre anni prima, in occasione della venuta in Europa del produttore di *Simon del deserto* che cercava "un secondo episodio da mettere accanto al film di Bunuel" (Naldini 329–30). Il progetto non era andato in porto e il soggetto era rimasto nel cassetto; rimaneva comunque "il desiderio di realizzarlo alla prima occasione" (Naldini 329–30). L'episodio moderno di *Porcile* coincide, quasi alla lettera, con la tragedia omonima scritta, insieme alle altre tragedie, nel 1965, quando Pasolini, gravemente malato, è costretto all'immobilità.

L'episodio moderno di *Porcile* si svolge in una villa neoclassica nei pressi di Colonia[8]. Ne sono protagonisti Julian (Jean-Pierre Léaud) unico erede del magnate tedesco Klotz; Herr Klotz, (Alberto

Lionello), paralitico, su una sedia a rotelle, simbolo del vecchio potere; Herdhitze, (Ugo Tognazzi), concorrente di Klotz, uomo fattosi da solo, senza tradizione, simbolo del nuovo Potere economico; Hans Guenther, (Marco Ferreri), servitore-spia di Klotz; Ida, (Anne Wiazemsky), giovane borghese innamorata di Julian e infatuata del movimento studentesco. Julian non può riamare Ida:

> vive sospeso nel suo limbo, in un'impenetrabile e stralunata aria di mistero e di fuga dal reale, nell'infinita ripetizione di una amore segreto e perverso, quella passione zoofila che lo porta ad eccitarsi e a potersi accoppiare solo con i maiali che vivono nelle tenute paterne, quei maiali con cui, citando Brecht e Grosz, il padre "umanista", con cinica ironia, identifica la sua classe e se stesso. (Murri 109)

Figlio né obbediente, né disobbediente Julian cade in una sorta di torpore: per giorni egli giace immobile, con i pugni stretti guardando nel vuoto, come Odetta in *Teorema*, che da quel vuoto non può più tornare. Intanto Klotz ha incaricato il suo servitore, Hans Guenther, di indagare sul suo rivale Herdhitze. L'indagine rivela che Herdhitze è in realtà Hirt, vecchio compagno di studi di Klotz, un criminale nazista addetto "alla raccolta di crani di commissari bolscevichi ebrei per ricerche scientifiche all'Università di Strasburgo" (Pasolini, *Porcile* 445). Inatteso, Herdhitze giunge in visita alla villa di Klotz. Klotz vuole ricattare Herdhitze con il suo passato criminale, ma Herdhitze lo minaccia di rendere pubblica la passione vergognosa di Julian di cui è venuto a conoscenza. I due sono costretti a venire a patti, a negoziare un'intesa. Intanto Julian è "guarito". Si accomiata da Ida e poi, per l'ultima volta, si dirige verso il porcile. Mentre alla villa di Klotz si festeggia la fusione e la nascita del nuovo colosso tedesco Herdhitze-Klotz, cioè il sodalizio tra i due Poteri: il vecchio e il nuovo, i contadini giungono in delegazione alla villa per riferire dell'orribile fine di Julian. Herdhitze, che li riceve, ordina che il silenzio sia mantenuto su tale morte.

L'episodio antico di *Porcile* si alterna a quello moderno e alla fine lo interseca nella figura di Maracchione (interpretato da Ninetto Davoli) che fa da tramite fra i due mondi e le due temporalità. L'episodio è muto, solo alla fine il protagonista, figlio disubbidiente, condannato a morte, ripeterà : "ho ucciso mio padre, ho mangiato carne umana, tremo di gioia". L'episodio comincia con le immagini di un giovane (Pierre Clementi) che erra in una landa deserta nutrendosi di farfalle e di serpenti. Poi egli trova delle armi, accanto a dei cadaveri di soldati. Indossa un'armatura. Degli altri soldati arrivano e si aggirano per la landa deserta. Il giovane li osserva da lontano, poi attacca un soldato, lo uccide, ne getta la testa nel cratere del vulcano e ne divora le carni. Altre azioni scellerate si ripetono finché il giovane cannibale è catturato, giudicato e condannato a morte.

Pasolini voleva che fosse Tati a interpretare Klotz, Tati/Hulot, tale e quale, solo con dei baffetti alla Hitler. C'è una lettera di Pasolini a Tati in proposito che Naldini riporta esprimendo il dubbio che sia mai stata spedita.

> Tutto resterebbe intatto: un po' più simile all'Hulot del neocapitalismo di *Playtime* che a quello del paleocapitalismo delle *Vacanze*. [...] girerei le scene del film un po' con la tecnica di *Playtime*: figure intere e totali, in modo che la presenza fisica e la tipicità gestuale possano assorbire la parola. Del resto il suo personaggio ha solo una "tirata" lunga, anzi, lunghissima, che le accludo, perché è l'autoritratto del personaggio. Personaggio che, Le ripeto, dopo averlo pensato autonomamente per il teatro (*Porcile* è il testo di una tragedia in versi) ho deciso di adattarlo a Hulot per il cinema. (Naldini 330)

La questione fondamentale che attraversa e lega le due storie di *Porcile* è quella della disubbidienza civile: della disubbidienza nei confronti del Potere, nelle sue varie forme: sia esso il potere patriarcale o economico, o militare, o, ancora, "rivoluzionario".

Se *Teorema* si concentra sulla questione dell'emergenza del nuovo Potere e sull'"entropia borghese", *Porcile*, soprattutto nell'episodio contemporaneo, mette in scena la differenza tra vecchio e nuovo Potere, la continuità tra l'uno e l'altro e il patto criminale tra i due che è all'origine della società neocapitalista. Klotz, paralizzato e isolato nella sua villa alto-borghese incarna il vecchio Potere; Herdhitze, senza tradizioni e senza cultura, incarna il nuovo.

La contrapposizione prende un tono quasi caricaturale e didascalico. Klotz: colto, umanista, lettore di "classici", figlio di un grande industriale di Colonia, proveniente quindi da un'antica famiglia che si tramanda di padre in figlio il capitale; capace di autoironia attraverso lo sguardo critico degli intellettuali di sinistra (Brecht e Grosz), ma senza alcuna esitazione sul ruolo da prendere nel gioco delle parti della lotta di classe; integro nel suo essere dalla parte delle Istituzioni e dello Stato, pur nella coscienza della propria abiezione. Herdhitze, il piccolo borghese, pronto alle atrocità più orribili per il proprio vantaggio, "l'uomo nuovo della Germania occidentale" (Pasolini, *Porcile* 443), implicato nel massacro dei campi di concentramento e negli esperimenti sugli ebrei, salvatosi con il ricavato dei denti d'oro dei prigionieri ebrei uccisi nelle camere a gas, è dunque il rappresentante del nuovo Potere.

Mentre Klotz fabbricava cannoni nella fabbrica paterna a Colonia per la Germania di Hitler, Herdhitze si dava da fare "per le sue promozioni" (Pasolini, *Porcile* 446). Che la piccola borghesia fosse la base del nazismo e del fascismo ci viene ricordato qui in modo quasi brutale.

Quando Klotz, con la sua eleganza di umanista raffinato, pone a Herdhitze una domanda sugli ebrei, minacciando indirettamente di usare il suo passato criminale per rovinarlo, questi reagisce sferrando un colpo più basso: infatti Herdhitze sa delle cose che Klotz non sa e non vuole sapere, che lo toccano da vicino: nella sua famiglia. È la verità su Julian, il figlio di Klotz a costituire l'oggetto del ricatto. I due Poteri si affrontano dunque, il vecchio disgustato del nuovo, ma costretto a venire a patti: l'incontro tra i due è l'anima della società neocapitalista.

Nel quadro del sodalizio dei Poteri si definisce la non-disubbidienza, non-ubbidienza di Julian cui fa eco la disubbidienza del giovane ribelle dell'episodio antico. La società tollera solo i figli ubbidienti. Gli studenti che manifestano a Berlino, "tutti uguali, come soldati indisciplinati..." (Pasolini, *Porcile* 429) obbediscono al Potere che, in fondo, ha bisogno di quella contestazione veicolata dalle forme canoniche e prevedibili del dissenso. Ma Julian, paralizzato tra l'ubbidire e il disubbidire, disturba il Potere e il suo erotismo fuori dalle regole disturba il Potere. Le forme della disubbidienza sono molte e devono continuamente essere reinventate perché abbiano un effetto su un Potere che è capace di recuperare tutto.

Nella tragedia omonima, al momento in cui si celebra la fusione Klotz-Herdhitze e Julian si reca per l'ultima volta al Porcile dove morirà, Pasolini introduce Spinoza, l'autore dell'*Etica*, venuto ad abiurare l'*Etica* e ad appoggiare, lui stesso disubbidiente, la disubbidienza di Julian nelle forme che questa deve prendere *oggi*. Il tema della disubbidienza è un altro momento del dialogo Pasolini-Morante. Spinoza, non si dimentichi, appare tra i "felici pochi" insieme a Gramsci, Rimbaud, Giordano Bruno, Simone Weil e pochi altri. Pazzariello, il protagonista de "La canzone clandestina della Grande Opera", ne *Il mondo salvato dai ragazzini*, è un esempio straordinario di disubbidienza: una disubbidienza totale che, se così si può dire, continua a disubbidire, continua ad essere efficace al di là della distruzione del suo «portatore». E la Carlottina, la piccola ariana che si mette la stella gialla per disubbidire inventando una forma di disubbidienza non prevista dal Potere è un'altra figura indimenticabile in questo contesto. La canzone della Carlottina si conclude con il trionfo della disubbidienza e la sconfitta di Hitler in una nazione dove tutti portano la stella gialla. Il Potere non lo aveva previsto.

Nei tre film sul Potere, la disubbidienza prende varie forme: dal cannibalismo del giovane che vive alle pendici dell'Etna, nella Sicilia del XV° secolo[9], all'erotismo intollerabile di Julian, a quello sacro dell'ospite di *Teorema*, alla ribellione diretta e disperata delle giovani vittime di *Salò*. Si tratta di forme estreme in cui la distanza tra la perversione e la santità si annulla in un atto straordinario di ribellione contro il conformismo ipocrita.

Salò. Il massacro e la rivolta possibile

Il film ripete la struttura del romanzo sadiano, che si basa sulla ripetizione del numero quattro. Quattro signori, rappresentanti dei quattro poteri: nobiliare, religioso, giudiziario e economico si riuniscono in una villa insieme a quattro "Megere", ex meretrici, e a un gruppo di giovani catturati per soddisfare le brame del Potere.

Nella villa, per centoventi giorni, sarà vigente per tutti un regolamento sottoscritto dai quattro Signori, con il quale

> essi sono autorizzati a disporre indiscriminatamente e liberamente della vita delle loro giovani vittime, le quali dovranno tenere un comportamento di assoluta obbedienza nei confronti dei Signori e delle loro regole. Ogni insubordinazione o pratica religiosa verrà punita con la morte. (Murri 151)

Il film è organizzato secondo una struttura dantesca, che Pasolini aveva riconosciuto come soggiacente al testo di de Sade. Ci sono un Antinferno e tre gironi: il girone delle manie, il girone della merda e il girone del sangue. Le quattro Megere hanno il compito di narrare le proprie esperienze sessuali più perverse per "educare" le giovani vittime a soddisfare i piaceri dei Signori. Nell'Antinferno vediamo la sottoscrizione dei regolamenti da parte dei signori che, per suggellare il loro patto, sposano l'uno la figlia dell'altro e la cattura delle vittime che vengono tradotte nella villa, vicino a Salò, dove si consumerà il patto criminale. I giovani subalterni si dividono in quattro gruppi: le vittime, i soldati, i collaborazionisti e la servitù. È la struttura spietata del Potere. Nel primo girone i giovani vengono, tra l'altro, costretti a camminare nudi a quattro zampe, e a latrare come cani. I signori e i loro aguzzini si divertono a gettare loro del cibo che essi sono costretti a mangiare senza toccarlo con le mani, spesso ferendosi orribilmente perché i bocconi gettati contengono, nascosti, dei chiodi. Nel secondo girone le vittime sono obbligate a mangiare i loro escrementi, appositamente raccolti per la "cerimonia". Nel terzo

> i Signori, dopo avere costretto ognuno dei ragazzi a trasformarsi in delatore nei confronti delle infrazioni altrui, prescelgono le vittime designate allo strazio e accettano i peggiori come collaborazionisti. In seguito, in un'orgia progressiva di torture, amputazioni e varie uccisioni rituali, i Signori aiutati dai loro vecchi e nuovi collaboratori, si prodigano in balletti isterici e atti sessuali necrofili sulle vittime, portando all'apoteosi il loro sentimento di disprezzo reciproco e del mondo. (Murri 152)

In una sorta di epilogo, due giovanissimi collaborazionisti, stanchi di tanto orrore, accennano qualche passo di valtzer, sulle note di una canzone trasmessa per radio e scambiano qualche frase «normale»: "Sai ballare?", "Come si chiama la tua ragazza?" "Margherita".

Il nuovo Potere, nel suo sodalizio col vecchio, ha trionfato. Gli esseri umani sono ridotti a oggetti, consumabili come qualsiasi altro prodotto di questa società. I corpi non sono che "comuni oggetti di uso provvisorio e di facilissima fabbricazione"[10], acquistabili e gettabili. *Salò* è la messa in scena della perpetrazione da parte del Potere del genocidio culturale e fisico di un mondo, e la messa in scena della perpetuazione dell'infamia e della violenza fino a che questa diviene meccanica, in altre parole, la messa in scena di una vera e propria tecnologia della violenza. *Salò* è anche la scrittura della possibile rivolta contro il Potere.

Perché Sade? Perché il connubio tra *Le 120 giornate di Sodoma* e la repubblica di Salò in un film sul potere degli anni '70? Come abbiamo visto, all'inizio del film, Pasolini indica una bibliografia essenziale: tra i testi citati, oltre *Sade mon prochain* di Klossowski di cui abbiamo discusso, figurano *Lautréamont et Sade* di Blanchot, *Sade dans le temps* di Philippe Sollers, *Sade, Fourier, Loyola* di Barthes e *Faut-il brûler Sade?* di Simone de Beauvoir. Il punto di partenza di tutti questi studi è quello del silenzio che ha circondato l'opera di Sade, della paura e del disagio causati dagli scritti del Marchese e delle difese messe in atto dalla società di fronte alla minaccia che tali scritti rappresentano. Le parole di Blanchot a proposito di *Justine et Juliette* - "leggerlo è quasi impossibile [...] questo libro resta (...) un'opera assolutamente illeggibile [...] per il vigore delle sue descrizioni e l'indecenza della sua ferocità che non potevano che precipitarlo all'inferno". (Blanchot 218 ; traduzione mia) — potrebbero applicarsi a *Salò* e, in generale, al discorso che Pasolini stava tenendo negli ultimi anni e mesi della sua vita, attraverso gli interventi su *Il Corriere della sera*, i film, le poesie e i frammenti di *Petrolio*. Scegliere Sade è anche sfidare questo ostracismo a cui la società condanna chi decide di denunciare un Potere che nasconde il suo segreto omicida.

Al di là di questa sfida al conformismo intellettuale di destra e di sinistra pronto a tacere l'infamia del Potere, il dialogo con Sade permette a Pasolini di sviluppare un'intuizione che è già alla base di tanta parte del suo lavoro: da *Teorema* a *Porcile*, alla *Trilogia*, (anche *Petrolio* partecipa della stessa ricerca): quella di prendere la sessualità come luogo critico da cui considerare la costruzione sociale cui partecipiamo e i suoi limiti.

Parlando di *Teorema*, Pasolini aveva detto:

> Nel mondo di oggi l'individuo, in preda all'alienazione, vive con una falsa idea di sé, in modo inautentico. Il rapporto fra autenticità e inautenticità è impossibile sul piano della comunicazione linguistica: infatti il giovane ospite non parla agli altri personaggi, non cerca di convincerli con le parole, bensì ha con tutti loro un rapporto d'amore. (Naldini 326)

La lingua è l'ossatura stessa dell'"entropia borghese". La rivoluzione deve passare per altri media. La sessualità, come in parte abbiamo visto per *Teorema*, intesa in questi film come linguaggio, diviene la via d'uscita dalla visione borghese del mondo. In altre parole, è possibile liberare l'erotismo dalle sovrapposizioni ideologiche che lo hanno trasformato di volta in volta in "amore" o in "perversione", riportarlo alla materialità dei corpi, dei gesti, dei silenzi e farne il luogo di implosione della visione borghese del mondo. Il cinema, per la sua natura audiovisiva, sembra essere il medium ideale a tale operazione.

Il sesso in *Salò* non è solo "la metafora del potere fascista" come dice Macciocchi nel suo importante saggio "Quatre Hérésies Cardinales pour Pasolini". Leggere il sesso come metafora del potere fascista obbliga infatti a restare nello stesso quadro ideologico che produce detto potere.[11] La metafora sessuale rinvia a un referente: il potere fascista, oggetto di riprovazione della morale democratica e progressista. Quest'ultima, a sua volta, rimane intatta, anzi si conferma nella sua positività davanti a tanto orrore. In altre parole, la visione borghese del mondo, anche se progressista, non si mette in discussione in quanto visione del mondo. Il fascismo non è il referente dell'allegoria sessuale di *Salò* (come vedremo meglio più avanti). La grammatica erotica che Pasolini riprende da Sade, rinvia alla grammatica del potere fascista con la sua struttura gerarchica e i suoi modi di articolazione ed entrambe rinviano al potere neocapitalista che riduce il corpo ad accessorio insignificante e dispensabile. Il rinvio tra i vari discorsi: quello fascista, sadiano e consumista è il momento in cui si produce la coscienza critica della storia. La dinamica tra questi discorsi è mediata da una sessualità che si fa linguaggio sottraendosi al linguaggio verbale.

Nell'opera di Pasolini (e di Sade), l'erotismo è sottratto alla "parole perpetuellement allusive" (Barthes 32) di cui è oggetto nell'esperienza borghese; è dichiarato, rivelato nelle sue pratiche, spogliato del desiderio, delle attese, delle suggestioni, degli psicologismi... La sfida e l'importanza di questo procedimento stanno nel fatto che la pratica erotica, il sesso si separano dalla visione borghese del mondo e ci offrono l'opportunità vertiginosa di un altro punto di vista che necessariamente ci rimette in discussione.

Nel suo *Sade, Fourier, Loyola*, Barthes pone con grande lucidità la questione del linguaggio erotico e delle definizioni sbagliate che se ne danno: "Sade è un autore *erotico*, si continua a dire. Ma che cos'è l'erotismo?" (Barthes 31) si domanda. In Sade è una "lingua agita", non parlata, concluderà lo studioso, mentre nella nostra società è soprattutto un fatto di parola, allusiva, indiretta, ma indispensabile alla produzione di ciò che intendiamo per erotismo. Barthes descrive il codice erotico di Sade, con le sue unità di prima e seconda articolazione fino a definire una vera e propria grammatica erotica. Più avanti nel suo saggio, rispondendo alle varie critiche fatte a Sade, Barthes dice qualcosa di molto importante che vale la pena riportare per esteso: la società che lo mette all'indice

> non vede nell'opera di Sade che il richiamo del referente; la parola non è che una finestra sul reale; il processo creativo che immagina e sul quale fonda le proprie leggi non ha che due termini: il "reale" e la sua espressione. La condanna legale contro Sade è dunque fondata su un certo sistema della letteratura e questo sistema è quello del realismo: suppone che la letteratura "rappresenti", "raffiguri", "imiti"; che ciò che si offre al giudizio sia la conformità di questa imitazione [...]
> La funzione del discorso non è in effetti "fare paura, provocare vergogna, suscitare desiderio, impressionare, ecc.", ma concepire l'inconcepibile, cioè non lasciare niente fuori della parola e non concedere al mondo nessun ineffabile [...].
> (Barthes 41–42 ; sono io che traduco)

Concepire l'inconcepibile, smantellare il sistema ideologico su cui si basa tutta una società con le sue istituzioni è anche l'impegno di Pasolini. Il referente non è l'elemento importante del film, l'attenzione si concentra sulle figure, sulla costruzione retorica, sul rinvio tra i vari discorsi in un tentativo di riscrivere la storia. *Salò* è, come *Teorema* e *Porcile* una tragica allegoria: una figura che non rinvia a un referente, ma ad altre costruzioni discorsive, alla loro funzione e alla loro differenza.

Perché le montagne di cadaveri dei campi nazisti che vediamo talvolta alla televisione, o i corpi dei vietnamiti affogati cercando di fuggire dal Vietnam "liberato", o le vittime delle Brigate Rosse non ci risultano intollerabili? si chiede Antonietta Macciocchi. "La storia appare come un traffico inninterrotto di cadaveri" (Macciocchi 132), ma sopportiamo di guardare questo ogni giorno e, d'altra parte, la pornografia ha i suoi canali normali di diffusione, è integrata alle altre pratiche sociali. "L'intollerabile è dunque che l'arte esplori la perversione del potere. Che l'artista ne dia la propria interpretazione: è questo che si giudica *pornografico*" (Macciocchi 131). Ma, vorrei aggiungere, il vero scandalo e la vera forza del film è che questa denuncia della perversione del Potere passa per un linguaggio non controllabile, che mette in discussione le basi della nostra comprensione del mondo, anche la possibilità dell'interpretazione. In questa operazione radicale si sviluppano la funzione pedagogica di *Salò* e la critica di Pasolini contro il "fanatismo idolatra dello Stato" (Macciocchi 132) condiviso dalla destra e dalla sinistra su cui Antonietta Macciocchi insiste con grande lucidità.

La rivolta contro il Potere si inscrive nel film a due livelli: (1) quello che abbiamo visto: del rifiuto del punto di vista borghese sulla sofferenza e l'ingiustizia, della ricerca di un linguaggio che si situi ai margini del razionalismo occidentale e rieduchi quanti ne vengono toccati ad altre forme di pensiero e d'azione; (2) quello, diegetico, della rivolta volutamente anacronistica di chi sceglie il comunismo.

Non si possono separare l'uno dall'altro e la proposta di comunismo espressa dal giovane che muore col pugno chiuso, accanto alla sua compagna africana, è la stessa proposta di comunismo che Pasolini elabora nella raccolta di poesie intitolata *La Nuova Gioventù*, e in particolare, nella *Seconda forma della Meglio Gioventù*, del 1974.

Così non si può più andare *avanti*.
[...] Torniamo *indietro*, col pugno chiuso, e ricominciamo daccapo. Non vi troverete più di fronte al fatto compiuto di un potere borghese ormai destinato ad essere eterno. (Pasolini, *La Nuova Gioventù* 245–46)

I termini *avanti* e *indietro*, in corsivo nel testo, sono volutamente provocatori: contro il discorso del progresso e della nostalgia. La proposta non è quella di un ritorno nostalgico al passato: è quella di un lavoro di deconstruzione radicale della storia occidentale che ha condotto all'"entropia borghese" e alla falsa tolleranza di un Potere in realtà immondo e totalitario. Ricominciare daccapo vuol dire fare *tabula rasa*, rifiutare i compromessi, reinventare il comunismo fuori dalla sua continuità storica con l'esperienza borghese: un comunismo che abolisca le barriere tra le razze, tra il Nord e il Sud e che rifiuti lo sviluppo[12], non il comunismo realizzato delle società storiche.

L'allegoria come scelta

Nelle dichiarazioni rilasciate su *Teorema*, *Porcile* e *Salò*, Pasolini riprende spesso il discorso sulla struttura del film. *Porcile* è

il fratello gemello di *Uccellacci e uccellini* ed è parente di *Teorema* per l'aspetto stilistico, per quel modo, forse un po' freddo, un po' angosciato, di rappresentare dei personaggi infilzandoli poi come farfalle sotto vetro. (Naldini 329)

Parlando di *Salò*, di come il film si inquadrasse nel resto della sua opera, Pasolini aveva detto:

Come un nuovo registro in cui affronto il mondo moderno: in realtà è la prima volta che lo faccio veramente, l'ho fatto sì in parte in *Teorema*, ma in questo momento lo affronto in tutto il suo orrore, e, ci sarà un periodo in cui farò i film più o meno così; quello che è certo è che non potrò farlo realisticamente, non potrei, non reggerei fisicamente nel rappresentare questo potere che sto subendo, lo potrei fare come faccio sempre, con l'uso della metafora. (Naldini 383)

Tutto deve essere calcolato, previsto prima di girare, in qualche modo stilizzato. L'esempio di *Playtime* di Tati come modello per *Porcile* è interessante. La recitazione; la scelta degli attori; il montaggio; i colori diafani e freddi; la presenza ingombrante dei silenzi -in *Porcile* quasi tutto l'episodio antico è muto-; la ripetitività dei gesti e delle parole; l'artificialità dei dialoghi; la composizione delle inquadrature costituiscono questa struttura quasi matematica, si pensi al titolo *Teorema*, che permette una distanza dalla realtà orribile che si cerca di comprendere, su cui si cerca di intervenire.

Soffermiamoci brevemente sulla natura di questa distanza che poi è la natura dell'allegoria, figura fondamentale nella pratica poetica di Pasolini che spiega, probabilmente, anche il costante riferimento a Dante, l'intensità del dialogo pasoliniano con l'autore della *Commedia*. Tale distanza non è, per riprendere una metafora spaziale, la distanza di chi si eleva al di sopra delle cose osservate per dominarle e conoscerle nel loro insieme, non è quindi la distanza della conoscenza moderna, razionale, totalizzante, spaziale. Tale distanza è prima di tutto una differenza temporale che permette di evadere dalla temporalità dell'"entropia borghese". Torniamo per un momento a Blanchot e alla sua analisi di Sade. Parlando del libertino di Sade, Blanchot dice che questi trae la propria ragione di esistere dalla morte che infligge alle sue vittime e che, per prolungare la propria esistenza, il carnefice deve prolungare la morte della vittima; ma, se è possibile prolungare l'agonia, la morte, una volta prodottasi, è definitiva. L'unica soluzione è allora quella di moltiplicare i delitti. Non è possibile uccidere all'infinito lo stesso individuo, ma è possibile uccidere un numero infinito di individui. Considerare gli esseri umani dal punto di vista della quantità li distrugge ancora più completamente della violenza che toglie loro la vita (Blanchot 240–41). Gli esseri umani per il carnefice, dice Blanchot analizzando Sade, sono meno che delle cose, delle ombre "e tormentandoli, distruggendoli non si appropria della loro vita, ma verifica la loro pochezza, è della loro inesistenza che si rende maestro e da cui trae il più grande piacere" (Blanchot 242 ; traduzione mia).

Il libertino in *Salò* è anche il fascista della repubblica omonima degli anni quaranta; la contiguità delle due figure rivela l'associazione, la somiglianza tra loro, ma anche il vuoto che le separa. Attraverso Sade, Pasolini capisce e mette in scena la natura e l'obbrobrio del potere fascista, della distruzione nazista che è stata distruzione di una *quantità* sterminata di persone, persone che venivano ridotte a numero (portavano anche il loro numero tatuato sul braccio), a cose. Questa evidenza si produce nel divario, nella differenza che separa Sade e la Repubblica di Salò, perché il fascismo, nel discorso storico, è altro dalle pratiche libertine. Associarli nella figura retorica dell'allegoria fa emergere qualcosa che sfugge alla comprensione storica. Il vuoto, la differenza tra i due passati, producono un'altra forma di conoscenza: fuori della visione moderna, borghese del mondo. Privare le vittime d'identità e di psicologia, avvalendosi della struttura sadiana del potere mette in crisi l'interpretazione del fascismo e del nazismo come aberrazioni della storia[13] e la possibilità di ridurre la storia, anche la più turpe, a qualcosa di comprensibile. Si richiedono altri valori, un altro tipo di intervento che non passi per la "sensibilità borghese" e per una concezione dialettica della storia, né per il linguaggio verbale. Ora, se si va oltre e si fa il legame con il potere attuale, con la società del benessere, che si situa storicamente contro il fascismo, si deve constatare che anch'essa è associata alle altre due nello stesso tipo di distruzione. Cosa permette allo spettatore di fare il collegamento con il presente? Il divario tra i due passati, accomunati e disgiunti nell'allegoria. Infatti, se il film proponesse l'equazione tra la violenza sessuale sadiana e la violenza fascista, facendo di quest'ultima il referente della prima, il cerchio si chiuderebbe: la conoscenza dell'oggetto-fascismo, limitato nel tempo e nello spazio, si consoliderebbe insieme ad una concezione lineare della storia. L'allegoria rinvia alle costruzioni discorsive che costituiscono la storia, all'interazione dei discorsi e non permette mai che il cerchio si chiuda, ma piuttosto lo apre in una serie infinita di cerchi concentrici che influiscono gli uni sugli altri.

Il porcile e il cannibalismo in *Porcile*, il dio visitatore e il deserto in *Teorema*, sono altrettante figure allegoriche in questa scrittura del Potere e della disubbidienza che non si lasciano definire e ridurre a oggetti di conoscenza all'interno di un sistema ideologico fondamentalmente stabile e coerente.

La Storia: unica soluzione

Nella nota intervista a Duflot del 1970, Pasolini aveva detto:

> *L'avvenire è previsibile, non la storia.* [La sottolineatura è mia]. In altri termini, i sociologi possono prevedere tutta una serie di cose: le forme dell'ambiente, la quantità di bottoni che si fabbricheranno in Germania, il numero di bambini che nasceranno "albini", forse... Ma la fluidità storica del futuro gli sfuggirà sempre. Non è esprimibile. (Duflot 69; traduzione mia)

Questo è il senso di tutta la ricerca pasoliniana: come abitare la fluidità della storia, come cambiare il corso della storia dall'interno, rispettandone le contraddizioni, non cercando di ridurlo alla sola ragione, accettando di non poterne eliminare l'incertezza. In questo contesto si capisce anche il senso della pazienza di Pasolini[14], che non è ubbidienza o sottomissione, ma comprensione e rispetto dell'irriducibilità della storia alla sola ragione. Non siamo in presenza dell'elogio dell'irrazionale, del rifiuto della ragione, ma della critica della Ragione in quanto costruzione storica. Non esiste LA ragione, c'è un concetto di ragione che si è prodotto nella congiuntura storica dell'emergenza della borghesia e che si è voluto spogliare di questa sua dimensione storica per farlo diventare assoluto e ci sono altre possibilità di intendere la ragione.

Abitare la storia vuol dire anche, nel caso di Pasolini, lavorare nel cinema, scegliere l'audiovisivo per conoscere in un altro modo il mondo e le sue temporalità; capire e inventare il valore dei silenzi, della materialità dell'immagine ("do molta importanza ai volti ed è impossibile ingannare con essi" [Duflot 121]); lavorare sulla nozione di *esempio* nella coscienza del divenire esempio dell'azione cinematografica. Come nella vita ci costruiamo sull'esempio delle persone intorno a noi, ripetendone, anche inconsapevolmente, i gesti, i discorsi, le azioni quotidiane, al cinema siamo esposti a un fenomeno molto simile che passa per la materialità dell'immagine, per la comprensione, anche inconscia dei suoi ritmi.

Vorrei concludere con la discussione di alcuni passaggi del dialogo tra Julian e Spinoza nella tragedia *Porcile* che mi sembrano fondamentali per capire che cosa è in gioco in questa ricerca della storia. L'incontro con Spinoza non è stato incluso nel film; doveva avvenire verso la fine, quando Julian si reca per l'ultima volta al porcile.

La decisione finale di Julian -lasciarsi divorare dai porci- è descritta da Spinoza come una decisione storica, la decisione di un'epoca.

> La decisione che tu ora prendi è dunque la decisione che potrebbe prendere questa intera nostra giovane Epoca... [...] Dunque muori, se questo ti fa piacere, esci dal mondo. [...] Dal mondo del Sig. Herdhitze e del Sig. Klotz, e del loro contrario. (Pasolini, *Porcile* 488-89)

Il razionalismo borghese è presentato come la base del Potere e della rivolta -nelle forme storiche che essa ha preso-contro il Potere. Attraverso la presa di coscienza della storicità della rivolta, si impone la necessità di trovare altre forme di rivolta.

> Spinoza
> Appunto: in quanto tu sei felice tu sei. / Col tuo essere tu ti esprimi. / Chiama come vuoi quel tuo modo di comunicare / che tuo padre chiama "né obbedire né disobbedire": fatto sta che per esempio molti santi hanno predicato / senza dire una sola parola—col silenzio, / con l'azione, con il sangue, con la morte. / Ah, non si tratta certo di discorsi / che possano essere definiti razionali. / A testimoniare questa forma di linguaggio/che nessuna Ragione può spiegare, neanche contraddicendosi, tu sei stato chiamato.
> Julian
> Non voglio essere ridotto a cavia neanche della tua *Etica*.
> Spinoza
> Julian, non hai capito? Sono qui per abiurarla. / Essa non è stata che un libro—come il *Don Chisciotte*, come la *Monadologia*

o come i *Principia mathematica*: libri sublimi, se vuoi: eppure opere / nate da un mondo che avrebbe prodotto, alla fine, / il tuo padre umanista e il suo socio tecnocrate. / Anzi, quelle opere non hanno fatto altro / che dar gloria a *loro*; avallare la *loro* storia. / È vero: la Ragione (*loro*) mi è servita a spiegare / Dio. / Ma una volta che, spiegato Dio, la Ragione / ha esaurito il suo compito, deve negarsi: / *non deve restare che Dio, nient'altro che Dio*. (Pasolini, *Porcile* 490–91)

Ma Dio, questo "Dio che non consola" (Pasolini, *Porcile* 491) è la storia e si trasmette con il linguaggio dell'esempio, come quello dei santi che hanno predicato col silenzio, con l'azione e col sangue, ed è anche il cinema. Il cinema come riscrittura della storia, dunque, come reinvenzione di un modo di essere nel mondo. La responsabilità dell'intellettuale è quella di trovare Dio, cioè la storia, esplorando con una coscienza critica ogni volta rinnovata, tragica in quanto priva per sempre di un unico punto di arrivo, i modi di conoscenza che la società inventa e che subito addomestica sotto il controllo di quella stessa ragione cieca degli inizi della modernità.

Note

[1] Si tratta dell' "Abiura dalla 'Trilogia della vita'", pubblicata sul *Corriere della sera* il 15 giugno, 1975 e, successivamente, in *Lettere luterane* 71-76.

[2] Traduzione libera da *Le Robert. Dictionnaire Historique*.

[3] A scuola e fuori, in modo da ridurli a degradati imitatori.

[4] Con tutto quello che c'è dentro.

[5] "Cultura" contadina, proletaria, paleoindustriale; particolare, dialettale.

[6] Si accenna ad una "rivoluzione culturale", in cui l'egemonia marxista sia garanzia di libertà dell'uomo dalla scienza applicata e dalla sua ideologia.

[7] A questo modello fa eccezione la pornografia, ma non è questa la sede per una discussione della pornografia.

[8] In realtà per il secondo episodio, quello moderno, le riprese del film sono state effettuate in Veneto, nella villa Pisani di Stra in provincia di Verona.

⁹ Nello stesso anno in cui ha girato l'episodio di *Porcile*, Clementi, che impersona appunto il ribelle del deserto, avea interpretato il film *I cannibali* di Liliana Cavani, un'altra allegoria del Potere. *I cannibali* era ispirato all'*Antigone* di Sofocle e metteva in scena, come atto di disubbidienza, la sepoltura dei morti, vittime della repressione. Il giovane rivoluzionario, interpretato da Clementi e la sua compagna sfidavano il divieto imposto dallo Stato di dare sepoltura ai corpi dei ribelli.

¹⁰ Riprendo qui, estrapolandola un po' dal contesto questa definizione del corpo, quale viene data da Elsa Morante nella "Canzone clandestina della Grande Opera" ne *Il mondo salvato dai ragazzini* 213.

¹¹ Si tratta piuttosto di un'allegoria che di una metafora e le conseguenze politiche di questo sono profondamente diverse come vedremo più avanti.

¹² Rinvio qui alla mia discussione di "Sviluppo e progresso" in Mariniello 175–76.

¹³ Claude Lanzmann critica apertamente la definizione dell'Olocausto come aberrazione della storia in un'intervista con Roger Rosenblatt rilasciata a conclusione della presentazione di *Shoah* su PBS. *Claude Lanzmann with Roger Rosenblatt*, Produced and directed by David Grubin, 1987 Educational Broadcasting Corporation. A presentation of WNET/THIRTEEN

¹⁴ Mi riferisco alla frase conclusiva di *Appunti per un'Orestiade africana* che dice "i problemi non si risolvono, si vivono e la vita è lenta".

10
Pier Paolo Pasolini e Maurice Merleau-Ponty allo specchio: una lettura di *Petrolio*

Alessandra Montalbano

L' *"epochè"*

Petrolio di Pier Paolo Pasolini è un libro che non si può raccontare. Nulla si svolge al suo interno eppure accade in continuazione qualcosa. Ci si trova di fronte ad un'impossibilità di narrazione che non appartiene all'opera in quanto non riuscita o non compiuta ma all'autore stesso, che in chiusura del testo scrive in una lettera a Moravia:

> in queste pagine io mi sono rivolto al lettore direttamente e non convenzionalmente. Ciò vuol dire che non ho fatto del mio romanzo un 'oggetto', una 'forma', obbedendo quindi alle leggi di un linguaggio che ne assicurasse la necessaria distanza da me, [...] quasi addirittura abolendomi, o attraverso cui io generosamente negassi me stesso assumendo umilmente le vesti di un narratore uguale a tutti gli altri narratori. No: io ho parlato al lettore in quanto io stesso, in carne e ossa, come scrivo a te questa lettera, o come spesso ho scritto le mie poesie in italiano. Ho reso il romanzo oggetto non solo per il lettore ma anche per me: ho messo tale

oggetto tra il lettore e me, e ne ho discusso insieme (come si può fare da soli, scrivendo). Ora, a questo punto (ecco la ragione di questa lettera) io potrei riscrivere daccapo completamente questo romanzo, oggettivandolo: cioè scomparendo in quanto autore reale, e assumendo le vesti del narratore convenzionale (che, […], è molto più reale di quello reale). (Pasolini, *Petrolio* 544–45)[1]

Si tratta di una dichiarazione di poetica esplicita, nella quale emerge il problema della relazione tra l'autore e la sua opera. Per Pasolini il rifiuto di assumere una veste convenzionale, equivale al rifiuto di oggettivare se stesso in un narratore che all'interno del romanzo risulta più reale, ma la cui realtà comporta l'annullamento della realtà in carne e ossa. I punti da chiarire sono due: che cosa vuole essere *Petrolio* e perché il narratore si oppone all'autore?

Nella lettera detta troviamo una definizione del nostro romanzo come testimonianza:

> Questo romanzo non serve più molto alla mia vita (come sono i romanzi o le poesie che si scrivono da giovani), non è un proclama, ehi, uomini! io esisto, ma il preambolo di un testamento, la testimonianza di quel poco di sapere che uno ha accumulato, ed è completamente diverso da quello che egli si aspettava | immaginava | ! (Pasolini, *Petrolio* 545)

Ricercare una scrittura adatta alla testimonianza che intende lasciare, conduce Pasolini a riflettere su un rapporto primo rispetto a quello con la sua opera, ossia al rapporto tra il corpo e la storia. Si legge nell' "Appunto 67" (numerosi capitoli di *Petrolio* sono chiamati appunti e sono affiancati da un numero) intitolato "Il fascino del fascismo" (Pasolini, *Petrolio* 262)

> Ci sono delle cose—anche le più astratte o spirituali—che si vivono *solo attraverso il corpo*. Vissute attraverso un altro corpo non sono più le stesse. Ciò che è stato vissuto dal corpo dei padri, non può più essere vissuto dal nostro. Noi cerchiamo di ricostruirlo, di immaginarlo e di interpretarlo: cioè ne scriviamo la storia. Ma la storia ci appassiona tanto (certo

più di ogni altra scienza) perché ciò che c'è di più importante in essa ci sfugge irreparabilmente. Così | Per le stesse ragioni | non possiamo vivere corporalmente i problemi dei ragazzi; il nostro corpo è diverso dal loro, e la realtà vissuta dai loro corpi ci è negata. La ricostruiamo, la immaginiamo, la interpretiamo, ma non la viviamo. C'è quindi un mistero anche nella vita dei figli: e c'è di conseguenza una *continuità nel mistero* (un corpo che vive la realtà): continuità che si interrompe con noi. (Pasolini, *Petrolio* 262)

In queste righe il rapporto tra corpo e storia è avvertito come uno scarto. Nella narrazione storica l'esistenza si perde inesorabilmente data l'impossibilità di occupare i corpi altrui. Anche nel romanzo si verifica, secondo Pasolini, una perdita di esistenza dovuta però allo scarto tra la realtà dell'autore e la finzione del narratore. La posizione oggettivata che la narrazione richiede, impedisce infatti allo scrittore di restituire il proprio vissuto perché tale posizione lo separa dal suo corpo reale.

Per capire meglio cosa intende Pasolini per conflitto tra autore e narratore, vorrei soffermarmi nella sezione dell'opera intitolata l' "epochè"[2] dove mi pare ci vengano date indirettamente le chiavi per comprendere come sia stato scritto *Petrolio*.

Carlo, questo è il nome del protagonista, si trova ad un ricevimento durante il quale alcuni personaggi che lo scrittore chiama "I narratori" (Pasolini, *Petrolio* 400) raccontano delle storie. Nella storia contenuta nell' "Appunto 99"[3], il Narratore (lo scrivo con la maiuscola per ricordarci che si tratta di un personaggio) espone le difficoltà che ha incontrato con i protagonisti nello scrivere il suo romanzo, dato che:

facevano caoticamente parte della realtà, potevano essere dominati da una mente ordinatrice solo a patto di essere astratta e generalizzante. Essi erano insomma il Disordine. Erano lì intorno a me a dimostrarmi con estrema e incontrovertibile vivezza che il tempo storico non coincide in pratica mai col tempo vissuto. (Pasolini, *Petrolio* 416)

Qui Pasolini ribadisce, attraverso le parole di un suo personaggio, la posizione che abbiamo trovato nell' "Appunto 67"[4] circa il conflitto tra tempo vissuto dal corpo e tempo storico. Nel romanzo il conflitto si ripresenta tra il tempo della narrazione e quello della realtà vissuta. Prosegue il racconto del Narratore:

> a questo punto però mi si presentò un'altra improrogabile necessità. Che cosa opporre a quel vivente disordine? Se quella folla—misteriosa e piena della dignità umana, è vero, ma tuttavia instabile, vuota, matta—era la protagonista, qual'era l'antagonista? Era semplice. L'antagonista ero io. Ma nel momento in cui pensai a me, come unico possibile antagonista, cioè come un concetto, mi accorsi, che in concreto, io non sapevo chi ero. Non potevo abbracciare la mia unicità, che mi riusciva dunque praticamente invisibile [...] e di conseguenza la mia identità mi riusciva perfettamente misteriosa. (Pasolini, *Petrolio* 416)[5]

Nel momento in cui il Narratore si è pensato, scrivendo, come unico possibile antagonista, cioè come un concetto, si è accorto di non conoscersi in concreto scoprendo così di non sapere chi essere. Pasolini sta dicendo che un concetto di sé non è in grado di restituire al Narratore la sua unicità, poiché l'unicità è legata al corpo. È il corpo l'irripetibile vissuto di un essere umano, quello che lo fa essere unico; ed è l'unicità del proprio corpo che gli fa conoscere il suo chi, ossia la sua identità.

Il Narratore racconta di essersi allora posto nel suo romanzo come antagonista dividendo se stesso in due protagonisti, assumendo così delle identità funzionali alla storia che gli consentissero di dare ordine alla narrazione. Questa scelta, dice, l'ha portato ad un'altra considerazione: "lo storico non può coincidere mai col vissuto, a meno che *non vogliamo mentire a noi stessi*" (Pasolini, *Petrolio* 417). Non vogliamo cioè credere che delle identità finte, perché concettuali anziché vissute, possano presentarsi come dei protagonisti reali.

Come vedremo il racconto dell' "Appunto 99"[6] si fa sempre più vicino alla posizione di Pasolini nella scrittura di *Petrolio*. Se si considera il gioco di finzione che il romanzo comporta, il conflitto tra storico e vissuto non avrebbe difatti motivo d'essere per il Narratore. Ciò che lo fa scattare in lui è la presa di coscienza di due fatti:

Il primo è questo. Nel progettare e nel cominciare a scrivere il mio romanzo, io in effetti ho attuato qualcos'altro che progettare e scrivere il mio romanzo: io ho cioè organizzato in me il senso o la funzione della realtà; e una volta che ho organizzato il senso e la funzione della realtà, io ho cercato di impadronirmi della realtà. Impadronirmene magari sul mite e intellettuale piano conoscitivo o espressivo: ma ciò nondimeno, in sostanza, brutalmente e violentemente, come accade per ogni possesso, per ogni conquista. Il secondo fatto è il seguente. Nello stesso tempo in cui progettavo e scrivevo il mio romanzo, cioè ricercavo il senso della realtà e ne prendevo possesso, proprio nell'atto creativo che tutto questo implicava, io desideravo *anche* di liberarmi di me stesso, cioè di morire. Morire nella mia creazione: morire come in effetti si muore, di parto. (Pasolini, *Petrolio* 419).

L'irrompere della realtà nella finzione del romanzo comporta per Pasolini la morte del Narratore perché la realtà per essere percepita richiede la presenza dell'autore in carne ed ossa. Nelle vesti del narratore convenzionale, Pasolini rimarrebbe legato al concetto di sé con il quale potrebbe scrivere un romanzo, ma non *Petrolio*. Potrebbe cioè raccontare una storia, ma non restituire il suo vissuto.

I personaggi chiamati "I narratori" (Pasolini, *Petrolio* 400) sono partecipanti indispensabili per rendere leggibile l'opera. Essi costituiscono l'"epochè", termine con cui in filosofia la fenomenologia indica il momento di sospensione in cui l'oggetto si fa percepire. "I narratori" (Pasolini, *Petrolio* 400) sono perciò il momento in cui l'opera si mostra. Raccontano *Petrolio* esercitando la loro funzione di narrare storie ma non dicono niente del vissuto dell'autore.

Nell' "Appunto 98" intitolato "Storia di un uomo e del suo corpo" (Pasolini, *Petrolio* 408) il racconto di un altro Narratore risulta interessante al nostro discorso. Il protagonista di questa storia, Andrea Fago, è l'unico sopravvissuto ad un incidente aereo:

> osservava quegli uomini che venivano verso di lui. Gli antichi uomini che egli conosceva così bene. Li contemplò, anzi li riconobbe, in silenzio. Poi un sorriso straordinario stirò la

sua bocca e illuminò i suoi occhi. Era il sorriso enigmatico perché troppo profondamente umano che nasceva dal pensiero: [...] la continuità che c'è tra me e loro, ritornando da loro a me, si interrompe: io sono una forma la cui conoscenza è illusione. (Pasolini, *Petrolio* 410)

Ritroviamo in queste righe quell'interruzione della "continuità"[7] che avevamo visto prima in relazione alla storia. Il Narratore ci informa che per Andrea Fago l'interruzione non avviene a livello conoscitivo, dato che la conoscenza gli crea anzi l'illusione di una continuità, ma avviene in quanto egli è una forma. Il passo che ho riportato è la conclusione dell' "Appunto 98" (Pasolini, *Petrolio* 408) che invece inizia così:

la mia storia non è una storia ma una parabola—cominciò il simpatico grillo parlante—e siccome il senso di questa parabola è appunto il rapporto di un autore con la forma che egli crea, mi sembra perfettamente inutile fare qualsiasi preambolo su ciò che sto per raccontare. (Pasolini, *Petrolio* 408)

Il senso della "Storia di un uomo e del suo corpo"[8] è dunque il rapporto tra l'autore e la forma che egli crea, che possiamo chiamare un rapporto tra forme: l'opera e l'autore. Tra l'inizio e la fine di questa storia difatti il Narratore compie nel suo racconto un salto netto che lo conduce ad esprimere teoreticamente il conflitto storico/vissuto, opera/autore, nei termini di continuità e autonomia della forma:

la vera storia che vi sto narrando non è questa. La vera storia riguarda l'assoluta indipendenza delle leggi che istituiscono una forma rispetto alle leggi di tutte le altre forme. La *continuità* che unisce tutte le leggi che più in generale istituiscono l'universo (caratterizzato dalla mancanza di ogni soluzione di continuità) non c'è dubbio, è un dato. Ma nel suo rapporto col dato che la contraddice e la nega, cioè la mancanza di ogni continuità—il momento dell'autonomia— essa, almeno per un istante 'ideale', scompare. Continuità e autonomia di una forma, sono la sua contraddizione. Ma esse non coesistono, non possono coesistere. O una o l'altra. La contraddizione non è che intermittenza di coesistenza. Hegel naturalmente si è, sia pur divinamente, sbagliato. L'unica vera infinità è quella che egli chiama 'cattiva infinità' (dunque lo sapeva!). Di conseguenza i due termini della contraddizione non si superano affatto, ma procedono nell'infinità scambiandosi il diritto ad esistere a una velocità che, per essere soprannaturale, non impedisce che tali due termini coesistenti non possano venire presi in considerazione alternativamente e quindi venire isolati, analizzati solo in sé. (Pasolini, *Petrolio* 410)

L'autore in carne ed ossa è il momento dell'autonomia della forma, quel vissuto non vivibile da un altro corpo, che si contrappone alla continuità della storia. La sua opera si mostra come forma solo quando Pasolini si sposta, ad esempio in queste pagine nelle quali i personaggi Narratori hanno la parola.

La continua presenza dell'autore garantisce a *Petrolio* di non essere un romanzo, dato che la restituzione della realtà vissuta non potrebbe avvenire in una sintesi data da un narratore. La dialettica hegeliana, secondo Pasolini, sfocia in una realtà altra rispetto a quella vissuta, in quanto il vissuto resta prerogativa di un solo termine della contrapposizione storia/corpo, ossia del corpo. E come la dialettica così il romanzo. Continuità e autonomia di una forma restano la contraddizione insita nella forma stessa, perché non coesistono in una sintesi. *Petrolio* non supera questa contraddizione, esso è l'intermittenza della coesistenza di due forme: l'autore e la sua opera. Nel rapporto tra questi due termini il vissuto è prerogativa del corpo dell'autore, mentre la posizione di narratore appartiene all'opera.

Come fa dunque Pasolini a restituire un vissuto, senza la narrazione di una storia che lascierebbe all'opera la sua autonomia di forma?

La visione

Le storie che abbiamo letto nell' "epochè"[9] forniscono due informazioni essenziali per la lettura che stiamo cercando di fare di *Petrolio* come testimonianza. La prima informazione riguarda la funzione della realtà che Pasolini va cercando nell'opera e che si lega inevitabilmente secondo lui all'identità. La seconda informazione è che tale identità non è un problema del protagonista perché la storia che stiamo leggendo è una parabola il cui senso è il rapporto tra l'autore e la forma che egli crea. L'identità è perciò una questione dell'autore. Se "I narratori" (Pasolini, *Petrolio* 400) sono dei personaggi che rendono leggibile l'opera, si tratta per noi di andare a vedere che cosa le loro storie rendano leggibile.

Petrolio si apre con una visione. Tetis e Polis, due divinità opposte, si contendono il corpo del protagonista, contesa che si conclude con il protagonista sdoppiato. Pasolini precisa nell' "Appunto 42"[10] il senso di questa scissione e scrive:

> questo poema non è un poema sulla dissociazione, contrariamente all'apparenza. La dissociazione altro non è che un motivo convenzionale [...]. Al contrario, questo poema è il poema dell'ossessione dell'identità, e, insieme, della sua frantumazione. Il motivo della dissociazione altro dunque non è che la regola narrativa che assicura limitatezza e leggibilità a questo poema; il quale, a causa dell'altro motivo, più vero, dell'ossessione dell'identità e della sua frantumazione, sarebbe per sua natura illimitato e illegibile. (Pasolini, *Petrolio* 181)

La dissociazione è un motivo convenzionale, una regola narrativa avverte l'autore. È perciò una scelta da narratore, la stessa che abbiamo visto compiere al Narratore dell' "Appunto 99" (Pasolini, *Petrolio* 413), il quale per porsi come antagonista ai suoi personaggi si è diviso in due protagonisti. L'ossessione dell'identità è il vero motivo di *Petrolio*.

I protagonisti Carlo sono modi dell'autore di relazionare il corpo diversamente rispetto al potere. Carlo I (così lo chiama a volte Pasolini e così lo chiameremo noi nel nostro testo per distinguerlo dall'altro Carlo che invece chiameremo Carlo II) è il corpo visto da una visione pubblica, che è quella della coscienza educata nell'Italia degli anni cinquanta-sessanta. Egli è presentato dall'autore come dotato della:

totale passività di quella specie di giustiziato—fucilato o fatto morire di fame—che con l'immobilità obbediente del suo corpo, quasi con l'offerta di esso, con la sua disponibilità ciecamente passiva quasi infantile—pareva approvare l'opera dei suoi carnefici—come i poveri corpicini degli ebrei a Dachau o a Mauthausen. L'ultimo atto logico era quell'offerta di sé del corpo di piccolo borghese intellettuale, incapace di offendere e destinato a essere imbelle, a venire punito. (Pasolini, *Petrolio* 11–12)

Carlo I è ciecamente disponibile per la passività alla quale il suo corpo è costretto da una visione che lo fa essere solo pubblico, storico e datato. E infatti questo protagonista sarà uno dei pezzi grossi dell'azienda petrolifera Eni, al di là di ogni ideologia di partito e di posizione morale. Ciecamente, appunto. Di Carlo II, quello privato, scrive invece l'autore:

> si è degradato. Se avesse pensato che ciò fosse immorale, probabilmente non l'avrebbe fatto. Al contrario, egli ha considerato questa sua degradazione profondamente morale. E per di più l'ha considerata un suo diritto. Lo scopo di tutto ciò altro non è che il piacere dei sensi, del corpo anzi, per essere precisi e inequivocabili, del cazzo. Dovendo dunque procurarsi quello che per convenzione si chiama piacere—e che in realtà è una felicità ineguagliabile e addirittura indescrivibile—egli non si è affatto ribellato al Potere repressivo (in nota Pasolini aggiunge: per es. lo Stato italiano), che a un tale 'piacere' nega il suo permesso, anzi lo condanna severamente.[11]

Carlo II non è un ribelle semplicemente fa ciò che vuole senza preoccuparsi del potere che per lui ha "*realmente* perso ogni valore" (Pasolini, *Petrolio* 43).[12] Questo protagonista è il corpo visto da una visione che non è della storia, ma è legata all'infanzia. Egli difatti ha trent'anni come Carlo I, ma nasce all'inizio di *Petrolio* e cresce in poche righe dopo che Tetis lo estrae dall'interno del corpo di Carlo come un feto. Nella prima parte del poema inoltre, Carlo II parte per un viaggio a Torino nei luoghi dell'infanzia. Nel racconto di questo ritorno all'origine egli è un esibizionista, ha rapporti sessuali con centinaia di donne, con sua madre, con la nonna, con le sorelle, con bambine, ragazze, ma mai e poi mai c'è una descrizione del loro corpo. Il desiderio di Carlo II non è perciò un desiderio dell'altra ma un bisogno assoluto di essere visto, tanto che possiamo definire questo protagonista cieco rispetto all'alterità.

Se la visibilità di Carlo I è sempre legata alle descrizioni con cui il narratore rappresenta il suo corpo, quella di Carlo II, del quale non c'è mai descrizione, è legata invece al suo esibizionismo che è l'intenzione massima di apparire ma non la visibilità del corpo. Si può dire che nella prima parte di Petrolio l'unica possibilità per i protagonisti di esistere nel testo, è quella di essere visti da qualcuno. I due Carlo sembrano delle visioni altrui anziché dei corpi reali. Essi sono ciechi a se stessi perché mancano di visione propria. Non ci sono occhi per vedere il mondo e la realtà quindi non si mostra. È riprodotta nelle descrizioni schematiche, anche se dilungate, delle ramificazioni dell' "impero dei Troya" (Pasolini, Petrolio 94–108) dove Carlo I lavora, oppure nelle descrizioni del cosmo legate al sentimento di totalità dato dal sesso di Carlo II, riguardo alle quali scrive l'autore: "(per quanto belle le relazioni col cosmo sono di breve durata: sono poco utili, fanno perdere altre cose, il tempo, il sonno, ecc., così ragionevolmente necessarie)" (Pasolini, Petrolio 77).[13]

Nella prima parte di Petrolio della realtà, dunque, nulla. Per scrivere qualcosa di reale a Pasolini è necessario che i due Carlo aprano gli occhi. Perché questo accada deve lasciare i suoi protagonisti liberi di percepirsi e di vedersi fuori dagli sguardi con i quali sono stati finora consegnati al poema nella posizione di visti dal narratore, o da chi il narratore volesse. Essi devono vedere il proprio corpo con i loro occhi per poter rivolgere lo sguardo al mondo.

Se per Pasolini i due Carlo rappresentano dunque la convenzione letteraria, il suo relazionarsi all'opera nelle vesti del narratore, quand'è che l'autore si relaziona all'opera in carne e ossa, o meglio, quando si può individuare in Petrolio il momento dell'autonomia della forma autore? Se le pagine dell' "epochè"[14] sono, come sappiamo, il momento dell'autonomia dell'opera, lo specchio è in Petrolio il momento dell'autonomia dell'autore. È il luogo della percezione e della visibilità del corpo, dove l'autore si conosce in concreto e perciò il suo sguardo si fa fisico, rivolto all'esterno e non soltanto alla pagina sulla quale anzi la realtà può ora irrompere. Dal momento in cui entrambi i Carlo si specchiano, i protagonisti aprono gli occhi e le descrizioni del mondo e di ciò che essi vedono e vivono diventano la materia dell'opera. Si tratta di uno spostamento dello sguardo di Pasolini, che dalla posizione di narratore scrive adesso da autore reale.

Davanti allo specchio e solo ed esclusivamente su di esso accade però quello che nell'opera è chiamato il "momento basilare del poema",[15] ossia i protagonisti diventano donne. Tale trasformazione i due Carlo, pur avvertendone i sintomi addosso, la realizzano solo guardandosi nell'immagine speculare e mai guardando direttamente i loro corpi:

> andò dritto in camera e si spogliò, guardandosi al grande specchio disadorno [...] dell'intimità virile. Subito vide che cosa era successo di lui. Due grandi seni gli pendevano—non più freschi—nel petto; e nel ventre non c'era niente: il pelame gli scompariva tra le gambe, e solo toccandola e allargandone le labbra, Carlo, con lo sguardo lucido di chi ha imparato da un'esperienza di bandito la filosofia del povero, vide la piccola piaga ch'era il suo nuovo sesso. (Pasolini, *Petrolio* 194)

Queste righe riguardano Carlo II che tra i due è il primo a diventare una donna. Vorrei far notare che in questo passo non è il corpo del protagonista ciò che viene descritto, ma l'immagine allo specchio a cui "disadorno dell'intimità virile" (Pasolini, *Petrolio* 194) si riferisce. Di Carlo I scrive invece Pasolini:

> come Carlo fu nudo, i suoi occhi caddero sullo specchio che lo rifletteva: ed ecco, di colpo, chiarita la ragione del peso che gli opprimeva il petto e del vuoto che gli allegeriva sgradevolmente il basso ventre, sotto i calzoni. Sul petto gli sporgevano infatti due enormi seni; e tra le gambe, al posto del pene, c'era un nulla coperto di peli: una vulva. (Pasolini, *Petrolio* 265)

Gli occhi del protagonista cadono sullo specchio, e così sia lui che il lettore vedono in un'immagine il suo cambio di sesso.

Da visioni dell'autore, i nostri Carlo diventano dunque delle immagini. La loro visibilità non è restituita in *Petrolio* dall'apparenza dei loro corpi così come sono, ma dallo specchio che li riflette. Il punto che dobbiamo capire è perché diventano donne? Nell' "Appunto 31" (Pasolini, *Petrolio* 119) l'autore dichiara un aspetto di *Petrolio* che non va trascurato:

> in questo mio racconto—su ciò devo essere brutalmente esplicito—la psicologia è sostituita di peso dall'ideologia. Il lettore dunque non si illuda: egli non si imbatterà mai in quei personaggi che misteriosamente si svolgono e si evolvono, rivelandosi agli altri protagonisti, e al lettore, man mano che gli avvenimenti—di cui sono causa o da cui sono giocati—li costringono a una drammatica coerenza. (Pasolini, *Petrolio* 119)

Lo specchio che restituisce la visibilità del corpo va perciò letto in chiave ideologica e non psicologica, e dato che esso è stato in un certo senso monopolizzato dal pensiero psicanalitico risulta illuminante per l'argomento di Pasolini la considerazione che ne dà Maurice Merleau-Ponty nel suo ultimo saggio *L'occhio e lo spirito*.[16]

Riflessività fenomenologica

In *L'occhio e lo spirito* Maurice Merleau-Ponty s'interroga sulla visione scegliendo come sguardo quello della pittura. Si tratta di un breve e denso testo, capace tuttavia di rovesciare la posizione del soggetto occidentale nell'ambito di quello che è tradizionalmente stato il suo campo prediletto, il visibile.

Anziché stabilire la veridicità dell'apparenza dell'oggetto o la veridicità della percezione del soggetto (pensando alla tradizione un esempio chiaramente può essere Cartesio), Merleau-Ponty sposta i termini dell'indagine nella relazione tra soggetto e oggetto. Il suo pensiero parte da una constatazione:

> la scienza manipola le cose e rinuncia ad abitarle. Se ne costruisce dei modelli interni e, operando su questi indici o

variabili le trasformazioni consentite dalla loro definizione, si confronta solo di quando in quando con il mondo effettuale. Essa è, ed è sempre stata, quel pensiero mirabilmente attivo, ingegnoso, disinvolto, quel partito preso di trattare ogni essere come 'oggetto in generale', cioè come se non fosse niente per noi e tuttavia si trovasse predestinato ai nostri artifici. (Merleau-Ponty 13)

Il recupero del mondo effettuale avviene nel pensiero del filosofo francese nel corpo. Si legge più avanti:

è necessario che il pensiero scientifico—pensiero di sorvolo, pensiero dell'oggetto in generale—si ricollochi in un 'c'è' preliminare, nel luogo, sul terreno del mondo sensibile e del mondo lavorato così come sono nella nostra vita, per il nostro corpo, non quel corpo possibile che è lecito definire una macchina dell'informazione, ma questo corpo effettuale che chiamo mio, la sentinella che vigila silenziosa sotto le mie parole e sotto le mie azioni. (Merleau-Ponty 15)

La necessità del pensiero scientifico di ricollocarsi nell'esserci del mondo sensibile, denuncia la sua scissione rispetto ad esso, il fondamento dualista del suo procedere. Continua infatti il testo:

bisogna che insieme al mio corpo si risveglino i *corpi associati*, gli 'altri', che non sono semplicemente miei congeneri, come dice la zoologia, ma che mi abitano, che io abito, insieme ai quali abito un solo Essere effettuale presente, come mai animale ha abitato gli animali della sua specie, il suo territorio o il suo ambiente. (Merleau-Ponty 15)

La posizione filosofica di Merleau-Ponty è monista e considera perciò l'essere effettuale presente come uno, abitato dal corpo e a cui il corpo appartiene. Tale condizione è da lui chiamata "storicità primordiale" (Merleau-Ponty 15). Egli sceglie per il suo pensiero, come esempio di relazione tra soggetto e mondo, il rapporto tra pittore e visibile in quanto "tutti i problemi della pittura illustrano l'enigma del corpo, e tale enigma li giustifica" (Merleau-Ponty 20).

Il suo sforzo intellettuale si dissocia "dal concepire la visione come un'operazione del pensiero che innalzerebbe davanti allo spirito un quadro o una rappresentazione del mondo, un mondo dell'immanenza e dell'idealità" (Merleau-Ponty 18) perché tale concezione è dualista e permette la gerarchia del rapporto con l'oggetto. "Vediamo solamente quel che guardiamo" (Merleau-Ponty 17) ossia la visione si fa nel movimento degli occhi di un corpo che è immerso nel visibile che è "insieme vedente e visibile" (Merleau-Ponty 17). Questo è il suo enigma.

Il problema per Merleau-Ponty è quello di non considerare il corpo secondo il pensiero, il quale inevitabilmente sfocia nella costruzione di un soggetto astratto e indifferente all'effettule, perché pone già il corpo stesso solo come un visto, come un oggetto. Egli cerca invece di considerarlo secondo il corpo effettuale, ponendo a fondamento della sua riflessione la riflessibilità del corpo che:

> si vede vedente, si tocca toccante, è visibile e sensibile per se stesso. È un sé, non per trasparenza come il pensiero, che può pensare una cosa solo assimilandola, costituendola, trasformandola in pensiero—bensì un sé per confusione, narcisismo, inerenza di colui che vede a ciò che vede, di colui che tocca a ciò che tocca, del senziente al sentito—dunque un sé che è preso nelle cose. (Merleau-Ponty 18)

Si può dire che nell'esperienza della riflessibilità della percezione del proprio corpo, avviene una reciprocità nella relazione tra soggetto e oggetto: quando le mie mani si toccano, quale delle due sta toccando o è toccata?

La riflessività non è un gioco filosofico per dare una nuova possibilità all'oggetto di essere considerato diversamente rispetto al suo ruolo tradizionale, facendolo rientrare nella definizione del corpo di un soggetto che può così essere oggetto di se stesso. La riflessività è ontologicamente alla base della visione perché "il mio corpo *si* muove, il mio movimento *si* dispiega; non avviene nell'ignoranza di sé, non è cieco a se stesso" (Merleau-Ponty 18). La riflessività è il modo della percezione di sé senza la quale non c'è movimento, e quindi visione del mondo.

Corpo e mondo sono fatti "della medesima stoffa" (Merleau-Ponty 19) e, come nella riflessione del sé, avviene in loro un' "indivisa comunione del senziente e del sentito" (Merleau-Ponty 19) che Merleau-Ponty chiama interiorità, la quale "non precede la composizione materiale del corpo umano, ma neppure ne è il risultato" (Merleau-Ponty 19). Nel senso che dipende dalla fattezza del corpo così com'è, che stabilisce la mappa dell'io posso della visione, e dal mondo visibile in cui è inserito e si muove, che stabilisce invece la mappa del visibile. Entrambe le mappe appartengono allo stesso essere.

L'interiorità non deve essere considerata come innata o dedotta da un'idea precedente il corpo effettuale, ossia come un a priori, ma non deve neppure essere considerata empiristicamente come indotta dall'esperienza, data a posteriori rispetto al corpo effettuale. La reciprocità del soggetto e dell'oggetto non appartiene al pensiero, è della visibilità dei corpi e del mondo. È della storicità primordiale:

> siamo in presenza di un corpo umano quando, fra vedente e visibile, fra chi tocca e chi è toccato, fra un occhio e l'altro, fra una mano e l'altra mano, avviene una sorta di reincrociarsi, quando si accende la scintilla della percezione sensibile. (Merleau-Ponty 20)

Il reincrociarsi impedisce al soggetto vedente di appropriarsi di ciò che vede: "l'accosta soltanto con lo sguardo, apre sul mondo. E dal canto suo questo mondo, di cui il vedente fa parte, non è in sé o materia" (Merleau-Ponty 18). Si può dire che essi sono reciprocamente parti dell'unico visibile. Il visibile come ontologia del corpo e del mondo, permette alla relazione tra soggetto e oggetto di non risultare indifferente all'effettuale, come dire: ogni visione avviene perché entrambi i termini della relazione sono visibili.

Il pittore per Merleau-Ponty è colui che prolunga il momento della percezione, l'imminenza della visione e dell'interiorità, e la rende visibile sul quadro: "strumento che si muove da sé, mezzo che inventa i suoi fini, l'occhio è *ciò che* è stato toccato da un certo impatto con il mondo, e lo restituisce al visibile mediante i segni tracciati dalla mano" (Merleau-Ponty 18) La "visione è specchio" (Merleau-Ponty 24) interno che il pittore restituisce all'esterno:

> la medesima cosa è laggiù, nel cuore del mondo, e qui, nel cuore della visione; la medesima o, se si vuole, una cosa *simile*, ma secondo una similitudine efficace che è genitrice, genesi, metamorfosi dell'Essere nella visione del pittore. È la montagna stessa che, di laggiù, si fa vedere da lui, è lei che il pittore interroga a partire dal proprio sguardo. Che cosa le chiede precisamente? Di rivelare i mezzi, i mezzi visibili e nient'altro, con i quali essa si fa montagna sotto i nostri occhi. (Merleau-Ponty 24)

Nella visione del suo sguardo/specchio, il pittore interroga il visibile: "è il quesito di colui che non sa a una visione che sa tutto, che non siamo noi a fare, che si fa in noi" (Merleau-Ponty 25). La domanda costituisce dunque la sua apertura alla visibilità, ossia al mondo effettuale.

Il problema che Merleau-Ponty affronta nella sua filosofia concerne la visione, che sempre implica uno sguardo. Il punto è che in un pensiero dualista quale quello scientifico, lo sguardo del ricercatore può essere indifferente al visibile in quanto la visione che esso interroga è il risultato di una rappresentazione derivata da modelli interni alla scienza stessa. Il salto tra il piano logico e quello ontologico della visione/rappresentazione scientifica è superato nella visione/specchio merleaupontiana perché lo sguardo del pittore appartiene alla sua visibilità, che non lo separa dal mondo effettuale ma è anzi il modo in cui esso lo abita.

Alla base della visione c'è, dunque, l'enigma del corpo che è insieme vedente e visibile e come tale si percepisce. Lo specchio stesso rientra in quella che Merleau-Ponty chiama la struttura metafisica del corpo:

> L'immagine speculare accenna nelle cose il processo della visione, più completamente di quanto non lo facciano le luci, le ombre, i riflessi. Come tutti gli altri oggetti tecnici, come gli utensili, come i segni, anche lo specchio è nato nel circuito che va dal corpo vedente al corpo visibile. Ogni tecnica è una "tecnica del corpo". Essa raffigura ed amplifica la struttura metafisica della nostra carne. Lo specchio appare perché io sono vedente-visibile, perché esiste una riflessività del sensibile, che esso traduce e raddoppia. (Merleau-Ponty 27)

In queste righe lo specchio, pensato come uno strumento tecnico, riflette un mondo sensibile che ha già, prima di specchiarsi, una sua riflessività. Detto in un altro modo, il corpo per il filosofo è vedente e visibile al di là di qualsiasi sguardo o fatto che lo restituisca visibile.

Dobbiamo tenere presente che Merleau-Ponty nel suo testo pone di fronte allo specchio il pittore, che vedendosi riflesso interroga l'immagine speculare dalla sua apertura rispetto al visibile. Lo specchio risulta perciò il raddoppiamento della riflessività di vedente e visibile, ossia il raddoppiamento della definizione dell'essere secondo l'ontologia della visibilità della pittura. In un certo senso possiamo dire che ciò che si specchia è il corpo della storicità primordiale. Ma dove si trova questa storicità primordiale? La riflessività del corpo in *L'occhio e lo spirito* è metafisica non solo perché è costitutiva della carne, ma perché resta legata ad un luogo del pensiero.

Se lo sforzo del filosofo è quello di superare la rappresentazione del pensiero scientifico che non tiene più conto del mondo effettuale, il mondo effettuale di cui lui parla è un mondo in cui il soggetto esiste solo, e solo come pittore. È un soggetto visibile nell'assenza degli sguardi perché è visibile di per sé. Ed è perciò un soggetto autartico perché non ha bisogno di nessuna alterità. Basta lui stesso a percepirsi. Ci troviamo davanti anziché al famoso penso dunque sono cartesiano, a qualcosa come mi percepisco dunque sono.

Per quanto Merleau-Ponty abbia posto magistralmente la questione del visibile mostrandone tutta la problematicità, la sua via d'uscita rispetto al dualismo passa attraverso il corpo ma torna al pensiero, dato che un mondo senza sguardi può esistere solo per il pensiero.

Se però consideriamo lo specchio come il luogo del raddoppiamento della riflessibilità del corpo, così come è considerato in *L'occhio e lo spirito*, di quale riflessibilità ci sta parlando Pasolini in *Petrolio*?

Identità

Il confronto tra Pasolini e Merleau-Ponty non solo ci permette di considerare lo specchio al di là delle implicazioni psicologiche che spesso ad esso si legano, ma ci permette anche di interrogare le immagini speculari che in *Petrolio* mostrano i due Carlo donne.

Ci sono diversi motivi per cui ho voluto avvicinare questi due autori. Innanzi tutto lo sforzo di entrambi di occuparsi dell'indifferenza del pensiero occidentale rispetto alla realtà, che per lo scrittore è la realtà vissuta mentre per il filosofo è il mondo effettuale. Il loro lavoro può anzi essere considerato come il tentativo di recuperare l'esperienza a cui la storia così come la scienza sembrano disinteressarsi. Si tratta dell'esperienza del corpo che per i nostri autori supera quella frattura che consegue al dualismo della ragione. Sia la percezione del mondo sensibile che il vissuto restano prerogative di un corpo che nessuna rappresentazione intellettuale può sostituire.

Il pittore e l'autore in carne ed ossa cercano di restituire le loro esperienze in un modo che si leghi alla carne e non ai concetti. Per Pasolini e Merlau-Ponty ciò accade solo grazie ad una conoscenza di sé che significa percezione di sé senza la quale non è possibile avere nessuna visione della realtà. Possiamo perciò dire che la percezione del proprio corpo è per entrambi alla base di qualsiasi esperienza. Ma se nella fenomenologia questa riflessività è quella di un corpo che è insieme vedente e visibile in *Petrolio* il corpo appare allo specchio in quanto visto.

Questo è il punto che differenzia i due autori, il fatto che per Pasolini la percezione di sé non riguarda come per Merleau-Ponty un soggetto in generale che la riflessibilità definisce metafisicamente, ma la conoscenza di sé significa conoscere la propria identità che possiamo considerare come la riflessibilità del corpo vedente e visto. La visione è visione di un chi particolare, il cui corpo è esposto al mondo della storia e della politica. Il corpo è perciò sottoposto ai giudizi e allo sguardo di un potere che gli restituisce un'immagine che lo posiziona nell'immaginario dominante. La conoscenza di sé non è perciò una definizione ma è l'identità che il potere, oltre alla percezione, determina. Per questo lo specchio in *Petrolio* non riguarda la psicologia ma l'ideologia, ed ha per Pasolini una funzione reale. Il cambio di sesso del protagonista non è infatti una finzione letteraria, ossia non è una scelta da narratore ma è la presenza nell'opera dell'autore in carne e ossa visto da un'ideologia che gli nega il piacere.

Vorrei concludere questo scritto con un verso di *Poesie mondane* che credo restituisca in una frase la riflessibilità di cui abbiamo discusso a proposito di *Petrolio*: "Guardo con l'occhio / d'un'immagine gli addetti al linciaggio" (24). Questa è l'identità secondo Pasolini, la percezione degli occhi del suo corpo che vede ed è visto dallo sguardo del potere, senza la quale non potrebbe scrivere nessuna testimonianza.

Note

[1] Le citazioni di questo mio scritto sono riportate esattamente come si trovano pubblicate nell'edizione Einaudi di *Petrolio*. Perciò i corsivi o la punteggiatura usata in modo particolare, non sono mie modifiche ma appartengono all'autore. Nei casi in cui cambierò il testo originale lo riporterò in nota.

[2] Dell'"epochè" fanno parte più storie di diversi narratori che si trovano in (Pasolini, *Petrolio* 399–456).

[3] L'Appunto 99 si intitola "L'Epochè: Storia di mille e un personaggio" (Pasolini, *Petrolio* 413).

[4] Intitolato "Il fascino del fascismo" (Pasolini, *Petrolio* 262).

[5] Nell'ultima riga della citazione le parentesi [...] sono mie. Nel testo originale Pasolini ha scritto tra le parentesi: "(come già, ricordate?, quella del Dio Saulo)" (Pasolini, *Petrolio* 416). Questa frase si riferisce a qualcosa che nella citazione che riporto non compare e perciò risulterebbe incomprensibile. Per questo motivo la sua omissione.

[6] L'Appunto 99 si intitola "L'Epochè: Storia di mille e un personaggio" (Pasolini, *Petrolio* 413).

[7] Vedi "Appunto 67: Il fascino del fascismo" (Pasolini, *Petrolio* 262).

[8] È il titolo dell'Appunto 98 (Pasolini, *Petrolio* 408).

[9] Dell'"epochè" fanno parte più storie di diversi narratori che si trovano in (Pasolini, *Petrolio* 399–456).

[10] L'Appunto 42 si intitola "Precisazione" (Pasolini, *Petrolio* 181).

[11] Questo passo appartiene all'"Appunto 6 quater" intitolato "La vita segreta di Carlo alla luce del sole" (Pasolini, *Petrolio* 43).

[12] Il corsivo è di Pasolini.

[13] Le parentesi sono di Pasolini.

[14] Dell'"epochè" fanno parte più storie di diversi narratori che si trovano in (Pasolini, *Petrolio* 399–456).

[15] In *Petrolio* ci sono due momenti basilari del poema chiamati primo e secondo. Il primo è l'Appunto 51 a p. 194 e riguarda Carlo II, il secondo

momento riguarda Carlo I ed è l'Appunto 58 a p. 265 dell'edizione già citata.

[16] Ogni citazione riporterà il testo di Merleau-Ponty come pubblicato nell'edizione SE. Corsivi, usi particolari della punteggiatura e quant'altro, appartengono perciò all'autore.

Part V

Works in Progress

11
Il sogno della meglio gioventù[*]

Michelangelo La Luna

Nella *Presentazione* dell'edizione Garzanti si legge che "*Il sogno di una cosa*[1] viene concepito e scritto da Pasolini nel 1948 e 1949, cioè prima di *Ragazzi di vita* (1955) e di *Una vita violenta* (1959); ma viene pubblicato dopo, nel 1962" (Albinati vii). Tale affermazione ci lascia sorpresi in quanto se siamo sicuri che *Il sogno di una cosa* è uscito nel 1962, non siamo altrettanto certi che sia stato "concepito e scritto [...] nel 1948 e 1949". Colpisce inoltre l'interpretazione data da Enzo Golino[2] che usa il titolo come chiave di lettura dell'intero romanzo. Il proposito della nostra ricerca è proprio quello di considerare invece *Il sogno di una cosa* come un romanzo *in fieri*, il cui titolo è poco rilevante ai fini di un'interpretazione generale dell'opera. Procediamo per ordine, esaminando innanzitutto i passi di alcune lettere scritte tra il 1949 e il 1950, in cui Pasolini accenna alla composizione del romanzo:

> *A Silvana Mauri-Milano [Casarsa, marzo 1949]*
> Quanto alla mia vocazione letteraria, la mia vena è fin troppo abbondante; i soliti versi in friulano e in italiano, un po' di critica e il romanzo che continua a tenermi occupato non so dirti con che batticuori e che altissime ore di impegno.

> *A Franco Farolfi-Sondalo [Casarsa, 31 dicembre 1949]*
> Sto lavorando accanitamente intorno a un romanzo, su cui fondo tutte le mie speranze anche pratiche; so che sono speranze pazze, tuttavia in qualche modo mi riempiono.

A Silvana Mauri-Milano [Casarsa, 18 gennaio 1950]
Il mio futuro, più che essere nero, non esiste. Mi concedo ancora un mese o due per finire *La meglio gioventù* il mio romanzo (cui ti ho accennato a Lerici) e poi partirò [...][3]

In un'altra lettera indirizzata all'amica Silvana Mauri, datata Roma, 11 febbraio 1950, Pasolini sostiene di essere impegnato nella stesura di *Atti impuri*, *Amado mio* e di un terzo romanzo *La meglio gioventù*, il cui titolo verrà poi utilizzato per l'edizione Sansoni del 1954 delle poesie friulane.[4] Ecco come nella stessa lettera presenta il progetto iniziale di quel romanzo giovanile che sarà più tardi intitolato *Il Sogno di una cosa*:

Infine c'è il romanzo su cui punto tutto: *La meglio gioventù*, che è molto diverso dagli altri due, è molto complesso: tanto per darti un'idea devi pensare a uno stranissimo incrocio—nel versante narrativo dostoiewskiano—tra Proust e Verga, non senza qualche elemento di quel linguaggio babilonico, eccentrico e composto che in Italia ha come magnifico esemplare C. E. Gadda. La vicenda è molto complessa e molto quotidiana. Hai presente *Cronache di poveri amanti*? È un po' simile, ma con la presenza del tempo, che nell'arazzo di Pratolini manca. I fatti mi pare di averteli narrati a Lerici, ma in questi mesi si sono arricchiti e completati. Ai protagonisti si aggiungono anche tre giovani del popolo (uno emigra clandestinamente in Jugoslavia, un altro in Svizzera, un altro lavora in una cava: e finirà col morire: gli altri due ritornano più sfiduciati e affamati. Questi son fatti veri, anche se li ho congeniati liberamente) così che la vicenda amorosa di Don Paolo (che ama un ragazzo, Cere, che se ne va in America col padre, e allora Don Paolo, durante uno sciopero, fa scudo col suo corpo a Nello, fratello di Cere, e muore) la vicenda spirituale di Renata (che ama Don Paolo)—ma tieni presente che sia l'amore di Don Paolo che quello di Renata non sono detti, e il lettore li deve completamente immaginare—e infine, perché comunista, viene cacciata dal Friuli dove insegna e prima di andarsene organizza una festa il cui incasso è per il processo di Nello, un amorale, bugiardo

e fanatico e la vicenda di Aspreno (in cui adombrerò Fabio, semplicemente per l'esperienza che ne ho avuto, perché Aspreno, come caso, è molto diverso da quello di Fabio) sono immerse nella vicenda di tutta la gioventù contadina del Friuli (la classe del '27, "la classe innamorata", come era scritto nei muri di S. Giovanni).
Ti ho appena adombrato delle vicende, che sono come puoi immaginare, molto più complesse e circostanziate. Ho già scritto più di metà del libro: contavo di finirlo prima di venir via da Casarsa. Invece eccomi qua, incapace di scrivere un periodo chiaro. Ma spero che la mia astenia sia passeggera. Nel caso che la capacità a scrivere mi torni, che libro mi consigli di portare a termine? Ormai solo l'incarico di un editore può darmi la forza di lavorare e finire quello che faccio. Non avrei mai creduto che le cose andassero a finire così: d'altra parte in questo scopro una dignità impensata. (Pasolini, *Lettere 1940-1954* 402-403)

Dalla lettera alla Mauri emerge che la struttura originaria del romanzo era abbastanza diversa da quella del *Sogno di una cosa*. Infatti, all'inizio lo scrittore intendeva parlare del processo di Nello, della "vicenda di Aspreno" e soprattutto dell'amore di Renata per don Paolo che era a sua volta innamorato di Cere, triade erotica dietro cui poteva adombrarsi l'amore di Pina per Pier Paolo, a sua volta innamorato di Bruno, di cui si parla nei *Quaderni rossi*[5] (relazione a tre che viene nuovamente proposta in *Atti impuri* col rapporto tra Dina, l'io narrante e Nisiuti). Lo studioso Franco Fido ha inoltre notato che dei quattro modelli letterari "i soli Pratolini e Verga restano pertinenti per il libro pubblicato nel 1962". Nel suo articolo il critico anzi conclude che "il tono dominante che dà unità a tutto il libro è senza possibilità di dubbio quello verghiano" (Fido 75 e 77).

Ma se agli inizi del 1950 Pasolini aveva solo scritto "più di metà del libro", quali parti avrà aggiunto fino al 1962? Per eseguire tale ricerca e seguire le fasi dello sviluppo del *Sogno* dobbiamo esaminare gli elementi comuni ai primi tre romanzi giovanili e i tre titoli *La meglio gioventù*, *I giorni del Lodo De Gasperi* e il *Sogno di una cosa* scelti da Pasolini. Inoltre dobbiamo considerare la pubblicazione nel 1951 del racconto *La padroncina impaziente*[6] che diventerà il quinto capitolo della prima parte del *Sogno*, e la stampa nel 1959 del racconto *Cecilia*[7] che invece formerà i primi tre capitoli della seconda parte del romanzo.

Bisogna innanzitutto notare che la divisione del *Sogno* in *Parte prima: 1948* e in *Parte seconda: 1949* non è casuale, ma costituisce la continuazione cronologica di *Atti impuri*, che era a sua volta diviso in *1946* e *1947*. In *Amado mio* non ci sono esplicite indicazioni cronologiche, ma nella seconda parte del romanzo (rimasta incompleta) l'uso del romanesco e gli accenni al processo a Rina Fort indicano il passaggio alla Roma del 1950.[8] Inoltre tutti e tre i romanzi presentano una struttura diaristica ed iniziano con una festa paesana. Infatti, la prima parte di *Atti impuri* si apre con la domenica 30 maggio 1946, a cui subito segue la sagra del 2 giugno a San Pietro; *Amado mio* inizia con la sagra della domenica 8 agosto (l'anno non è specificato) lungo il Tagliamento; mentre *Il sogno di una cosa* comincia con la sagra del lunedì di Pasqua del 1948. Anche la seconda parte del *Sogno* e quella di *Atti impuri* inizia rispettivamente con la messa al mattino e il ballo serale della domenica. Questi esempi ci portano a concludere che nel giovane Pasolini esiste una vera vocazione leopardiana al recupero memoriale del giorno festivo.[9] Inoltre la divisione del testo narrativo in giorni, i salti temporali all'indietro e la stessa scelta dell'uso alterno ora della terza, ora della prima persona, fanno di *Atti impuri* e di *Amado mio* due romanzi in cui si sente un lento sforzo di affrancamento dal modello diaristico seguito all'inizio dal giovane narratore.[10] La stessa divisione del *Sogno* in anni e in giorni e il salto temporale del quinto capitolo della *Parte prima: 1948*, testimoniano l'eredità di questo modello, anche se l'uso quasi costante della terza persona evidenzia il passaggio ad una narrazione oggettiva più adatta ad un genere come il romanzo.

Bisogna anche tener presente che oltre a momenti significativi come le sagre paesane con l'orchestra e il ballo, il vino e il buon cibo di campagna, le funzioni religiose, il Rosario alla sera e la messa della domenica, nel *Sogno* ritornano personaggi maschili come il Milio e il Nini e personaggi femminili come la Ilde che erano già presenti negli altri due romanzi giovanili. Inoltre tutti e tre i romanzi parlano dei luoghi vicino a Casarsa: nel *Sogno di una cosa* si parla di Gruaro, San Giovanni, San Pietro, Rosa, Ligugnana e Casarsa stessa; in *Atti impuri* si trova San Pietro, Castiglione (dietro cui si nasconde Casarsa), Viluta (che in realtà è Versuta) e Rosa; e in *Amado mio* ci sono Sarvognano, San Vito e il Tagliamento.

Per quanto concerne i protagonisti del *Sogno*, la prima cosa che si nota nel romanzo rispetto alla trama originaria illustrata nella lettera alla Mauri è la scomparsa dei personaggi omosessuali. La loro presenza in *Atti impuri* e *Amado mio* avrà probabilmente indotto Pasolini a tener chiusi nel cassetto gli altri due romanzi giovanili, in cui anzi è la stessa voce narrante a raccontare direttamente le varie esperienze omosessuali. Del tentantivo da parte di alcuni giovani di andare a fare fortuna lontano, nella lettera alla Mauro si dice che "uno emigra clandestinamente in Jugoslavia, un altro in Svizzera, un altro lavora in una cava". Nel *Sogno* (*Parte prima*, capitoli 3-4) i giovani che partono per la Jugoslavia diventano sei (Antonio e Pietro Nonis, Nini, Eligio, Germano e Basilio) anche se solo gli ultimi quattro finiscono per essere i veri protagonisti dell'avventura.[11] Il fallimento del loro viaggio non costituisce una tappa fondamentale nella formazione politica dei giovani comunisti che inseguono *il sogno di una cosa*,[12] ma è la conferma che per la *meglio gioventù* non può esserci un mondo migliore al di fuori di quello friulano. Questo, infatti, spiega il ritorno a casa, parallelo a quello degli altri giovani dalla Jugoslavia, di Milio da una nazione capitalistica come la Svizzera (*Sogno*, cap. 5).[13]

A proposito di quest'ultimo episodio, andiamo ora a vedere come è nato il quinto capitolo della *Parte prima: 1948*, uno dei più importanti per la nostra ricerca. Partiamo dalla lettera *A Gianfranco Contini-Fribourg* [Casarsa, 1949] in cui Pasolini scrive quanto segue:

> Forse fra qualche mese dovrò chiederLe un nuovo favore, ossia delle notizie topografiche sui dintorni di Friburgo e precisamente sulla strada tra Friburgo e Morat (?), di cui Archimede mi parla con la massima indifferenza linguistica. Un capitolo di un romanzo intorno a cui sto lavorando (e di cui finora l'unica cosa sicura è il titolo: *La meglio gioventù*) è dedicato al soggiorno di Archimede, divenuto Milio, a Salvenach. Per questo avrò forse bisogno di Lei, a parte il fatto che mentre scrivo sento sempre i Suoi occhi puntati sui miei fogli... (Pasolini, *Lettere 1940-1954* 362)

Dalla testimonianza dello stesso Archimede Bortolussi, sappiamo che Pasolini lo aveva invitato a redigere una relazione scritta sul suo viaggio d'oltralpe:

> Io nel 1948 e '49 andai in Svizzera. Quando al ritorno incontravo di nuovo Pier Paolo a lui piacevano le mie storie, come io vedevo e descrivevo la Svizzera, così ho incominciato a scrivere lunghi temi sulla Svizzera, i quali sono stati pubblicati in un giornale che si chiama *Il mondo*. Pier Paolo di questi temi aveva formato delle piramidi, delle quali era molto orgoglioso [...]. Il racconto pubblicato da *Il mondo* nel 1948 si chiamava 'la padroncina impaziente'.[14]

Il quinto capitolo della *Parte prima: 1948* è il frutto dunque della rielaborazione, da parte dell'autore, dei temi scritti da Archimede e delle informazioni inviategli dal Contini. In tal modo l'uso della prima persona, oltre a rappresentare uno degli esperimenti più interessanti del giovane Pasolini, riesce a riprodurre la stessa immediatezza del resoconto fatto dal suo amico.[15] Rispetto al racconto *La padroncina impaziente* pubblicato nel gennaio 1951, e non nel 1948 come ricordava Archimede, Pasolini nel *Sogno* aggiunge due paragrafi posti all'inizio del capitolo quinto. Nel primo (da p. 67 a p. 73) parla dell'arrivo di Milio in Svizzera e fornisce le notizie topografiche "sui dintorni di Friburgo e precisamente sulla strada tra Friburgo e Morat" che intanto il Contini gli aveva inviato. Nel secondo (da p. 73 a p. 77) l'autore mette in evidenza le differenze esistenti tra i contadini svizzeri e quelli friulani: i primi sono ricchi perché lavorano tutto il giorno, ma la sera si ritirano nella propria casa e stanno sempre soli; mentre quelli del Friuli sono più poveri, ma mangiano meglio e si riuniscono sempre la sera per stare insieme. Per il resto il testo della *Padroncina impaziente* e quello del *Sogno* sono sostanzialmente uguali ad eccezione di alcuni riferimenti topografici, come ad esempio San Floreano e Casarsa che nel romanzo vengono sostituiti con Rosa e San Vito che invece diventa Gruaro.

Dal punto di vista strutturale, in questi primi cinque capitoli della prima parte del *Sogno* si notano dei precisi nessi di carattere temporale: dopo la fine del quarto capitolo in cui il Nini, Eligio, Germano e Basilio sono arrestati al loro rientro in Italia (per cui

Il sogno della meglio gioventù 213

"sarebbero tornati a casa loro solo alla fine di settembre" [66]), si passa direttamente al racconto alla prima persona di Milio, da cui si deduce che gli amici che lo ascoltano sono nel frattempo usciti di prigione e sono tornati a casa. Infatti, al principio del sesto capitolo siamo già agli inizi di ottobre: "Una sera dei primi di ottobre, benché piovesse dirottamente, e fosse ormai tardi, a S. Giovanni molte luci erano ancora accese" (91).

Dal contenuto dei primi cinque capitoli si può concludere che il titolo *La meglio gioventù* calzava a perfezione per un romanzo che voleva riprodurre i sentimenti di una gioventù colta nella gioia e nella purezza della sua vita paesana e incapace di perdere la propria identità friulana per andare in cerca di fare fortuna lontano. Altrettanto appropriato poteva essere l'altro titolo scelto nel frattempo da Pasolini *I giorni del lodo De Gasperi*, dato che nella parte centrale del romanzo i giovani della sezione comunista organizzano una manifestazione popolare per chiedere lavoro ai proprietari terrieri (*Sogno*, I, cap. 6-8).[16] Ispirato alla manifestazione organizzata il 7 gennaio 1948 dalla Camera del Lavoro a San Vito al Tagliamento, l'episodio non va per forza letto come un marxistico atto di rottura delle catene del potere capitalistico, ma come il tentativo da parte dei contadini e degli operai, rappresentati dalla *meglio gioventù*, di ottenere quel riconoscimento umano e civile che la giovane Repubblica Italiana gli aveva negato.[17] Infatti, durante la dimostrazione la benestante e democristiana famiglia dei Faedis accoglie molto cordialmente il nipote Milio e i suoi amici dimostranti, offrendo loro del buon vino. Cosicché ci sembra imprecisa l'interpretazione del Golino, cit., p. 76, che vede nella dispersione finale dei rivoltosi da parte delle forze dell'ordine "la sconfitta, rappresentata in simboli fin troppo espliciti a cui Pasolini ricorre con frequenza ossessiva, spie di un populismo costellato da eccessi di ostentazione partitica, da un *raptus* pedagogico coatto". Invece sin dall'inizio i capi ammoniscono i compagni di non far uso della forza e lo stesso arrivo della polizia e dell'esercito non è certamente legato all'episodio del colpo che Jacu fa partire verso il possidente Malacart, che risponde a sua volta a colpi di doppietta. Più che una convinta lotta di classe la manifestazione, ripetiamo, sembra essere l'ingenuo tentativo popolare di ottenere un riconoscimento umano e civile. Il fatto stesso che tutto assume il tono di un'avventura giovanile e che alla fine nessuno dei dimostranti viene fermato, costituisce la conferma che i rivoltosi stessi erano poco convinti di poter ottenere qualcosa di concreto. La stessa scena finale dei ragazzi che prendono le biciclette nel cortile dell'Enal sotto gli occhi indifferenti dei poliziotti e che sentono lungo la strada un canto uscire dalla porta della chiesa, prima di ritrovarsi nel silenzio di quei campi dove possono finalmente cantare *Bandiera rossa*, sembra essere l'epilogo di una rivolta che la maggior parte della gente (sia comunista che democristiana) e finanche la polizia ha finito, almeno moralmente, per condividere. Si può quindi concludere col Vitti, cit., pp. 111-12, che

> Quella che doveva essere la grande battaglia, la presa di coscienza, l'iniziazione di sangue, finisce quasi in una farsa [...]. L'eterna festa della felicità giovanile continua anche dopo una così schiacciante sconfitta politica. Il morale non è toccato. Continuano ad essere quelli che erano e quelli che saranno, a contatto con la natura che aumenta la loro gioia di vivere e vitalità [...]. La sconfitta politica non ha lasciato traccia nel loro animo, non è servita nemmeno come lezione per il futuro. Le loro azioni sono solo dettate dalla spontaneità e dall'ardore giovanile, non c'è coscienza a livello politico ideologico.

La scelta dell'autore di anticipare la vicenda dell'emigrazione dei giovani friulani (evento che era accaduto in seguito al fallimento della manifestazione del gennaio 1948 e non prima, e che si era in effetti concluso con il ritorno a casa di Dino Peresson e compagni prima dell'estate, e non a settembre come vuole il romanzo) è dovuta a ragioni di ordine strutturale che si possono comprendere grazie allo stesso valore semantico dei primi due titoli. Con *La meglio gioventù* Pasolini voleva rappresentare il ciclo della gioventù friulana, che si apre con la descrizione delle feste e della bella vita paesana e si chiude con il sospirato ritorno di coloro che avevano creduto di poter vivere meglio lontano da casa. Completata questa fase del romanzo, Pasolini era finalmente libero di descrivere in un solo blocco quegli avvenimenti che lo avevano portato a pensare al titolo *I giorni del Lodo de Gasperi*, operazione che gli dava allo stesso tempo la possibilità di concludere la prima parte del romanzo (cioè il *1948*).

Come abbiamo già detto i primi tre capitoli della *Parte Seconda: 1949* del *Sogno* erano già stati pubblicati come racconto autonomo nel gennaio del 1959. Da un accurato confronto tra *Cecilia* e il romanzo emerge che nel *Sogno* l'autore ha apportato delle importanti modifiche rispetto al testo del racconto. Ad esempio nel primo capitolo (160-61) per creare un legame con i temi trattati nella *Parte Prima: 1948* del *Sogno*, Pasolini parla del viaggio in Jugoslavia dei giovani friulani, passo che non compariva affatto in *Cecilia*. Inoltre nel *Sogno* si accenna alla miseria in cui era caduta la famiglia dei Pereisson dopo la distruzione del raccolto da parte della grandine, evento che aveva costretto Eligio ad andare "a lavorare a una cava, verso Cordovado, che gli succhiava il sangue e l'anima" (161), informazioni che risultano molto importanti al fine di poter stabilire un legame tra il primo e il quarto capitolo della seconda parte del romanzo. Oltre alla sostituzione di Bruno Cesarin con il Nini e all'inserimento di un personaggio nuovo come Eligio, nel romanzo Pasolini sostituisce i toponimi, come aveva già fatto per la *Padroncina impaziente* e come era richiesto dall'esigenza di omologare il nuovo testo: in tal modo nel *Sogno* Valvasone e San Vito al Tagliamento diventano Gruaro, Arzene viene sostituito con Rosa, San Lorenzo con San Floreano e Mestre con Ligugnana. Inoltre l'autore cerca di distribuire gli avvenimenti riccorrendo a una nuova scansione dei tempi narrativi, operazione che non gli riuscirà purtroppo bene. Infatti, mentre i fatti della prima parte di *Cecilia* si svolgono in "autunno inoltrato", nel romanzo l'autore ha voluto ambientare le stesse vicende in "inverno inoltrato". E per la riunione serale nella stalla dei Faedis Pasolini precisa che "Era la vigilia dell'Epifania [...]" (*Sogno* 180), mentre in *Cecilia* non aveva posto una data. Più avanti, quando il Nini cerca per la prima volta di avere un rapporto fisico con la Pia, l'autore lascia inalterato il testo di *Cecilia* e scrive: "Non c'era nessuno, solo qualche uccelletto autunnale che svolazzava qua e là sui rami [...]" (*Sogno* 187). Poco dopo però aggiunge un passo che non compare in *Cecilia* e che serve a precisare che siamo in inverno: "Si sentivano solo svolazzare o cinguettare quegli uccelletti piccoli piccoli, sperduti, che restano nelle campagne durante l'inverno" (ivi). Se "gli uccelletti autunnali" e non invernali sono in fondo un dettaglio irrilevante ai fini della struttura temporale di questa parte del romanzo, non può dirsi altrettanto a proposito dell'errore che compare nelle pagine successive, quando cioè l'autore non corregge il testo di *Cecilia* e scrive: "Una notte dei primi di dicembre, la campagna e il paese posavano in una calma assoluta [...]" (*Sogno* 188). Ci troviamo qui di fronte a un balzo temporale all'indietro di almeno un mese visto che, come abbiamo già detto, Pasolini poco prima aveva scritto che "Era la vigilia dell'Epifania" (180).

Passiamo ora ad esaminare un po' più da vicino il contenuto degli ultimi capitoli dell'opera, prima di trarre le nostre conclusioni. La *Parte seconda: 1949* del *Sogno* inizia una domenica in cui le ragazze di casa Faedis preferiscono andare a ballare, invece di andare al vespro. Qui al ricordo del giorno festivo leopardiano si unisce felicemente la pascoliana reminiscenza del suono delle campane: "Da Rosa le campane suonavano: la casa era lontana dal paese quasi un chilometro, e i rintocchi si spandevano solitari e puri in mezzo alla campagna [...] Fuori suonava malinconicamente la campana: il terrapieno era deserto" (*Sogno* 157 e 159). Il pacifico tono religioso con cui si apre il nuovo anno riesce da una parte a creare una propizia atmosfera distensiva dopo la manifestazione popolare con cui si era concluso il 1948 e dall'altra serve a preparare la rappresentazione di un mondo in cui comunismo e cristianesimo riescono a fondersi, fusione di cui il ritratto di Stalin posto accanto al crocifisso sulla parete della sezione comunista è l'emblema più significativo. In questa nuova realtà il Nini trova ad esempio lavoro grazie al pievano di Rosa e Cecilia rimane molto sorpresa quando si sente dire dal prete che non c'è niente di male che il Nini sia un comunista.

Per la figura di Pia (che in *Cecilia* viene anche chiamata Piuta) l'autore si è ispirato a Pia Paron, un'amica con cui Pasolini andava spesso a ballare.[18] Nel romanzo Pia diventa una ragazza cresciuta in città che è da poco tornata ad abitare nel suo paesino natale (San Floreano), dove si distingue perché mentre lavora all'osteria legge *Grand Hotel* e perché ogni domenica va a cantare in una sala da ballo a Pordenone. Il Nini che si era innamorato di lei "non riusciva a capacitarsi nel constatare che Pia era proprio onesta, forse anche vergine e le sue speranze erano il fidanzamento e il matrimonio, come tutte le altre ragazze" (*Sogno* 186). Per questo motivo nell'imbarazzo che il Nini provava nel tenere per la prima volta le "sue mani ruvide, abituate ad adoperare gli arnesi dei lavori" (*Sogno* 187) sul corpo nudo di una donna come Pia, sembra riassumersi il senso di quella sofferta unione tra il rude operaio e la delicata cantante, tra il rozzo campagnolo e la sofisticata ragazza cresciuta in città, che soltanto nel matrimonio potrà trovare il suo sigillo sociale e religioso. Simmetricamente la morte di Ernesto a causa dello scoppio della polveriera diventa l'emblema del giovane che per mettere su famiglia ha dovuto accettare le offerte della società capitalistica e ne è rimasto vittima.

Per completare il quadro e trarre le nostre conclusioni è importante leggere la lettera a Franco Fortini-Milano, datata Roma, 26 gennaio 1962, in cui Pasolini parla del titolo dell'opera:

> Caro Fortini, finalmente domani parto per il Sudan. Prima di partire (che è un po' morire: facciamo le corna, volgarmente) vorrei chiederti un favore. Ho qui un vecchio romanzo, il mio primo o quasi, scritto nel '49, che si intitolava *La meglio gioventù*, ora questo titolo è passato ai versi friulani; così, nella disperata ricerca di un titolo, sono stato folgorato da una tua citazione (in quella serata sul *Menabò* industriale) IL SOGNO DI UNA COSA. Ti sarei molto grato se tu mi trascrivessi la frase di Marx—o l'intera pagina—da cui hai tratto la citazione, e me la mandassi, da mettere come epigrafe al libro. Leggo tuoi versi molto belli. Ti abbraccio tuo Pier Paolo.[19]

La pubblicazione nel gennaio del 1959 dei primi tre capitoli della *Parte seconda: 1949* come racconto autonomo e l'inserimento di personaggi nuovi come il Nini ed Eligio, ci spinge a supporre che il quarto capitolo dell'ultima parte del romanzo sia stato composto dopo il 1959, anche se l'idea era già presente nella lettera alla Mauri del 1950. Difatti con l'abbandono della famiglia da parte di Cecilia che alla fine del terzo capitolo va a farsi monaca, può dirsi concluso il ciclo delle ragazze Faedis, per cui protagonisti del quarto capitolo rimangono soltanto gli uomini che assistono Eligio sul letto di morte. Perciò si può congetturare che Pasolini abbia scritto un passo come il seguente nel 1961, o forse addirittura nei primi mesi del 1962, cioè solo dopo aver deciso di dare al romanzo il titolo definitivo che gli era stato involontariamente suggerito dall'amico Fortini:

"Una cosa", pareva dicesse, "una cosa!" E accennava, come ammiccando, a qualcosa che sapevano bene lui e il Nini, e Milio. Ma non parlava, non riusciva a dire cosa fosse. Ce l'aveva negli occhi. Non sarebbe riuscito a dirlo nemmeno quand'era forte e pieno di vita, figurarsi se riusciva a dirlo adesso che stava morendo (213).

Tutti la conoscono, tutti vorrebbero nominare e vivere *la cosa*, ma la morte di Eligio conferma che *la cosa* rimarrà per sempre *un sogno*. La sua bara che si muove lenta verso la chiesa sulle spalle dei suoi compagni di partito, simboleggia il senso di comunione e di conforto che solo il cristianesimo e la comunità riescono alla fine a dare a chi ha sognato per tutta la vita di vedere *la cosa*. Ed in questo forse consiste la sostanziale differenza tra *il sogno della meglio gioventù* di Pasolini e *il sogno di una cosa* di Marx.

In conclusione si può dire che il *Sogno* è un romanzo formato da tre blocchi narrativi che possono benissimo essere letti autonomamente: le vicende de *La meglio gioventù*, gli avvenimenti de *I giorni del Lodo De Gasperi* e il ciclo delle ragazze di casa Faedis che ruota intorno alla figura di Cecilia. L'ultimo capitolo invece costituisce un'appendice necessaria a giustificare il titolo definitivo dell'opera e a stabilire allo stesso tempo un legame narrativo con il finale tragico dei due romanzi romani.

Note

*Il presente contributo costituisce una sostanziale modifica, eseguita alla luce di nuove ricerche, del seguente articolo: Michelangelo La Luna, "Pasolini e il Sogno di una cosa". *Studies in Honor of Dante Della Terza*. Cambridge: Office of the University Publisher, Harvard University. 1996: 123–35.

[1] Ecco alcune recensioni del romanzo *Il sogno di una cosa*:
Bo, Carlo. *La Stampa*, 30 maggio 1962.
Bocelli, Arnaldo. *Il Mondo*, 18 dicembre 1962.
Citati, Pietro. *Il Giorno*, 27 giugno 1962.
Dallamano, Piero. *Paese sera*, 26 giugno 1962.
Gigli, Lorenzo. *La Gazzetta del Popolo*, 7 giugno 1962.
Gramigna, Giuliano. *Settimo Giorno*, 15 maggio 1962.

Meneghelli, Luigi. *Il Paese*, 27 luglio 1962.
Rago, Michele. *L'Unità*, 30 maggio 1962.
Vigorelli, Giancarlo. *Il Tempo settimanale*, 7 luglio 1962.
Volpini, Valerio. *Humanitas*, dicembre 1962: 1042-1053.

[2] Golino 70-80. Una nuova edizione della stessa opera è Pasolini. *Il sogno di una cosa*, Bompiani, 2005.

[3] Pasolini, *Vita* 119, 122 e 123. Per la lettera *A Gianfranco Contini-Fribourg, [Casarsa, 1949]*, vd. *infra*.

[4] Nella *Nota* (pp.195–202) al romanzo di Pasolini *Amado mio preceduto da Atti impuri*, Garzanti, 1982, la curatrice Concetta D'Angeli spiega le ragioni per cui ha deciso di omologare alla prima persona tutte le correzioni alla terza persona presenti nel manoscritto di *Atti impuri*. Malgrado questa scelta sia comprensibile per la pubblicazione di un'edizione divulgativa, penso che sia necessario pubblicare sia un'edizione critica, sia un'edizione diplomatica dell'opera (inclusi i quattro capitoli della seconda parte di *Amado mio*). I limiti dell'edizione curata dalla D'Angeli emergono dalla stessa lettera di Pasolini alla Mauri, da cui risulta che il salto dalla prima alla terza persona rientra in un preciso esperimento narrativo: "In questi ultimi mesi ho ripreso il libro, ho alternato il diario alla narrazione in terza persona: insomma, ho oggettivato (nel senso minore di questa parola, non so se anche nel senso maggiore) il fatto, cambiando i nomi dei protagonisti e dei luoghi, ricostruendo tutto con minore impegno di confessione e maggiore libertà d'invenzione. Ma il libro, che dovrebbe venire di 200-250 pagine, manca ancora di due o tre capitoli. Il titolo è *Atti impuri*" (Pasolini, *A Silvana Mauri-Milano / [Roma], 11 febbraio 1950*, in *Lettere 1940-1954* 401).

[5] Nella *Cronologia* (pp. i-cxxxii) alle *Lettere 1940-1954*, Nico Naldini chiama "*Quaderni rossi*" i cinque quaderni scolastici di colore rosso che costituiscono il diario scritto da Pasolini tra il giugno del 1946 e il dicembre del 1947. Qui l'autore trascrive accanto agli appunti quotidiani anche i ricordi dell'infanzia, schema che seguirà poi nei suoi primi romanzi. Per il diario di Pasolini, cfr. anche *Poesie e pagine ritrovate*, a cura di Nico Naldini e Andrea Zanzotto; e Nico Naldini, *Nei campi del Friuli (La giovinezza di Pasolini)*.

[6] *La padroncina impaziente* compare sulla rivista *Il Mondo* del 27 gennaio 1951, a p. 10.

[7] Il racconto *Cecilia* è stato pubblicato prima nella rivista *L'illustrazione italiana* gennaio 1959: 85–95, e poi nella raccolta *Le più belle novelle di tutti i paesi 1959* 235-60.

[8] D'Angeli, *Nota*, in Pasolini, *Amado mio* 201.

[9] Un altro suggestivo esempio della memoria leopardiana del giovane Pasolini è offerto dalla descrizione della sagra di San Pietro: "Vestiti a festa, guardano crucciati le enormi nuvole tormentate dai tuoni, che coprono tre

quarti del cielo. Una vasta traccia di azzurro verso la marina alimenta le loro puerili speranze. Oh, se ripenso alle mie smanie di adolescente, a quel desiderio domenicale di inserirmi nel corso della vita!" (*Atti impuri*, cap. I, p. 16 in *Amado mio preceduto da Atti impuri*).

[10] Naldini, *Nei campi del Friuli*, 12-14, ha constatato che all'inizio Pasolini aveva pensato di dare un assetto romanzesco ai suoi quaderni di diario, che recavano il titolo *Pagine involontarie (romanzo)* ed erano indirizzati al "Caro lettore". Il Naldini aggiunge che "Il testo inizia con una lettera di Stendhal datata 20 giugno 1946, ma successivamente cancellata" (14). Invece nell'ultimo quaderno il titolo diventa *Il romanzo di Narciso. Terza parte. Con Alcina*. I titoli *Il romanzo di Narciso; A Silvana M(auri) Parte I; Pagine involontarie*, riportati su un foglietto allegato al dattiloscritto di *Atti impuri*, dimostrano il forte legame esistente tra il romanzo e il diario, di cui l'autore ha conservato lo stesso schema di divisione della materia in anni: *1946* e *1947*. E mentre il titolo *Il romanzo di Narciso* sarebbe servito a dare un senso di continuità tra quest'ultimo romanzo e le *Poesie a Casarsa* pubblicate nel 1942, il titolo *Pagine involontarie* potrebbe rappresentare l'iniziale intenzione da parte dell'autore di presentare il racconto in maniera più oggettiva e meno personale. Grazie all'uso dello stesso tono da confessione, Pasolini in *Atti impuri* riproduce intere parti del suo diario, che sono state poi riportate nella *Cronologia* del Naldini, p. xlix e sgg. È infine significativo che il primo e l'ultimo capitolo del dattiloscritto del romanzo sono i soli a non avere subito sostanziali correzioni alla terza persona e ad aver conservato la forma originaria del diario (per cui vd. D'Angeli *Nota*, in Pasolini, *Amado mio* 199). L'importanza data da Pasolini al diario come simbolo del lavoro quotidiano di chi produce opere letterarie, emerge anche dal titolo di alcune sue raccolte poetiche: *Dal "diario" (1945–47); Roma, 1950, diario; Frammenti di diario 1961*.

[11] Nell'estate del 1947 c'era già stato un primo tentativo di emigrazione clandestina in Jugoslavia da parte di un gruppo di venti giovani di Ligugnana: "Abbiamo attraversato le montagne a piedi, ma la polizia italiana ci ha bloccato prima che passassimo il confine, dalle parti di Cormons. Ci hanno sbattuti in prigione a Gorizia, ci tacciavano da comunisti, altrimenti perché avremmo dovuto emigrare in Jugoslavia? Era vero solo in parte, a diciasette anni che idee puoi avere? C'era la speranza di lavorare, di guadagnare qualcosa, di mangiare. Conoscevamo gente che c'era stata, eravamo convinti che di là ci fosse più giustizia e uguaglianza che di qua. Come minorenni ci hanno rinchiusi a parte, ma i grandi si sono trovati in carcere con dei fascisti e si sono picchiati. Dopo otto giorni di accertamenti, ci hanno rilasciati e rinviati a casa. Alcuni sono partiti per altre destinazioni, soprattutto in America. Invece Germano Giacomuzzi, Toni Nonis e suo padre, Toni Mio, io e mio futuro cognato Vittorino 'Nini' Del Piero,

nella primavera del '48 abbiamo ritentato la via della Jugoslavia e siamo riusciti a passare. Gli Slavi ci hanno preso e condotto a Santa Lucia di Tolmino, tenendoci quindici giorni in una caserma abbandonata assieme a dei francesi e ad altri stranieri. Poi ci hanno chiesto cosa volevamo fare. Noi aspiravamo a entrare in fabbrica. Il Nini ha dichiarato che conosceva il mestiere di meccanico e aveva lavorato nei torni con i tedeschi, mi ha consigliato 'di' che hai fatto il garzone di meccanica'. Così io, lui, Germano e Toni Mio siamo stati destinati a un'officina di Fiume, il silurificio. Lì con sorpresa abbiamo trovato Elio Bianchini di Madonna di Rosa che faceva il disegnatore. Ci hanno assegnato un alloggio e siamo rimasti al silurificio circa due mesi, ma andava sempre peggio. Gli jugoslavi avevano rotto i patti con la Russia e non facevano più parte del Cominform. Tito, per quanto ne so, ha voluto uno stato non dipendente né dalla Russia né dall'America, ma è scoppiata una gravissima crisi, la fame. Lavoravi e lavoravi ma non ti davano più da mangiare, nemmeno quella misera razione in mensa. Non c'era nemmeno la tessera, i negozi erano vuoti, trovavi solo quadri di Tito e manifesti di propaganda. La gente non legava con noi, ci odiava. Gran parte erano italiani, avevano una reazione: 'cosa venite a fare qua, siete andati via da un paese dove si sta bene'. Ma non era vero, noi non stavamo bene in Italia e avevamo preso anche le manganellate di Scelba. Abbiamo detto 'qua ci tocca morir di fame' e abbiamo deciso di ritornare. A Gorizia ci hanno ripreso e rimesso dentro anche stavolta, per altri otto giorni, poi ci hanno spostato in treno a Cividale, in manette e catene a due a due, accompagnati dai carabinieri come delinquenti. Ero legato con Germano, avevamo entrambi appena diciott'anni. Ci hanno rilasciato un foglio di via, siamo saliti su un carro di cemento che ci ha scaricato sul ponte del Tagliamento e a piedi siamo rientrati a casa. [...] Dunque, al rientro dalla Jugoslavia, Pier Paolo mi ha chiesto di raccontargli quell'esperienza e sono andato in bicicletta da lui per tre quattro giorni di fila. Lui batteva a macchina tutto quello che gli raccontavo, quello che mi usciva, anche certi modi di dire di cui neanche m'accorgevo, come il chiamare 'cani' quegli slavi che non ci davano neanche da mangiare. Ma io non intendevo essere offensivo, considerarli gente cattiva o canaglia, in fondo avevano fame anche loro". La testimonianza di *Dino Peresson di Ligugnana, classe 1930*, fa parte dell'interessante raccolta di interviste curata da Giuseppe Mariuz, *La meglio gioventù di Pasolini* 81-89 (83-84 e 86). Cfr. anche Naldini, *Cronologia* cvi.

[12] Per quanto concerne il viaggio all'estero dei giovani friulani, il Golino (71 e 73) scrive: "*Il sogno di una cosa* introduce un tema centrale nel processo formativo dei personaggi: l'emigrazione come prova di maturità, taglio del cordone ombelicale con i luoghi dell'infanzia, superamento di un confine [...] Continua dunque 'il sogno di una cosa' —la marxiana

'riforma della coscienza'—mentre nel corso della vicenda si irrobustisce il tema dell'educazione politica di gruppo che è forse la maggior novità di questo romanzo rispetto all'impianto tematico degli altri libri narrativi di Pasolini". A me sembra invece che al loro ritorno i giovani non siano affatto cambiati o maturati, ma che anzi si sentano legati alla loro terra più di prima.

[13] Per quanto riguarda il viaggio di Milio, il solito Golino sostiene che "tra l'esperienza collettiva dell'espatrio clandestino e quella ugualmente collettiva che vivono i giovani emigrati al ritorno in Italia, c'è come un intermezzo, piuttosto sfocato, in cui Milio, anche lui rimpatriato, racconta la sua avventura di lavoratore in Svizzera, l'unico del gruppo ad aver scelto quel paese. E l'unico anche a non aver scelto un paese per motivi ideologici" (73-74). Innanzitutto bisogna dire che il racconto di Milio non è affatto "sfocato", ma è molto più dettagliato della descrizione del viaggio in Jugoslavia (per cui cfr. anche A. Vitti, *Il primo Pasolini e la sua Narrativa* 95-118 [108-10]). Inoltre non bisogna per forza valutare "l'esperienza collettiva dell'espatrio" in un paese comunista come più importante di quella avuta dall'individuo Milio in un paese capitalista. Al contrario ci sembra che l'esperienza di Milio sia stata, tutto sommato, più positiva di quella vissuta dai suoi amici. È inoltre necessario tener presente che le due avventure sono nate dai racconti orali e dalle relazioni scritte degli amici di Pasolini e che la cosa più importante che emerge dal romanzo è il profondo legame che unisce i giovani friulani alla propria terra.

[14] Dalla testimonianza di *Archimede Bortolussi di San Floreano, classe 1928*, in Mariuz, *La meglio gioventù di Pasolini* 35-36. Alle pp. cvi-cvii della *Cronologia*, il Naldini parla del viaggio in Svizzera di Archimede che passa per Friburgo "a portare i saluti di Pasolini al Contini e al suo ritorno dopo alcuni mesi stende per incarico di Pasolini un memoriale delle sue avventure che apparirà con lievi modifiche nel romanzo". Nel volume curato dal Mariuz, *La meglio gioventù di Pasolini* 37, è anche riportata una *Allegata lettera di Pier Paolo Pasolini [databile Roma 1950-1951, inedita]*, in cui il poeta di Casarsa chiedeva ad Archimede la composizione di alcuni temi di cui aveva intenzione di servirsi per l'elaborazione di altre parti del *Sogno*: "Poi ti devo chiedere un favore. Ti ricordi quei temi che mi facevi sulla Svizzera? Credo che Nico ti abbia letto il racconto che ne ho ricavato e che mi hanno pubblicato sulla rivista 'Il Mondo'. Ora avrei ancora bisogno del tuo aiuto. Dovresti farmi questi tre temi (di due o tre paginette l'uno): 1) La vita misera del contadino e i suoi lavori più faticosi. 2) Le condizioni della tua famiglia. 3) Brontolamenti contro le ingiustizie sociali che ti hanno impedito di studiare".

[15] Una cosa analoga si trova in *La strada per Roma*, il romanzo giovanile di Paolo Volponi composto negli anni sessanta e pubblicato presso Einaudi

nel 1991. Ad un certo punto il lettore si trova di fronte alla lettera in prima persona con cui l'amico di Guido spiega i disagi incontrati nel duro lavoro delle miniere belghe. Tra l'altro un personaggio che era andato a lavorare in miniera faceva anche parte della trama originaria del romanzo di Pasolini, il quale nel '58 ha visitato i campi dei minatori italiani in Belgio, come inviato speciale del settimanale comunista *Vie Nuove*.

[16] Il lodo De Gasperi del 1946 prevedeva l'assunzione dei disoccupati da parte dei proprietari terrieri e un parziale risarcimento ai mezzadri dei danni subiti durante la guerra. Pasolini parla della scelta di questo titolo nell'introduzione alle *Poesie*: "[...] Ciò che mi ha spinto a essere comunista è stata una lotta di braccianti friulani contro i latifondisti, subito dopo la guerra ('*I giorni del Lodo De Gasperi*' doveva essere il titolo del mio primo romanzo, pubblicato invece poi nel 1962 col titolo *Il sogno di una cosa*). Io fui coi braccianti. Poi lessi Marx e Gramsci" (10).

[17] La manifestazione si concluse il 28 gennaio 1848 con l'occupazione della villa Rota che venne circondata dai carabinieri, dalla polizia e dall'esercito. Per protestare contro la carica delle forze dell'ordine, il 30 gennaio 1848 venne indetta un'altra manifestazione a Cordavado. Intimorita dal gran numero di partecipanti (circa 5000 persone), la Prefettura di Udine decise di inviare un funzionario incaricato di raggiungere un accordo con i manifestanti. Per maggiori ragguagli, cfr. il cap. "*Epos Friulano* ('*I giorni del lodo De Gasperi*')" della biografia di E. Siciliano, *Vita di Pasolini* 155–63 (131–74). Un'altra cosa da tener presente è che mentre nei documenti si dice che le donne hanno avuto un ruolo determinante nella difesa della villa Rota, nel romanzo soltanto i giovani sono i veri protagonisti della vicenda (il primo ad assaltare la villa di Malacart è addirittura Onorino Pereisson, il fratello minore di Eligio, seguito da altri due ragazzi coi calzoni corti). L'episodio delle donne che si scontrano con le forze dell'ordine, sarà invece ripreso in *Una vita violenta*.

[18] "P. Io e Pier Paolo andavamo a ballare soprattutto a Ligugnana, nell'ex caserma che era un punto d'incontro, o al Gatto verde di San Vito—una piattaforma sullo spiazzo presso le scuole—e questo piatto [di ceramica, dipinto a mano] l'abbiamo vinto lì come premio alla gara di samba. Era, credo, il Quarantotto... *Lei compare ne 'Il sogno di una cosa'*... P. Sì, sono Pia. Ha messo il mio nome, mi ha descritto nei tratti e nel carattere; però non lavoravo in osteria e non ero fidanzata con uno di Ligugnana. Ha scritto che mi piaceva la città e che ero sognante, ed è vero. Nel libro ci sono anche Susanna, padre di Guglielmo, e Dino Peresson da Ligugnana, chiamato Eligio, che gli ha raccontato di quando sono andati in Jugoslavia. C'è anche la storia di un giovane morto, era un fantàt (ragazzo) dei Venturùs [Ventoruzzo] detti i luncs (i lunghi), coloni di Zuccheri, che abitavano dove ora c'è la Coop. Pier Paolo è stato colpito da quel funerale, ha descritto la

loro casa, il cortile, tutta la gente ai funerali: sembra proprio di essere lì dai Luncs" (*Pia Paron di San Giovanni, classe 1925 e Licia Paron, classe 1929*, in Mariuz, *La meglio gioventù di Pasolini* 71–79 [73 e 77]).

[19] Pasolini, *Lettere 1955–1975* 499–500. Per la sua epigrafe Pasolini espunge significativamente l'aggettivo *mistica* che era presente nel testo originale di Marx: "'*Il nostro motto dev'essere dunque: riforma della coscienza non per mezzo di dogmi, ma mediante l'analisi della coscienza* [mistica] *non chiara a se stessa, o si presenti sotto forma religiosa o politica. Apparirà allora che il mondo ha da lungo tempo il sogno di una cosa...*' K. Marx, da una lettera a Ruge, da Kreutznach (settembre 1843)".

12
Father Pasolini: A Man Wakes up Screaming. *Affabulazione*

Thomas Simpson

A man wakes from a dream, screaming. He has been moaning aloud, calling out as a man to a boy, as a boy to his father and mother. Returning to consciousness, he momentarily thinks he's become light as a reed and can fly. He cannot remember the dream, all he can say is, "Ho capito qualcosa... *ma non so che cosa*" (Pasolini, *Teatro* 473). As his wife bustles off to prepare him coffee, reassuring him in a motherly way that his nightmare came from sleeping in the sun on a full stomach, the man describes a sensation of "re-emerging" from his dream into something that is just now beginning, or beginning all over again. He declares himself, "Un uomo nuovo nato da quel sogno," saying, "Io non sono più soltanto io. Che cosa mi si è aggiunto? Qualcosa che ero già o che dovevo ancora essere?" (Pasolini, *Teatro* 474). Everything suddenly appears different, no matter how familiar his surroundings. His wife returns with coffee and he starts to come around, fretting banally about heart problems. But when she casually mentions their son, the man feels a sudden thud in his heart, heat rises to his brain, the dream seizes him again. Whatever it was that came in his dream has something to do with his son.

In Pasolini's verse tragedy *Affabulazione*, a solidly bourgeois Milanese industrialist receives an oracle that destroys his security, but the language of the oracle is so foreign that he is unable to recognize what message has been given, what destiny announced. As in Sophocles' *Oedipus*, the protagonist's inability to comprehend the oracle is fundamental to his doom. Tragic heroes suffer from blindness that comes from their illusion that the past is behind them rather than omnipresent. Whether ancient kings or bourgeois captains of industry, they believe themselves to live in, and have control over, a linear sequence of actions in which event follows cause. Their fate teaches them instead that time surrounds us like ripples on a pond and that truth emerges inexorably, surfacing through layers of illusion. Whereas Oedipus' oracle concerns the murder of his own father, this man's prophecy somehow concerns the murder of his son.

In March 1966, Pasolini was eating dinner with friends in a restaurant in the Roman ghetto when an ulcer exploded in his stomach. Overwhelmed with pain, he had to be taken to a hospital, where he remained bed-bound for a month. "L'ulcera, un mese a letto, la debolezza, i riguardi," Pasolini remembered, "Mi sono sentito vecchio per la prima volta" (Naldini 305). He was 44. Pasolini's discovery of himself as an old man coincides with a shift from what Gian Carlo Ferretti terms the "stagione materna" of his work to the "stagione paterna" (Ferretti). The ulcer shows Pasolini that he is no longer young, a recognition that seeds his growing sense of difference from the advancing wave of the so-called youth movement in Europe and America. From now on, Pasolini increasingly adopts a rhetorical position as a "padre" and an "uomo anziano," that is, as an elder and a seer. In the last year of his life Pasolini writes an essay naming this period, from the early to mid-sixties, as the watershed moment when fireflies disappeared, a phenomenon he describes as "folgorante." He says of them,

> "Sono ora un ricordo, abbastanza straziante, del passato: e un uomo anziano che abbia un tale ricordo, non può riconoscere nei nuovi giovani se stesso giovane, e dunque non può avere i bei rimpianti di una volta." (Pasolini, *Scritti corsari* 161)

After his ulcer, Pasolini regards himself and the young as on opposite sides of a divide.Because "the new youth," cannot remember his fireflies, that acutely vulnerable signifier, he can no longer recognize himself in youth. The old is superseded by the new; when we say 'new,' we mean 'unrecognizable.' A son may compensate a father for his loss by offering up to him part of his identity, but part is enough neither for Pasolini nor for the Father in *Affabulazione*. In history, fireflies have not disappeared; rather, they are the metaphor Pasolini adopts to describe his sense of loss. Pasolini famously declared, "Io difendo il sacro perchè è la parte dell'uomo che offre meno resistenza alla profanazione del potere." His lost fireflies are a metaphor for the irrecoverable delicacy of the sacred; their tenuous blinking makes the surrounding darkness that much more immense and final. From his hospital bed, he writes, "Certi mattini, al risveglio, il pensiero dell'età è come una folgore." (Naldini 305)

During his convalescence, he rereads the dialogues of Plato. Inspired by the ancients, he begins six verse tragedies, a double return because the Platonic dialogue, the exchange between sage and neophyte, suggests a fresh way of writing poetry (which he had abandoned in preference for film), as a dramatic conversation. Reading the Greeks also provokes his return to theater. Pasolini is principally described as a poet, novelist, filmmaker, essayist, cultural and political theorist and militant, etc., but as Stefano Casi has thoroughly documented, in fact his artistic work began with theater, when as a young teacher he wrote and staged veiled self-referential allegories performed by his students (Casi). Pasolini returns to theater at crucial turning points throughout his life, and two of his most autobiographical works are plays (that is, the drama he began in Casarsa, *Il capellano*, finally released for production in 1965 with the title *Nel '46!*, and the tragedy *Bestia da stile*, which he worked on from 1966 to 1974 and which he called his autobiography).

Pasolini speaks badly and dismissively of theater in Italy throughout his life, saying for example in 1965, "Vado a teatro molto poco, e ogni volta giuro di non tornarci più," but he does return to it continuously and irresistibly, both as practitioner and spectator, too often for his dismissal to stick (Pasolini, *Saggi* 2782). Especially he turns to theater at moments of transition: before leaving Friuli for Rome; when seeking producers for *Accattone*; at the time of his ulcer in 1966; and in his late autobiographical composition. Virtually all Pasolini's theater work remains abandoned or incomplete precisely because it was there where he worked most viscerally with undigested materials, where he felt most determined to fail in the name of truth, least willing to compromise, and less restrained by respect for form.

Pasolini uses the oracular topos of Greek tragedy to warn against the youth movement's ignorance of its obligation to the past, its conviction of autonomy from its forebears. In a piece collected in the *Lettere luterane*, he writes:

> Uno dei temi più misteriosi del teatro tragico greco è la predestinazione dei figli a pagare le colpe dei padri [...]. Confesso che questo tema del teatro greco l'ho sempre accetttato come qualcosa di estraneo al mio sapere [...]. Ma poi è arrivato il momento della mia vita in cui ho dovuto ammettere di appartenere senza scampo alla generazione dei padri [...] Sarebbe troppo facile e, in senso storico e politico, immorale, che i figli fossero giustificati—in ciò che c'è in loro di brutto, repellente, disumano—dal fatto che i padri hanno sbagliato [...]. Non ci sono figli innocenti. (Pasolini, *Saggi sulla politica e sulla società* 541-46)

Of the six tragedies he drafted while in hospital, Pasolini himself staged only one, only a couple have been staged at all, and none of them in a production that can be called successful. *Affabulazione*, a jarring mixture of classical tragedy and bourgeois comedy of manners, is the first of a trio of works, along with the films *Edipo Re* (1967) and *Teorema* (1968) which explore sacred boundaries, especially between fathers and sons.

Episode One of *Affabulazione* opens the way *Teorema* ends, with a father screaming. He is still in his dream. His first lines go like this:

> "Ah!
> Aiuto!
> Aaaaaaah! No... Voglio toccarti le ginocchia...
> Dietro il ginocchio... sui tendini!
> Aaaaah... Nei giardini...
> Dove vai... ragazzo, padre mio!" (Pasolini, *Teatro* 472)

The mention of the tendons behind the knee is autobiographical. Pasolini remembered that his first experience of sexuality came in early boyhood when he became overwhelmed at the sight of the tendons behind the knee of a playmate, a sensation of awful tenderness that the boy Pasolini immediately invented a name for, *teta veleta*. That acute thrall is transformed here, at the first moments of the play, into a rebirth of the Father into a new order of reality, from the bourgeois to the tragic. The concept of Theater that Pasolini will stress in his *Manifesto per un nuovo teatro* in 1968 is that of a civil rite, an initiation entailing the symbolic rebirth of its participant spectators. The Father calls out, "Dove vai… ragazzo, padre mio!" A rite introduces the initiate into a new order of time and being, touched by eternity. Here the Father is suddenly stripped of his role, previously fixed securely in time and society; from one moment to the next he is both child and adult, father and son. In a few seconds he will awake from his dream calling out to his mother. In the course of *Affabulazione* neither we nor he will ever understand exactly what he saw or heard in the oracular dream that unmoors him in time, but it reverberates around the *teta veleta*. Sexual vulnerability is, in Pasolini, the most sacred site available to mortals, as well as the most revolutionary response to bourgeois repression. Masochism mixed up with sadism, humiliation with humility, carnal with paternal and filial love. In *Affabulazione*, linear time turns circular to whirl around a most taboo object: a father wants to enter and be entered by his son. The father wants something even beyond sex from the son, but we never learn precisely what because it can never be realized. We only know that whatever it is he wants, he can't have it in this life. In the sequence of episodes, the father firsts demands his son's obedience and then the opposite, asking the son to take the mastering role of father. He attempts to manipulate his wife so as to have his son discover them having sex. He shows his son his own sex and begs to see his son's. Finally and fatally, he bursts in on his son as he makes love and kills him with a toy knife.

In 1968 Pasolini writes a "dialoghetto sul cinema e teatro" for "Tempo" featuring himself and Ninetto Davoli, his muse of nature, in which Pasolini asks Ninetto, "Che differenza c'è fra un uomo nella realtà e lo stesso uomo rappresentato al cinema o al teatro?" (Savoca 7). Ninetto answers, "Niente, nessuna differenza."

Pasolini continues, "In quale di queste tue forme ti senti più vero?" Davoli says, "Sul teatro." The little dialogue strongly evokes Pasolini's delight in Davoli and the writer's complicated mixture of paternalism and love for his youthful protegé. Davoli says that he feels equally "Ninetto" (In his questions to Davoli, Pasolini puts quotation marks around the character name) on stage, in a bar, or on the street, he says, "...perché sono sempre dei palcoscenici." The difference between the street and the stage, as expressed in an observation by the character named the Shade of Sophocles in *Affabulazione*, is that,

> L'uomo si è accorto della realtà
> solo quando l'ha rappresentata.
> E niente meglio del teatro ha mai potuto rappresentarla. (Pasolini, *Teatro*, 520)

For Pasolini's "Ninetto," all life is a stage: Davoli acquires his identity as "Ninetto" only when represented by Pasolini. That makes "Ninetto" the act, Pasolini the actor; Ninetto the created, Pasolini the creator. But this is no simple, unidirectional relationship of dependence, because the creator only exists through his creation. Man becomes conscious of reality only by representing it artificially. Theater was essential to Pasolini for much the same reason he scorned it: because in Theater more than any other form of representation, the actor comes closest to becoming the act, but that very near-identity underscores the impossibility of fusion. In *Affabulazione*, the Father resorts to hectoring, pleading, role-reversal, gender-shifting, sex, masturbation, and finally murder to become one thing with his son. But in the reality of Time, the creator and the created are lost to one another. The Shade of Sophocles explains to the father,

> Non si tratta, purtroppo, di una verità
> della ragione: la ragione
> serve, infatti, a risolvere gli enigmi...
> Ma tuo figlio—ecco il punto, ti ripeto—
> Non è un enigma.
> Egli è un mistero. (Pasolini, *Teatro* 516)

Unlike an enigma, a mystery cannot be resolved.

During extended soliloquies, the father tries to remember what he saw or heard in the dream that so changed him, but it stays just beyond the reach of his mind. He says, "Io e Dio giochiamo a rimpiattino: / lui si nasconde dentro il mio sogno, e io, del resto, / come per tutta la vita, mi nascondo nella realtà." (Pasolini, *Teatro* 481–82). Each exists by virtue of the other, but they cannot occupy the same space and time. As with Oedipus and Greek tragedy in general, we as witnesses and chorus never know how much it matters whether the protagonist understands the oracle, because the destiny is foreordained either way; no foreknowledge, acceptance, or wisdom on the part of the protagonist can change his fate one iota. In *Affabulazione*, on one hand we have Pasolini's social analysis of the incommensurability of tragic vision in a bourgeois world. Numerous comic moments arise when stock characters named the Priest, the Doctor, or the Police Chief, almost recalling Ionesco, demonstrate their inability to understand the Father's transformation. On the other hand we have the Christological aspect of a son in time and a father outside it, and the question of who ultimately generates whom.

A short piece entitled "Frammento" published at the end of *Scritti corsari* contains an account of an experience that must have happened shortly before Pasolini's hospitalization. The essay principally consists of a polemic against a writer who had accused him of fascist tendencies, but it starts with a tale. It begins, "In tutta la mia vita non ho mai esercitato un atto di violenza né fisica né morale," but then adds, "C'è una sola eccezione." He tells of being with a group of students who were attacked by young fascist thugs while going to attend a debate in Rome. "C'erano con me dei giovani compagni: ed è stata soprattutto la violenza contro di loro che mi ha esasperato." The students and Pasolini fight back, the fascists retreat, and he pursues one of them:

> Io ho cominciato a inseguire il più scalmanato. La nostra corsa è durata per più di un chilometro attravverso il quartiere di San Lorenzo. Quando stavo per raggiungerlo, egli è salito su un tram, dove, malgrado i calci che egli mi sferrava dal predellino, son riuscito a salire anch'io. Allora egli è tornato a fuggire ed è saltato dal tram in corsa dall'uscita anteriore.

Cosa che ho fatto anch'io. E' ripresa la corsa forsennata attraverso San Lorenzo, finché egli è scomparso dentro un garage, dove non l'ho più trovato [...] A quel punto però, pobabilmente, anche se lo avessi acciuffato, non avrei fatto più niente. La rabbia mi era ormai passata. (Pasolini, *Scritti* 296–97)

Paternal concern for younger companions provokes Pasolini into the first violent act of his life. An older man chases a younger heedlessly through the streets of Rome, the older grasping to seize the younger, to beat, punish, discipline, admonish, correct, control him. But at the very moment the young man disappears, the older one's motivating rage vaporizes. In *Affabulazione*, no matter how the Father tries to grab the son, no matter how close he gets, his hands always come up empty; even, and especially, when he kills him. At the end of the play, it's twenty years later, the father has been released from prison and is now a derelict, living on a railroad siding. As though blind and mad, he keeps on talking, giving his reasons, even after his listener has abandoned him.

In a late poem published in *Trasumar e organizzar*, "Un affetto e la vita," which may be a meditation on his relationship with Ninetto, Pasolini formulates a distinction between carnal and paternal love, discovering the latter even more mysterious than the former, precisely because, taboo aside, it can be realized only in self-sacrifice:

La tenerezza che tale affetto impone
al profondo, non conduce né a fecondare
né a esser fecondati [...]
eppure si soccombe ad esso
con lo stesso senso di precipitare nel vuoto
che si prova gettando il seme, quando si muore
e si diventa padri. Infine [...]
[..]
benché sembri assurdo, per un simile affetto,
si potrebbe anche dare la vita. Anzi, io credo
che questo affetto altro non sia che un pretesto
per sapere di avere una possibilità—l'unica—
di disfarsi senza dolore di se stessi. (Pasolini, *Trasumanar* 92–93)

To give one's life, to be done with oneself; this is the duty and destiny of the father. "Ci sono delle cose," he writes in *Petrolio*, "—anche le più astratte e spirituali—che si vivono *solo attraverso il corpo*." (Pasolini, *Petrolio* 262). The childless poet follows his body, abandons himself, leaps into the void of an irresolvable mystery. It is painless, this "disfarsi senza dolore di se stessi," because, like Socrates in the *Phaedo*, by an act of will the poet undoes his tie to the flesh that experiences pain. But finally Pasolini's sacrifice is less classical than Christological, because rather than an act of integrity, like the philosopher's departure for a realm of ideals, the father's act in *Affabulazione* is one of humiliation, a limitless falling into life, a self-immolating embrace of all that is most pathetically human.

Part VI

The Pasolini Myth

13
Imputato Pasolini: un caso di "diritto e letteratura"

Barbara Castaldo

> "Da bambino ricordo che avevo due incubi [...]: essere sepolto vivo e essere condannato innocente: ci pensavo, con l'eccesso di fantasia di chi, fin dalla nascita, è interiormente ferito, e non potevo resistere al pensiero. Un senso di rivolta, di ripugnanza, di esasperazione che non ha equivalenti: qualcosa che non si può esprimere se non nell'urlo bestiale, nella furia epilettica. Ora, io, tornando l'altra sera da Latina, avevo dentro di me quest'urlo e questa furia. Dominati, oh, certo, dominati: e riordinati subito, com'è ormai mia antica abitudine, in pensieri, in sforzo di capire: in amore, infine."
>
> *Pier Paolo Pasolini*
> "Come un incubo dell'infanzia" (ristampato in Pasolini, *Saggi sulla politica e sulla società* 1008-1009)

Questo articolo autobiografico di Pier Paolo Pasolini apparve il giorno successivo alla sua condanna per minaccia a mano armata, a conclusione del famoso processo per i cosiddetti "fatti del Circeo" del 1962. Introduce al clima di questa relazione, che si propone di fornire alcuni spunti di riflessione su quel complesso fenomeno giudiziario e mediatico che furono i processi a Pasolini.

Si tratta di un clima da incubo, sul cui svolgimento legale e pubblico, oltre che sugli aspetti introiettati e resi in arte da Pasolini, pesa come un destino l'ombra psicologica di un fantasma infantile di stampo kafkiano. I due termini dell'incubo, l'essere sepolto vivo e condannato innocente, risuonano assai familiari nell'universo tematico pasoliniano, evocando entrambi la situazione del "parlare non essendo compresi" rappresentata nei versi di *Una disperata vitalità*.[1]

Non è certo raro che un autore di successo e carisma come Pier Paolo Pasolini sia sottoposto a procedimenti giudiziari o a censura artistica, come testimonia la storia dei processi a Charles Baudelaire, Gustave Flaubert ed Oscar Wilde. Tuttavia, ciò che turba nel caso di Pasolini è il numero dei processi: sono 31 i procedimenti legali di cui il Centro Studi—Archivio Pier Paolo Pasolini conserva documentazione, senza contare il processo per l'omicidio. Tra un'udienza processuale e un'altra Pasolini non doveva esser lontano più di un mese da un'aula di Tribunale, in persona o rappresentato dai legali. Nell'arco di un trentennio, dal 1949 al 1977 (e quindi anche *post-mortem*), fu imputato di numerosi reati tra cui corruzione di minori, oscenità, diffamazione a mezzo stampa, apologia di reato, favoreggiamento, furto, rapina a mano armata, vilipendio alla religione di stato, incauto affidamento, invasione d'edificio e propaganda antinazionale, per citare solo alcuni "titoli" dal suo curriculum giudiziario. Le accuse, di volta in volta, erano mosse contro l'opera (narrativa e cinematografica) o la persona.

L'eccezionalità dei casi legali di Pasolini induce ancora oggi, a trenta anni di distanza, a porsi delle domande, muovendo dal lavoro già compiuto in questa direzione.[2] Addentrarsi nella rilettura dei densi fascicoli processuali relativi a Pasolini dà l'impressione di ricostruire da diverse angolazioni la storia di un unico, ininterrotto processo,[3] che potremmo indicare, ancora kafkianamente, come *il Processo* (il termine richiama volutamente anche la serie di articoli del '75, raccolti nelle *Lettere luterane*, in cui Pasolini immaginò di processare e condannare la Democrazia Cristiana).[4] Viceversa, in quegli atti processuali si legge la storia di una polemica pasoliniana senza soluzioni di continuità, di uno scontro quasi trentennale in cui Pasolini tenne ingaggiate le istituzioni. Esaminare il Processo significa anche ripercorrere la storia di un quarto di secolo della

Imputato Pasolini: un caso di "diritto e letteratura"   239

società italiana, perché un processo di quelle proporzioni all'interno di una comunità è anche un processo *di* quella comunità; e i trascritti legali rappresentano un ottimo barometro di una cultura in uno specifico temporale.

La vastità e complessità degli argomenti che emergono da una simile indagine costringono in questa sede ad indicare solo delle direzioni di ricerca e la potenzialità delle implicazioni ricavabili da uno studio più approfondito del tema.

Gli strumenti critici utilizzabili sono riconducibili principalmente alla corrente di studi interdisciplinari del "diritto e letteratura". L'ipotesi ideologica da cui si parte riecheggia la domanda del giudice Benjamin Nathan Cardozo ad esordio di uno dei saggi capostipite del campo del *Law and Literature* statunitense: la questione se "a judicial opinion has no business to be literature", indagata e risolta positivamente da Cardozo nel saggio (Cardozo 3).

La premessa è dunque l'idea che gli atti processuali, pur non essendo specificamente un prodotto letterario—in quanto assolvono funzioni che travalicano la sfera artistica—, possano tuttavia abitare uno spazio culturale assai vicino a quello letterario, nel quale è possibile applicare utilmente gli strumenti della critica letteraria con fini esegetici. Come ha scritto Robert Weisberg a proposito del *Law and Literature Movement*,

> "the general claim is essentially that law and literature are two parallel cultural phenomena; they are both attempts to shape reality through language, and are both concerned with matters of ambiguity, interpretation, abstraction, and humanistic judgment. They are also both performative activities which require us to engage in some combination of description of reality and ethical judgment" (Weisberg 6).

Il materiale su cui è possibile lavorare in questa direzione è davvero consistente ed è costituito non solo dai documenti processuali, ma anche da articoli giornalistici (resoconti da quotidiani e riviste dell'epoca) e scritti autobiografici dedicati alle controversie processuali. Le testimonianze nei processi, di pugno dello stesso Pasolini, le voci individuali dei cittadini, le perizie artistiche richieste a critici letterari o cinematografici, le raffinate sentenze dei giudici elaborate intorno a complesse nozioni di filosofia estetica e morale, permettono di ricavare un bagaglio di conoscenze trasferibili in sede critica per illuminare ulteriori aspetti della complessa fisionomia artistica di Pasolini. Attraverso le pagine processuali è inoltre possibile ripercorrere la ricezione dell'opera di Pasolini non solo presso la critica professionale, ma anche nella sua accoglienza popolare.

Ulteriori strumenti di analisi cui si può ricorrere provengono dal settore della sociologia delle comunicazioni che si occupa dei rapporti tra il mondo giudiziario, i *media* e la società. Le notizie relative ai processi di Pasolini apparvero difatti regolarmente e con gran risonanza sulle prime pagine dei quotidiani e delle riviste italiane per oltre un ventennio (un fenomeno mediatico ancora di attualità, se si considera l'interesse suscitato in Italia dalla recente riapertura—e archiviazione lampo—delle indagini sull'omicidio del poeta). Gli eventi processuali di Pasolini sono difficilmente districabili dai loro riflessi mediatici e rientrano nella tipologia di casi giudiziari che hanno influito molto sull'opinione pubblica. Si pensi al processo Dreyfus in Francia alla fine del 1800, o al processo di Norimberga, o agli schieramenti razziali ed emotivi stimolati dai recenti processi contro O. J. Simpson negli Stati Uniti e Anna Maria Franzoni in Italia.

Il rapporto tra apparato giudiziario e sistema mediatico è messo chiaramente in luce nel libro *Pasolini: cronaca giudiziaria, persecuzione, morte*; sintomaticamente, una porzione rilevante del libro riferisce di come le cronache giudiziarie furono accolte dai *media* e dall'opinione pubblica. Più in generale, e non solo riguardo ai processi, l'immagine mediatica di Pasolini è stata recentemente indagata in studi, mostre e dibattiti, rilevando un aspetto non più trascurabile in un'epoca in cui i mezzi di informazione gestiscono una larga fascia della comunicazione e della cultura nazionale di un paese.[5]

I processi a Pasolini rappresentano uno dei primi casi in Italia in cui la regolare amministrazione della giustizia smise di essere un discorso per pochi specialisti ed entrò trionfalmente nell'epoca degli eventi di massa. Ciò fu reso possibile dalla vastità della copertura mediatica, la quale non solo contribuì alla spettacolarizzazione dei processi, ma in alcuni casi determinò un cambiamento sensibile nello svolgimento delle indagini e dei dibattimenti processuali.

Imputato Pasolini: un caso di "diritto e letteratura" 241

Come in un "circo mediatico-giudiziario", il fenomeno contemporaneo studiato da Soulez Larivière, le notizie provenienti dagli ambienti giudiziari alimentavano la scena mediatica che a sua volta tornava a condizionare la prima (Soulez Larivière). Basti citare uno dei processi più noti, quello per l'omicidio di Pasolini, in cui la continua fuga di notizie durante le investigazioni ebbe una tale eco a livello nazionale da scatenare l'immaginario collettivo e produrre il sorgere di testimonianze fantasiose e una serie di clamorosi depistaggi delle indagini.[6]

Il passaggio da un sistema giudiziario di scarsa risonanza ad uno di visibilità e dicibilità totale non solo portò alla spettacolarizzazione dell'evento processuale, ma contribuì anche a desacralizzarlo e a "secolarizzare" gli elementi dibattimentali, un tempo concepiti unicamente ad uso di una selezionata classe professionale. Nel processo di primo grado al film *La ricotta* (accusato di vilipendio alla religione nel '63), personaggi come il pubblico ministero Giuseppe Di Gennaro uscirono dall'ombra dell'aula processuale per contendersi la scena pubblica accanto al celebre imputato e catturare sia l'attenzione dei giudici sia dei *media*. Consapevole di un pubblico assai più vasto del solito e in dichiarata competizione intellettuale con Pasolini, Di Gennaro prorompeva in singolari requisitorie introducendo riferimenti personali e ponendosi in scontro frontale e sensazionalistico con l'imputato:

> "davanti a me è Pier Paolo Pasolini. È imputato, perché deve rispondere di un'accusa mossagli dal pubblico ministero. Qui sono io, al banco del pubblico ministero, ma in quale veste? [...] Ebbene io pure sono imputato! [...] Da varie fonti senza metafore mi si accusa: l'attentatore della libertà, il liberticida, l'inquisitore! Non occorre altro per rendersi conto che in questo processo gli imputati sono due: Pier Paolo Pasolini ed io. [...] Se voi condannerete Pasolini approverete me, ma se voi lo assolverete allora, ineluttabilmente, condannerete il mio operato".[7]

Parallelamente a tutto ciò avvenne un'altra trasformazione: lo spettacolo grottesco offerto dai *media* al grande pubblico divenne un'arena morale per la società italiana. Ogni comportamento del personaggio pubblico Pasolini era passato in rassegna e giudicato: al di fuori dei tribunali si svolgeva un parallelo processo al processo. Del resto, nessun intellettuale italiano, eccezion fatta forse per D'Annunzio, aveva mai raggiunto così capillarmente un pubblico tanto ampio e diversificato (per scelta dello stesso Pasolini, il quale optò per il passaggio al mezzo cinematografico anche per la possibilità di utilizzare un mezzo di diffusione più popolare rispetto alla poesia o alla narrativa).[8]

La collettività rispose alla sovraesposizione pubblica di Pasolini e alle sollecitazioni dirette della sua arte facendosi sentire attraverso il canale dei *media* e delle istituzioni. Nella maggior parte dei casi i processi furono intrapresi dalle autorità proprio per rispondere alle segnalazioni e denunce di privati cittadini. Le denunce arrivavano ancor prima che la censura amministrativa—che vagliava d'ufficio la produzione artistica nazionale—riuscisse ad esaminare la nuova opera di Pasolini e ad emettere un giudizio. Rituali di degradazione da parte dei *media* e giustizialismo dell'opinione pubblica erano il clima di quei processi. La fruizione di massa del rito giudiziario contribuì ad attivare universi simbolici collettivi in cui Pasolini rappresentava la devianza dalla norma. "Le masse sono spietate"—scriveva Pasolini nel '62 per il processo del Circeo—"sono come dei re. E io di fronte a questi re, ormai, sono come un giullare che se sbaglia un motto viene condannato a morte".[9]

Per spiegare coinvolgimenti collettivi di tale portata emotiva può aiutare il ricorso alla teoria del *moral panic*, il fenomeno individuato dal sociologo inglese Stanley Cohen nelle reazioni della società britannica alla comparsa dei primi hippies negli anni '60 (Cohen, *Folk*). Si tratta di un ciclo crescente di sensibilizzazione dell'opinione pubblica, inizialmente innescato dai *media*, in merito a comportamenti sociali ritenuti devianti, immorali, o pericolosi per la comunità. I *media* raccolgono le reali preoccupazioni dei cittadini, ma offrono all'opinione pubblica una rappresentazione stereotipata della realtà, in cui amplificano o idealizzano il comportamento deviante (per motivi legati al tipo di comunicazione usato dai *media*). Secondo Cohen ciò determina un aumento delle pressioni popolari nei confronti delle autorità, le quali rispondono con un irrigidimento delle misure anticrimine contro la minaccia in questione. L'aumento delle misure anticrimine provocherebbe a sua volta un intensificarsi degli arresti, non perché sia realmente accresciuta l'entità della minaccia, quanto a causa della più efficace azione repressiva rispetto al passato. Aumentando le statistiche concernenti gli arresti, si acutizza anche la paura e l'indignazione dell'opinione pubblica. L'insorgere di ondate emotive di panico si riflette nuovamente sullo stato d'allarme di polizia e magistratura, su una repressione del crimine se possibile ancora maggiore, fino al manifestarsi di situazioni di *fantasy crime wave* — fenomeno studiato negli anni '70 dal sociologo e studioso di giustizia criminale Jock Young, in cui una presunta ondata di criminalità non corrisponde effettivamente ad un reale pericolo sociale, ma è la conseguenza di una costruzione di tipo "narrativo" da parte di *media*, opinione pubblica e istituzioni (Young, *The Drugtakers*).

Un esempio dell'innescarsi di un simile clima sociale, con l'eccessiva reazione delle autorità per risposta a dei fenomeni di *moral panic*, è quanto successo in maniera assai simile sia all'uscita del film *Decameron* (Pasolini, *Il Decameron*) sia di *Salò* (Pasolini, *Salò o le 120 giornate di Sodoma*). Le denunce di privati pervenute in tutte le preture d'Italia erano centinaia, tanto che non uno ma più tribunali si pronunciarono in merito all'eventuale oscenità di queste opere per non lasciare inattese le proteste locali dei cittadini. Il risultato fu che vennero oltrepassati i riconoscimenti legali delle cerchie di competenza, il che causò conflitti giurisdizionali tra i vari tribunali. Nell'arco di un anno *Il Decameron* subì cinque differenti azioni giudiziarie intraprese da quattro diversi tribunali, e *Salò* quattro lunghissimi processi presso differenti circoscrizioni giuridiche – nonostante in entrambi i casi i due tribunali di competenza avessero già scagionato i film. Le preture si erano scavalcate a vicenda nelle proprie competenze territoriali e finirono per denunciarsi l'un l'altra per abusi d'ufficio. Sia nel processo al *Decameron* che in quello per *Salò* il Consiglio Superiore della Magistratura dovette intervenire disciplinarmente nei confronti di alcuni magistrati i quali confessarono che, nonostante fossero a conoscenza delle precedenti sentenze assolutorie, avevano comunque ritenuto di dover procedere a nuovo giudizio. Nel 1973 alcuni partiti della sinistra presentarono due progetti di legge per impedire che le singole procure potessero considerarsi ancora dei feudi avulsi dalle decisioni legali del resto del paese (in Betti 180–92).

Un altro efficace esempio è costituito dalla storia processuale legata al film *I racconti di Canterbury* (sotto accusa, sempre per oscenità, nel 1972) (Pasolini, *I racconti di Canterbury*): nonostante il tribunale di Benevento avesse già emesso sentenza di archiviazione, all'arrivo di una nuova ondata di denunce private da tutta Italia contraddisse la propria sentenza (di diciotto giorni prima) ed ordinò un nuovo sequestro del film.

Il progressivo intensificarsi delle denunce da parte di privati e l'accavallarsi dei casi giudiziari può essere interpretato come il risultato di ondate di panico irrazionali e istintive: pensiamo ad alcuni film di Pasolini, denunciati "preventivamente" da cittadini che *non* li avevano ancora visti, ma che segnalavano "voci raccolte da amici" (in Betti 185). Il fenomeno portò ad una maggiore attenzione della censura amministrativa e delle autorità inquirenti nei confronti di Pasolini e ad un aumento nel tempo delle azioni legali contro di lui. Ciò non corrisponde necessariamente ad un intento persecutorio cosciente, quanto è anche il risultato, come si è visto, di meccanismi di distorsione comunicativa e di fenomeni collettivi caratterizzati da forte impatto emotivo.

Resta da dire molto sull'imputato Pasolini, sulla figura dell'intellettuale al centro di processi e vicissitudini mediatiche che emerge dalle pagine processuali, in quella singolare commistione di informazioni biografiche e artistiche che rievocano. Lo studio dei processi ci pone di fronte ad una serie di paradossi, di cui il primo che esponiamo riguarda la possibilità di scegliere una interpretazione critica tra due posizioni antinomiche.

La ricezione pubblica tendeva ad identificare Pasolini nel ruolo della vittima inerme, operando spesso uno strano rovesciamento della sua immagine colto dallo stesso Pasolini in un articolo del 1965 (successivamente raccolto in *Empirismo eretico*):

"alla prima di un mio film, un fascista, un giovanotto piuttosto emaciato, per la verità, mi ha gridato pubblicamente un insulto in nome di tutta la sua bella gioventù: io ho perso la pazienza (me ne pento), l'ho schiaffeggiato e sbattuto per terra. La mia amica Laura Betti era presente, e ha visto quindi 'coi suoi occhi' tutta la scena. Non so per quali calcoli, i

Imputato Pasolini: un caso di "diritto e letteratura" 245

giornali che hanno riportato l'episodio, l'hanno rovesciato (corredandolo di fotografie false), in modo che il picchiato risultassi io. La cosa è stata ripetuta, ed è diventata di dominio pubblico, talmente di dominio pubblico che la Betti [...], parlandone a me, benché avesse visto 'coi suoi occhi' la scena, diceva: 'Il fascista che ti ha picchiato'".[10]

Pur essendo quella del capro espiatorio una delle simbologie cristologiche più introiettata artisticamente e umanamente da Pasolini, e come tale accolta in sede interpretativa nell'esempio citato, è del resto innegabile anche un'attiva vocazione scandalistica e provocatoria dell'artista contro certa *pruderie* italiana, in anni non troppo lontani. Gianfranco Contini fu il primo ad usare la parola "scandalo" per sottolineare la cifra umana e stilistica dell'opera d'esordio *Poesie a Casarsa* ("basti senz'altro raffigurarsi innanzi il suo mondo poetico, per rendersi conto dello scandalo ch'esso introduce negli annali della letteratura dialettale") (Contini 3). Pasolini fu in continuo attacco, ogni sua opera era più provocatoria della precedente e tendeva a spingere sempre oltre il limite della pubblica accettazione. Commentando *Salò* con il suo editore di lunga data, Livio Garzanti, Pasolini affermò che lo aveva voluto come "ultima sfida alla censura" e aggiunse: "se lo lasciano passare, la censura non c'è più".[11]

Tuttavia anche questo schematismo lascia perplessi: la provocazione era così pesante, per l'epoca, da giustificare l'apertura di ben 31 casi processuali? Nuovamente, leggendo gli Atti, si torna alla prima impressione, quella di un fastidio generalizzato contro la persona pubblica Pasolini, di fenomeni di irrazionalità collettiva che hanno generato nel tempo un accanimento di tipo persecutorio.

Si continua così a rimbalzare tra le due ipotesi, come intrappolati in un meccanismo psicologico da cui non si riesce a trovare via d'uscita. Siamo nella sineciosi, identificata da Franco Fortini come il marchio stilistico più caratteristico di Pasolini:[12] l'ossimoro che non supera ma giustappone, lasciando coesistere gli opposti in tutta la loro incongruenza possibile. Nel nostro caso, definizioni paradossali come "vittima persecutoria" o "persecutore perseguitato" illustrano chiaramente "l'integrazione dei contrari" di cui parlava lo stesso Pasolini.[13]

Per uscirne dovremmo forse domandarci che cosa di Pasolini continuasse ad alimentare con l'agire pubblico (artistico e non), il polverone giudiziario e mediatico da cui, allo stesso tempo, si sentiva braccato. Bisognerebbe chiedersi se, oltre l'irresolubile antitesi che contraddistingue la bipolarità artistica e biografica pasoliniana, ci sia da scoprire una precisa volontà espressiva e ideologica. Dovremmo porre l'accento sulla consapevolezza di una scelta radicale che voleva trarre vantaggio dall'utilizzo di *ogni* mezzo espressivo e canale di comunicazione per veicolarvi la propria arte e ideologia. Come ha scritto Carla Benedetti, "non solo le sue poesie, i suoi testi narrativi, i film, i testi per il teatro e le sceneggiature, ma anche i suoi interventi giornalistici, le sue dichiarazioni, i suoi appelli, le sue prese di posizione, i suoi processi formano l'opera di Pasolini. [...] L'opera di Pasolini può essere insomma considerata come una grande *performance* [...]" (Benedetti 14–15).

La fusione di mezzi artistici tradizionali (poesia, narrativa, cinema) ed esteticamente "impuri" (i mezzi espressivi della quotidianità) fa parte di una scelta comunicativa che approfitta d'ogni circostanza, esperienze giudiziarie incluse, per trasmettere il suo messaggio e garantirgli una vasta diffusione popolare. L'idea forte di arte e di comunicazione maturata da Pasolini può essere esercitata non solo nei settori artistici tradizionali, ma può pervadere a pieno rango e con pari dignità anche luoghi e mezzi poco ortodossi per l'idea di arte dominante. È proprio attraverso il *pastiche* e il "totemismo stilistico",[14] la contaminazione di discorsi e strumenti eterodossi, che Pasolini si garantisce una maggiore libertà di movimento, di espressione e divulgazione della sua arte.

Non dovremmo sottovalutare la ricerca di popolarità cui Pasolini aspirava per la propria opera, il suo accanito presenzialismo nell'ambito della vita pubblica italiana di quegli anni; popolarità e presenzialismo di cui evidentemente l'autore decise di assumersi ogni responsabilità anche dal punto di vista penale, pur di portare alla ribalta principi estetici e ideologie, facendoli accomodare—imputati e testimoni—sui banchi dei Tribunali di mezza Italia, sulle pagine dei quotidiani nazionali e nelle riflessioni della collettività. Non è il solito spettacolo di impotenza e marginalità in cui letteratura ed arte sono relegate ad un improbabile ruolo civile e sociale. Ogni nuova opera di Pasolini fa ragionare e discutere, crea scalpore sui giornali e nell'opinione pubblica, entra nelle aule istituzionali e trova eco nei palazzi del potere. I motivi di scandalo e le controversie processuali "servono" ad aprire un varco attraverso cui l'arte di Pasolini arriva sia "dentro il Palazzo", al potere, che "fuori dal Palazzo" tra la gente comune, nelle periferie più emarginate. Pasolini non solo scrive ma contemporaneamente "agisce" la necessità di superare l'"apocalittica diacronia storica" che ha portato alla "divisione dei fenomeni", alla scissione tra un "dentro" e un "fuori", alla distanza tra il potere e il resto del paese.[15] I processi pubblici testimoniano di come la sua arte fosse arrivata ovunque, facendo in ciò da metaforico *trait d'union* alle due realtà separate; confermano come attraverso lo scandalo di opere giudicate fin troppo realiste Pasolini fosse riuscito a reinserire il racconto della "minutaglia" e della "cronaca" (popolare) da lui narrate, dentro "la storia seria" del Palazzo, a far sì che si riprendesse almeno a parlarne.[16] I processi indicano anche come, nelle discussioni processuali intorno ai principi estetici che informano la sua opera, l'arte stessa avesse riguadagnato un ruolo centrale e non periferico nella comunità. La conflittualità con le istituzioni corrisponde ad un'idea d'arte dialettica che nasce dal continuo confronto-scontro con l'Altro (vissuto ancor prima nell'angoscia della propria interiore alterità), dal profilo di un artista che è "vivente contestazione", impegnato non solo "nello scrivere, ma nel vivere" per "la sola speranza rimasta: contestazione pura e azione", poiché "non c'è altra poesia che l'azione reale".[17] Se prestiamo fede a questa idea d'arte come azione performativa "totale" in cui includere le azioni stesse del poeta nella realtà (e dunque anche le vicissitudini giudiziarie), il paradosso interpretativo da cui siamo partiti acquista un senso critico più profondo del semplice fermarsi a constatare la coesistenza di due tesi opposte.

Certo, il messaggio di Pasolini arriva spesso mortificato dalle strettoie dei cammini giudiziari, alterato dai disturbi, dalle ridondanze e dai paradossi della comunicazione mediatica (l'angoscia del "non poter più essere compresi"). Emerge spesso il quadro di "una specie di braccio di ferro" (con le parole stesse di Pasolini)[18] tra la manipolazione dell'immagine dell'artista operata dai sistemi d'informazione, e l'uso strumentale che Pasolini tentò a sua volta di fare dell'industria culturale e della comunicazione mediatica. Il puntuale ritorno di certi temi di dibattimento in aula rivela alcuni nodi ideologici importanti in uno scontro che va ben oltre i temi della morale, del buoncostume, o della censura di un metro in più o in meno di pellicola filmica.

Uno dei nuclei fondamentali in cui ci si imbatte è il paradossale corto circuito tra vita e arte che si manifesta nelle vicende processuali e mediatiche di Pasolini. In diverse circostanze Pasolini viene accusato di aver commesso azioni e crimini simili a quelli da lui raccontati in arte. Ad esempio, nelle accuse mosse contro di lui durante il processo per i cosiddetti "fatti di via Panico", Pasolini avrebbe protetto dall'individuazione e dall'arresto della polizia due ragazzi che conosceva, facendoli salire a bordo della sua auto in via Panico e guidandoli poi in luogo sicuro. In una lettera aperta a Pasolini il settimanale "La discussione" sostenne l'equazione che, trattandosi di "ragazzi di vita" che nella sua opera lo scrittore rappresentava come vittime della società, li avrebbe necessariamente difesi e salvati anche nella vita reale (in Betti 115).

Ancora, durante il processo per i "fatti del Circeo", l'autore fu accusato di aver rapinato un distributore di benzina locale. L'avvocato dell'accusa richiese l'acquisizione agli atti processuali sia del romanzo *Una vita violenta*, in cui sono narrati tre episodi di aggressione a benzinai, che della poesia *Ipotesi sul Circeo*, in cui Pasolini racconta l'episodio della presunta rapina. L'avvocato evidentemente riteneva di poter ravvisare nelle due opere di Pasolini gli estremi di una colpevolezza nella realtà (in Betti 128).

I *media* lo accusarono ripetutamente di "eccedere nel realismo", di essersi talmente compenetrato nel suo mondo letterario da lasciarsi coinvolgere anche nella vita personale, di averla trasformata in un capitolo dei suoi romanzi (in Betti 110, 116). Lo stesso Pasolini in più occasioni ricorse all'alibi della ricerca di ispirazione artistica per giustificare una condotta che in aula poteva esser ritenuta troppo deviante dalla norma e quindi sospetta.

Si innesca dunque un meccanismo di ricezione in cui la rappresentazione artistica della realtà coincide necessariamente con la realtà, l'arte di Pasolini è identica alla sua vita personale. Il realismo ricercato in arte da Pasolini minaccia di diventare la sua prigione nella vita. Se l'artista si è ispirato alla realtà, ora la realtà – paradossalmente – ricerca le "prove" di se stessa nell'arte. Pasolini stesso coglie il senso della continuità tra arte e vita che gli viene attribuita:

"io descrivo la violenza, quindi sarei violento" (Pasolini, "Come un incubo dell'infanzia" ristampato in Pasolini, *Saggi* 1008-1009); "ad un livello culturale sottosviluppato si tende a far coincidere un autore con i suoi personaggi: chi descrive rapinatori è un rapinatore" (l'ultima riflessione, che si riferisce al processo per gli episodi del Circeo, costò a Pasolini una seconda denuncia da parte del benzinaio del primo processo e l'apertura di un nuovo caso giudiziario) (Pasolini, "L'italiano è ancora in fasce" in Betti 164).

Una confusione tanto elementare tra sfera estetica e vita desta ancora oggi sorpresa. Non si trattò solo di un malinteso valutativo, comprensibile per un autore che aveva inaugurato il binomio vita/poesia sin dai suoi esordi poetici. È possibile identificare anche in questo secondo paradosso una conseguenza dell'idea d'arte e del paradigma comunicativo associatole da Pasolini. È esemplare ai fini del nostro discorso il film-inchiesta *Comizi d'amore*, girato da Pasolini nel 1963 (Pasolini, *Comizi d'amore*).

Due aspetti emergono, con grande impatto visivo, nel documentario: una sorta di (in)volontaria trasposizione figurativa della contrapposizione gramsciana tra intellettuale organico (Pasolini, microfono in mano, capannelli di persone intorno, in viaggio per l'Italia ad intervistare gli italiani sui temi del sesso e dell'amore) ed intellettuale tradizionale (Alberto Moravia, seduto in disparte, che commenta nelle vesti di "redattore dell'inchiesta"). Questo "raddoppiarsi" pasoliniano, singolare commistione di azione sul campo e progettualità ideologica, di contro all'univoca personificazione di prerogative intellettuali in Moravia, sembra appunto richiamare le tesi di Gramsci sull'inseparabilità di attività pratica ed intellettuale, di *homo faber* ed *homo sapiens*, nell'ambito dell'antropologia filosofica e del nuovo ruolo dell'intellettuale da lui sostenuti.[19]

La seconda particolarità del documentario è costituita dal quasi impercettibile accento sull'immagine "doppia" di Pasolini: di nuovo un "raddoppiamento", l'autore che in carne ed ossa si mostra nella sua opera, visibilità del corpo dell'artefice e del prodotto artistico.

Come il documentario *Comizi d'amore* ben esemplifica, l'opera di Pasolini nasce da questo insieme di esibizione individuale, azione in prima persona e tensione verso il reale, sostenute da un forte progetto intellettuale. Carla Benedetti ha riassunto ciò parlando di "arte performativa" in Pasolini: un'arte in cui l'autore non scompare dietro ai suoi testi, ma si propone come identità reale (autoriflessiva, autoreferenziale) e non convenzionale o fittizia; che ricatta il fruitore dell'opera ad assorbire con essa anche l'artista (presente *in absentiam*, o—come nell'esempio di *Comizi d'amore*—addirittura di persona); e che usa una "radicale impurità estetica" nella scelta di mezzi espressivi "anomali" (Benedetti 14).

Un'implicazione caratteristica di questo modello d'arte comporta che l'emittente del messaggio (l'artista)—la cui identità non è né celata né fittizia, ma dinamicamente attiva nel prodotto artistico—venga a coincidere con il proprio prodotto artistico e così sia recepito ed identificato dal ricevente (la comunità). Il rapporto stabilito dall'artista con la comunità non è mediato dall'oggetto estetico: l'artista *è* l'oggetto estetico (*media* e messaggio) e la comunicazione avviene in maniera frontale. È a questo modello che vanno ascritti i dialoghi epistolari con i lettori, i dibattiti pubblici, le interviste audiovisive, le azioni giuridicamente controverse e i processi, i saggi giornalistici, sino alla *performance* dal significativo titolo—*Intellettuale*—in cui il 31 maggio 1975 l'amico artista Fabio Mauri proiettò di fronte agli spettatori il film *Il Vangelo secondo Matteo* sul torace fasciato da una camicia bianca di Pasolini.

Tuttavia, anche il ciclo di restituzione della risposta da parte della comunità ricevente avverrà non in modo mediato ma diretto, così come non mediato era stato il rapporto iniziale stabilito dall'emittente del messaggio. La comunità riceve contemporaneamente il prodotto estetico e l'artista, in un'emissione raddoppiata, e ad entrambi replica frontalmente e senza filtri: risponde all'arte e all'artefice, all'oggetto d'arte e al corpo dell'artista oggettificato, come purtroppo è capitato nelle reazioni dell'opinione pubblica, dei *media* e delle istituzioni nei confronti di Pasolini.

Se Pasolini, come scrive Benedetti, uscì "drasticamente dal gioco dell'*autore immagine* diventando, provocatoriamente e paradossalmente, *autore in carne e ossa*" e introducendo le "impurità" della contaminazione di prassi e vita all'interno di un circolo comunicativo estetico che voleva meno convenzionale (Benedetti 27), le risposte che ottenne furono caratterizzate da un non minor grado di contaminazione e di raddoppiamento paradossali, per di più ingigantite da fenomeni di accrescimento tipici delle comunicazioni di

Imputato Pasolini: un caso di "diritto e letteratura"   251

massa. Tra questi, il fenomeno del "raddoppiamento etico-psicologico" di cui parla Michel Foucault (invero a proposito delle perizie psichiatriche in aula), ovvero lo spostamento dell'attenzione dell'accusa dall'atto alla condotta dell'imputato, come se le abitudini comportamentali, per quanto irregolari, costituissero in sé già il delitto (Foucault). Nel nostro caso, il raddoppiamento di colpevolezza era dato dallo spostare l'attenzione dall'opera sotto processo alla condotta umana di Pasolini, e viceversa dal presunto atto criminale all'opera di Pasolini.

Una seconda e parallela direzione di ricerca nel campo del "diritto e letteratura" riguarda ovviamente la possibilità di indagare come le tematiche giuridiche siano state affrontate in arte. Non sono molte le opere di Pasolini ad avere come oggetto specifico il tema della legge o della giustizia, tuttavia si tratta di realtà che non potevano non trovare un forte riscontro artistico in un autore italiano che "ha accumulato giudizi sulla storia contemporanea e la società in cui visse" come nessun altro nel nostro secolo (Fortini viii). Si ricavano continue riflessioni su legge e giustizia dalla sua produzione saggistica o dai contesti socio-culturali e politici che incorniciano gli eventi narrativi. Inoltre, sono temi interrogati frontalmente nelle rivisitazioni pasoliniane della letteratura e mitologia greca antica. In opere come *Pilade*, *Edipo re* e *Medea* c'è un lavoro di ricerca intorno alle strutture archetipe del pensiero umano e della collettività che rivela altresì una meditazione sulle origini del potere e dell'ordinamento giuridico, sullo scontro tra i bisogni dell'individuo e le prescrizioni della società.

Vorremmo concludere ricordando uno dei momenti più significativi in cui l'autore mette a fuoco un tema classico degli studi di filosofia del diritto: il rapporto tra il diritto naturale e la prima nascita del diritto positivo, quale emerge nelle opere ispirate al mito greco di Oreste. Pasolini tradusse l'*Orestea* di Eschilo nel 1959 (Eschilo, *Orestiade*), nel 1966–70 scrisse il dramma *Pilade* in cui immaginò una continuazione della storia narrata dall'*Orestea* (Pasolini, *Pilade*), ed infine realizzò nel 1969 il film-documentario *Appunti per un'Orestiade africana* (Pasolini, *Appunti per un'Orestiade africana*).

La tragedia di Eschilo viene generalmente interpretata in filosofia del diritto come il momento che testimonia il passaggio da una società basata su regole arcaiche di tipo eroico-religioso, ad un primo ordine democratico rappresentato dalla nascita del diritto della *polis*.[20] Nella tragedia *Eumenidi* di Eschilo, l'ultima della trilogia dell'*Orestea*, è difatti rappresentato uno scontro tra due civiltà, quella tribale dominata dalla pulsione distruttiva delle Erinni (le divinità vendicatrici dei delitti tra consanguinei), che vorrebbero condannare Oreste per il suo duplice delitto; e quella moderna e razionale introdotta dalla dea Atena con l'istituzione del primo tribunale della storia (premonizione eschilea dell'Areopago), che giudicherà Oreste non in base al principio della vendetta ma secondo il voto democratico espresso dalla collettività. Nel nuovo contesto giuridico Oreste viene assolto e lo scontro tra le due civiltà si risolve in una sintesi in cui le Erinni non vengono del tutto rimosse, ma mutate in Eumenidi, divinità della giustizia.

In *Pilade*, dove Pasolini inventa un proseguimento originale dei fatti dell'*Orestea*, resta confermata la centralità del tribunale di Atena. L'Oreste pasoliniano, rientrato in città, vuole trasformare l'antico sistema politico di Argo ispirandosi ai nuovi principi democratici introdotti da Atena con il tribunale. Pilade inizialmente è suo alleato, tuttavia nel corso del dramma lascia esplodere un cupo pessimismo nei confronti della rivoluzione democratica di Oreste e si ribella sia all'amico sia ad Atena, sua alleata.

Nel dramma lo scenario giuridico è richiamato ripetutamente sia attraverso il racconto iniziale del tribunale di Atena che nelle ambientazioni successive del tribunale e del parlamento della città di Argo. Pilade (personaggio delineato con forti tratti autobiografici) nel III episodio compare per essere giudicato di fronte al tribunale di Argo, e viene presentato dal Coro come la "Diversità che dà scandalo". Di fronte alla comunità riunita per il giudizio Pilade dà sfogo ad una "rabbia irragionevole" per la *ratio* di Atena, foriera del nuovo *nomos* – la norma, la legge. Nonostante il "mondo" intorno a lui cambi rischiarato dalla "luce di una nuova realtà", e persino le Eumenidi—dopo un iniziale ritorno allo stato originario di Furie—si siano convinte alla definitiva trasformazione in divinità "consolatrici", Pilade non ritorna sulla sua decisione e resta anacronisticamente aggrappato al passato: "perché la religione dei padri / confrontata con la ragione / non può che far sorridere" e "la più grande attrazione di ognuno di noi / è verso il Passato, *perché è l'unica cosa che noi conosciamo ed amiamo veramente*".[21] Pilade è condannato all'esilio ed abbandona la città. Uno scontro finale con Atena conclude il dramma nella bestemmia pronunciata da Pilade: "che tu sia maledetta, Ragione, / e maledetto ogni tuo Dio e ogni Dio" (Pasolini, *Pilade* 458).

Coerentemente con il suo sentire storico, con l'idealizzazione del mito delle origini, dell'innocenza dell'universo contadino, delle borgate e del Terzo Mondo, Pasolini riafferma nel personaggio di Pilade la volontà regressiva di un ritorno al *prima* della coscienza di una scissione, quando ancora non si aveva sentore di una possibile contrapposizione tra religione e legge dei padri (basate su istinti primari e "legge di natura") e nuove divinità della ragione (portatrici dei valori razionali della *polis*); scissione che ha causato anche la separazione tra legge e spiritualità, un tempo profondamente compenetrate. Il senso della perdita di sacralità che si respira nel dramma è infatti fortissimo, così come il tema del rimpianto, espresso ora da Pilade ed Elettra, ora persino da Oreste (il quale si lascia però rinfrancare—"consolare", come scrive Pasolini – dalla *ratio* di Atena): nostalgia del sacro, rimpianto per l'impossibilità di ricreare l'antica unità, le originarie credenze magiche, mitologiche, religiose che cucivano insieme la *ratio* e la *fides* umane nella completa armonia.

Nell'ambito giuridico ed istituzionale entro cui si muove il dramma, Pasolini-Pilade rifiuta dunque l'illusorio progresso della rivoluzione democratica di Oreste ed Atena, rivoluzione nata da una scissione che inaugura la condizione moderna: perdita dello stato originario di unione, dualismo di natura (corpo, istinto, sacralità) e cultura (mente, razionalità, demitizzazione), respirato così di frequente negli ossimori pasoliniani. Pilade si ribella al tribunale, simbolo della nuova civiltà, contrapponendo l'idea di uno stato di unione pre-ossimorica ("ciò ch'io ricerco è solo l'origine / della sua verità dimenticata", dice Pilade parlando della dea Atena) (Pasolini, *Pilade* 393), quando l'impossibile scelta tra istinto e ragione non era ancora necessaria (è interessante ricordare come nel *Disagio della civiltà* Freud riconoscesse nel sistema della giustizia il principio fondatore della società civile, le cui leggi sono sì una risorsa e salvezza per la collettività, ma anche una notevole fonte di frustrazione per l'individuo, su cui esercitano una forza variabile di repressione, aprendo un antagonismo tra i bisogni dell'istinto umano e le restrizioni razionali della civiltà) (Freud).

La storia dei processi di Pasolini è tutta in questo lungo "corpo a corpo con l'istituzione"[22] e con l'opinione pubblica, che rivela, al fondo, la stessa ferita per un conflitto insanabile che fu d'ispirazione alla sua arte: la simbolica dicotomia natura-cultura che nei processi divenne lo scontro ideologico di base. È anche la storia della coazione psicologica a spingersi sempre oltre, oltre i limiti di condotta pubblicamente accettati; del dover andare contro il principio stesso di regolamentazione della libertà espressiva; del combattere nostalgicamente, e forse regressivamente, contro ogni regolamentazione, contro il *nomos*, contro il Potere—e dunque contro il Padre.

L'opinione pubblica di quegli anni tentò viceversa di compattarsi intorno ai propri valori minacciati, di rinfrancarsi riaffermando la coesione e la stabilità del gruppo attraverso il rito del tribunale democratico, la cui stessa struttura, con il rituale, l'ordine e le leggi, serve a rassicurare la collettività che la violenza e il caos della vita possono essere controllati. Tuttavia un solo intellettuale, dal banco degli imputati, riuscì a tenere ingaggiata la società italiana in un reiterato, intelligente confronto ideologico con se stessa e con le proprie debolezze per quasi trent'anni, attraverso un tenace e paziente dialogo, spesso amoroso, a volte furente di quella rabbia che può accompagnarsi solo ad un profondo amore.

> "Me ne vado, cacciato da voi, e per mia scelta,
> da questa città. Ma da oggi
> il mio odio non è più solo odio.
> Sento confusamente, come un poeta,
> che esso sta per produrre un terribile,
> sanguinario, puro, disperato amore...".
> (Pasolini, *Pilade* 397)

Note

[1] "La morte non è / nel non poter comunicare / ma nel non poter più essere compresi", Pasolini, *Una disperata vitalità*, in *Poesia in forma di rosa*.

[2] Importante punto di partenza per la ricostruzione dei casi processuali di Pasolini è il volume collettivo Betti, *Pasolini*.

³ Cfr. anche il saggio di Stefano Rodotà, *Un solo processo*, in Betti, *Pasolini* 279–91.

⁴ Pasolini, *Bisognerebbe processare i gerarchi DC*, *Il Processo*, *Risposte*, "*La sua intervista conferma che ci vuole il processo*", *Processo anche a Donat Cattin*, *Perché il Processo*, in Pasolini, *Lettere luterane*.

⁵ Cfr. il saggio di Franco Grattarola, *Pasolini. Una vita violentata*. Cfr. anche la mostra e la serie di incontri organizzati tra il 2 novembre 2005 e l'8 gennaio 2006 dal Centro Studi—Archivio Pier Paolo Pasolini della Cineteca di Bologna, con il titolo *Una strategia del linciaggio e delle mistificazioni. L'immagine di Pasolini nelle deformazioni mediatiche*, di cui è disponibile un catalogo a cura di Roberto Chiesi. Inoltre, la rassegna allestita dalla Cineteca Nazionale a Roma tra il 29 novembre e il 23 dicembre 2005, dal titolo *Il cinema secondo Pasolini*, con due tavole rotonde dedicate al tema della censura e dei processi contro Pasolini.

⁶ Cfr. *Omicidio nella persona di Pasolini Pier Paolo*, e Marco Tullio Giordana, *Pasolini, un delitto italiano*.

⁷ Contro Pier Paolo Pasolini. Requisitoria di Giuseppe Di Gennaro, Tribunale di Roma, Sezione IV Penale, Sentenza 1020/63, 7 marzo 1963.

⁸ Commentando il suo esordio registico, Pasolini affermò di aver "voluto inaugurare un dialogo più vasto, visto che un romanzo si rivolge oggi in Italia, ottimisticamente, a centomila persone al massimo. Il cinema invece instaura un dialogo infinitamente più ampio [...], più popolare [...]", "Incontro con Pier Paolo Pasolini", a cura di Nino Ferrero, *Filmcritica*, n. 116 (gennaio 1962), (ora in Pasolini, *Per il cinema* 2803).

⁹ Pasolini, "Come un incubo dell'infanzia." Ristampato in Pasolini, *Saggi sulla politica e società* 1008-1009.

¹⁰ Pasolini, *Un articolo sull'Espresso*, in *Empirismo eretico* (ora in Pasolini, *Saggi sulla letteratura e sull'arte* 1: 1273).

¹¹ Livio Garzanti, *Post-scriptum*, in Betti 404.

¹² Fortini, *Le poesie italiane di questi anni*, *Menabò*, 1960 (ora in *Attraverso Pasolini* 21–37).

¹³ "Un mio critico, Fortini, aveva già acutamente osservato che l'elemento numericamente e sostanzialmente più cospicuo della mia scrittura è il processo della "sineciosi" [coppie contrastanti di aggettivi, per es. chiaro e scuro, mite e violento, NdA]. Ebbene, esaminando la cosa con un po' di follia, è facile osservare come tale sineciosi altro non è che una specie di "totemismo stilistico", riproducente il processo così detto totemico che nell'interpretazione di Lévi-Strauss è un tentativo di processo dialettico, di integrazione dei contrari [...]", Pasolini, "I diseredati sono il nostro "Terzo Mondo"," *Paese Sera* 23 marzo 1966 (ora in Pasolini, *Saggi sulla politica e sulla società* 829).

¹⁴ Cfr. nota 13.

[15] Pasolini, *Fuori dal Palazzo* e *Bisognerebbe processare i gerarchi DC*, in *Lettere luterane* (ora in *Saggi sulla politica e sulla società* 618–23 e 632–38).

[16] Cfr. nota 15.

[17] Pasolini, "Poeta delle ceneri", *Tutte le poesie* (2: 1261–88): "So che l'impegno è inderogabile, / e oggi più che mai. / E oggi, vi dirò, che non solo bisogna impegnarsi nello scrivere, / ma nel vivere: / bisogna resistere nello scandalo / e nella rabbia, più che mai, / ingenui come capretti al macello, / torbidi come vittime, appunto: / bisogna dire più alto che mai il disprezzo / verso la borghesia, urlare contro la sua volgarità, / sputare sopra la sua irrealtà che essa ha eletto a realtà, / non cedere in un atto e in una parola / nell'odio totale contro di esse, le sue polizie, / le sue magistrature, le sue televisioni, i suoi giornali [...]. Perciò io vorrei soltanto vivere / pur essendo poeta / perché la vita si esprime anche solo con se stessa. / Vorrei esprimermi con gli esempi. / Gettare il mio corpo nella lotta. / [...] In quanto poeta sarò poeta di cose. / Le azioni della vita saranno solo comunicate, e saranno esse, la poesia, / poiché, ti ripeto, non c'è altra poesia che l'azione reale [...]".

[18] Nel dibattito televisivo *Pasolini e il pubblico*, regia di Alberto Luna, conduzione di Oreste Del Buono, trasmesso il 20 gennaio 1970.

[19] Antonio Gramsci, *Quaderno 12 (XXIX)*, in *Quaderni del carcere* 473 sgg.

[20] Cfr. Jean Pierre Vernant e Pierre Vidal-Naquet, *Myhte et tragédie en Grèce ancienne*; Eric A. Avelock, *The Greek Concept of Justice from Its Shadow in Homer to Its Substance in Plato*; Umberto Albini, *Introduzione*, in Eschilo, *Orestea*.

[21] Pasolini, *Pilade* 384–90. Corsivo dell'Autore.

[22] Andrea Zanzotto, in Pasolini, *Pasolini: poesie e pagine ritrovate* 205.

14
"Scrivo a te come guardandomi allo specchio": la corrispondenza Volponi-Pasolini 1954-1975

Daniele Fioretti

"Scrivo a te come guardandomi allo specchio": questa frase, tratta da una lettera di Volponi a Pasolini del 12 aprile 1972 (Archivio Bonsanti 77)[1] esprime sinteticamente il "tono" della corrispondenza fra i due autori, quello che Giovanni Raboni, a proposito del carteggio Sereni-Parronchi definisce il suo *suono*, ovvero l'insieme di condizioni e regole d'intonazione (anche inconsapevoli) cui gli interlocutori si mantengono sostanzialmente fedeli per tutta la durata dello scambio epistolare (Raboni 7). In questo senso il *suono* della corrispondenza Volponi-Pasolini sta proprio in questa immagine dell'altro come riflesso di se stesso: i due autori non sono legati soltanto da una grande amicizia ma anche da una profonda consonanza, in grado di superare, annullare le differenze di gusti e punti di vista, con una sincerità e un'immediatezza che non si ferma neppure davanti agli argomenti più personali e dolorosi. Per Volponi in particolare scrivere a Pasolini equivale davvero a guardarsi in uno specchio, precisare a se stesso prima ancora che all'altro i propri sentimenti e stati d'animo.

Pasolini e Volponi si erano conosciuti per la prima volta nel 1954 in occasione del Premio Carducci di Pietrasanta, che era stato assegnato *ex aequo* ad entrambi i poeti, rispettivamente per le raccolte *La meglio gioventù* e *L'antica moneta*. Tuttavia l'amicizia vera e propria prende avvio mentre entrambi abitano a Roma. Pasolini vive nella capitale dal 1950, dopo la "fuga" da Casarsa in seguito a una denuncia per corruzione di minori e atti osceni in luogo pubblico, Volponi vi giunge nel 1954 come coordinatore di una scuola per assistenti sociali che fa capo a Adriano Olivetti. La frequentazione fra i due diviene ben presto quasi quotidiana, e dà origine a un rapporto solido e profondo: Pasolini presenta a Volponi i maggiori esponenti della scena letteraria romana (in particolare Elsa Morante, Alberto Moravia, Giorgio Bassani, Attilio Bertolucci e Carlo Emilio Gadda), e spesso si fa accompagnare dall'autore urbinate nei suoi giri notturni per le borgate della Roma sottoproletaria. Ricorda lo stesso Volponi in una testimonianza del 1977: "In quel periodo lo incontravo quasi tutti i giorni, perché abitavo al fondo del suo stesso quartiere ed eravamo legati da amicizia: ci vedevamo e stavamo spesso insieme, di frequente lo accompagnavo anche la notte nei suoi giri, nelle sue affannose, torbide e dolorose rincorse. Lui quasi voleva che gli stessi accanto e lo aspettassi, perché evidentemente sentiva il dolore del suo stato" (testimonianza di Volponi in *Pier Paolo Pasolini nel dibattito culturale italiano* 17). La corrispondenza fra i due inizia però nel 1956, quando Volponi viene trasferito a Ivrea per assumere l'incarico di direttore dei servizi sociali della Olivetti. Il mutamento per Volponi è davvero radicale: nato e cresciuto nella provincia marchigiana, ormai acclimatato ai ritmi e alla solarità romana, vive in modo traumatico il passaggio al clima piemontese e a un ambiente aziendale freddo e asettico, come risulta evidente in alcune lettere: "lavoro dentro un ufficio di vetro, tra piante insipide che sembrano vivere di corrente elettrica; tutta la stanza vibra tesa, percorsa da sottili e insistenti messaggi, da colori e nichel come un'anticamera della sedia elettrica" (Archivio Bonsanti 5). Alle nebbie di Ivrea (e alla freddezza dei rapporti personali fra colleghi di lavoro) Volponi contrappone l'ambiente caldo e accogliente della periferia romana, a tutto vantaggio ovviamente di quest'ultima, che nel ricordo volponiano è legata indissolubilmente alla figura di Pasolini: "Così familiare e vero era il luogo per me, l'apertura verso Trastevere, l'isola, il monumento, il cinema Reale, la mia finestra, gli storni sulle piante... gli incontri fortuiti con te, Bertolucci, l'edicola affollata, il fruttivendolo dovizioso, le sfornate calde di gente dai tram, la farmacia, lo spaccio, la latrina sotterranea, le belle ragazze che si incrociano in ogni senso" (Archivio Bonsanti 5).

L'amicizia fra Pasolini e Volponi è dunque una costante che attraversa tutto l'epistolario; ma subito possiamo notare una certa asimmetria nel rapporto che lega i due scrittori, tanto nella frequenza delle lettere quanto nell'atteggiamento che da esse traspare. Per quanto riguarda il primo aspetto possiamo notare che, mentre Volponi scrive a Pasolini in maniera assidua e costante, le risposte pasoliniane sono rare e piuttosto discontinue. Appare significativa in questo senso la sproporzione numerica: a fronte delle 81 lettere di Volponi contenute nel Fondo Pasolini dell'Archivio Bonsanti, sono attualmente note soltanto sei lettere di Pasolini, tutte già edite nella raccolta curata da Nico Naldini nel 1988. Anche ipotizzando che alcune risposte pasoliniane siano andate perdute e considerando la progressiva diffusione del telefono in quegli anni, troviamo in alcune lettere di Volponi accenni a una certa discontinuità nel rispondere da parte di Pasolini. Ad esempio, in una lettera del 17 ottobre 1956 Volponi sembra quasi irritato perché Pasolini gli aveva scritto rivolgendosi a lui per cognome: "Caro Pier Paolo, perché mi chiami Volponi e non ti firmi col tuo nome? Io, che posso vantarmi solo della tua amicizia, sono rimasto addolorato per questo, anche perché quassù non ho ancora nessun conforto, eccetto complimenti d'ufficio e ufficiali mandati" (Archivio Bonsanti 4). E in una lettera del dicembre 1959: "Caro Pier Paolo, ti scrivo un'altra volta, anche se non rispondi, perché ogni tanto mi fa bene agganciarmi a te e a Roma. Magari risponderai tra un mese con tre righe sul tempo" (Archivio Bonsanti 39). Riguardo all'atteggiamento invece l'epistolario conferma le dichiarazioni espresse da Volponi in varie occasioni; Pasolini, di soli due anni più grande, è visto dallo scrittore urbinate come una guida e un maestro, in certi momenti quasi un fratello maggiore: "Pasolini mi ha dato una coscienza più precisa dei miei mezzi letterari, delle mie possibilità, dei problemi reali che avevo dentro e davanti, aiutandomi a uscire da tutte le suggestioni post-ermetiche o addirittura ermetiche, dalle influenze contraddittorie delle letture disordinate che avevo affrontato a Urbino, da solo, in un rapporto piuttosto angoscioso con la mia stessa vita e anche con la letteratura" (Camon 126-27). D'altra parte bisogna ricordare che Pasolini rappresenta agli occhi dell'amico un intellettuale già affermato e in piena ascesa, forte del successo di *Ragazzi di vita* (1955) e de *Le ceneri di Gramsci* (1957). Ma il rapporto con Pasolini si carica in questi anni anche di ulteriori valenze; quest'ultimo diviene una figura importante di raccordo fra Volponi, "esiliato" a Ivrea, e l'ambiente culturale romano; ricorrono spesso nelle lettere volponiane le richieste di salutare gli amici Caproni, Bertolucci, Elsa Morante, Bassani, e di "riverire" Gadda (Archivio Bonsanti 10).

Pasolini esercita, in questa prima fase, un'influenza determinante non solo sulla produzione poetica volponiana, (in particolare sulla raccolta *Le porte dell'Appennino*, pubblicata da Garzanti nel 1960), ma anche su quella narrativa. Il primo accenno in questo senso si ha in una lettera del 25 luglio del 1959 (Archivio Bonsanti 33), nella quale Volponi anticipa all'amico di aver avviato la scrittura del suo primo romanzo, *Memoriale*, la cui stesura è completata nel maggio del 1961. In agosto Volponi invia a Pasolini una copia del dattiloscritto con richiesta di pareri e suggerimenti: "Caro Pier Paolo, ti mando in lettura il libro che ho scritto; sono due copie, una per te e una la sto rileggendo io. Spero che non ti annoi. Sai bene quanto mi interessa il tuo giudizio" (Archivio Bonsanti 46). L'attesa di una risposta da parte di Pasolini è spasmodica, tanto che il giorno di ferragosto Volponi gli invia una cartolina dalla Costa Brava scrivendogli: "fra due giorni torno a casa con la speranza di sapere presto da te un giudizio sul 'libro'" (Archivio Bonsanti 45). L'insistenza di Volponi sembra dovuta soprattutto al bisogno di sentirsi rassicurato e di ottenere un parere di Pasolini sul romanzo, parere che infine gli giunge non direttamente ma attraverso Anna Banti: "Ho saputo dalla Banti che il mio romanzo ti è piaciuto e questa gioia mi ha dato la forza di ricominciare a lavorare e di aspettare, anche una notizia da te [...]. Ma soprattutto aspetto che tu mi dica dove il libro non va bene e spero che riavendo la tua copia trovi appunti nei margini e proposte di correzione" (Archivio Bonsanti 48). Pasolini, con ogni probabilità, suggerisce a Volponi di apportare alcuni cambiamenti soprattutto nella conclusione del romanzo; infatti nella lettera successiva (28 dicembre 1961) l'autore acclude due pagine dattiloscritte contenenti il finale modificato di *Memoriale*, sostanzialmente identiche alla stesura definitiva (Archivio Bonsanti 49).

"Scrivo a te come guardandomi allo specchio"   261

Nel corso della prima metà degli anni Sessanta Pasolini rappresenta ormai per Volponi un punto di riferimento centrale, quasi un altro se stesso, al quale confidare le proprie insicurezze e sottoporre nuovi progetti narrativi; infatti, dopo aver abbandonato il progetto del romanzo *La strada per Roma*, Volponi annuncia all'amico di avere iniziato un nuovo romanzo, "quello del contadino con idee filosofiche" (Archivio Bonsanti 60) ovvero *La macchina mondiale*. La stesura procede molto velocemente, tanto che già in una lettera del 12 marzo 1965 Volponi scrive a Pasolini di aver terminato il libro e di averlo già inviato a Garzanti. Non per questo però l'autore si dichiara soddisfatto della stesura e richiede, al solito, l'intervento pasoliniano per correggere il testo fino nei minimi dettagli: "Sono molto contento ma di più sono spaventato. Ho quindi bisogno del tuo aiuto fraterno. Appena letto il libro dovresti scrivermi dal Marocco o da qualsiasi altro posto, indicandomi magari anche le parole e le virgole da togliere e da mettere, in modo che io possa tener conto di qualsiasi tua indicazione nella correzione delle bozze" (Archivio Bonsanti 62). *La macchina mondiale*, quasi a smentire i dubbi dell'autore, vince il Premio Strega e Volponi sente la necessità di sottolineare l'importanza di Pasolini, in qualità di "maestro" e allo stesso tempo di "fratello maggiore" ai fini di questo successo e, più in generale, dell'evoluzione della sua scrittura. Infatti, parlando della recensione scritta da Carlo Bo (che Volponi aveva conosciuto a Urbino durante gli anni universitari) a *La macchina mondiale*, Volponi contrappone idealmente il vecchio maestro all'amico Pasolini, cui va il merito del suo cambiamento: "Bo ha scritto un bell'articolo: non ha capito che tra quello che ero a Urbino e quello che sono oggi c'è stata, più importante di qualsiasi altra cosa, la tua scuola e la tua amicizia" (Archivio Bonsanti 63).

Terminata la stesura de *La macchina mondiale* Volponi ha già in mente una nuova idea, e ne scrive a Pasolini in una cartolina dalla Svizzera del 3 agosto 1965: "Caro Pier Paolo, sono quassù a riposarmi e a prendere lena per 'l'animale' o qualche altra storia" (Archivio Bonsanti 65). Il progetto cui Volponi si riferisce è evidentemente *Corporale*, che infatti nelle stesure preparatorie avrebbe dovuto intitolarsi *L'animale*, *Liberare l'animale* o *Segnali dall'animale*. La lunga stesura di *Corporale* è però travagliata da una serie di eventi che si ripercuotono traumaticamente sul testo: prima la contestazione studentesca del Sessantotto (vista da Volponi con una certa diffidenza), poi l'offerta fattagli dal presidente della Olivetti Bruno Visentini di assumere la carica di amministratore delegato, evento quest'ultimo che gli pare incompatibile con un romanzo così doloroso e sperimentale come *Corporale* (Archivio Bonsanti 76). La risposta di Pasolini, anche se fortemente condizionata da angosce personali, contiene elementi di grande interesse, soprattutto per quanto riguarda il futuro sviluppo della narrativa pasoliniana: "Carissimo Paolo, ti ringrazio infinitamente per la tua lettera. Avrei saltato di gioia leggendo quello che mi dici delle mie poesie [*Trasumanar e organizzar*]—se non fossi in un periodo in cui sono quasi pazzo di dolore. Ninetto è finito. Dopo quasi nove anni Ninetto non c'è più. Ho perso il senso della vita. Penso soltanto a morire o a cose simili [...] Nel mio stato d'animo non posso che consigliarti di diventare il capo della Olivetti, come ti offrono. Non vedo in questo momento nulla di cui si possa avere rispetto. Se per te questo è raggiungimento, potenza, consolazione di qualcosa, accetta: non c'è nessuno che possa scagliare la prima pietra [...] Oltre tutto potresti un giorno scrivere del capo di una grande industria, e sarebbe la prima volta che un poeta potrebbe farlo (finora è sempre stato fatto per sentito dire, per stupida polemica, per invidia)" (Pasolini, *Lettere* 707). Non si può fare a meno, leggendo queste righe, di pensare a *Petrolio* e, in particolare, alla scelta pasoliniana di utilizzare come protagonista del romanzo il dirigente di una grande industria petrolifera. Ultimata la stesura Volponi invia a Pasolini il dattiloscritto di *Corporale*, ma appare più incerto che mai, a causa senza dubbio dell'alto tasso di sperimentalismo presente nel romanzo. Per questo egli scrive all'amico, quasi con un certo timore: "Ho con me il romanzo finito: debbo averne delle pagine dalla dattilografa e poi rileggerlo: poi lo porterò a te, che dovrai leggerlo in tre giorni e *giudicarlo*. Ho paura perfino di te, che tu ti sia un poco allentato, rigirato un poco..." (Archivio Bonsanti 77). Non ci è giunta la lettera di risposta di Pasolini, ma possiamo ipotizzare un parere complessivamente negativo su *Corporale*, a partire dalla lettera di risposta di Volponi e dalle obiezioni contenute nell'articolo apparso su *Tempo illustrato* dal titolo "Quel 'pazzo' di Volponi non sa rinunciare a niente". Pasolini teme che Volponi si sia troppo avvicinato alle posizioni della Neoavanguardia e denuncia, in particolare, la compresenza nel testo di due romanzi, uno "superiore" (dominato dalla figura del protagonista Gerolamo Aspri) e uno "inferiore" (nel quale invece prevale la "pietà creaturale" con cui sono guardati i personaggi secondari) in conflitto fra loro e che anzi si annullano a vicenda. Egli propone quindi di "sdoppiare" il romanzo, separando la vicenda di Gerolamo Aspri dal "diarione" delle gesta del suo *alter ego* Murieta. Stavolta però Volponi non accetta il consiglio dell'amico e, per la prima volta, difende il suo lavoro fino a rischiare la rottura. In una lettera del 12 luglio 1972 infatti scrive a Pasolini: "non posso abbandonare questo libro; non posso sdoppiarlo e rinunciare. Ne dipende la mia vita: sto zitto da troppo tempo e per ogni motivo oggi ho bisogno di riapparire, anche se con un libro non bello, almeno decente e onesto" (Archivio Bonsanti 78). Un silenzio epistolare lungo più di due anni segue questa lettera, quasi a marcare un distacco che è dovuto senza dubbio proprio alla divergenza su *Corporale*. Difficile dire se nel frattempo Pasolini e Volponi si siano incontrati o tenuti in contatto per telefono; quel che è certo è che nella lettera successiva, scritta il 19 agosto 1974, Volponi torna sull'argomento *Corporale* e, pur senza mettere in discussione la sua amicizia con Pasolini non può fare a meno di esprimere il suo rammarico per la recensione pubblicata su *Tempo illustrato*: "ti abbraccio con l'affetto di sempre anche se attraverso i tuoi varchi è passato tutto un esercito e branchi di bufali nel mio povero corporale" (Archivio Bonsanti 79). Le ultime due lettere dell'epistolario riguardano l'uscita del successivo romanzo volponiano, *Il sipario ducale* (1975), ma soprattutto sembrano rappresentare il tentativo da parte di Volponi di riallacciare il dialogo con Pasolini, che abbiamo visto essere così importante per tutta la sua attività di poeta e di scrittore. "Vorrei che tutto fosse più pulito e ordinato; e che tu parlassi (anche solo a me) dei miei libri. Anche questo *Sipario* è onesto e coraggioso, e va per la sua strada come un buon diavolo di paese. Io ho già perduto la sua compagnia" (Archivio Bonsanti 80). Fra l'altro le opinioni espresse da Volponi nel *Sipario* sulla strage di Piazza Fontana e, più in generale, sulla "strategia delle tensione", manifestano non pochi punti di contatto con la vena polemica e "profetica" dell'ultimo Pasolini, che non esita a scagliarsi contro il "Palazzo" e i "gerarchi dc". Infatti Volponi scrive: "La continuità DC è lo stato; lo stato che è fascista cioè autoritario e padronale dalla sua nascita, contro ogni fermento illuminista e libertario del povero innocente gruppo intellettuale del risorgimento. Quindi occorre cambiare lo stato: la sua radice e i suoi rami [...] Questo è il *Sipario Ducale* (e anche altre piccole cose)" (Archivio Bonsanti 81).

Paradossalmente il rapporto "asimmetrico" fra i due autori sembra invertirsi negli ultimi anni; Pasolini, che aveva espresso tante riserve su *Corporale*, a partire dal 1973 inizia a scrivere *Petrolio*, un progetto che, nota Emanuele Zinato, presenta evidenti punti di contatto col romanzo volponiano. Così come Volponi aveva scelto la bomba atomica come simbolo della società capitalistica contemporanea (non a caso l'autore pone in epigrafe al romanzo una citazione da *Pro o contro la bomba atomica* di Elsa Morante, che individua nella bomba atomica il "fiore", ovvero l'espressione naturale e necessaria della nostra epoca), allo stesso modo Pasolini assegna al petrolio, inteso come fulcro intorno al quale ruota tutto il nostro sistema politico-economico, un analogo valore emblematico. Ma le similitudini fra i due romanzi non finiscono qui: anche il protagonista di *Petrolio*, Carlo Valletti, subisce una scissione che ricorda molto da vicino quella presente in *Corporale* fra Aspri e Murieta. Proprio in virtù del progetto di *Petrolio* l'amicizia fra i due scrittori torna a rinsaldarsi nel corso del 1975, come ricorda lo stesso Volponi rievocando il suo ultimo incontro con Pasolini: "Una volta mi ha detto, e lo ripeto cercando nel ricordo le sue parole: 'Mah, io adesso, finito *Salò*, non farò più cinema, almeno per molti anni... Sto lavorando a un romanzo. Deve essere un lungo romanzo, di almeno duemila pagine. S'intitolerà *Petrolio*. Ci sono tutti i problemi di questi venti anni della nostra vita italiana politica, amministrativa; della crisi della nostra repubblica: con il petrolio sullo sfondo, come grande protagonista della divisione internazionale del lavoro, del mondo del capitale'... Per questo si era rivolto a me, per avere indicazioni e anche materiale, per esempio sulla vita dell'industria, sulle abitudini e sul linguaggio dei mondi chiusi del potere industriale, per avere schemi organizzativi dei processi aziendali" (Naldini 389). Pasolini acquisisce dunque in *Petrolio*, quasi per osmosi, temi e caratteristiche del *Corporale* volponiano, il che presuppone evidentemente anche un ripensamento rispetto alle critiche espresse a caldo, alla prima lettura del dattiloscritto di Volponi. Allo stesso tempo è davvero interessante che, dovendo parlare di industria, Pasolini senta per la prima volta la necessità di chiedere pareri e consigli al suo amico e "allievo" Volponi, che aveva vissuto per anni a stretto contatto con gli ambienti nei quali si gestisce e si amministra il potere industriale e economico. È inutile chiedersi adesso se tale inversione di tendenza fosse un episodio momentaneo o se rispecchiasse l'esito di quel cammino che ha portato Volponi ad essere considerato forse il più grande prosatore del secondo Novecento italiano. Certo è che il riavvicinamento fra i due scrittori, nel 1975, rappresentava il potenziale avvio di un nuovo periodo sia della loro amicizia che della loro opera, troncato sul nascere dall'omicidio di Pasolini. A noi resta il rimpianto di non aver potuto assistere all'ultima fase di questo sodalizio fra due autori così lucidi e fortemente interessati al rapporto fra la letteratura e realtà politica, economica e sociale del loro tempo. Nella nostra realtà attuale, caratterizzata dal trionfo del postmoderno e del "pensiero debole" non possiamo fare altro che dichiarare, parafrasando Romano Luperini, che Volponi ci manca (Luperini 124). E anche Pasolini.

Note

[1] Le citazioni sono tratte dalle lettere scritte da Paolo Volponi a Pier Paolo Pasolini. Si tratta di carte tuttora inedite (tranne brevi estratti) e che sono conservate nel Fondo Pasolini dell'Archivio Bonsanti di Firenze di cui sto curando la pubblicazione. Nel presente intervento le lettere sono citate utilizzando il relativo numero di collocazione dell'Archivio.

Part VII

Pasolini's Impact on Contemporary Artistic Production

15
Pasolini ospite provocatore delle scene contemporanee: da *Teorema* a *L'ospite* di Motus

Federica Ivaldi e Erica Magris

Introduzione : *Teorema* fra pagina, schermo, scena

Nel 1968 Pier Paolo Pasolini realizza il romanzo e il film intitolati *Teorema*, la cui natura e genesi sono assolutamente singolari. Egli ne aveva preannunciato il nucleo centrale qualche anno prima in forma poetica:

> Vedrai un giovane arrivare un giorno
> in una bella casa
> dove un padre, una madre, un figlio e una figlia,
> vivono da ricchi, in uno stato che non critica se stesso,
> quasi fosse un tutto, la vita pura e semplice;
> c'è anche una serva (di paesi sottoproletari); viene
> il giovane
> bello come un americano,
> e subito, per prima, la serva si innamora di lui,
> e si tira su le sottane... [1]

L'Ospite, paragonabile e paragonato ora a Cristo ora a Dioniso[2], irrompe nell'indifferente *routine* di una famiglia borghese e la sconvolge con una rivelazione assolutamente fisica, emblematicamente mostrata attraverso lo scandalo del rapporto sessuale. Con la forza di un evento catastrofico e inevitabile, egli seduce uno ad uno gli abitanti della ricca casa cui rende visita: l'imprenditore Paolo e sua moglie Lucia, i figli Pietro ed Odetta, la domestica Emilia. La seduzione, fisica, violenta, irrazionale, distrugge le certezze dei personaggi ed opera un cambiamento irreversibile e radicale. Tanto il romanzo quanto il film, istituendo un legame molto forte fra sesso, divino e violenza, sembrano costruirsi prendendo alla lettera ed esasperando il senso di un versetto del libro di Geremia. Pasolini lo riporta—corretto a suo modo—negli allegati del romanzo:

> Mi hai sedotto, Dio, e io mi sono lasciato sedurre, mi hai violentato [anche in senso fisico] e hai prevalso. Sono divenuto oggetto di scherno ogni giorno, ognuno si fa beffe di me...
> (Dal "Libro di Geremia", cap. 20, v. 7)[3]

Nella prospettiva criticamente antiborghese che Pasolini assume, il sacro ha bisogno di irrompere per il tramite dello scandalo sessuale; solo così può farsi strada nel mondo borghese dal quale è escluso per definizione, e mettere in crisi l'illuminismo della società neocapitalista. La rivelazione deve essere violenta, fisica, irrazionale e screditare la comunicazione verbale e razionale: bisogna mettersi fuori dal *logos* per rimuovere pudore e costrizioni sociali e attingere al sacro.

Una volta individuata la sostanza tematica e simbolica, l'argomento al centro del nuovo lavoro, Pasolini è a lungo in dubbio non solo sulla forma da dare al suo racconto, ma anche sul "mezzo" da utilizzare. Per questo le due facce di *Teorema* hanno una genesi complessa ed insolita:

> *Teorema* [romanzo] è nato, come su fondo oro, dipinto con la mano destra, mentre con la mano sinistra lavoravo ad affrescare una grande parete (il film omonimo). In tale natura anfibologica, non so sinceramente dire quale sia quella prevalente, quella letteraria o quella filmica. Per la verità *Teorema* era nato come pièce in versi circa tre anni fa.[4]

Inizialmente, addirittura, Pasolini voleva farne una tragedia in versi, ma si convinse presto che l'amore tra il visitatore divino e i personaggi borghesi sarebbe stato "molto più bello e vero" se fosse stato silenzioso:

> Se l'avessi fatto in teatro questo dio avrebbe parlato, e che cosa avrebbe detto? Cose assurde. Invece adesso parla attraverso gli altri, attraverso la presenza fisica pura e semplice, cioè il massimo della cinematografia.[5]

Dunque pensò di farne un film, ma incerto anche su questa forma iniziò a scrivere un racconto che fosse allo stesso tempo anche una sorta di canovaccio, un abbozzo di sceneggiatura. È da questa forma media che infine nacquero, parallelamente e "indipendentemente", il romanzo e il film.

Questa doppia natura del testo sarà probabilmente una delle ragioni del suo fascino, a trentacinque anni di distanza, per la compagnia teatrale Motus[6]. La compagnia si accosta per la prima volta a Pasolini, nel 2003, in occasione del progetto *Petrolio* ideato dal regista teatrale e cinematografico Mario Martone al Teatro di Napoli. Martone, convinto che la scrittura pasoliniana rappresenti una fonte attuale di riflessione e di invenzione creativa, invita alcuni artisti teatrali a mettersi in dialogo con l'omonimo romanzo non-finito di Pasolini, frammentario e complesso. I Motus intraprendono allora l'esplorazione dell'universo pasoliniano, che li conduce prima alla creazione dello spettacolo *Come un cane senza padrone* (2003), tratto da *Petrolio*, e in seguito alla messa in scena della duplice opera *Teorema*.

Dopo un viaggio in Tunisia al lago salato Chod El Jerid e nelle periferie delle città italiane per girare immagini dei deserti reali e metaforici evocati da Pasolini, Motus presenta lo spettacolo *L'Ospite* al Théâtre National de Rennes[7]. A distanza di quasi quarant'anni, *Teorema* ritorna quindi al luogo per il quale fu originariamente concepito, il palcoscenico, in una scena popolata di tecnologie multimediali estremamente diversa da quella del "teatro di parola" rivendicato da Pasolini nello stesso 1968.

L'osservazione incrociata del romanzo, del film e dello spettacolo apre interessanti piste di riflessione che toccano problematiche fondamentali come il ruolo e la posizione dell'arte e della cultura nel mondo contemporaneo, mettendo in luce il valore e l'attualità della multiforme attività di Pasolini. Articoleremo il percorso del nostro intervento su tre livelli, esaminando prima la struttura e il contenuto di *Teorema* e de *L'Ospite*, poi l'ibridazione dei linguaggi e dei media, infine la trasformazione della nozione di opera fra produzione e ricezione.

La struttura e il contenuto

Per analizzare, personaggio per personaggio, le reazioni di fonte al contatto col divino, il romanzo di Pasolini si affida ad uno statuto narrativo davvero particolare.

> Il nostro, più che un racconto, è quello che nelle scienze si chiama "referto": esso è dunque molto informativo [...] Inoltre esso non è realistico ma è, al contrario, emblematico... enigmatico... così che ogni notizia preliminare sull'identità dei personaggi, ha un valore puramente indicativo. (901)

In effetti, sin dall'esordio, il lettore è immerso in un clima di resoconto e analisi, più che di partecipato racconto; allo stesso tempo, parò, si dice che "Questo non è un racconto realistico, è una parabola" (903). Se nel romanzo queste indicazioni teoriche sulla natura del testo sono le uniche manifestazioni—esplicite—di un narratore che di lì a poco si farà trasparente, anche nel film la doppia natura, dimostrativa e simbolica, del testo sarà suggerita nell'incipit attraverso un trattamento dell'immagine e del rapporto visivo-sonoro diverso dal corpo del film: a suggerire l'idea di analisi e di "referto", il film si apre, anticipando il finale della vicenda, sull'intervista di un giornalista agli operai della fabbrica di Paolo, che ha donato loro l'impresa. La sequenza, che riprende il capitolo 18 della seconda parte del romanzo, intitolata *Inchiesta sulla donazione della fabbrica*, è costruita sui modi del documentario, con immagine leggermente sgranata e sonoro disturbato; immediatamente dopo, il film propone la presentazione dei personaggi in bianco e nero, con una patina retrò che suggerisce una certa indistinzione temporale degli avvenimenti, come in una parabola.

Ma la dimensione dominante, avallata del resto dal titolo, è, tanto nel romanzo quanto nel film, quella scientifica del teorema. È la prima volta che lo scrittore parla direttamente della borghesia, e la cosa suona ancor più strana messa in relazione al sacro quando per Pasolini, come è noto, proprio la classe media lo ha cancellato e vive nella sua mancanza. Per questo, si procede a una dimostrazione per assurdo: ammettendo che la borghesia possa essere sensibile alla manifestazione del divino, che succederebbe quando il sacro irrompesse prepotente nella vita della comunità borghese per eccellenza, la famiglia? Finirebbe per sconvolgere l'ordine 'lineare' e profano della vita borghese, alienata e inautentica, risollevando pulsioni e contraddizioni che l'etica di classe aveva sopito e rimosso. Alla fine, il *Teorema* dimostrerà proprio la negazione del sacro da parte della borghesia.

Il film-teorema e il romanzo-teorema sono allora nettamente divisi in due: nella prima parte, sono forniti i "dati", cioè la breve presentazione dei cinque personaggi coinvolti e si svolge la "dimostrazione", ovvero la narrazione dell'improvviso arrivo dell'ospite misterioso e di come tutti siano attratti e sedotti da lui, fino alla sua improvvisa e misteriosa partenza.

A questo punto, a segnalare la netta separazione delle due parti, il romanzo infrange il flusso della prosa con un'*Appendice alla Parte Prima* che traspone in versi i tormentati monologhi-confessione dei personaggi al momento dell'addio, mentre il film infrange il silenzio che lo domina esibendo i pensieri dei personaggi in *voce over*.

Ma "è un teorema: / e ogni sorte è una [conseguenza] corollario"[8]: nella seconda parte del romanzo e del film sono dunque narrati i "corollari", ovvero le sconvolgenti conseguenze del passaggio della divinità. Dopo la partenza dell'Ospite, ciascuno sa che "Se questo amore è nato / è inutile tornare indietro, / è inutile sentirlo come una pura e semplice distruzione" (970); tutti sentono la necessità di mantenere viva l'esperienza del divino.

La domestica Emilia, rappresentante di quel mondo contadino, preindustriale e preborghese, in cui Pasolini riconosce l'essenza vitale della sanità e della felicità, è l'unica che sappia dare esito positivo alla rivelazione:

Tu vivi tutta nel presente.
Come gli uccelli e i gigli dei campi,
tu non ci pensi al domani ...
esclusa, spossessata del mondo,
una coscienza ce l'hai.
Una coscienza senza parole.
E di conseguenza senza chiacchiere. (978)

Emilia, già fuori del *logos* perché ancora immersa nella società arcaica, vive solo il presente e per questo non si preoccupa di sostituire l'ospite, di perpetrarne la presenza. Prende la strada dell'ascesi, rivela di avere poteri taumaturgici e di levitazione e percorre la via indicata dal suo misticismo fino all'estremo dono di sé al mondo: si fa sotterrare viva per rimettere alla terra lacrime rigeneratrici.

Tutte le soluzioni adottate dai personaggi borghesi, invece, falliscono. La logica del possesso che li domina determina in loro un particolare 'sentimento del tempo' incapace di guardare al presente e sospeso invece fra il culto geloso del passato, con la volontà di cristallizzalo nel presente, (le fotografie di Odetta, la coazione a ripetere di Lucia, l'arte di Pietro) e l'organizzazione fruttuosa del futuro e dell'immagine di sé (la fabbrica di Paolo).

Le strade che imboccano vanno in questa direzione e per questo si rivelano distruttive: Odetta si chiude in una paralisi isterica, recidendo i rapporti con il mondo, fino al ricovero in manicomio; Pietro cerca la sua liberazione nella pittura, ma "deraglia in direzione della più velleitaria sterilità mascherata da arte di avanguardia" (Moravia, 107); la madre cerca disperatamente di ripetere in relazioni sessuali d'accatto il rapporto misterioso e sconvolgente con l'Ospite.   L'unico dei personaggi borghesi ad avvicinarsi alla perdita di sé è il padre, che passato "da possessore a posseduto" (956), è spinto a "mettere la vita fuori di se stessa, / e mantenerla una volta per sempre / fuori dall'ordine e dal domani" (977); volontariamente si spoglia non solo di tutti i propri beni economici e del proprio ruolo sociale (la donazione della fabbrica) ma anche della propria identità umana: si spoglia nella Stazione Centrale di Milano e, districatosi dalla folla-società, nudo, corre attraverso il deserto.

Lo spettacolo di Motus riproduce la struttura del duplice *Teorema*, ed in particolare la circolarità dell'opera cinematografica, e ne accentua la suddivisione scientifica in dati, dimostrazione, corollari: presenta infatti un breve prologo che anticipa la conclusioni della vicenda, cui seguono due parti nettamente distinte per l'impostazione del dispositivo scenografico e dell'azione scenica.

All'entrata in sala, lo spettatore è immediatamente avvolto dall'universo pasoliniano e posto in una condizione di attesa: gli altoparlanti diffondono una melodia riconducibile all'epoca della creazione delle due opere, mentre sulla destra del proscenio è collocata un'automobile, riproduzione esatta della vettura con la quale Pasolini raggiunse il luogo della sua fine, al volante della quale è già presente Paolo (Danny Greggio). Dietro di essa, l'arco scenico è chiuso da uno schermo sul quale sono proiettate, bianche e come mosse dal vento su fondo nero, le parole dell'appunto 31 di *Petrolio*.

Una volta che il pubblico è accomodato in sala e le luci si sono abbassate, cala il silenzio, mentre sullo schermo appaiono le immagini di Paolo che avanza faticosamente in una distesa desertica dal chiarore abbagliante, in un lungo piano sequenza in cui la macchina da presa corre parallelamente al personaggio e pare così incalzarlo. Interviene allora la parola nella sua duplice forma di oralità e scrittura: la *voce over* dell'attore che impersona Paolo declama i versi che chiudono il romanzo, nel capitolo intitolato *"Ah i miei piedi nudi"*, ed alcuni estratti degli *Appunti per un film su San Paolo* e della *Poesia in forma di rosa* si sovrappongono alle sequenze filmiche sul deserto. Mentre si diffonde una melodia di archi, leit-motiv che tornerà a più riprese nel corso dello spettacolo, dalla graticcia scendono dei ganci; Paolo aggancia l'auto che, issata, scompare nel cielo del palcoscenico, concretizzando una metafora presente nel capitolo di presentazione del personaggio: "La sua macchina si lascia alle spalle la fabbrica, lunga come l'orizzonte e, *quasi sospesa nel cielo*, prende la via, appena costruita tra i vecchi pioppeti, che va verso Milano" (896; corsivo nostro).

Inizia quindi la sequenza di presentazione dei personaggi e della situazione della famiglia. Tutte le azioni si svolgono dietro lo schermo, che assume quindi la funzione di filtro e distanzia la presenza degli attori sulla scena dagli spettatori in sala. Questa prima parte termina con la rappresentazione del momento principale di riunione della famiglia borghese, il pasto, già descritto nel romanzo e nel film: intorno ad una tavola immacolata e luccicante, collocata sul fondo della scena, genitori e figli esprimono in una conversazione affettata ed artificiale sia la loro ristretta e classista visione del mondo che le relazioni che intercorrono fra di essi. Emilia porta il telegramma che annuncia l'arrivo dell'Ospite misterioso, la cui presentazione avviene quindi come un inciso nel rituale del pranzo borghese, sul quale si conclude, come già nel romanzo, l'enunciazione dei "dati".

L'inizio della dimostrazione è segnato da un cambio scenografico a vista. Una porzione trapezoidale del palcoscenico viene inclinata fino a nascondere la tavola, lo schermo viene abbassato e sul palcoscenico tre pareti vengono sollevate a formare una sorta di scatola prospettica in cui si muovono gli attori e sulla quale vengono proiettate le immagini dell'esterno della villa di famiglia. Sul proscenio, coperto da un tappeto erboso, viene nuovamente calata l'autovettura di Paolo. L'interno dell'abitazione non è mai presentato direttamente alla vista del pubblico, ma è collocato dietro le pareti traslucide della "scatola": le sequenze di seduzione avvengono nelle camere di Pietro e di Emilia, ma lo sguardo dello spettatore non può che cogliere un profilo sfocato dei personaggi, in un impedimento della visione che riproduce teatralmente la focalizzazione "epidermica"—ci torneremo—e l'assenza di introspezione delle ragioni psicologiche dei personaggi con cui Pasolini aveva deciso di trattare la materia del suo racconto nel romanzo e nel film.

Il processo di sgretolamento dell'universo borghese mostrato da Pasolini nei "corollari" coincide per Motus con l'abbattimento dell'impianto scenografico e con l'esplosione del caos a livello dell'azione. Prima, però, una serie di sequenze si svolge ancora all'interno e dietro alla camera ottica: esse derivano dalla fusione dei monologhi poetici de l'*Appendice alla parte prima* con i primi corollari della parte seconda, e costituiscono quindi il passaggio intermedio fra la perdita dell'ordine e la catastrofe finale. Quando i personaggi portano le loro risoluzioni alle estreme conseguenze, i tre schermi vengono calati, lasciando il palcoscenico nella sua rude nudità, e lo spettatore è contemporaneamente avvolto da rumori assordanti di distruzione. Tutti i personaggi agiscono simultaneamente, ognuno secondo la propria reazione allo sconvolgimento provocato dal sacro, mentre dalle quinte vengono gettati in scena dei rifiuti; intanto sulla superficie inclinata della scena vengono proiettate, sottosopra, immagini documentarie relative alle proteste del '68 e all'esplosione di Piazza Fontana del '69, i cui suoni si mescolano all'impasto acustico creato da Enrico Casagrande utilizzando un impianto digitale a ventiquattro piste.

Infine lo schermo del proscenio viene alzato, e riappare l'immagine di Paolo che si spoglia e imprime le sue orme nella distesa di sale del deserto, e sulle sue parole che già chiudevano il film (in *voce over*) e il romanzo (in forma poetica), si chiude anche la parabola dello spettacolo.

> Ah, miei piedi nudi, che camminate
> sopra la sabbia del deserto!
> Miei piedi nudi che mi portate
> là dove c'è un'unica presenza
> e dove non c'è nulla che mi ripari da nessuno sguardo!
> (1052)

Come si evince anche da questa sommaria descrizione d'insieme, nonostante la scelta di adesione letterale all'organizzazione di *Teorema*, l'operazione di Motus non si limita ad una riproposizione teatrale dell'opera bifronte pasoliniana, ma parte da essa per tessere una rete di citazioni verbali e visive—dalla presenza in scena dell'auto agli estratti di altre opere, all'uso di immagini e suoni documentari, fra i quali brani di interviste dello stesso Pasolini—che rimandano alla figura di Pasolini e al suo ruolo nel suo tempo. Per Daniela Nicolò ed Enrico Casagrande, Pasolini penetrò con il suo sguardo critico i mutamenti della società italiana dell'epoca e quasi ne profetizzò le derive attuali, che la compagnia aveva precedentemente affrontato attraverso il progetto *Rooms* (2001–2003). A proposito di *Teorema* hanno scritto:

> Ci ha colpito l'atmosfera provocatoria e profetica del testo, così terribilmente attuale per il continuo interrogarsi sull'inconsistenza, anche spirituale, della vita borghese, assunta oramai a schema di relazione totalizzante, a tutti i livelli sociali. [...] Il tema della crisi e della "banalità del male" nel quotidiano, dentro il "nuovo totalitarismo

consumistico", è stato già fulcro di tutto il progetto Rooms, dove nelle analisi della borghesia attuate in chiave cinico-ironica da DeLillo, l'elemento traumatico era il compiere un atto estremo, come l'omicidio per "guadagnare credito vitale", per superare la paura della morte... in Pasolini la prospettiva si rovescia: è l'avvento di un fatto scandaloso esterno, quale l'irruzione dell'ospite, o una visitazione angelica, come in *Petrolio*, a provocare lo svelamento, la frattura, la perdita di controllo.[9]

Lo spettacolo contiene quindi uno sguardo metastorico, che conduce lo spettatore ora dentro ora fuori la vicenda enunciata. L'oscillazione fra prospettiva narrativa e prospettiva storica, la cui alternanza rompe il contratto spettatoriale e rimanda ai procedimenti di distanziazione critica elaborati dal teatro politico degli anni venti e trenta (Meyerchol'd, Piscator, Brecht), è d'altra parte contenuta, se pure *in nuce*, anche nelle due opere pasolianane: nel romanzo, nella commistione di prosa quasi scientifica e monologhi lirici dei personaggi; nel film, nel passaggio dall'iniziale sequenza documentaria, alla ripresa in stile retrò, alla neutralità delle altre scene; in entrambe le opere nel gioco della presenza-assenza dell'autore.

Pasolini intrattiene un rapporto apertamente conflittuale con la materia del suo racconto, e se da un lato il "teorema" è l'esplicitazione della sua visione sociale, dall'altro egli sembra voler celare la sua presenza autoriale nelle pagine del romanzo e nelle sequenze filmiche. Nell'affrontare la borghesia, infatti, Pasolini rifiuta assolutamente di assumere un punto di vista interno alla storia: la focalizzazione è non solo esterna, ma addirittura, per così dire, 'epidermica', come d'un occhio che, calato nella storia, ne colga alcuni frammenti e riporti quanto entra in campo, rifiutando di darne una troppo precisa organizzazione. È dai puri fatti che deve emergere, lampante, il loro significato.

Proprio questo punto di vista sul "fuori", determina le strategie linguistiche seguite dall'autore nella gestazione parallela del romanzo e del film, che conducono alla creazione—nel prosimetro "visivo" del romanzo e nella strana forma del film sonoro ma quasi muto—di un nuovo codice narrativo, attraverso un vero e proprio processo di doppia riscrittura. Il carattere ibrido di tale codice, che scardina le suddivisioni tra i generi e i media tradizionali, ancora presenti nel '68, incontra la poetica multimediale attuale di Motus, la cui scena accoglie ed amplifica le soluzioni di Pasolini.

L'ibridazione dei media e dei linguaggi

Il rinvio alla produzione letteraria è fortemente presente nel racconto filmico, tramite il frequente riferimento all'oggetto letterario per eccellenza, il libro, e all'atto della lettura: nella presentazione di Lucia, il personaggio è colto nell'atto di leggere un libro; l'ospite gode silenziosamente delle poesie di Rimbaud nella frescura del giardino—è ben visibile la copertina—e legge ad alta voce per Paolo, quando si ammalerà, un racconto di Tolstoi, *La morte di Iveàn Il'ìc*. A teatro la letteratura si materializza nella scrittura che accompagna, proiettata sullo schermo del proscenio, la parte iniziale, centrale e finale della rappresentazione: le citazioni del romanzo e di altre opere di Pasolini costituiscono una specie di quaderno di appunti a vista dei materiali utilizzati dai registi nel processo di messa in scena, e contribuiscono a complicare la percezione e la ricezione dello spettatore.

Ancor più profonda risulta l'influenza del cinema sulla redazione del romanzo: sebbene il romanzo non costituisca affatto la sceneggiatura del film,[10] né l'ipotesto da cui l'adattamento cinematografico avrebbe potuto nascere, gli elementi cinematografici nel testo, sia a livello di immaginario, che di descrizione e costruzione della vicenda, sono molti. (Pullini 421–45)

A grandi linee possiamo suddividerli in cinque gruppi: la narrazione tramite informazioni visive; l'uso di un particolare tipo di presente verbale; l'uso dell'inquadratura; la simulazione di uno stacco di montaggio; la riproduzione di specifici sintagmi cinematografici.

La narrazione tramite informazioni visive, per mezzo di una lingua neutra ed asciutta, serve a Pasolini per non entrare nella psicologia della borghesia, ed evitare il rischio di un contagio linguistico—ed ideologico—per mimesi; i personaggi parlano molto poco, esprimendosi per lo più in discorso indiretto o prendendo la parola per mere comunicazioni di servizio ("è pronto", "eccoci, veniamo!"): sono, appunto, "pura fisicità in azione".

Il resoconto dei loro pensieri e sentimenti è cancellato e sostituito dall'espressività dei volti, descritti con il perfetto equivalente di quelli che al cinema si chiamerebbero "piani d'ascolto" (primi piani che, nella concatenazione del dialogo e della scena consentono allo spettatore di leggere sul volto dell'attore le sue reazioni a un discorso o a un avvenimento):

> L'espressione dei suoi occhi malati è quella di quando finalmente si comprende qualcosa che dà sollievo a sé e soprattutto a chi ci sta vicino: qualcosa che risolve una situazione imbarazzante e finalmente un po' ridicola. (942)

Quando si conceda al personaggio una esplicita espressione dei suoi pensieri e sentimenti, questi saranno antirealisticamente trasposti in monologhi poetici, assolutamente lontani dal naturale modo d'espressione: "e parlo come nel monologo / del personaggio di una tragedia" (975), si lamenta la stessa Lucia.

La stessa scelta di indeterminatezza ed antirealismo che determina la scarsezza del dialogo, produce anche "il massimo della cinematograficità", nell'estrinsecare i dati psicologici in caratteristiche fisiologiche o di comportamento, rinunciando quasi del tutto all'incursione del narratore—se ce n'è uno—nei pensieri dei personaggi. Tutto diventa descrizione dettagliata. La rivelazione del carattere dei personaggi è demandata ai gesti, ad elementi secondari, il pensiero è sostituito da azioni, dettagliate, frammentate e perfettamente visualizzabili come in una sceneggiatura.

Anche nel film è l'immagine il mezzo cui è demandato il compito fondamentale di condurre l'azione: la colonna sonora è molto discreta, i personaggi parlano pochissimo, e tutto è raccontato solo attraverso al ripresa dei loro piani ravvicinati o di gesti caratterizzanti ed indicativi. Il silenzio che pervade il film è rotto solo a tratti da musiche e rumori ricorrenti, come il *Lacrimosa* del *Requiem* mozartiano, il cinguettio degli uccelli o il rintocco di campane in lontananza, e da brevissimi sprazzi di dialogo.

Nella messa in scena teatrale, Motus si attiene alla preminente visività e cinematograficità della narrazione, sviluppando una direzione di ricerca che, in particolare a partire dallo spettacolo *Orpheus Glance*, è caratteristica del loro lavoro. Come afferma

Enrico Casagrande, Motus lavora "su un filo sospeso fra il teatro e il cinema, il teatro e le arti visive"[11]. Il ruolo dell'immagine video nello spettacolo risponde dunque a questa esigenza: schermi e proiezioni invadono la scena quasi senza soluzione di continuità nel corso dello spettacolo, concentrandosi in parte sull'investigazione dei personaggi e soprattutto sulla definizione dell'ambiente in cui si muovono. L'immagine non è un semplice *décor*, perché, come nell'opera pasoliniana, essa permette di mostrare simbolicamente in un contrasto stridente i due volti della nostra società: il visibile, che consiste in una natura umanizzata, armonica e ben organizzata (la villa e il suo giardino, le strade alberate e gli ordinati pioppeti, il casale nella campagna), e il reale (il deserto).

Nicolò e Casagrande si sono occupati direttamente della realizzazione delle parti video, sviluppando il sistema di ripresa a trittico (tre camere poste con angolazioni differenti su un cavalletto) che permette la ricostruzione a 180° del paesaggio utilizzata per le proiezioni sulle pareti della camera ottica. L'immagine costituisce quindi un momento fondamentale del percorso creativo di composizione registica, che coinvolge anche gli attori e la costruzione dei personaggi. Casagrande e Nicolò hanno infatti girato anche insieme agli attori, che di fronte all'occhio della telecamera hanno dovuto affinare e precisare i loro atteggiamenti e le loro espressioni.

Come nel romanzo e nel film, i personaggi, pur se fisicamente presenti, sono figure quasi mute; ad esclusione della scena del pasto famigliare, in cui è presente una porzione piuttosto lunga ed articolata di dialogo, sono marionette silenziose, caratterizzate da poche attitudini che le identificano e ne indicano inclinazioni e posizione sociale, in una sorta di "gestus" brechtiano contemporaneo: le mani in tasca di Pietro, i piedi in dentro di Odette, la postura altera ed elegante di Lucia, l'attenzione spasmodica di Paolo all'auto di famiglia, l'andatura pesante e a tratti sincopata di Emilia—modellata in parte anche sulla recitazione di Laura Betti nel film Pasoliniano. I loro pensieri, con una soluzione di derivazione cinematografica sperimentata la prima volta per *Rooms*, sono dissociati dal loro corpo, poiché vengono raramente espressi dagli attori in scena, ma accompagnano in *voce over* le loro azioni. Le voci appartengono non solo agli attori dello spettacolo, ma anche al sonoro del film, come durante la gita di Paolo e dell'Ospite che prelude alla seduzione: gli attori sono silenziosi all'interno della vettura immobile alla destra del proscenio, mentre lo spettatore ascolta il dialogo tratto dal film. L'utilizzazione di brani sonori tratti dall'opera cinematografica risulta particolarmente significativa, non solo come citazione di uno dei testi originari, ma soprattutto per ricreare l'atmosfera di silenzio che distolse Pasolini dalla realizzazione teatrale della sua idea. Motus non si limita infatti a comporre un collage di suoni, ma accompagna l'azione teatrale con la registrazione dei silenzi cinematografici, la cui qualità ha una dimensione vischiosa ed uno spessore che modificano la percezione del tempo teatrale.

Quest'ultima soluzione è legata anche al secondo elemento di ascendenza cinematografica del romanzo, che colpisce soprattutto negli *incipit* dei singoli capitoli: l'uso esasperato del presente. Non si tratta di un presente storico, narrativo, ma di una sorta di *present continuous* che sottolinea come la scena descritta nel romanzo si stia sempre svolgendo davanti a una virtuale macchina da presa: è il presente sempre in atto della sceneggiatura. Così nel romanzo i nessi fra un capitolo e l'altro, come stacchi di montaggio, portano il tempo del racconto a saltabeccare da un presente ad un altro, tutti costantemente in atto, tutti immortalati come su una pellicola:

> I due ragazzi, Pietro e l'Ospite, insieme con gli altri ragazzi, gli amici di scuola di Pietro, stanno giocando a pallone in un campo da calcio. (929)
> Odetta sta ora china su una grande cassapanca [...] La cassapanca lentamente si svuota. (991)
> Lucia sta finendo di truccarsi o di pettinarsi, davanti allo specchio, dove compie quel rito quotidiano (1018).

Questo uso particolare del tempo verbale è comunque in linea con la focalizzazione "epidermica" che caratterizza l'intero romanzo: l'occhio che appena si poggia sulle cose le coglie nella loro immediatezza, immerse nel presente dell'azione che si sta svolgendo.

Nello spettacolo teatrale, che per sua natura si svolge nell'*hic et nunc* del presente, lo scorrere del tempo viene problematizzato e tematizzato, e l'accadimento indeterminato degli avvenimenti viene reso grazie al rallentamento del ritmo scenico.

L'effetto è ottenuto in primo luogo grazie alla particolare costruzione interna delle immagini: si tratta infatti nella maggior parte dei casi, di piani sequenza in cui l'azione del personaggio, se presente, è continua e ripetitiva. Sono esemplari in questo senso le sequenze di Paolo nel deserto, in cui la camera segue senza stacchi il suo vagare senza meta, e il piano dell'esterno della villa, in cui i personaggi compaiono, scompaiono e riappaiono in un quadro immobile, come in un *loop*.

In secondo luogo, dalla forma del dispositivo: la scelta del trittico è infatti coscientemente perseguita da Casagrande e Nicolò proprio in relazione alla sua valenza temporale e narrativa nelle arti figurative. Ad ispirarli però, non è la tradizione, ma la sua reinterpretazione e negazione contemporanea, con particolare riferimento a Francio Bacon e agli scritti dedicati da Gilles Deleuze all'artista inglese. Nel quaderno di regia Casagrande e Nicolò scrivono a questo proposito: "La dimensione del trittico e lo sfasamento, riflessione sul fattore tempo", e accompagnano la loro nota con la seguente citazione di Deleuze:

> Il problema evidentemente è più complicato: non esiste un diverso tipo di rapporti tra le Figure, che non sia narrativo e tale che non ne derivi alcuna figurazione? Figure diverse che, invece di riferire una storia e rinviare a oggetti differenti in un insieme figurativo insistono, appartengono ad uno stesso fatto unico? Rapporti non narrativi tra Figure e rapporti non illustrativi tra le Figure e il fatto? Bacon ha sempre dipinto figure accoppiate che non raccontano alcuna storia. Di più. Fra i pannelli separati di un trittico, il nesso è intenso, anche se non ha niente di narrativo.[12]

All'interno di questo dispositivo di immagini non narrativo, che presenta una temporalità non consequenziale, l'azione scenica è dilatata in quadri composti dai comportamenti silenziosi degli attori, da suoni, immagini e parole, e si risolve in un clima di attesa e di vaghezza che contrasta con la concitazione e la simultaneità della parte finale.

Un'altra caratteristica della particolare scrittura del romanzo *Teorema* che si può supporre di ascendenza cinematografica consiste nel ritagliare l'orizzonte visivo offerto nella descrizione di un volto, di un dettaglio, di un paesaggio, in modo che il lettore ne abbia immediatamente una visualizzazione come di un'inquadratura.

Ad esempio, all'inizio del romanzo, il padre prende in mano il telegramma che annuncia l'arrivo del misterioso ospite, "alza gli occhi dal giornale borghese che sta leggendo, e apre il telegramma, dove c'è scritto: 'sarò da voi domani' (il pollice del padre copre il nome del firmatario)" (904).

Per preservare il mistero, né lo spettatore del film né il lettore del romanzo devono conoscere il nome del misterioso ospite. Per questo la sua vista è impedita dal pollice del padre, ma quella fra parentesi è un'indicazione di regia: la macchina da presa—se esistesse—dovrebbe inquadrare il dettaglio del telegramma, retto dalla mano del padre, in modo da creare mistero. Se non servisse a visualizzare l'immagine come un'inquadratura cinematografica, la puntualizzazione fra parentesi non avrebbe probabilmente senso in una pagina letteraria: sarebbe sufficiente che il romanziere decidesse di non scrivere il nome del misterioso ospite. Mettere invece la frase in maiuscolo, imitando la scrittura del telegramma, e delineare la presenza di una mano che regge il foglio e ne impedisce la visione totale significa trascrivere su carta, in parola, un elemento narrativo affiorato alla mente, da subito, in forma visiva.

Anche nella grammatica teatrale di Motus l'inquadratura svolge un ruolo fondamentale, anche se con valori parzialmente diversi rispetto alla scrittura pasoliniana. L'inquadratura è principalmente utilizzata per moltiplicare il punto di vista dello spettatore e renderlo mobile come quello di una macchina da presa.

A un primo livello, l'inquadratura è importante nelle sequenze video in cui compaiono i personaggi, l'occhio della videocamera indugia sui volti e sulle mani, in maniera particolarmente pronunciata nel caso di Lucia. Ma è soprattutto senza l'uso diretto del dispositivo tecnologico che Motus sottolinea la cinematografizzazione del teatro. L'effetto inquadratura è perseguito tramite la suddivisione della scena in tre piani - il proscenio, la scatola ottica, il fondo—che permette di variare la distanza e la focalizzazione dello sguardo sull'azione. Nel primo piano del proscenio gioca poi un ruolo fondamentale l'automobile: il finestrino dell'auto funge infatti da quadro che separa il volto dallo spazio scenico circostante e induce lo spettatore a concentrarvi l'attenzione.

Questo tipo di procedimento è il cardine della scena dell'urlo soffocato, straziante e definitivo strappo dell'universo borghese, che Paolo emette nel momento in cui prende coscienza del mutamento indotto dall'Ospite su se stesso e su tutti i componenti della sua famiglia.[13] L'urlo è l'immagine che chiude il romanzo e che pone il lettore di fronte all'abisso. Così terminano infatti i versi del capitolo 19:

> È impossibile dire che razza di urlo
> Sia il mio: è vero che è terribile
> —tanto da sfigurarmi i lineamenti
> rendendoli simili alle fauci di una bestia—
> ma è anche, in qualche modo, gioioso,
> tanto da ridurmi come un bambino.
> È un urlo fatto per invocare l'attenzione di qualcuno
> o il suo aiuto; ma anche, forse, per bestemmiarlo.
> È un urlo che vuol far sapere,
> in questo luogo disabitato, *che io esisto*,
> oppure, che non soltanto esisto,
> *ma che so*. È un urlo
> in cui in fondo all'ansia
> si sente qualche vile accento di speranza;
> oppure un urlo di certezza, assolutamente assurda,
> dentro a cui risuona, pura, la disperazione.
> Ad ogni modo questo è certo: che qualunque cosa
> questo mio urlo voglia significare,
> esso è destinato a durare oltre ogni possibile fine. (1055–56)

Nello spettacolo, Motus rende quest'immagine, che sembra appartenere più all'autore che al personaggio, un punto di incandescenza, attraverso la concentrazione che il procedimento dell'inquadratura permette. Danny Greggio, all'interno dell'auto, accosta il volto al margine alto del finestrino e lo inclina in maniera tale da nascondere la parte superiore del volto. Resta visibile solo l'oscurità della sua bocca spalancata, che diventa in questo modo, come in un dipinto di Francio Bacon, il punto di fuoco ipnotico della visione spettatoriale.[14]

Paolo nello spettacolo assume una posizione preminente rispetto agli altri personaggi: egli sembra costituire il punto di vista privilegiato da cui è osservata la vicenda, con uno slittamento implicito, complice l'utilizzazione dell'automobile, verso la figura dell'autore. Due momenti a questo proposito sono particolarmente significativi. Nella già citata sequenza della gita con l'Ospite, sui tre schermi della scatola prospettica scorrono delle immagini di alberi ripresi da una vettura in movimento, con il treppiede poggiato sul cruscotto: si tratta quindi di ciò che i passeggeri dell'auto starebbero vedendo in quel momento, che lo spettatore deve montare con la realtà fisica della vettura immobile per ottenere nella sua immaginazione l'idea di un percorso attraverso una strada di campagna.[15]

Anche la presa di coscienza di Paolo avviene nell'auto. Tramite la materializzazione scenica di ciò che il personaggio vede nella sua mente—sul palco appaiono distesi, nudi, gli altri personaggi—lo spettatore per un istante vede con gli occhi del personaggio, e può così condividerne la rivelazione.

Un ulteriore elemento cinematografico nella prosa di *Teorema*, è la simulazione di uno stacco di montaggio: Pasolini allude alla visualizzazione delle scene e al trapasso dall'una all'altra usando toni, marche e sintagmi identici a quelli della "struttura che vuole essere altra struttura",[16] pattuendo col lettore, al momento della lettura, lo stesso sforzo di transcodificazione dal verbale al visivo. Nella sceneggiatura, per segnalare il cambio di inquadratura, ricorre spesso alla ripetizione del gesto nel variare del luogo:

XXXVII CASA—INTERNO GIORNO
[...]
I due infermieri la portano fuori
XXXVIII GIARDINO E STRADA—ESTERNO GIORNO
Gli infermieri portano la ragazza fuori, nella strada[17]

Nel romanzo, allo stesso modo, soprattutto nel passare da un capitolo ad un altro, ricorre alla ripetizione, per segnalare un virtuale taglio e cambio di inquadratura. Si veda ad esempio, lo stacco fra il capitolo 16 e il 17 della prima parte:

Così, ancora col suo sorriso strabiliato e avaro sulle labbra—
egli rientra in casa.
Abbandonato il giardino alla sua luce—ecco che il padre
va di nuovo a tentoni, percorrendo la strada inversa, per

l'interno della casa, fino a infilare il corridoio tristemente
illuminato dalla luce elettrica. (935-36)

Un'altra strategia, più sofisticata, per suggerire una successione
di diverse inquadrature consiste nel "razionare" le informazioni su
un'azione, concedendole poco per volta, alternando dettagli e piani
d'insieme, spesso giocando con la soggettiva. Vediamone un esempio:

> È un pomeriggio [...] silenzioso. Si sentono appena i rumori — molto lontani — della città. [...]
> [L'ospite] legge — con la testa in ombra e il corpo al sole.
> Come vedremo meglio fra un po' — quando seguendo gli sguardi che lo guardano gli saremo vicini, nei dettagli del suo corpo al sole — egli sta leggendo delle dispense di medicina o di ingegneria.
> Il silenzio del giardino nella pace profonda di quel sole impartecipe e consolante [...] è rotto da un rumore fastidioso, monotono e eccessivo: si tratta della piccola falciatrice meccanica che cigola muovendosi su e giù per il prato [...]
> A spingere avanti e indietro la falciatrice in quel modo è Emilia. (905)

L'entrata in scena di Emilia è anticipata da parecchie 'inquadrature': prima un campo lungo del giardino, poi un piano a figura intera dell'ospite che legge, poi alcuni particolari del suo corpo (lasciati all'immaginazione del lettore), poi un dettaglio di quanto sta leggendo. Intanto, sul versante della colonna sonora, l'atmosfera del giardino passa da un placido silenzio a un fastidioso rumore fuori campo. La climax (fastidiosa, monotona, eccessiva) suggerisce come la percezione sia soggettiva: l'ospite è sempre più infastidito dal rumore, solleva lo sguardo, e vede (un nuovo dettaglio) la falciatrice, alza ancora gli occhi, e il suo sguardo si posa su Emilia. Il punto di vista, percettivo quanto cognitivo, è quello dell'ospite.

Che questo tipo di procedimento sia connesso con un tipo di visualizzazione della scena di tipo cinematografico, lo conferma un passo analogo della sceneggiatura, che usa una simile costruzione linguistica:

I suoi [di Odetta] occhi guardano sempre fisso verso il soffitto, i suoi pugni sono serrati. Una mano cerca di aprire i pugni, ma essi rimangono perfettamente immobili: non si potrebbero scalzare nemmeno con uno scalpello.
Chi tocca le mani della ragazza, con cura quasi paterna, è il medico della famiglia.[18]

Se là "a muovere la falciatrice" "è Emilia", qui "chi tocca" "è il medico": allo stesso modo nei due passi c'è uno stacco da un dettaglio (la falciatrice, la mano) a una figura intera.

La segmentazione dell'azione teatrale, caratterizzata tradizionalmente dalla continuità, è al centro delle preoccupazioni estetiche di Motus: in *Orpheus Glance* la frammentazione passava per l'illuminazione alternata di differenti stanze all'interno di un'architettura d'interni posta sul palcoscenico, la cui concatenazione avveniva quindi tramite un montaggio di tipo cinematografico, mentre in *Twin Rooms*, lo sguardo era mosso tra la sezione di una stanza d'albergo e il suo doppio video posto al di sopra o di fianco ad essa.

Ne *L'Ospite*, la nozione di montaggio forma l'intera operazione teatrale. È innanzitutto il metodo di lavoro seguito da Daniela Nicolò e Enrico Casagrande: il quaderno di regia, riprodotto con il titolo *Appunti di viaggio* nel dvd realizzato dalla compagnia, si configura infatti come un vero e proprio collage di immagini, estratti di testi di opere diverse, riflessioni dattiloscritte dei registi. Queste associazioni confluiscono nello spettacolo, che si trasforma quindi in un insieme di materiali eterogenei che il pubblico è chiamato a comporre. Il montaggio sonoro, visivo e testuale entra in risonanza con l'azione teatrale, creando in questo modo il senso dello spettacolo, libero a diverse interpretazioni. In questo insieme di strategie estremamente complesso, emerge un procedimento ricorrente che richiama alcune scelte che Pasolini opera nei film *Teorema* e, se pure in maniera differente, *Porcile*: il montaggio parallelo ad alto valore simbolico delle sequenze narrative con immagini di paesaggi desertici.

Nello spettacolo teatrale, le immagini video del deserto costituiscono la parte principale del prologo e del finale. In particolare la conclusione dell'enunciazione ne svela il significato metaforico. Mentre Paolo arranca e si lascia cadere nelle dune sabbiose, la

Pasolini ospite provocatore 289

riflessione di Pasolini sul deserto della vita contemporanea che Pasolini esplicita negli *Appunti per un film su San Paolo*, si imprime lettera per lettera sull'immagine, accompagnata dal ticchettio di una macchina da scrivere:

> Nessun deserto sarà mai più deserto di una casa, di una piazza, di una strada dove si vive millenovecentosettanta anni dopo Cristo. Qui è la solitudine. Gomito a gomito col vicino, vestito nei tuoi stessi grandi magazzini, cliente dei tuoi stessi negozi, lettore dei tuoi stessi giornali, spettatore della tua stessa televisione, è il silenzio. Non c'è altra metafora del deserto che la vita quotidiana[19].

Le immagini di paesaggi desertici interrompono le altre sequenze e sono così virtualmente montate con l'azione scenica: quando Lucia prende il sole al centro della piattaforma della scatola scenica, le immagini serene del giardino della casa sono bruscamente sostituite da una distesa sabbiosa, dove affiorano dalle dune relitti arrugginiti di auto abbandonate. È un primo accenno dell'abisso verso il quale l'Ospite sta trascinando il personaggio. Sulla scena ricompare il tranquillo giardino, e gli altri personaggi rientrano dedicandosi ad occupazioni oziose. Ma Lucia cade al cospetto del sacro e si spoglia completamente, rendendosi disponibile all'Ospite al centro del palco, mentre il deserto invade nuovamente la scena. La casa riappare, Lucia esce, entra Emilia con il suo tosaerba, ma il deserto ineluttabile ricompare: ora la seduzione toccherà anche lei.

La simulazione di fenomeni di montaggio nel romanzo *Teorema* non si limita a suggerire al lettore il passaggio da un'inquadratura all'altra; alcune zone del testo sono costruite secondo i sintagmi tipici del racconto cinematografico che Metz aveva fissato nella "grande sintagmatica della colonna visiva" a Pesaro nel '65, presente Pasolini.

Ci pare di grande interesse avanzare un confronto fra la parte iniziale del film e dello spettacolo con i capitoli che aprono il romanzo, nei quali Pasolini ricorre ad una tecnica assimilabile a quelle descritte da Metz. Presentando i personaggi, il romanzo sfrutta tutti i procedimenti che abbiamo esaminato: la distribuzione dei fatti è acronologica e procede per scene equivalenti e temporalmente indistinte, creando un perfetto equivalente del "sintagma a graffa" di Metz. La virtuale macchina da presa riprende le occupazioni dei protagonisti "come campioni di un medesimo ordine di realtà, astenendosi deliberatamente dal situarle le une rispetto alle altre nel tempo, per insistere invece sulla loro supposta parentela in seno a una categorizzazione dei fatti"[20], con l'intento di concettualizzare, attraverso questo montaggio, un'idea della vita borghese.

A determinare ulteriormente la natura cinematografica del romanzo, le descrizioni traducono verbalmente le immagini silenziose in bianco e nero che costituiscono la presentazione dei dati nel film. Si pensi ad esempio alla presentazione di Pietro che

> Ricorda qualche personaggio cinematografico dei vecchi film muti, potremmo addirittura dire—misteriosamente e irresistibilmente—Charlot: senza ragione alcuna, a dire il vero. Tuttavia, non si può fare ameno di pensare, vedendolo, che egli è fatto, come Charlot, per indossare cappottoni e giacchette che gli vanno troppo grandi, con maniche che penzolano sotto la mano—o per correre dietro a un tram che non raggiungerà mai—o per scivolare dignitosamente su una buccia di banana... (897)

O si veda la prima descrizione di Lucia, donna annoiata, in cui le indicazioni fra parentesi sembrano precise indicazioni di regia:

> Aspetta l'ora di pranzo. Leggendo, un'onda dei capelli le casca sull'occhio (una preziosa onda, elaborata da un parrucchiere forse durante la stessa mattinata). Stando china, essa espone alla luce radente gli zigomi [...] alza [...] un momento gli occhi dal libro, per guardare l'ora a un suo piccolo orologio da polso (per farlo, deve alzare il braccio ed esporlo meglio alla luce). (901)

Nello spettacolo teatrale, Lucia (Emanuela Villagrossi) entra in scena, elegante ma sobria, con un abito nero, i tacchi a spillo, i capelli raccolti, e passeggia pensosa sulla scena. Sullo schermo scorrono le immagini che stigmatizzano il personaggio in una traduzione letterale degli atteggiamenti e delle situazioni descritte dal romanzo:

la ciocca di capelli che sfugge allo chignon, la luce sul volto, il segno della croce. La visione è così duplice: grazie ad un'utilizzazione precisa dell'illuminazione infatti, gli attori in carne ed ossa dietro lo schermo sembrano "incrostati" dentro le proiezioni, creando un effetto di fusione fra presenza reale e presenza mediatizzata. Nello spettacolo, come l'elemento visivo subisce uno sdoppiamento fra reale e virtuale, così la parola si sdoppia fra scrittura e oralità: sullo schermo sono proiettate frasi tratte dai "dati" nel romanzo, e la *voce over* degli attori racconta, in frammenti rubati ad una riflessione più ampia e compiuta, il rapporto con il personaggio e l'approccio utilizzato nell'interpretarlo. La voce di Emanuela Villagrossi spiega allora che:

> ...cioè, io avevo un'immagine di Lucia, e Lucia probabilmente aveva un'immagine di me, molto femminile. Cosa vuol dire femminile? Ci sono in questo testo tre personaggi maschili e tre personaggi femminili e i personaggi femminili sono molto, virgolette, femminili : c'è la serva, la moglie e madre, generatrice di potere, di amore, di affetto, di tutte queste cose...[21]

Non è tanto importante ciò che viene detto, visto che si tratta di estrapolazioni che restano sospese, ma il fatto che venga detto. Infatti, Motus aggiunge in questo caso un livello ulteriore al senso della sua operazione, immettendo lo spettatore dentro la creazione teatrale. Lo spettacolo tende quindi a presentarsi come un processo in fieri in cui spetta al pubblico ricomporre le tessere: la multimedialità è quindi per Motus uno dei cardini sui quali è imperniata l'implicazione attiva dello spettatore. Ciò risulta particolarmente interessante, dato che la scelta della compagnia teatrale è vicinissima alle riflessioni che Pasolini cominciò a sviluppare all'epoca della duplice realizzazione di *Teorema*, piegando sempre più verso quella che Carla Benedetti ha definito "forma-progetto"[22].

Dalla "forma-progetto" al "progetto multiteatrale"

Per l'insieme di elementi cinematografici che vi sono presenti, il romanzo *Teorema* chiede al suo lettore, coerentemente con le teorie del cinema di Pasolini, ciò che esige una sceneggiatura, ovvero "l'allusione continua", "il riferimento integrativo a un'opera cinematografica da farsi" (Pasolini, *La sceneggiatura* 1488 e 1490). La parola scritta della sceneggiatura, infatti, non è che una parte del significante il quale deve essere completato dall'immaginazione attiva del lettore. Il testo deve essere integrato figuralmente con l'immagine che evoca.

Pasolini ha iniziato nel '65 ad interessarsi teoricamente a quel particolare genere letterario, autonomo, che è la sceneggiatura cinematografica: la scoperta di questa scrittura "per lampi d'intesa", che presuppone la collaborazione e la simpatia del lettore, gli dà tanta gioia che comincia a pensare a sceneggiature senza film o a poemi in forma di sceneggiatura. Sempre intorno alla stessa data, Pasolini inventa una semiologia del cinema tanto zoppicante quanto affascinante, retta sull'intuizione che il cinema sia la "lingua scritta della realtà". L'idea del cinema come trascrizione della realtà in azione presuppone che l'azione stessa sia potenzialmente arte e che le cose stesse possano essere una componente grammaticale dei segni artistici. "Se era vero allora lui, maestro dei segni, sarebbe stato padrone delle cose"[23], ne conclude Siti, nella bella analisi della sua personalità in *Tracce scritte di un'opera vivente*. Per questo il cinema assume, nell'ultima produzione di Pasolini, un ruolo preponderante:

> Il cinema prolunga la poesia e in qualche modo la esaurisce, inverandone le attese. Le idee del "forare" e del "catturare" che erano il presupposto emotivo e teorico dell'espressionismo verbale pasoliniano, sembrano trovare nelle potenzialità tecniche del cinema una formidabile protesi: la macchina da presa non ha bisogno di forzare l'aggettivazione o di azzardare neologismi per restituire la brillantezza d'un oggetto, perché ti mostra quell'oggetto che brilla, davvero, nella realtà[24].

Nell'intento di lasciar parlare la realtà, "il massimo della cinematografia in azione", poco dopo le prime regie cinematografiche, anche nelle poesie di Pasolini interviene una novità: da un lato nelle descrizioni in versi entra la terminologia del cinema (panoramiche, obiettivi, carrelli) come se i versi fossero delle indicazioni di sceneggiatura e dall'altro, contemporaneamente, Pasolini comincia a lasciare degli spazi bianchi nei versi, marcandoli con la dicitura "[omissis]" ed affidandosi a una parola che suggerisce invece di esprimere e scommette sulla collaborazione del lettore[25].

Pasolini sta sperimentando una nuova tecnica per catturare la realtà: questi vuoti d'espressione sono da un lato un'ammissione di resa del linguaggio letterario e poetico in sé, dall'altro il segno di una nuova fiducia nel non-finito—o sarebbe meglio dire nel non-rifinito—che andrà sempre più dilagando nella sua produzione come l'unica forma possibile. Dalla fine degli anni '60, infatti, spopolano fra i titoli di Pasolini i riferimenti a opere "in fieri" (Appunti, Progetti, Note, Comunicati all'ANSA) che immediatamente sanciscono col lettore un patto diverso dal solito: non chiedono al lettore di disporsi di fronte al testo con la percezione estetica abituale, basata sull'apprezzamento di qualità sensibili dell'opera, ma di considerarla e apprezzarla in quanto abbozzo. Persa la fiducia nella letteratura come istituzione, la "forma-progetto", è l'*escamotage* che consente a Pasolini di tenere l'opera—e sé stesso—allo stesso tempo dentro e fuori dal sistema letterario, scrivendo e contemporaneamente rifiutando di confezionare formalmente l'oggetto e di rifinirlo in modo che, compiuto e dunque ormai autonomo, possa parlare da solo al lettore. Lo statuto delle opere di Pasolini allora cambia ed assume nuove e precise caratteristiche (fino alla forma estrema di *Petrolio*): rifiutando di passare dal progetto all'oggetto, l'opera resta sempre allo stato potenziale, incompiuta ed interminabile; non si tratta di lasciare l'opera allo stato progettuale, ma di concepirla come progetto, come opera che richiede un ulteriore lavoro (quello del lettore). L'opera descrive costantemente il concetto di se stessa, l'idea che la muove, e l'autore è sempre sulla scena a dichiarare direttamente la propria intenzione riguardo all'oggetto che sta facendo:

> In queste pagine mi sono rivolto al lettore direttamente, non convenzionalmente. Ciò vuol dire che non ho fatto del mio romanzo un oggetto, una forma, obbedendo quindi alle leggi di un linguaggio che ne assicurasse la necessaria distanza da me, quasi addirittura abolendomi, o [...] assumendo umilmente le vesti di un narratore uguale a tutti gli altri narratori. Io ho parlato al lettore in quanto io stesso, in carne e ossa, come a te scrivo questa lettera[26].

Così anche in *Teorema*, mentre Pasolini rifiuta di assumere un punto di vista interno alla borghesia e di costruire un narratore, si rivolge spesso al lettore, sin dall'incipit, direttamente in quanto scrittore. Nella sua nuova forma progettuale, il testo consiste della somma di pezzi finiti e di parti potenziali di un'opera futura: il materiale progettuale viene presentato al lettore perché egli sia messo a parte del dubbio che sottende la scrittura e partecipi delle scelte future. L'indeterminatezza temporale e allo stesso tempo visiva ha a che fare soprattutto con la forma-progetto che Pasolini va sperimentando.

Ora, fra il non-rifinito delle ultime opere di Pasolini e la definizione della sceneggiatura come genere letterario autonomo, ci sono diverse caratteristiche semiotiche in comune: la necessità di un'integrazione con qualcosa che sta fuori alla scrittura, la richiesta di collaborazione al lettore, la voluta approssimazione dello stile. Tra l'entusiasmo per il cinema e la fiducia nel non-finito c'è un rapporto stretto: "Come nel cinema gli oggetti della vita entrano a far parte del segno, così l'ansia dell'autore, intuita fuori dai testi, può integrare l'impotenza delle parole"[27].

Nel saggio sulla sceneggiatura, Pasolini definisce l'essenza della sceneggiatura in un "elemento che lì non c'è, che è una *volontà della forma*"[28] e spiega, introducendo due termini chiave:

> [La volontà della forma] non è che un vuoto, una dinamica che non si concreta, è come un frammento di forza senza destinazione, che si traduce in una rozzezza e incompletezza della forma da cui lo stilcritico non può dedurre che una rozzezza a incompletezza di tutta l'opera: e magari dedurne una sua qualità di *appunto*, di *opera da farsi*[29].

Anche nel caso di Motus, l'intreccio del rifiuto della forma, il desiderio di "mordere il contemporaneo"[30] e la contaminazione con linguaggi extra-teatrali conduce alla messa a punto di una nuova modalità di creazione artistica, che definiremo "progetto multiteatrale", secondo una tendenza che accomuna anche altri artisti della stessa generazione[31]. La compagnia teatrale non si dedica più alla creazione di un solo spettacolo, ma all'esplorazione di un'opera, di un tema o di una figura rilevante per diversi anni, avanzando per percorsi a tappe segnati dall'utilizzazione di diversi media e formati artistici. Le implicazioni di questa scelta sono molteplici e ci limitiamo in questa sede ad individuare le tre che ci sembrano più rilevanti e pertinenti rispetto all'opera pasoliniana.

L'interesse dell'artista teatrale verso forme mediatiche e linguistiche altre rispetto al teatro conduce ad un aggiornamento dell'arte teatrale e ad un suo adattamento all'epoca in cui e per cui essa è realizzata. In questo senso, è possibile riscontrare un parallelismo fra Pasolini e Motus. Entrambi arrivano alla pratica dell'opera-progetto in anni di radicali cambiamenti tecnologici e sociali: Pasolini in un momento in cui la televisione e il cinema si erano ormai imposti nella vita delle persone come modelli di riferimento linguistici e comportamentali, mentre la letteratura, e con essa gli intellettuali, faticava a ridefinire il suo statuto e la sua posizione all'interno della società; Motus nell'epoca della diffusione massiva della multimedialità informatica, in cui, se da un lato si assiste a una progressiva virtualizzazione dell'esperienza e ad una perdita di cultura teatrale, dall'altro il teatro è divenuto un paradigma teorico fondamentale per i teorici del digitale[32]. L'incontro del teatro con la multimedialità risponde quindi al mutamento delle abitudini percettive e dell'organizzazione del pensiero, ma introduce altresì degli elementi nuovi e originali nell'articolare il rapporto fra l'uomo e la macchina.

D'altra parte, la frammentazione dell'opera in numerosi e differenti formati rinvia alla molteplicità linguistica e alla modularità organizzativa cui gli strumenti informatici ci hanno ormai abituati, ma è inoltre da mettere in relazione con fenomeni strettamenti teatrali. Come per Pasolini infatti, la forma-progetto costituisce anche una sorta di ribellione al sistema letterario e culturale, così per Motus il progetto multiteatrale consente di stabilire delle relazioni di nuovo e diverso tipo con il sistema teatrale. In una situazione di crisi della cultura e delle sue istituzioni, particolarmente acuta per il teatro, arte effimera e non remunerativa per eccellenza, il progetto multiteatrale permette alla compagnia di uscire dalla logica mercantile del prodotto, rivendicando in questo modo il diritto alla ricerca ed appropriandosi del tempo che essa richiede. Consente inoltre di instaurare dei rapporti di produzione multipli e flessibili con enti di differenti discipline, e di superare così le difficoltà economiche.

Last but not least, il progetto multiteatrale tende a cambiare radicalmente il rapporto dell'artista con lo spettatore, ponendolo al centro della creazione. Lo spettatore, come già il lettore destinatario del romanzo pasoliniano, diventa infatti un compagno di viaggio, cui la compagnia propone la condivisione della propria esperienza di ricerca e cui si offre la possibilità di realizzare il proprio personale percorso attraverso di essa.

Se con *Rooms* Motus realizza due spettacoli, numerose performance, un film, una videoinstallazione e un fotoromanzo sul tema della camera d'albergo, ispirandosi a Jean Genet e agli scrittori postmoderni americani come Bret Easton Ellis e Don De Lillo, nel caso del dialogo con Pasolini il progetto è ridotto ad un dittico di spettacoli, *Come un cane senza padrone*, il quale presenta caratteristiche che sarebbe di estremo interesse prendere in considerazione, e *L'Ospite*. L'apparente semplificazione nasconde al contrario una concentrazione di complessità, dovuta alle caratteristiche precipue di *Teorema*, opera bifronte di transizione e sintesi, in cui la contaminazione e il parallelo realizzarsi di linguaggio letterario e cinematografico creano un rapporto particolare con il lettore e lo spettatore. Il romanzo in particolare, pur non essendo una sceneggiatura, chiede però di esser letto come uno sceno-testo ed è ricco di riferimenti a un immaginario di tipo cinematografico; essendo apparentemente estraneo alle forme progettuali delle ultime prove pasoliniane si avvale però di alcune sue caratteristiche tipiche, in particolare l'appello diretto dell'autore al suo lettore e la presentazione di materiali non del tutto rifiniti come sintomi del rifiuto della forma. I due volti di *Teorema* e la loro sospensione nel "non del tutto finito" si concretizzano nell'opera di Motus in un palcoscenico multicodice che ne assume e ne combina, senza fonderle, ma anzi esaltandone le specificità, i differenti elementi linguistici, rendendo così lo spettatore protagonista della decifrazione e della ricomposizione dei segni.

Note

[1] Pasolini, *Poeta delle ceneri*, in *Tutte le poesie* 2: 1280.

[2] L'Ospite ha tutte le caratteristiche della personalità straordinaria: bello, irraggiungibile, straniero e misterioso, libero dai condizionamenti sociali, ambiguo, "a metà strada fra l'angelico e il demoniaco" [Pasolini, *Intervista rilasciata a Lino Peroni*, ora in *Per il cinema* 2: 2933]. Appare come

un'incarnazione del visitatore divino, se non propriamente di Dioniso, esplicitamente evocato, del resto, dallo stesso Pasolini in una "lettera aperta" a Silvana Mangano [Pasolini, *Saggi sulla politica e sulla società* 1142–43]. Anche le modalità con cui Pasolini descrive i momenti di contatto dei personaggi col divino e poi le loro conseguenze, rispondono alle costanti dell'epidemia come *topos* letterario, come inaugurato dalle *Baccanti* euripidee: la reversibilità delle normali polarità e gerarchie (vecchio-giovane, sano-malato, servo-padrone...); la sospensione della logica che regola i normali rapporti di realtà e l'ingresso in una logica altra; l'assoluta predilezione per i linguaggi non verbali e non razionali; il sorriso ironico del dio, superiore e insieme comprensivo; il mutamento, la trasformazione più o meno evidente del soggetto 'contagiato' dal dio.

[3] Pasolini, *Teorema*, in *Romanzi e racconti* 2: 1060. Da questo momento, per le citazioni da *Teorema*, saranno semplicemente indicate le pagine di quest'edizione, fra parentesi tonde, nel corpo nel testo.

[4] Pasolini, *Note a Teorema*, in *Romanzi e racconti* 2: 1979.

[5] Pasolini, *Intervista rilasciata ad Adriano Aprà*, in *Per il cinema* 2: 2941.

[6] Motus, compagnia fondata nel 1992 da Daniela Nicolò e Enrico Casagrande a Rimini, fa parte della cosiddetta "generazione 90" del teatro sperimentale italiano, affermatasi nella seconda metà del decennio scorso grazie ad iniziative indipendenti degli artisti e all'attenzione di alcuni critici e organizzatori. L'attività di Motus si è caratterizzata fin dagli inizi per la contaminazione del teatro con altre discipline artistiche e con i linguaggi della comunicazione mass-mediatica, con una predilezione per le problematiche legate alla percezione e alla visione. I titoli degli spettacoli della compagnia sono a questo proposito molto indicativi di questa tendenza : *L'occhio belva* (1995), *Visio Gloriosa* (2000), *Orpheus Glance* (2000).

[7] L'istituzione francese è produttore dello spettacolo in collaborazione con numerose altre istituzioni : il Festival di Santarcangelo, La Ferme du Buisson—Scène Nazionale de Marne-la-Vallée, Teatro di Urbino, Teatro Lauro Rossi di Macerata e A.M.A.T. e con il sostegno della Provincia di Rimini e della Regione Emilia Romagna. Lo spettacolo debutta a Rennes, Théâtre National de Bretagne il 20 aprile 2004. La nostra analisi si fonda sulla visione diretta di due rappresentazioni (Festival di Santarcangelo, Cattolica, Teatro Regina, 3 luglio 2004; Cascina, Città del Teatro, 22 aprile 2005) e sul montaggio video dello spettacolo su dvd realizzato dalla compagnia a Rennes il 30 aprile 2004.

[8] Pasolini ha significativamente corretto "conseguenza" in "corollario" (Pasolini, *Poeta delle ceneri* 2: 1281).

[9] Dalla presentazione dello spettacolo, consultabile sul sito che la compagnia ha dedicato al suo rapporto con Pasolini : www.motusonline.com/ospite/it_ospite_presentazione.html.

[10] Nonostante Pasolini sostenga di aver girato "praticamente senza una sceneggiatura" (Pasolini, *Pasolini su Pasolini* 120), la sceneggiatura è esistita, in forma autonoma. Si veda W. Siti, F. Zabagli, *Sceneggiature (e trascrizioni). Note e notizie sui testi. Teorema*, in Pasolini, *Per il cinema* 2: 3119–25.

[11] Enrico Casagrande in Plassard.

[12] Casagrande e Nicolò, *Appunti di viaggio*, quaderno di regia riprodotto nel dvd realizzato dalla compagnia.

[13] Nell'elaborazione dell'urlo Motus si appellano al brano poetico contenuto nel romanzo e alla indicazione del teorico del suono Michel Chion secondo il quale l'urlo è "uno squarcio nel tempo".

[14] La scelta registica di Motus rimanda ancora una volta a Bertolt Brecht e alla celebre sequenza (sc. III) dell'edizione del Berliner Ensemble di *Mutter Courage und Ihre Kinder* interpretata da Helene Weigel, in cui dopo aver disconosciuto il cadavere del figlio Schweizerkas er non incorrere in problemi con la giustizia, esprime un urlo afono. Cfr. Mastropasqua, *Maschera e rivoluzione*.

[15] Motus tratta con lo stesso procedimento il ritorno di Emilia alla sua casa contadina: l'attrice, al centro della scena, compie movimenti molto lenti e quasi coreografati con la valigia, sottolineando la difficoltà di stare in equilibrio e la goffaggine di cui Pasolini parla nel romanzo ("Emilia, con una grande valigia di cartone in mano, esce di casa [...] portando la valigia come le contadine portano il secchio dalla fontana: tutta ripiegata da una parte, col braccio tirato, la mano rossa e gonfia; l'altro braccio, quello libero, annaspante stupidamente nell'aria, senza pudore [...]. Percorre tutto il tratto di strada [...] annaspando ancora di più col braccio sinistro libero, per mantenere l'incerto equilibrio [...]" [981]), mentre sugli schermi scorrono le immagini in movimento dei bordi di una strada di campagna ad indicare il viaggio.

[16] Si allude, evidentemente, al saggio Pasolini, *La sceneggiatura come "struttura che vuol essere altra struttura"*, in *Saggi sulla letteratura e sull'arte* 2: 1489–1503.

[17] Walter Siti e Franco Zabagli, *Note e notizie sui testi. Teorema*, in Pasolini, *Per il cinema* 2: 3119–20.

[18] Walter Siti e Franco Zabagli, *Note e notizie sui testi. Teorema*, in Pasolini, *Per il cinema* 2: 3119–20.

[19] Pasolini, *Appunti per un film su San Paolo*, in *Per il cinema* 2: 1900–01.

[20] Metz, *Essais*; trad. it. *Semiologia* 183.

[21] Citazione tratta dalla registrazione dello spettacolo già menzionata.

[22] Benedetti, *Pasolini contro Calvino*, in particolare le pp. 158–70.

[23] Siti, *Tracce scritte di un'opera vivente*, in Pasolini, *Romanzi e racconti* 1: xlvii.

[24] Vedi nota 26.

[25] Per l'utilizzo del lessico cinematografico nella poesia di Pasolini rimando, oltre che alle citate alle pagine di Walter Siti, a Gianni D'Elia, *Verso la poesia incivile*, in Pasolini, *La religione del mio tempo*.

[26] Pasolini, *Lettera a Moravia*, in *Petrolio* 544.

[27] Siti, *Tracce scritte di un'opera vivente* xlviii.

[28] Pasolini, *La sceneggiatura* 1491.

[29] Pasolini, *La sceneggiatura* 1491.

[30] Nicolò e Casagrande, *Ici? Bien sûr!* 101.

[31] I più vicini a Motus in questo senso sono i Fanny & Alexander, che fra il 2003 e il 2005 hanno realizzato a partire dal romanzo di Vladimir Nabokov *Ada, o ardore*, sei spettacoli e numerosi interventi performativi e installativi.

[32] Vedi ad esempio uno dei saggi fondatori della riflessione sul digitale: Laurel, *Computer as Theatre*.

16
Caterina va in cittá: nuovo *Teorema?*

Maura Bergonzoni

Esterno di una fabbrica, un giornalista intervista gli operai presenti. Le sue domande delineano, in un crescendo inquietante, un quadro in cui si presenta un annullamento della classe operaia per intervento della borghesia, la quale è in grado di trasformare la classe operaia in classe borghese.

"Il padrone vi ha donato questa fabbrica, lei cosa ne pensa di questo gesto?" [...]
"Ma l'atto del vostro padrone è un atto isolato o appartiene a una tendenza generale del mondo moderno?" [...]
"Considerandolo come un simbolo del nuovo corso del potere, un fatto di questo genere potrebbe essere un primo preistorico contributo alla trasformazione di tutta l'umanità in piccoli borghesi?" (Pasolini, *Teorema*)

Così si apre *Teorema*. Il dono della fabbrica agli operai da parte di Paolo che ha rinunciato alla sua identità di borghese in realtà non fa altro che proporre un meccanismo di moltiplicazione di "imborghesimenti". E, come ci ricorda il giornalista, se questo fosse un piano messo in atto dalla borghesia per annullare ogni conflitto di classe? È partendo da questa considerazione, cioè dall'inevitabilità di un progressivo processo di omologazione alla classe borghese che Pasolini ha profetizzato ed espresso attraverso la voce dell'intervestatore nel suo reportage o possibile cinema veritè, che intendo impostare un confronto con la visione della società contemporanea presentata in *Caterina va in città*, per poi proseguire a delineare il ruolo dell'ospite in *Teorema* e nel film di Virzì.

È significativo che l'incipit di *Teorema* sia la conclusione dal punto di vista temporale, considerando la rilevanza che Pasolini dà alla funzione del montaggio.[1] Questa scelta crea una circolarità (circolarità temporale che poi verrà ripresa dai film successivi, da *Porcile* [1969] a *Medea* [1970], in cui il tempo storico viene sostituito da un tempo mitico) che sembra sottolineare quanto l'atto di distruzione della borghesia per opera dell'ospite sia in certo senso "vanificata" dal fatto che gli operai rischiano di trasformarsi a loro volta in borghesi. In sostanza non c'è possibilità di redenzione per la borghesia. "Un borghese in qualsiasi modo agisce, anche donando la sua fabbrica, sbaglia" —avanza provocatorio il giornalista—perchè, donando ciò che più lo caratterizza come tale, la proprietà, la fabbrica, non fa altro che creare borghesi.

Tale visione distopica, una omologazione generalizzata, si pone in un processo di continuità nella intepretazione pasoliniana della società dominata dal sistema borghese. Un processo che inizia già da *Uccellacci e Uccellini* in cui, come afferma Sandro Petraglia, "il cinema pasoliniano ha chiuso la sua partita con il disegno sottoproletario iniziato con *Accattone* [...]. L'ultima immagine dei ragazzi di vita è nostalgica e memorabile [...]. Davanti a un piccolo bar di periferia, quattro o cinque tra quelli che furono gli interpreti di una stagione [...]. Sono diventati operai" (Petraglia 68). Il cammino sembra proseguire inesorabile: da operai a borghesi in nuce, gli stessi di *Teorema* forse, e infine culmina nell'*Abiura alla Trilogia della vita* in cui l'autore mette in luce tragicamente l'omologazione di massa della società italiana, che, in quanto tale, ripudia.

Non c'è quindi via di uscita. Le due possibili alternative, l'annullamento della borghesia o la rivoluzione, non possono cambiare gli schemi della realtà. Non solo l'annullamento della borghesia è rappresentato da annullamenti individuali (Odetta, Lucia, Pietro e Paolo), ma l'annullamento di Paolo non fa altro che insinuare la creazione di altri possibili borghesi. La rivoluzione, come ha osservato argutamente Serafino Murri, in teoria dovrebbe distruggere l'immobilismo di classe creato dalla borghesia. Invece nasce all'interno della stessa borghesia come sfogo, atto di noia esistenziale. "La definitiva condanna della borghesia coincide così paradossalmente con la definitiva condanna delle forze ad esse antagoniste: negare l'identità dell'una corrisponde, infatti, a negare l'identità (e il ruolo storico) delle altre" (Murri 101). Le forze rivoluzionarie sono espressione ancora una volta di un illuminismo borghese che cerca l'impeto rivoluzionario in se stesso, ma che in realtà non ripropone altro che gli stessi schemi della dialettica servo-padrone. I movimenti di protesta di Valle Giulia del '68 ne sono un esempio e in quanto tali Pasolini li biasima. *I giovani al Pci*, coevo a Teorema, si pone in questi termini accusatori, condannando quei moti rivoluzionari come atti borghesi.

> Avete la faccia dei figli di papà.
> Buona razza non mente.
> Avete lo stesso occhio cattivo.
> Siete paurosi, incerti, disperati
> (benissimo!), a sapere anche come essere
> prepotenti, ricattatori e sicuri:
> prerogative piccolo-borghesi, amici.
> (Pasolini, *Empirismo* 151)

Una semplice domanda viene posta dall'intervistatore di *Teorema* Cesare Garboli[2]: "se insomma la borghesia arriva ad identificare tutta l'umanità ai borghesi, non ha più davanti a sè una lotta di classe da vincere?" Non ci sarebbero più operai, non ci sarebbero più conflitti di classe (se non movimenti rivoluzionari creati all'interno della borghesia stessa per ristabilire l'ordine, in un'illusione di palingenesi[3]) perchè ci sarebbe un'unica classe, quella borghese, i cui moralismi, i cui triti valori e le cui falsità Pasolini denuncia attraverso l'incontro con l'ospite. L'ospite è il fulcro. È colui che si pone in contrasto. È colui che rivela al borghese la propria ipocrisia.

Caterina va in città è una satira cinica del panorama politico italiano, della borghesia e della generazione che fu direttamente coinvolta negli scontri studenteschi degli anni settanta. È partendo dalla definizione di cosa sia la sinistra e cosa sia la destra (parafrasando

Giorgio Gaber[4]) che si muove la critica di Virzì al sistema politico italiano. Invitato dall'insegnante in classe a spiegare cosa sia la sinistra e cosa sia la destra durante un acceso dibattito, un compagno di Caterina si avventura in una definizione che in fondo rispecchia ciò che adesso è l'identikit politico della società italiana: "quelli di sinistra sono i più ricchi e laureati, quelli di destra sono i più poveri e ignoranti, gente normale che lavora. Invece quelli di sinistra sono direttori, dottori, registi . . . tutta gente che non ha bisogno di lavorare". La sinistra, riflettendosi esclusivamente nell'intellettuale e nel ricco borghese, contravviene all'immagine che storicamente essa rappresenta, cioè quella che interpreta le esigenze della classe operaia e del proletariato. Contravviene infatti al pensiero gramsciano che vedeva la partecipazione di tutte le classi sociali al confronto e al dialogo all'interno del partito e si avvicina al quadro delineato da Umberto Eco nel suo appello dell'8 maggio 2001 su *La Repubblica* a votare la coalizione di sinistra in cui l'intellettuale diventa depositario dei valori di sinistra. L'affermazione del compagno di Caterina è preludio ad una critica più profonda del sistema politico italiano.

La sinistra è rappresentata da Giancarlo, padre di Caterina e dalla famiglia Rossi Chaillet (Margherita, compagna di Caterina, il padre, famoso professore universitario e la madre, altrettanto famosa scrittrice), mentre la destra è rappresentata dalla famiglia Germano, Daniela e suo padre, ministro del governo italiano. Il ritratto amaro che il regista fa dell'ambiente di sinistra si equivale a quello di destra. In entrambe le realtà vi è una estrema difficoltà nel gestire i rapporti familiari: madri e figlie che non sono in grado di comunicare, genitori che dichiarano la propria sconfitta nei confronti del proprio ruolo parentale e spesso si nota indifferenza o assoluta sclerotizzazione in ruoli di ufficialità che sono fuori luogo nell'intimità familiare. Margherita rifiuta il dialogo con la madre e la esclude dalla propria vita, mentre è succube di un padre che la ignora, completamente preso dal figlio appena nato dalla relazione con una ex studentessa. Margherita è una ragazzina difficile che esprime la propria solitudine attraverso comportamenti estremi. Ne è un esempio la sua amicizia esclusiva e possessiva con Caterina. Anche Daniela Germano soffre della stessa solitudine di Margherita, nonostante appaia frivola, disimpegnata e interessata solo a moda e ragazzi. Contrariamente a Margherita, che si è costruita una personalità da ragazza impegnata, frequentando girotondi, mostrandosi aggiornata su temi ambientali, Daniela frequenta il jetset romano e conduce uno stile di vita mondano, forse eccessivamente modano per una ragazzina di tredici anni. Tuttavia, dietro questa parvenza di sicurezza spavalda e incurante, Daniela è estremamente fragile e sola. La madre, assente e apatica, confessa la propria incapacità di gestire la relazione coi figli, mentre il padre si rivolge a lei sempre all'interno del suo ruolo ufficiale di uomo di governo. Le frasi di circostanza preparate per i discorsi pubblici sono le stesse che Daniela è costretta a sorbirsi, fingendo un interesse, anche da parte sua, di circostanza. Daniela ha una relazione più profonda col proprio autista, che la accompagna ovunque e talvolta si assume il ruolo di padre, che con i propri genitori. La *par condicio* investe anche il campo degli affetti e delle relazioni familiari. In sostanza il fallimento sul piano interpersonale è *bipartisan*.

La critica alla borghesia investe anche il piano pubblico. Rossi Chaillet e Germano vengono convocati dal preside della scuola frequentata dalle figlie. Dopo un alterco fra Caterina e Daniela, Daniela e Margherita vengono alle mani. Caterina fugge da scuola e Daniela e Margherita vengono mandate in presidenza dove si interpreta l'ennesima farsa dell'asservimento al potere e dell'indifferenza assoluta. Il preside, dopo essersi scusato con i rispettivi genitori delle ragazze per il disturbo arrecato, abbozza un rimprovero per il comportamento scorretto delle ragazze, quasi subito giustificato da quella che vorrebbe essere una battuta malriuscita — "non si può venire alle mani quando si discute, come invece purtroppo accade nelle più alte istituzioni del nostro paese"— Margherita è distratta e indifferente, Daniela gioca col cellulare. Rossi Chaillet e Germano indossano la maschera dei padri attenti e autorevoli. Di Caterina non si fa cenno. Terminata la farsa e ristabilita in apparenza la pace, i padri di Margherita e Daniela avrebbero una possibilità di riscatto, mostrando empatia nei confronti di Caterina e suo padre che, evidentemente preoccupato, si è presentato a scuola per avere notizie della figlia. Invece lasciano trasparire la stessa noncuranza che finora li ha caratterizzati. Germano e Rossi Chaillet, appartenenti alla ricca borghesia, sono indifferenti e non si degnano di abbassarsi al livello di Iacovoni, il padre di Caterina. Questo ed altri episodi contribuiscono a delineare un'immagine di una borghesia mostro cinico. Le parole di Iacovoni chiosano l'episodio in un crescendo di rabbia e delusione: "Quei due, pappa e ciccia, tutti e due dello stesso partito, di quelli che sanno come si sta al mondo [...]. Le figlie... identiche [...]. Noi siamo niente". Le parole di Iacovoni non fanno altro che riassumere in tono amaro e sconfitto lo scambio verbale fra Rossi Chaillet e Germano. Quest'ultimo, complimentandosi con Rossi Chaillet per l'articolo interessante che ha scritto, innesca un ironico scambio di battute in cui i due si dichiarano preoccupati per il fatto di condividere le stesse idee pur appartenendo a fazioni politiche opposte. La scena chiave sottolinea l'avvenuta omologazione della destra e della sinistra in un unico partito, dimostrando quanto il sistema borghese abbia livellato anche gli ideali politici. Non solo, l'ironia distaccata che caratterizza il punto di vista dei due personaggi sembra accreditare la visione pasoliniana della sconfitta dell'impegno politico. "Per ridere del mondo, pare, non bisogna crederci affatto: non credere cioè nei suoi destini evolutivi" (Pasolini, *Portico* 191). Pasolini si è dichiarato sempre estraneo e ostile a praticare diverse forme di umorismo (peraltro pratica, secondo il regista, prettamente borghese) in quanto strumento privilegiato per dissociarsi dalla realtà (Cassano 120). L'uso che Pasolini fa dell'umorismo in film come *Porcile* (1969) conferma la sua visione di una borghesia che tramite l'ironia si distacca e si rende immune ai mali del mondo. Il dialogo fra Herr Klotz e Herr Herdhitze è esemplificativo di una arguzia che annulla il pathos per lasciare posto ad un calcolato cinismo.

Nessuno sembra essere in grado di sottrarsi alla forte attrazione che esercita la borghesia, neppure Iacovoni. Lo dimostrano i suoi tentativi di migliorare le proprie condizioni sociali chiedendo il trasferimento a Roma da Montecastro, paese che odia perchè rappresenta tutto ciò che non vuole essere. Il contrasto fra Iacovoni e il popolo di Montecastro, gli incivilizzati, gli illetterati, è fondamentale nel delineare la personalità di Giancarlo, tesa esclusivamente alla realizzazione di un successo personale. Il percorso inizia con il trasferimento e trasloco a Roma dove iscrive la figlia ad una delle scuole medie frequentata dell'alta borghesia romana (divertente la scena in cui esamina con attenzione la lista dei compagni di classe di Caterina). Le sue aspirazioni più alte si fondano sul suo amore per la letteratura e la scrittura. Il suo manoscritto sarà poi oggetto di ludibrio per coloro a cui egli si rivolge in cerca di aiuto per la pubblicazione, (ironicamente alcune righe del manoscritto saranno lette pubblicamente a *Chi l'ha visto*, il noto programma televisivo alla ricerca di persone scomparse). Terminerà deluso la sua scalata, compatito e forse canzonato dai potenti a cui si era rivolto. Il suo commento finale non è solo uno sfogo personale, ma anche un'analisi amara dell'indifferenza borghese nei confronti della gente come lui. Allo stesso tempo il suo percorso verso un agognato successo ripropone l'immagine del borghese interessato solo alle proprie esigenze, in una esaltazione dell'io che Pasolini ha più volte denunciato.

La sinistra ha perso ogni contatto con la gente comune che non rappresenta più, come ci ricorda il compagno di classe di Caterina, e allo stesso tempo è stata assimilata al sistema di disvalori borghesi quali il successo, il potere, l'indifferenza verso l'altro.

La destra, da sempre inquadrata all'interno del sistema borghese, viene invece rappresentata da Germano, il tipico self-made man che viene dalle borgate e che è stato in grado di riscattarsi da un ambiente di indigenti e ignoranti. Germano ha le sue origini nei quartieri popolari di Roma, in un fascismo estremista che raccoglieva anche nei quartieri popolari le proprie adesioni. Pasolini già aveva evidenziato, come ricorda Petraglia a proposito di *Mamma Roma*, queste tendenze reazionarie nel sottoproletariato romano (Petraglia 44). Germano ora, attraverso i suoi comportamenti, palesemente rinnega il suo passato più estremista. Chiaramente vergognandosi accetta di partecipare al matrimonio di un cugino, occasione che lo riporta nel quartiere natio. È evidente il contrasto fra Germano e la gente che soleva frequentare, sia per cultura che per ideali politici: Germano appartiene alla destra europea moderata, i parenti ancora legati a un vetero fascismo da "faccetta nera". Quando viene intonato l'inno fascista fra i convitati commossi, Germano prende le distanze, vietando pure alla figlia di partecipare al coro. Ora ha un'immagine pubblica da difendere e non può permettere che atteggiamenti del genere la mettano a repentaglio. Di nuovo le parole di Pasolini in *Pagine Corsare* sono profetiche nel delineare il cambiamento della nuova destra italiana.

> Sia il Vaticano che il Pci hanno dimostrato di aver osservato male gli italiani e non aver creduto alla loro possibilità di evolversi anche molto rapidamente, al di là di ogni calcolo possibile. [...] L'omologazione [...] che ne è derivata riguarda tutti: popolo, borghesia, operai e sottoproletari. Il contesto sociale è mutato nel senso che si è estremamente unificato. [...] I giovani dei campi fascisti, i giovani delle Sam, i giovani che sequestrano persone e mettono bombe sui treni si chiamano e vengono chiamati "fascisti": ma si tratta di una definizione puramente nominalistica. Infatti essi sono in tutto e per tutto *identici* all'enorme maggioranza dei loro coetanei. Culturalmente, psicologicamente, somaticamente— ripeto— non c'è niente che li distingua.
> (Pasolini, *Saggi* 308–11)

Così come in *Teorema* si profetizza una perdita di identità degli operai, assimilati nel sistema borghese, in *Caterina va in città* la profezia si è avverata nell'ambito politico. La destra e la sinistra hanno perso le loro caratteristiche distintive trasformandosi in un unico partito indifferenziato soggiogato alla logica del potere borghese. La critica di Virzì risulta ancora più aspra nei confronti della sinistra che invece nei suoi primi film era ancora salvabile (penso a *Ferie d'Agosto* [1996] od *Ovosodo* [1997]). Inoltre, *Teorema* è coevo a *Il Pci ai giovani* ove il movimento studentesco è criticato perchè costituito da figli di papà privilegiati che combattono contro i veri figli dei proletari, i poliziotti. Gli studenti a cui si riferisce Pasolini sembrano essere gli stessi intellettuali ritratti in *Caterina va in città*. Pasolini polemicamente condannava la classe borghese dirigente in nuce che Rossi Chaillet rappresenta nel film di Virzì. Tuttavia anche i figli delle borgate sono diventati borghesi, omologati tutti allo stesso sistema. Germano è uno di loro. Non solo *Teorema* e *Il Pci ai giovani*, ma anche l'*Abiura alla Trilogia della* vita quindi si rivela profetica di una società che diventa reale e inverata in *Caterina va in città*. L'*Abiura* sembra porre fine anche all'unica speranza di vera alternativa al sistema borghese: il sottoproletariato.

In *Teorema* l'unica figura positiva che riesce a profittare della presenza dell'ospite è Emilia. Attraverso il proprio sacrificio compie un cammino di ascesi mistica che non è possibile per i borghesi il cui cammino, come afferma Murri, va esattamente nella direzione opposta. Cercando il senso della propria individualità, (invece di sacrificarla come fa Emilia) Lucia, Odetta e Pietro non rinunciano alla propria identità, anzi la portano all'esaltazione fanatica con atteggiamenti ossessivi di estrema chiusura verso il resto. Lucia cerca solo ed esclusivamente di rivivere il rapporto con l'ospite. Pietro cerca la propria realizzazione nel gesto artistico e Odetta, nella sua catatonia, è colei che, tramite il suo atteggiamento autistico, meglio esprime l'idea di eliminare il resto per esaltare l'io al massimo. E anche quando vi è rinuncia alla propria identità, come nel caso di Paolo, questo non è sacrificio. Egli infatti percepisce questa rinuncia come la propria morte civile, la nullificazione di sè e uno sterile vagare nel nulla. Il montaggio finale del film, che vede immagini di Emilia sacrificarsi, donandosi in un rituale mitico di rinascita, alternate a immagini di Paolo che vaga nel deserto, esprime la dicotomia fra sacrificio e nullificazione. Emilia versa lacrime d'amore, Paolo emette un grido di dolore, consapevole della propria impotenza e sterilità. Emilia, l'unica figura che si distacca da una visione complessiva di una società borghese arida e conformista, appartiene a quel sottoproletariato rurale depositario di una sacralità protocristiana, la stessa che vediamo in *Medea* (1970) ma che il Centauro, pedagogo di Giasone, dichiara ormai priva di senso in una società moderna e borghese. È lo stesso proletariato che verrà di nuovo ritratto nella *Trilogia della vita* con l'esaltazione dei corpi e della sessualità come purezza interiore.

Successivamente Pasolini, consapevole della trasformazione della società, con l'*Abiura* denuncia l'omologazione e la distruzione di ogni dialettica sociale, mettendo in luce l'impossibilità di qualsiasi alternativa al sistema borghese consumistico. Forse è questa la lezione di Pasolini che rimane maggiormente presente. La riflessione iniziata con *Teorema* e culminante nell'*Abiura*, su una omologazione estesa e generale che tocca la società in toto. È la stessa riflessione che *Caterina va in città* eredita e applica al mondo politico italiano.

L'ospite ha un ruolo fondamentale nell'evidenziare il vuoto, l'ipocrisia e le debolezze della famiglia borghese. Definito dallo stesso Pasolini "l'Angelo Sterminatore della borghesia", l'ospite trae la sua forza dal suo "essere altro" rispetto i borghesi perchè ne ignora i condizionamenti, i limiti e le modalità su cui fondano la propria identità. "Potrebbe essere il Diavolo, o una mescolanza di Dio e Diavolo. Quello che importa è tuttavia il fatto che risulta qualcosa di autentico e inarrestabile" (Pasolini, *Saggi* 1393). La sua "autenticità" lo definisce "altro" rispetto alla borghesia. È attraverso questa sua alterità che egli scardina ogni logica borghese su cui tutti i membri della famiglia fondavano la propria identità (dal perbenismo di Lucia, moglie fedele, all'ossessione per il padre di Odetta, alla necessità di possesso di beni materiali per Paolo). Senza fare uso di violenza, ma con l'amore e il dono del proprio corpo l'ospite fa sì che il borghese si riveli a se stesso e si annulli.

Anche Caterina assume il ruolo di ospite. È ospite a Roma, città per lei sconosciuta. Il titolo stesso del film sottolinea questa sua non appartenenza alla città. È ospite a scuola dove si sente un'estranea, condizione ben evidenziata nelle soggettive che hanno la precisa funzione di creare una sensazione di distanza dall'ambiente che l'accoglie. È ospite a casa di Margherita. È ospite a casa di Daniela. Come l'ospite di *Teorema*, oltre al luogo altro (la città, la scuola, le abitazioni che frequenta), è la sua alterità rispetto alle persone che incontra a definirla tale: Caterina è estranea al modo di essere di Margherita e Daniela, è estranea alle loro modalità di costruire relazioni e concepire la realtà che le circonda. Viene definita "antica" da Daniela e viene definita "pura, semplice, non corrotta" da Margherita. Come l'ospite di *Teorema* è quindi "autentica". È estranea rispetto al mondo giovanile romano. Le fazioni di classe sono nuove, la sua definizione dei centri sociali è completamente avulsa dalla realtà della città che li vede come luoghi di identificazione politica.

Talvolta, questo continuo scontro con una realtà altra la porta a dubitare della propria identità. Il suo modo per ritrovarsi è attraverso l'ascolto e interpretazione corporea di musica classica. La scelta della musica classica, che di nuovo la identifica come "diversa", la aiuta a ristabilire un proprio equilibrio. Nel suo ruolo di ospite Caterina mette in evidenza le debolezze, la solitudine e il vuoto che caratterizzano Margherita, Daniela e le loro rispettive famiglie. Il comportamento aggressivo di Margherita verso la figura parentale nasconde un profondo desiderio di essere ancora guidata. La superficialità di Daniela e il suo esclusivo interesse per i ragazzi celano solitudine. Le madri di Daniela e Margherita hanno smesso il loro ruolo di genitrici e dichiarano la propria sconfitta ("Non so più niente di lei" "Bisognerebbe che qualcuno si occupasse di lei. Io proprio non ce la faccio. E chi ce l'ha il tempo?"). Lo sguardo catatonico di Daniela mentre torna a casa dopo una notte trascorsa fra feste e discoteche ricorda quello di Odetta dopo la dipartita dell'ospite. Come Odetta è consapevole della propria solitudine e meccanicamente disegna sul finestrino dell'auto fissando nel vuoto. Il nostro punto di vista privilegiato è sempre Caterina che osserva, e grazie a lei, anche noi, il senso di sperdimento di Daniela. La condizione del "non appartenere" dell'ospite di *Teorema* e di Caterina è privilegiata proprio perchè offre uno sguardo dall'esterno. Ed è lo sguardo di Caterina a delineare una società ipocrita, fatta di persone estremamente sole e incapaci di relazionarsi agli altri. D'altra parte, il punto di vista privilegiato dell'ospite in terra straniera è lo stesso dell'esiliato. Pasolini era stato esiliato dalla borghesia, dal Pci e dalla società italiana. Esilio che, per quanto doloroso, non gli impedì, anzi gli diede modo di osservare e criticare aspramente i mali dell'Italia (Lawton 167–73).

Vi sono altri aspetti comuni ai due film. In *Teorema* i dialoghi sono scarni e il silenzio prevale. I personaggi, a parte i monologhi di addio all'ospite in cui si rivelano a loro stessi, parlano raramente, lasciando spazio alla corporeità. L'ospite comunica attraverso il proprio corpo che diventa anche strumento di conoscenza e scoperta della propria condizione per ogni membro della famiglia.

In *Caterina va in città* la dicotomia corpo/parola assume connotati rilevanti. I personaggi che si affidano alla comunicazione verbale come loro strumento di comunicazione privilegiato sono gli stessi che sono intrappolati nelle frasi stereotipate o ossessionati dalle parole. Germano non smette mai i panni del politico e di conseguenza anche il suo modo di esprimersi è sempre costituito da cliché e frasi fatte tipiche del suo ruolo. Anche nel dialogo coi propri figli, è incapace di distaccarsi dalla propria immagine pubblica e trovare le parole adeguate ad una relazione al di fuori dell'ufficialità. Giancarlo è ossessionato dalle parole. Il desiderio di essere scrittore e pubblicare il proprio libro lo porta ad una ricerca costante della forma. In modo paternalistico rimprovera la moglie che non ha la cultura sufficiente per capire giochi di parole o significati di termini ricercati. Incoraggia Caterina a fare costante riferimento al dizionario. La parola chiave, l'assillo della sua vita, è "conventicole". È il termine che maggiormente rappresenta al contempo il suo arrivismo e il suo fallimento.

Anche il linguaggio (su cui Pasolini ha riflettuto e scritto profusamente individuando nell'italiano una lingua di origine borghese e in quanto tale artificiale[5]) diventa strumento di identificazione nel sistema borghese e quindi strumento di appiattimento e omologazione. Chi si contrappone al linguaggio intelletual-borghese è Agata con il suo colloquiare popolare. Agata (che può essere avvicinata ad Emilia) non ha la stessa educazione di Giancarlo, si esprime poco a parole, ha difficoltà nel comprendere il marito. Agata diventa ironicamente contraltare di Giancarlo: all'affettazione del marito lei contrappone un linguaggio semplice accompagnato da espressioni corporee, segno di una maggiore naturalezza e sincerità. Anche Agata ha un proprio ospite, Fabietto, con il quale riesce a comunicare al di là delle parole e con il quale crea un rapporto più rilassato meno conflittuale rispetto a quello col marito (e non sembra casuale il fatto che l'ultima scena li ritragga mentre giocano ai mimi). L'importanza del corpo è sottolineata anche da Caterina che ritrova se stessa, nei momenti più difficili in cui si chiede chi è veramente, attraverso l'interpretazione corporea della musica classica.

Un'ultima considerazione riguardo le scene finali di *Teorema* e *Caterina va in città*. Giancarlo, sconfitto nelle sue aspirazioni di borghese, parte con la moto. In soggettiva egli guarda la strada deserta che sta percorrendo con la moto verso una destinazione imprecisata. Il parallelismo con Paolo è evidente. Paolo abbandona la sua identità di borghese e vaga nel deserto, simbolo di quel nulla esistenziale che ora lo caratterizza. Entrambe le scene potrebbero essere chiosate dalle parole di Caterina "l'essere umano può guardare solo avanti". Petraglia, parlando di *Uccellacci e Uccellini*, afferma "In questo film [...] non si accorgono di quello che succede alle loro spalle: guardano sempre avanti" (Petraglia 68). Il guardare avanti non rendendosi conto di quello che succede alle spalle sembra quindi essere un tema trasversale e ricorrente che non solo sottolinea l'incapacità per Giancarlo e Paolo di tornare sui propri passi, condannati a vagare nel deserto, ma anche l'incapacità di vedere, nel caso di Paolo, la nascita di nuovi borghesi con il dono della fabbrica. Inoltre, il guardare avanti simbolicamente sottolinea di nuovo quella visione borghese illuminista del progresso che si è dimostrata fallimentare nel corso della storia. Pasolini nell'*Abiura alla Trilogia della vita* identifica l'idea di progresso e progressismo con "una nuova forma di clericalismo"[6] una nuova forma di idolatria in cui l'uomo si percepisce quale essere costantemente inappagato e "macchina desiderante"[7] così come lo sono Giancarlo e Paolo.

Dalla omologazione di massa al sistema borghese all'immagine ricorrente dell'ospite, *Caterina va in città* si propone come una possibile riscrittura di *Teorema*. In qualità di critici osservatori della società, e Virzì appartiene a questa categoria, non si può fare a meno di essere influenzati dalla lezione pasoliniana. Così come noi culturalmente siamo marxisti e freudiani indipendentemente dal fatto di aver letto il *Capitale* o *L'interpretazione dei sogni*, allo stesso modo ora non si può non essere pasoliniani e prescindere dalla sua acuta analisi e previsione di ciò che sarebbe avvenuto della società dei consumi.

Note

[1] Il montaggio è l'elemento necessario per creare il film dal cinema. Paragonando cinema a *langue* e film a *parole*, i concetti di linguistica generale di De Saussure, Pasolini afferma che con il montaggio il presente diventa passato, un passato che, per le caratteristiche insite del mezzo cinematografico, presenta le qualità di un presente storico. Tramite il montaggio si attribuisce il significato al film così come la morte attribuisce il significato alla vita di una persona (Pasolini, *Heretical Empiricism* 236–37).

[2] Cesare Garboli, saggista, scrittore e critico letterario, è forse l'intellettuale pasoliniano che indaga sulla società alla stregua di Pasolini in *Comizi d'amore*. In quanto probabilmente "doppio" di Pasolini, egli, mettendo in dubbio l'esistenza stessa di una possibilità di rivoluzione, se per atto della borghesia, si pone in funzione di commento critico all'interno del film stesso. Sottolineando il ruolo dell'intellettuale che è testimone del male borghese, l'intellettuale si "cacci[a] in questa impresa ingrata e disperata; ma è naturale, è fatale, del resto, che, in una civiltà in cui conta più un gesto, un'accusa, una presa di posizione, che un lavoro letterario di anni, uno scrittore scelga di comportarsi in questo modo" (Pasolini, *Saggi* 1098).

[3] Pasolini definisce il movimento studentesco e gli scontri avvenuti a Valle Giulia "vecchia lotta intestina".

"Per chi, intellettuale o operaio,
è fuori da questa vostra lotta, è molto divertente l'idea
che un giovane borghese riempia di botte un vecchio
borghese [...]." (Pasolini, *Empirismo eretico* 152)

[4] Giorgio Gaber delinea la figura della persona di sinistra o di destra nella canzone *Destra Sinistra* presentata nello spettacolo teatrale *1999–2000*

[5] In *Empirismo eretico* Pasolini vede l'italiano come una lingua "—usata a scuola e nei rapporti culturali—nata come lingua letteraria, e dunque artificiale... La lingua parlata è dominata dalla pratica, la lingua letteraria dalla tradizione: sia la pratica che la tradizione sono due elementi inautentici, applicati alla realtà, non espressi dalla realtà. O meglio, essi esprimono una realtà che non è una realtà nazionale: esprimono la realtà storica della borghesia italiana [...]. La lingua italiana è dunque la lingua della borghesia italiana che per ragioni storiche determinate non ha saputo identificarsi con la nazione, ma è rimasta classe sociale: e la sua lingua è la lingua delle sue abitudini, dei suoi privilegi, delle sue mistificazioni, insomma della sua lotta di classe" (6).

[6] Franco Cassano, in Arpaia, *Per una sinistra reazionaria* 30.

[7] Franco Cassano, in Arpaia, *Per una sinistra reazionaria* 30.

Works Consulted

Agamben, Giorgio. *Homo Sacer*. Torino: Einaudi, 1995.

———. *Mezzi senza fine: Note sulla Politica*. Torino: Bollati Boringhieri, 1996.

Agosti, Stefano. *La parola fuori di sé: Scritti su Pasolini*. Lecce: Manni, 2004.

Albinati, Edoardo. "Presentazione." *Il sogno di una cosa*. By Pier Paolo Pasolini. Milano: Garzanti, 1962. v–ix.

Allason, Barbara. *Unrra-Casas: Contributo Alla Ricostruzione*. Roma: Istituto Grafico Tiberino, 1950.

Arpaia, Bruno. *Per una sinistra reazionaria*. Parma: Ugo Guanda, 2007.

Asor Rosa, Alberto. "Pasolini." *Scrittori e popolo*. Roma: Samonà e Savelli, 1965. Torino: Einaudi, 1988.

Barański, Zygmunt. "Pier Paolo Pasolini: Culture, Croce and Gramsci." *Culture and Conflict in Postwar Italy*. Ed. Zygmunt Barański and Robert Lumley. Basingstoke: Macmillan, 1990. 139–59.

Barthes, Roland. *Le degré zéro de l'écriture*. Paris: Seuil, 1953.

———. *L'empire des signes*. Genève: Éditions d'art Albert Skira, 1970.

———. *Sade Fourier Loyola*. Paris: Seuil, 1971.

———. *Œuvres complètes*. 3 vols. Paris: Seuil, 1993, 1994.

———. "That Old Thing Art..." 1980. In *POP ART: A Critical History*. By Steven Henry Madoff. Berkeley: U of California P, 1997.

Batson, C. Daniel. "Empathy, Altruism, and Justice: Another Perspective on Partiality." *Current Societal Concerns about Justice*. New York: Plenum, 1996. 49–66.

Benedetti, Carla. *Pasolini contro Calvino: Per una letteratura impura*. Torino: Bollati Boringhieri, 1998.

———. "L'autore in carne e ossa." *Pasolini contro Calvino: Per una letteratura impura*. Torino: Bollati Boringhieri, 1998. 137–87.

Benjamin, Walter. *Illuminations*. Trans. Harry Zohn. New York: Shocken, 1969.

Bernardi, Sandro. "Pasolini, la storia e il mito." *Scrittori e cinema fra gli anni '50 e '60*. Ed. Francesco Falaschi. Florence: Giunti, 1997. 26–36.

———. "Pasolini e l'uso dell'allegoria in Teorema." *Scrivere per il cinema*. Ed. Beatrice Bartolomeo and Farah Polato. *Atti dei convegni di Padova, 25–26 ottobre 2003 25–26 ottobre 2004*. *Studi novecenteschi* 31.67–68 (Jun.–Dec. 2004): 109–20.

Betti, Laura, ed. *Pasolini: Cronaca giudiziaria, persecuzione, morte*. Milano: Garzanti, 1977.

Betti, Laura, and Lino Micciché, eds. *Proceedings of the Fondo Pier Paolo Pasolini Conference on "Le giovani generazioni e il cinema di Pier Paolo Pasolini,"* Nov. 1988. "Supplement" to *La scena e lo schermo* (Dec.–Jun. 1988/89).

Betti, Laura, and Michele Gulinucci. *Le regole di un'illusione*. Roma: Fondo Pier Paolo Pasolini, 1991.

Blanchot, Maurice. *Lautrémont et Sade*. Paris: Les Amis de Éditions de Minuit, 1949.

Bloch, Ernst. "Nonsynchronism and the Obligation to Its Dialectics." *New German Critique* 11 (1977): 22–38.

Bodei, Remo. *Se la storia ha un senso*. Bergamo: Moretti & Vitali, 1997.

Bois, Yve-Alain. "Eye to the Ground." *Artforum* (Mar. 2006): 245–317.

Bonaffini, Luigi. "Achille Serrao e la poesia neodialettale napoletana." *Achille Serrao poeta e narratore. Antologia della critica e bibliografia*. Ed. Cosma Siani. Roma: Cofine, 2004.

Bondavalli, Simona. "Charming the Cobra with a Ballpoint Pen: Liminality and Spectacular Authorship in Pier Paolo Pasolini's Interviews." *MLN* 122.1 (Jan. 2007): 24–45.

Bonifazio, Paola. "Normalizing Spaces of Exception: The Outskirts and Film in the Italy of the Economic Miracle." *State of Exception: Cultural Responses to the Rhetoric of Fear*. Ed. Paola Bonifazio and Elena Bellina. Newcastle, UK: Cambridge Scholars, 2006.

Bonocore, Annalisa. *Dialettali e Neodialettali in Inglese*. Introd. Cosma Siani. Roma: Cofine, 2003.

Cadel, Francesca. *La lingua dei desideri: Il dialetto secondo Pier Paolo Pasolini*. Lecce: Manni, 2002.

Cafiero, F., and G. Brunori. "La borgata Gordiani di Roma—un inchiesta sociale." Special number of *Orientamenti sociali* 3.6–8 (1954).

Camon, Ferdinando. *Il mestiere di scrittore*. Milano: Garzanti, 1973.

Cardozo, Benjamin N. "Law and Literature." *Yale Review* (July 1925). Rpt. in his *Law and Literature and Other Essays and Addresses*. New York: Harcourt, 1931. 3–40.

Casagrande, Enrico. "La pagina trasparente." Interview with Cristina Ventrucci. *Catalogo del 32° Festival Santarcangelo dei Teatri*. 2002. 14–17.

———. "L'ospite Pasolini." Interview with Andrea Lanini. *ateatro* 86. 19 Jul. 2005 <http://www.ateatro.it>.

———. *Io vivo nelle cose Appunti di viaggio da "Rooms" a Pasolini*. Milano: Ubulibri, 2006.

Casagrande, Enrico, and Daniela Nicolò. "Ici? Bien sûr! Nulle part! A proposito di Rooms, il nuovo progetto di motus." *Lo Straniero* 15.16 (Spring 2001): 99–105.

Casarino, Cesare. "Oedipus Exploded: Pasolini and the Myth of Modernization." *October* 59 (1992): 27–47.

Casi, Stefano. *I teatri di Pasolini*. Milano: Ubulibri, 2005.

Cassano, Franco. *Il pensiero meridiano*. Bari: Laterza, 1996.

Cerami, Vincenzo. "La trascrizione dello sguardo." Pasolini, *Per il cinema* 1: xxvii–xlvii.

Chiesi, Roberto, ed. "Una strategia del linciaggio e delle mistificazioni." *L'immagine di Pasolini nelle deformazioni mediatiche*. Bologna: Centro Studi–Archivio Pier Paolo Pasolini, 2005.

Chinzari, Stefania, and Paolo Ruffini. *Nuova scena italiana: Il teatro dell'ultima generazione*. Roma: Castelvecchi, 2000.

Cohen, Stanley. *Folk Devils and Moral Panics: The Creation of the Mods and Rockers*. Oxford: Martin Robertson, 1980.

Contini, Gianfranco. "Al limite della poesia dialettale." *Corriere di Lugano* 24 Apr. 1943: 3.

———. "Dialetto e poesia in Italia." *L'Approdo* 3.2 (Apr.–Jun. 1954): 10–13.

Curi, Umberto. *La cognizione dell'amore*. Milano: Feltrinelli, 1997.

Cvetkovich, Ann, and Douglas Kellner, eds. "Introduction: Thinking Global and Local." *Articulating the Global and the Local*. Globalization and Cultural Studies. Boulder, CO: Westview, 1997. 1–30.

D'Angeli, Concetta. "Nota." *Amado mio*. By Pier Paolo Pasolini. Milano: Garzanti, 1982. 195–202.

D'Elia, Gianni. "Verso la poesia incivile." *La religione del mio tempo*. By Pier Paolo Pasolini. Milano: Garzanti, 2001. v–xxiv.

De Beauvoir, Simone. *Faut-il brûler Sade?* Paris: Gallimard, 1972.

De Man, Paul. *Blindness and Insight*. Minneapolis: Minnesota UP, 1983.

De Mauro, Tullio. *L'Italia delle Italie*. Roma: Riuniti, 1987.

De Santi, Gualtiero, Maria Lenti, and Roberto Rossini, eds. *Perché Pasolini*. Florence: Guaraldi, 1978.

Del Re, Alisa. "Woman and Welfare: Where Is Jocasta?" *Radical Thought in Italy: A Potential Politics*. Ed. Paolo Virno and Michael Hardt. Minneapolis: Minnesota UP, 1996. 100–13.

Della Terza, Dante. "Prefazione." *Saggi su Dante*. By Erich Auerbach. Milano: Feltrinelli, 2005. vii–xix.

Di Giacomo, Salvatore. *Poesie e Canzoni*. Napoli: Luca Torre, 1993.

Dombroski, Robert S. "Attraversando il marxismo." *Il lettore di Provincia* 30.104 (Apr. 1999): 41–45.

Donzelot, Jacques. *The Policing of Families*. Trans. Robert Hurley. New York: Pantheon, 1979.

Duflot, Jean. *Entretiens avec Pier Paolo Pasolini*. Paris: Belfond, 1970.

Engels, Frederick. *The Housing Question*. New York: International Publisher, 1935.

———. "How the Bourgeoisie Solves the Housing Question." *The Housing Question*. Moscow: Progress Publishers, 1979. 40–74.

Eschilo. *Orestiade*. Trans. Pier Paolo Pasolini. Includes his "Lettera del traduttore." Torino: Einaudi, 1960.

Fabro, Elena, ed. *Il mito greco nell'opera di Pasolini*. Udine: Forum, 2004.

Istituto Luigi Sturzo. *Fanfani e la Casa. Gli Anni Cinquanta e il Modello Italiano di Welfare State. Il Piano INA-Casa*. Soveria Mannelli (CZ): Rubbettino, 2002.

Ferrata, Giansiro. "Pasolini e i contadini del Friuli." *Rinascita* 19.3 (9 Jun. 1962): 25.

Ferrero, Adelio. *Il cinema di Pier Paolo Pasolini*. Venezia: Marsilio, 1977.

Ferretti, Gian Carlo. *Il caos*. Rome: Riuniti, 1981.

———. *Letteratura e ideologia: Bassani Cassola Pasolini*. Roma: Riuniti, 1964.

Fido, Franco. "Pasolini dai sogni alle cose: L'esordio friulano del narratore." *Yearbook of Italian Studies* [Fiesole] 9 (1991): 64–79.

Golino, Enzo. *Pasolini: Il sogno di una cosa: Pedagogia, eros, letteratura dal mito del popolo alla società di massa*. Bologna: Il Mulino, 1985.

Fortini, Franco. *Attraverso Pasolini*. Torino: Einaudi, 1993.

Foucault, Michel. *Microfisica del potere*. Torino: Einaudi, 1977.

———. Interview. *Microfisica del potere: Interventi politici*. Ed. Alessandro Fontana e Pasquale Pasquino. Trans. Christian Lazzeri. Torino: Einaudi, 1977. 3–28.

———. *Discipline and Punishment*. Trans. Alan Sheridan. New York: Vintage, 1995.

———. *Les anormaux: cours au Collège de France (1974–1975)*. Paris: Seuil, 1999. Trans. Valerio Marchetti and Antonella Salomoni. *Gli anormali: Corso al Collège de France 1974–1975*. Milano: Feltrinelli, 2000.

———. "Truth and Power." *Power*. Ed. James D. Faubion. Vol. 3. *Essential Works of Foucault*. New York: New Press, 2000. 111–33.

———. "Omnes et Singulatim." 1979. *Power*. Ed. James D. Faubion. Vol. 3. *Essential Works of Foucault (1954–1984)*. New York: New Press, 2000. 298–325.

_____. *Biopolitica e liberalismo*. Milano: Medusa, 2001.
Fortini, Franco. *Attraverso Pasolini*. Torino: Einaudi, 1993.
Frabotta, Maria Adelaide. *Il governo filma l'Italia*. Bulzoni: Rome, 2002.
Francese, Joseph. *Il realismo impopolare di Pier Paolo Pasolini*. Foggia: Bastoni, 1991.
Freud, Sigmund. *Il disagio della civiltà e altri saggi*. Torino: Boringhieri, 1971.
Fusillo, Massimo. *La Grecia secondo Pasolini*. Florence: La Nuova Italia, 1996.
Gesummaria, Manrico. *Piano Marshall e Mezzogiorno*. Atripalda: Mephite, 2003.
Giannachi, Gabriella, and Nick Kaye. *Staging the Post-Avant-Garde: Italian Experimental Performance after 1970*. Oxford and New York: Peter Lang, 2002.
Gil, José. "Corpo." *Enciclopedia Einaudi*. Vol. 3. Torino: Einaudi, 1978.
Ginsberg, Allen. *Collected Poems 1947–1980*. New York: Harper & Row, 1984.
_____. *Deliberate Prose. Selected Essays 1952–1995*. Ed. Bill Morgan. New York: Harper Collins, 2000.
Giordana, Marco Tullio. *Pasolini, un delitto italiano*. Milano: Mondadori, 1994.
Godard, Jean-Luc, and Youssef Ishaghpour. *Archéologie du cinéma et mémoire du siècle*. Tours: Farrago, 2000.
Gordon, Robert. *Pasolini: Forms of Subjectivity*. Oxford: Clarendon, 1996.
Gramsci, Antonio. *Quaderni del carcere*. Ed. Valentino Gerratana. Torino: Einaudi, 1975.
Grattarola, Franco. *Pasolini: Una vita violentata: Pestaggi fisici e linciaggi morali: Cronaca di una Via Crucis laica attraverso la stampa dell'epoca*. Roma: Coniglio, 2005.
Guastini, Daniele. *Prima dell'estetica: Poetica e filosofia nell'antichità*. Bari: Laterza, 2001.
Guido, Santato. *Pier Paolo Pasolini: L'opera*. Vicenza: Neri Pozza, 1980.
Haller, Hermann W. "Per una poesia *diversa*: Pasolini e la musa dialettale." *L'opera di P.P. Pasolini nella cultura internazionale. Proceedings of the Convegno Internazionale di Studi "Viers Pordenon e il mont," 19–21 Oct. 1995*. Vol. 1. Pordenone 1998. 31–40.
Hardt, Michael, and Antonio Negri. *Impero*. Milano: Rizzoli, 2002.
Havelock, Eric A. *The Greek Concept of Justice from Its Shadow in Homer to Its Substance in Plato*. Cambridge, MA: Harvard UP, 1978.
Ivaldi, Federica. "'Ah, miei piedi nudi...': Modalità dell'epidemia dionisiaca in *Teorema* di Pasolini." *Contaminazioni: Proceedings of Quaderni*

di Synapsis IV. Ed. Paolo Zanotti. Florence: Le Monnier, 2005. 105–14.

Klossowski, Pierre. *Sade, mon prochain*. Paris: Seuil, 1967.

Krauss, Rosalind. "Photography in the Service of Surrealism." *L'Amour fou: Photography and Surrealism*. By Krauss and Jane Livingston. New York: Abbeville, 1985. 20–35.

———. "Perpetual Inventory." *Robert Rauschenberg*. Ed. Branden W. Joseph. Cambridge, MA: MIT UP, 2002. 93–125.

Kristeva, Julia. *Storie d'amore*. Roma: Riuniti, 1985.

La Luna, Michelangelo. "Pasolini e *Il sogno di una cosa*." *Studies in Honor of Dante Della Terza*. Cambridge: Office of the University Publisher, Harvard University, 1996: 123–35.

Laurel, Brenda. *Computer as Theatre*. New York: Addison-Wesley, 1991.

Lawton, Ben. "The Evolving Rejection of Homosexuality, the Sub-proletariat, and the Third World in the Films of Pier Paolo Pasolini." *Italian Quarterly* 21.82–22.83 (Fall 1980–Winter 1981): 167–73.

Lazzarato, Maurizio. Lutte, Événement, Médias. *MoltitudesWeb*. 1 May 2004. <http://multitudes.samizdat.net>.

Porzio, Domenico, ed. *Le più belle novelle di tutti i paesi 1959*. Milano: Martello, 1959.Liguori, Guido. *Sentieri Gramsciani*. Roma: Carocci. 2006.

Luperini, Romano. "Volponi ci manca: Una conversazione con Fabio Rocchi e Antonio Tricomi." *La fine del postmoderno*. Napoli: Guida, 2005.

Macciocchi, Maria Antonietta. "Quatre Hérésies Cardinales pour Pasolini." *Pasolini: Séminaire dirigé par Maria Antonietta Macciocchi*. Paris: Grasset, 1980.

Magris, Erica. "Le multi-théâtre de Motus: le 'Projet Rooms.'" *Coulisses* [Besançon: Presse Universitaire de Franche-Comté.] 35. Forthcoming.

Mancini, Michele, and Giuseppe Perrella, eds. *Pier Paolo Pasolini: Corpi e luoghi*. Roma: Theorema, 1981.

Mariniello, Silvestra. *Pasolini*. Madrid: Catedra, Signo e Imagen/Cineastas, 1999.

Mariuz, Giuseppe, and Luigi Vidal. *I giorni del Lodo De Gasperi: San Vito al Tagliamento 1948–1998: 50. delle lotte contadine*. Pordenone: Video + Media, 1998.

———. *La meglio gioventù di Pasolini*. Udine: Campanotto, 1993.

Mastropasqua, Fernando. *Maschera e rivoluzione. Visioni da un teatro di ricerca*. Pisa: BFS, 1999.

Mazzoca, Ottavio. Introduzione. Foucault, *Biopolitica e liberalismo*.

Merleau-Ponty, Maurice. *L'occhio e lo spirito*. Milano: SE, 1989.

Metz, Christian. *Essais sur la signification au cinéma*. Paris: Klincksieck, 1968. Trans. Adriano Aprà and Franco Ferrini. *Semiologia del cinema*. Milano: Garzanti, 1972.

Michaud, Philippe-Alain, ed. *Le mouvement des images*. Paris: Centre Pompidou, 2006.

Mingus, Charles. *Beneath the Underdog*. New York: Penguin, 1980.

Molinari, Renata, and Cristina Ventrucci, eds. *Certi prototipi di teatro. Storie, poetiche, politiche e sogni di quattro gruppi teatrali*. Milano: Ubulibri, 2000.

Molteni, Angela. "Pasolini e la poesia dialettale." Seminar. 7–8 Mar. 2002. Casa Moretti, Cesenatico. Archivio Pier Paolo Pasolini: Cineteca di Bologna. 4 Feb. 2008 http://www.cinetecadibologna.it/sitopasolini/poesia_dialettale.htm

Monteverdi, Anna Maria. *Impressioni da Teorema: Motus e L'ospite. a teatro* 71. 13 Jul. 2004 <http://www.ateatro.it>.

Morante, Elsa. "Il mondo salvato dai ragazzini." *Opere*. Vol. 2. Milano: Mondadori, 1990.

Moravia, Alberto. "Omaggio a Pasolini." *Nuovi Argomenti* 49 (Jan.–Mar. 1976): 3–103.

Moravia, Alberto. "Teorema." *Al cinema*. Milano: Bompiani, 1975. 107–09.

Murri, Serafino. *Pier Paolo Pasolini*. Roma: Il Castoro Cinema, 1994.

Naldini, Nico. *Il sogno del centauro*. Ed. Jean Duflot. Roma: Riuniti, 1983.

———. *Nei campi del Friuli (La giovinezza di Pasolini)*. Milano: Scheiwiller, 1984.

———. *Pasolini una vita*. Torino: Einaudi, 1989.

———. "Cronologia." Pasolini. *Lettere 1940–1954*. Ed. Nico Naldini. Torino: Einaudi, 1986. i–cxxxii.

Omicidio nella persona di Pasolini Pier Paolo. AA. VV. Milano: Kaos, 1992

Pasolini, Pier Paolo. *Poesie a Casarsa*. Bologna: Libreria antiquaria Mario Landi, 1942.

———. "Lettera del Friuli" *La Fiera Letteraria*, 29 agosto 1946. Rpt. "Un paese di temporali e di primule" (Parma: Guanda, 1993), 210–13.

———. "La padroncina impaziente." *Il Mondo* 27 Jan. 1951: 10.

———. *Dal "diario" (1945–47)*. Caltanisetta: Salvatore Sciascia, 1954.

———. *La meglio gioventù: Poesie friulane*. Firenze: Sansoni, 1954.

———. *Roma, 1950, diario*. Milano: All'insegna del pesce d'oro, 1960.

———. *La poesia dialettale del novecento* in *Passione e ideologia*. Milano: Garzanti, 1960.

———. "Dialoghi con Pasolini." *Vie Nuove* 33 (20 Aug. 1960): 896–900.

———. "Frammenti di diario 1961." *Il Caffè* Feb. 1962.

———, dir. *Comizi d'amore*. Arco Film, 1963.

———. "Poesie mondane." *Poesia in forma di rosa*. Milano: Garzanti, 1964. 15-24.

———. *Poesia in forma di rosa (1961–1964)*. Milano: Garzanti, 1964.

———. "L'italiano è ancora in fasce." *L'Espresso* 7 Feb. 1965. Rpt. in *Pasolini: Cronaca giudiziaria, persecuzione, morte*. Ed. Laura Betti. Milano: Garzanti, 1977. 164.

———, dir. *Teorema*. Aeros Film (Roma), 1968.

———. *Teorema*. Milano: Garzanti, 1968.

———, dir. *Porcile*. BBG; IDI Cinematografica (Roma); CAPAC Filmédis (Parigi), 1969.

———, dir. *Appunti per un'Orestiade africana*. Gian Vittorio Baldi and IDI Cinematografica/I film dell'Orso, 1969.

———, dir. *Il Decameron*. PEA/Les Productions Artistes Associés/Artemis Film, 1970.

———. *Pasolini e il pubblico*. Ed. Alberto Luna. Dir. Oreste Del Buono (RAI), broadcast 20 Jan. 1970.

———. *Poesie*. Milano: Garzanti, 1970.

———, dir. *I racconti di Canterbury*. Produzioni Europee Associate (PEA)/ Les Productions Artistes Associés (PAA), 1971.

———. *Trasumanar e organizzar*. Milano: Garzanti, 1971.

———. *Empirismo eretico*. Milano: Garzanti, 1972.

———, ed. *Canzoniere Italiano, antologia della poesia popolare*. Vols. 1 and 2. Parma: Garzanti, 1972.

———. *La Nuova Gioventù*. Torino: Einaudi, 1975.

———, dir. *Salò o le 120 giornate di Sodoma*. PEA/PAA, 1975.

———. *Scritti corsari*. Milano: Garzanti, 1975.

———. *La nuova gioventù*. Torino: Einaudi, 1975.

———. *Lettere luterane*. Torino: Einaudi, 1976.

———. "Abiura dalla Trilogia della vita." *Lettere luterane*. Torino: Einaudi, 1976.

———. *Empirismo eretico*. Milano: Garzanti, 1977.

———. *Le belle bandiere—Dialoghi 1960–1965*. Ed. Gian Carlo Ferretti. Roma: Riuniti, 1977.

———. *Passione e ideologia (1948–1958)*. 1960. Milano: Garzanti, 1977.

———. "Il metodo di lavoro." *Cittá aperta*. 7–8 Apr. May 1958. Rpt. Appendix. *Ragazzi di vita*. Torino: Einaudi, 1979.

———. *Pasolini: Poesie e pagine ritrovate*. Ed. Andrea Zanzotto and Nico Naldini. Roma: Lato Side, 1980.

———. *Scritti corsari*. Milano: Garzanti, 1975, 1981.

———. *Le ceneri di Gramsci*. Torino: Einaudi, 1981.

———. *Il sogno del centauro*. Ed. Gian Duflot. Roma: Riuniti, 1983.

———. *Lettere (1940–1954): Con una cronologia della vita e delle opere*. Ed. Nico Naldini. Torino: Einaudi, 1986.

———. *Il portico della morte*. Ed. C. Segre. Roma: Associazione Fondo P. P. Pasolini, 1988.

_____. *Lettere (1955–1975): Con una cronologia della vita e delle opere.* Ed. Nico Naldini. Torino: Einaudi, 1988.
_____. *Porcile.* Rpt. in *Teatro.* Milano: Garzanti, 1988.
_____. *Scritti Corsari.* Milano: Garzanti, 1990.
_____. *Petrolio.* Torino: Einaudi, 1992.
_____. *The Letters of Pier Paolo Pasolini.* Trans. Stuart Hood. London, UK: Quartet Books, 1992.
_____. *Pasolini su Pasolini: Conversazioni con Jon Halliday.* Ed. Nico Naldini. Parma: Guanda, 1992.
_____. *Bestemmia.* Ed. Graziella Chiarcossi and Walter Siti. Introd. Giovanni Giudici. 2 vols. Milano: Garzanti, 1993.
_____. *Il sogno di una cosa. Gli elefanti.* 4th ed. Milano: Garzanti, 1993.
_____. *La Divina Mimesis.* Torino: Einaudi, 1993.
_____. *Vita attraverso le lettere.* Ed. Nico Naldini. Torino: Einaudi, 1994.
_____. *La religione del mio tempo.* Milano: Garzanti, 1995.
_____. *Poesia dialettale del Novecento.* Ed. Mario Dell'Arco and Pier Paolo Pasolini. Introd. Pasolini. Torino: Einaudi, 1995.
_____. *Storie della città di Dio: Racconti e cronache romane. 1950–1960.* Turino: Einaudi, 1995.
_____. *La religione del mio tempo.* Milano: Garzanti, 1995.
_____. *Romanzi e racconti (1962–1975).* Ed. Walter Siti and Silvia De Laude. I Meridiani. Milano: Mondadori, 1998.
_____. *Saggi sulla letteratura e sull'arte.* Ed. Walter Siti and Silvia De Laude. I Meridiani. Milano: Mondadori, 1999.
_____. "A. Soffici, o della divulgazione." *Saggi sulla letteratura e sull'arte.* Ed. Walter Siti and Silvia De Laude. Vol. 1. I Meridiani. Milano: Mondadori, 1999. 5–12.
_____. "Collezioni letterarie." *Saggi sulla letteratura e sull'arte.* Ed. Walter Siti and Silvia De Laude. Vol. 1. I Meridiani. Milano: Mondadori, 1999. 25–30.
_____. "Commento a un'antologia di '*Lirici Nuovi.*'" *Saggi sulla letteratura e sull'arte.* Ed. Walter Siti and Silvia De Laude. Vol. 1. I Meridiani. Milano: Mondadori, 1999. 40–46.
_____. "Penso ai mondi metafisici…" *Saggi sulla letteratura e sull'arte.* Ed. Walter Siti and Silvia De Laude. Vol. 1. I Meridiani. Milano: Mondadori, 1999. 149–51.
_____. "Dialetto e poesia popolare." *Saggi sulla letteratura e sull'arte.* Ed. Walter Siti and Silvia De Laude. Vol. 1. I Meridiani. Milano: Mondadori, 1999. 373–75.
_____. "La poesia dialettale del Novecento." *Saggi sulla letteratura e sull'arte.* Ed. Walter Siti and Silvia De Laude. Vol. 1. I Meridiani. Milano: Mondadori, 1999. 715–857.

_____. "La confusione degli stili." *Saggi sulla letteratura e sull'arte*. Ed. Walter Siti and Silvia De Laude. Vol. 1. I Meridiani. Milano: Mondadori, 1999. 1070–88.

_____. "Intervento sul discorso libero indiretto." *Saggi sulla letteratura e sull'arte*. Ed. Walter Siti and Silvia De Laude. Vol. 1. I Meridiani. Milano: Mondadori, 1999. 1345–75.

_____. "La volontà di Dante a essere poeta." *Saggi sulla letteratura e sull'arte*. Ed. Walter Siti and Silvia De Laude. Vol. 1. I Meridiani. Milano: Mondadori, 1999. 1376–90.

_____. *Saggi sulla politica e sulla società*. Ed. Walter Siti and Silvia De Laude. I Meridiani. Milano: Mondadori, 1999.

_____. "Che cos'è questo golpe?" *Corriere della Sera*, 14 Nov. 1974. *Saggi sulla politica e sulla società*. Ed. Walter Siti and Silvia De Laude. I Meridiani. Milano: Mondadori, 1999. 362-67.

_____. "Il sogno del centauro. Incontri con Jean Duflot [1969–1975]." *Saggi sulla politica e sulla società*. Ed. Walter Siti and Silvia De Laude. I Meridiani. Milano: Mondadori, 1999. 1401–1550.

_____. *Una vita violenta*. Gli elefanti. 10th ed. Milano: Garzanti, 1999.

_____. "Antologia della lirica pascoliana." *Saggi sulla letteratura e sull'arte*. Ed. Walter Siti and Silvia De Laude. Vol. 1. I Meridiani. Milano: Mondadori, 1999. 91–148.

_____. *Poesie a Casarsa (1941–43)*. 2000 <http://www.club.it/autori/grandi/pierpaolo.pasolini/poediale.html>.

_____. *La sceneggiatura come struttura che vuole essere altra struttura. Per il cinema*. Ed. Walter Siti and Franco Zabagli. Vol 1. I Meridiani. Milano: Mondadori, 2001. 1489–1503.

_____. *Per il cinema*. Ed. Walter Siti and Franco Zabagli. 2 vols. I Meridiani. Milano: Mondadori, 2001.

_____. *Teatro*. Ed. Walter Siti and Silvia De Laude. I Meridiani. Milano: Mondadori, 2001

_____. *Pilade*. *Nuovi Argomenti* 7–8 (Jul.–Dec. 1967). Rpt. in *Teatro*. Ed. Walter Siti e Silvia De Laude. I Meridiani. Milano: Mondadori, 2001.

_____. *Tutte le poesie*. Ed. Walter Siti. I Meridiani. Milano: Mondadori, 2003.

_____. "Poeta delle ceneri." 1966. *Nuovi Argomenti*. Ed. Enzo Siciliano. 1980. Rpt. in *Bestemmia*. Milano: Garzanti, 1993. Rpt. in *Tutte le poesie*. Ed. Walter Siti. Vol. 2. I Meridiani. Milano: Mondadori, 2003. 1261–88.

_____. *Poesie a Casarsa*. In *Bestemmia. Tutte le poesie*. Ed. Walter Siti. I Meridiani. Milano: Garzanti, 2003. 11–50.

_____. *Heretical Empiricism*. Trans. Ben Lawton and Louise Barnett. Ed. Louise Barnett. Washington, DC: New Academia Publishing, 2005. Rpt. in honor of 30th Anniversary of Pasolini's murder. Expanded with Pasolini's

"Repudiation of the Trilogy of Life." Trans. and introd. Ben Lawton. Original ed. Bloomington: Indiana UP, 1988.

Pasolini, Pier Paolo, and Leonardo Fioravanti. "Pierpaolo Pasolini: An Epical-Religious View of the World." *Film Quarterly* 4.18 (Summer 1965): 31–45.

Pier Paolo Pasolini nel dibattito culturale italiano. AA. VV. Comune di Alessandria: Amministrazione provinciale di Pavia, 1977.

Petraglia, Sandro. *Pier Paolo Pasolini*. Milano: Il Castoro, 1974.

Pierleoni, Bruno. "Proposte per lo Sviluppo Economico delle Borgate Romane." *Comunità* 5.10 (1951): 24–25.

Pivano, Fernanda. *C'era una volta un beat:10 anni di ricerca alternativa*. Roma: Arcana, 1976.

Plassard, Didier. "L'intégration de l'image vidéo sur la scène, l'exemple de Motus: Table ronde autour de la création de l'Ospite par la compagnie Motus." *ateatro* 71. 13 Jul. 2004 <http://www.ateatro.it>.

Ponte Di Pino, Oliviero. "La macchina dello sguardo: Alcuni pensieri dopo aver vis(su)to i lavori dei Motus." *ateatro* 0. 14 Jan. 2001 <http://www.ateatro.it>.

———. *Il volo del calabrone*. In *Art'O* 4 (Jan. 2000): 46–52. <http://www.trax.it/olivieropdp/arto4.htm>.

Pullini, Giorgio. "Pasolini: Teorema, punto di convergenza dei suoi 'volti.'" *Tra esistenza e coscienza*. Milano: Mursia, 1986. 421–45.

Raboni, Giovanni. Preface. *Un tacito mistero. Il carteggio Vittorio Sereni—Alessandro Parronchi (1941–1982)*. Milano: Feltrinelli, 2004.

Rhodes, John David. "Stupendous, Miserable City: Pasolini, Rome, Cinema." Diss. New York U, 2003.

———. *Stupendous, Miserable City: Pasolini's Rome*. Minneapolis: Minnesota UP, 2007.

Rinaldi, Rinaldo. *Pier Paolo Pasolini*. Venice: Mursia, 1982.

Rodhie, Sam. "Neo-realism and Pasolini: The Desire for Reality." *Pasolini Old and New*. Ed. Zygmunt Barański. Dublin: Four Courts, 1999. 163–84.

Rosa, Asor. "Scrittori e popolo." *Il populismo nella letteratura italiana contemporanea*. Roma: Samonà e Savelli, 1969.

Rumble, Patrick, and Bart Testa. *Pier Paolo Pasolini: Contemporary Perspectives*. Ed. Patrick Rumble and Bart Testa. Toronto: Toronto UP, 1994.

Said, Edward W. *Representations of the Intellectual: The 1993 Reith Lectures*. New York: Vintage Books, 1996.

Santato, Guido. *Pier Paolo Pasolini: L'opera*. Vicenza: Neri Pozza, 1980.

Saviano, Roberto. Gomorra: *Viaggio nell'impero economico e nel sogno di dominio della camorra*. Milano: Mondadori, 2006.

Savoca, Giuseppe, ed. *Contributi per Pasolini*. Florence: Olschki, 2002.

Schumacher, Michael. *Dharma Lion: A Critical Biography of Allen Ginsberg*. New York: St. Martin's,1992.

Sergio, Maria Luisa. "Le organizzazioni economiche e la società civile."AA.VV. *Fanfani e la Casa. Gli anni Cinquanta e il modello italiano di welfare state: Il piano INA-Casa*. Soveria Mannelli (CZ): Rubbettino, 2002. 27–68.

Serrao, Achille. *Cantalèsia: Poems in Neapolitan Dialect*. Ed. and Trans. Luigi Bonaffini. New York: Legas, 1999.

_____. *Presunto inverno*. Marina di Minturno (LT): Carmaninca, 1999.

Siciliano, Enzo. *Vita di Pasolini*. Milano: Biblioteca Universale Rizzoli, 1981.

Siti, Walter. "Il sole vero e il sole della pellicola, o sull'espressionismo di Pier Paolo Pasolini." *Rivista di letteratura italiana* 7.1 (1989): 97–131.

_____. "Tracce scritte di un'opera vivente." Pier Paolo Pasolini. *Romanzi e racconti (1962–1975)*. Ed. Siti and Silvia De Laude. I Meridiani. Milano: Mondadori, 1998. ix–xcii.

Siti, Walter, and Franco Zabagli. "Note e notizie sui testi." *Teorema*. Pier Paolo Pasolini. *Per il cinema*. Ed. Siti and Zabagli. Vol 2. I Meridiani. Milano: Mondadori, 2001. 3119–25.

Sollers, Philippe. *Sade contre l'être suprême*. Paris: Gallimard, 1996.

Soulez Larivière, Daniel. *Du cirque médiatico-judiciaire et des moyens d'en sortir*. Paris: Seuil, 1993. Trans. Maria Giustozzi as *Il circo mediatico giudiziario*. Macerata: Liberlibri, 1994.

Spagnolli, Giovanni. *Orientamenti programmatici della DC*. Roma: SPES, 1950.

_____. *Il problema sociale della casa*. Rome: Edizioni 5 Lune, 1957.

Stack, Oswald [pseudonym of Jon Halliday]. *Pasolini on Pasolini*. London and New York: Thames and Hudson, 1969.

_____. *Pasolini su Pasolini. Conversazioni con Jon Halliday*. Trans. Cesare Salmaggi. Parma: Guanda, 1992.

Togliatti, Palmiro. *Scritti su Gramsci*. Ed. Guido Liguori. Roma: Editori Riuniti, 2001.

Tronti, Mario. "L'uomo che ha afferrato il fulmine a mani nude." *il manifesto* 18 Apr. 2007: 14.

Vercellone, Carlo, and Alisa Del Re. *Radical Thought in Italy: A Potential Politics*. Ed. Paolo Virno and Michael Hardt. Minneapolis: Minnesota UP, 1996.

Vernant, Jean Pierre, and Pierre Vidal-Naquet, *Mythe et tragédie en Grèce ancienne*. Paris: Maspero, 1972.

Vighi, Fabio. *Le ragioni dell'altro: La formazione intellettuale di Pasolini tra saggistica, letteratura e cinema*. Ravenna: Longo, 2001.

Virzì, Paolo, dir. *Caterina va in città*. Cattleya/Rai Cinema fiction, 2003.

Vitti, Antonio. *Il primo Pasolini e la sua narrativa*. New York: Peter Lang,

1987.

Volponi, Paolo. Le lettere a Pier Paolo Pasolini. In the Fondo Pasolini of the "Archivio Contemporaneo A. Bonsanti." Florence.

Wagstaff, Christopher. "Reality into Poetry: Pasolini's Film theory." *Pasolini Old and New*. Ed. Zygmunt Barański. Dublin: Four Courts, 1999. 185–227.

Ward, David. *A Poetics of Resistance: Narrative and the Writings of Pier Paolo Pasolini*. Madison, WI and Teaneck, NJ: Fairleigh Dickinson UP; London: Associated UP, 1995.

Weisberg, Robert. "The Law-Literature Enterprise." *Yale Journal of Law and the Humanities* 1 (Dec. 1988):1–67.

Young, Jock. *The Drugtakers: The Social Meaning of Drug Use*. London: MacGibbon & Kee, 1971.

_____. *The Manufacture of News: Social Problems, Deviance and the Mass Media*. Ed. Stanley Cohen and Jock Young. London: Constable, 1973.

Zigania, Giuseppe. *Temi e treni di Pier Paolo Pasolini*. <http://karaart.com/p.p.pasolini/cultural_death/textes_italiens/temi1.html>.

About the Authors

Ben Lawton is Chair of Italian Studies at Purdue University. The expanded edition of his translation of Pier Paolo Pasolini's *Heretical Empiricism* (Indiana University Press, 1988) was republished by New Academia Publishing in 2006. In addition to being editor of 15 collections of essays on Italian and Italian American studies he has published widely on Italian and Italian American film and literature.

Maura Bergonzoni holds a degree in Anglo-American literature from the University of Bologna and an M.A. in Comparative Literature from Purdue University. She is interested in Jewish-American Literature, Italian and Italian-American Cinema. She has taught Italian and English as a Second Language at college level, and English language and literature in Italian public schools at all levels from elementary to high school. Currently she is teaching English literature at "Manfredo Fanti" Liceo Scientifico-Linguistico.

Simona Bondavalli is Assistant Professor of Italian at Vassar College. She received her Ph.D. in Comparative Literature from the University of Washington in 2003 with a study of Pasolini's critical use of images in the 1960s. She writes on Pasolini, the Beats, and Italian youth culture.

Paola Bonifazio is a Ph.D. candidate at New York University. Her dissertation examines Italian short films sponsored by the United States and Italian governments concerning post-war modernization. She has co-edited the book *State of Exception: Cultural Responses to the Rhetoric of Fear* edited by Cambridge Scholars Press (2006).

About the Authors

Barbara Castaldo holds a degree from the Università La Sapienza of Rome, an M.A. from Columbia University, and a Ph.D. from New York University. She teaches courses on contemporary Italian literature and theatre for New York University in Florence, and courses of Italian language for the University of California and Duke University in Rome. She works on twentieth century Italian literature, with special interests in literary theory, travel writing, and postmodernism.

Daniele Fioretti obtained his Ph.D. in Italian Literature from the University of Florence, Italy, in 2006. He is currently a Ph. D. student in Italian at the University of Wisconsin-Madison. His main interests are in modern and contemporary Italian Literature. He has written articles on Italian writers such as Calvino, Volponi, Pasolini, Bianciardi, Loria, and Bilenchi. He is a contributor to the Italian literary journal *Il Portolano*. He edited the letters Paolo Volponi wrote to Pier Paolo Pasolini, which are forthcoming (Firenze: Polistampa, 2008).

Joseph Francese is Professor of Italian at Michigan State University and Senior Editor of *Italian Culture*. He is the author of numerous articles on topics in Renaissance and contemporary literature and of monographs on Pasolini, postmodern narrative, Italian cultural politics in the 1950s, and the fictions of Eco, Consolo, and Tabucchi. He has also edited two collections of essays.

Federica Ivaldi received her Ph.D. in Italian Studies from the University of Pisa. She works on the relationship between literature and cinema. Her thesis, dealing with the influences of cinema on narrative will be published by ETS. She collaborates with the department of Italian Studies at the University of Pisa and has been the recipient of a grant by the Centro Studi Fabrizio De André at the University of Siena. Her essays have appeared on *Italianistica, Studi Novecenteschi, Quaderni di Synapsis*.

Michelangelo La Luna, Ph.D., University of Calabria, 1997; Ph.D., Harvard University, 2001) is Associate Professor of Italian and Director of *The URI Summer Program in Italy* at the University of Rhode

Island. He is the author of *Invito alla lettura di Girolamo De Rada*, Grafica del Pollino, 2004 and editor of De Rada, Girolamo, *Epistolario con N. Tommaseo*. Rubbettino, 2006 and De Rada, Girolamo: *Autobiografia*, Rubbettino, 2008.

Erica Magris is a European Ph.D. candidate in Performance Studies at the Scuola Normale Superiore of Pisa and the Université Paris III. She is writing a thesis under the supervision of Béatrice Picon-Vallin (ARIAS-CNRS, Paris) and Ines Aliverti (University of Pisa) dealing with the expressive and linguistic use of analogical and digital technologies in contemporary Italian theatre. She is lecturer at the Université Paul Valéry in Montpellier. She collaborates with the webzine *Ateatro* directed by Oliviero Ponte Di Pino and Anna Maria Monteverdi. Her essays are published in *Théâtre/Public*, *Coulisses*, and *Ligeia*.

Silvestra Mariniello obtained her Ph.D. in comparative literature from the University of Minnesota. She is presently a Professor in the Department of Art History and Film Studies at the University of Montreal where she directs the Research Center on Intermediality. She has published, among other things, *Pier Paolo Pasolini*.

Alessandra Montalbano is a Ph.D. candidate in Italian Studies at New York University where she also completed her MA with a thesis on Pier Paolo Pasolini's *Petrolio*. She received her *laurea* in philosophy from the Università of Verona.

Emanuela Patti is a Ph.D. candidate at the University of Birmingham (UK). Her research focuses on Pasolini's reception of Dante's linguistic model. For the 30th anniversary of Pasolini's death in 2005 she co-organized the conference, "La nuova gioventù? The Intellectual Legacy of Pier Paolo Pasolini 30 Years On," at CRASSH (Centre for Research in the Arts, Social Sciences and Humanities) at the University of Cambridge and a 10-day public event in Cagliari including the academic conference "L'imperativo dell'espressività: Pasolini sperimentatore di linguaggio." She is currently editing a collection of essays on Pasolini's intellectual legacy.

About the Authors

Flaviano Pisanelli is a critic and a poet. His scholarly interests focus primarily on 20th century Italian poetry and contemporary poetic language. He lives and teaches in France. He is a member of CIRCE (Centre Interdisciplinaire de Recherche sur la Culture des Echanges) at the University of Paris 3-Sorbonne Nouvelle. He has published many critical essays on Pier Paolo Pasolini's works.

Angela Porcarelli is Senior Lecturing Fellow in Italian at Duke University and a Ph.D candidate in Italian Literature at Indiana University. Her dissertation focuses on the fifteenth-century Italian novella of the *Fat Wood Carver* (*Novella del grasso legnaiuolo*) and on the evolution of Italian narrative prose from the Middle Ages to the Renaissance. She has also a degree in Lettere Moderne from the University of Urbino, Italy, for which she wrote a dissertation in comparative literature entitled: "The imagery of the body in Pier Paolo Pasolini's work". Her research interests include Italian Renaissance and early modern literature and twenty century Italian literature and culture.

Sam Rohdie is Professor of Cinema Studies at the University of Central Florida. He has written *Antonioni* (1990), *Rocco and His Brothers* (1992), *The Passion of Pier Paolo Pasolini* (1995), *Promised Lands* (2001), *Fellini Lexicon* (2002), all published by The British Film Institute, London. He has also written *Montage* (2006) published by Manchester University Press, Manchester. He is working on a study of Jean-Luc Godard's film, *Histoire(s) du cinéma* to be called *Intersections*.

Carmela Scala, is currently enrolled in the Comparative Literature Ph.D. program at the Graduate Center of New York, CUNY, and is working on her dissertation *Fairy Tales: A World between Imaginary and Popular Traditions; Metaphors at Play in* Lo cunto de li cunti *by Gianbattista Basile*.

Thomas Simpson is College Lecturer in Italian at Northwestern University. He has translated works by Ruzante, Strehler, De Filippo, Marco Paolini, and Teatro delle Albe, among others. His article, "Teatro e l'impero americano," about Teatro delle Albe's UBU project in Chicago, is forthcoming in a book on the company edited by Franco Quadri.

Index

Abiura alla trilogia della vita, 159, 182, 322
Accattone, 10, 49, 55, 57, 58, 59, 60, 61, 62, 67, 72, 74, 89, 149, 227, 302
Adamic language, 117
Affabulazione, vi, 4, 15, 225, 227, 228, 229, 230, 231, 232, 233
Africa, 33, 34
Agamben, Giorgio, 52, 54, 60, 66, 67, 68, 315
agape, 22, 27
agente, 165
Agosti, Stefano, 115, 315
Albini, Umberto, 256
Allason, Barbara, 56, 57, 315
allegoria, 159, 174, 176, 177, 178, 179, 183, 316
allegoria sessuale, 159, 174
alterità, 132, 194, 201, 247, 310
altro, 28, 54, 64, 65, 78, 79, 80, 81, 82, 84, 86, 90, 91, 95, 96, 97, 98, 99, 104, 105, 106, 108, 109, 111, 112, 126, 128, 131, 132, 133, 135, 139, 141, 145, 147, 151, 159, 165, 169, 171, 172, 173, 175, 176, 179, 180, 182, 186, 189, 191, 192, 193, 199, 200, 201, 204, 208, 211, 213, 219, 223, 232, 241, 244, 245, 251, 255, 257, 261, 263, 265, 278, 282, 286, 293, 295, 298, 301, 302, 303, 306, 307, 309, 310, 326
altruism, 22, 29, 30,
Amado mio, 208, 210, 211, 219, 220, 317
amateurism, 23, 25
America, 28, 29, 33, 35, 36, 38, 41, 42, 43, 47, 208, 220, 226
amore; discorso di, 132, 133
analisi materialista della storia, 166
annullamento, 186, 301, 302
antinaturalismo, 145,
Antologia della lirica pascoliana: introduzione e commenti, 118, 128, 324
Appunti di viaggio, 288, 298, 317
Appunti per un film su San Paolo, 275, 289, 298
Appunti per un'orestiade Africana, 183, 251, 322
"Appunti per una poesia in terrone", 163
Argo, 252
Arlecchino, 118
arte metaforica, 89
arte metonimica, 89, 90
arte performativa, 250
arti visive, 281
ascesi, 274, 308

Index

Aspri, Gerolamo, 263, 264
Atena, 252, 253
Atti impuri, 102, 208, 209, 210, 211, 219, 220
atti processuali, 238, 239, 248
audio, 60
Auerbach, Erich, 122, 123, 128, 317
Authorship, 122, 124, 125, 127, 316
avant-garde, 10, 38, 40, 46, 319

babelismo, 95
Bach, Johann Sebastian, 75, 102, 103
Bacon, Francis, 283, 285
Banti, Anna, 260
Barański, Zygmunt, 17, 128, 315, 325, 327
Barthes, Roland, v, 11, 41, 77, 78, 79, 80, 81, 82, 83, 84, 85, 86, 87, 88, 89, 91, 91, 92, 93, 165, 173, 175, 315
Bassani, Giorgio, 258, 260, 318
Batson, C. Daniel, 29, 30, 315
Benedetti, Carla, 129, 246, 249, 250, 291, 298, 315
Benjamin, Walter, 61, 239, 315
Bertolucci, Attilio, 258, 260
Bestia da stile, 227
Betti, Laura, 146, 243, 244, 245, 248, 249, 254, 255, 281, 316, 322
bilingualism, 119
biopotere, 148
Blanchot, Maurice, 79, 173, 178, 316
Bo, Carlo, 218, 261, 314
Bodei, Remo, 25, 26, 27, 316
Bonaffini, Luigi, 109, 110, 316, 326
borgate, v, 4, 10, 13, 49, 51, 53, 54, 55, 61, 62, 64, 65, 66, 67, 72, 116, 122, 253, 258, 307, 308, 325
borghesia, 54, 153, 159, 161, 162, 164, 170, 180, 256, 273, 278, 279, 294, 301, 302, 303, 305, 306, 308, 309, 310, 311, 314, 315
Bortolussi, Archimede/Milio, 212, 222
Brecht, Bertolt, 88, 168, 170, 278, 298
Breton, André, 76
Bruno, Giordano, 171
Buñuel, Luis, 167

Cadel, Francesca, 6, 97, 99, 100, 101, 102, 103, 104, 118, 316
"campi di concentramento, I" 49, 58, 66
cannibalismo, 171, 179
Canto, 115
capitalismo, 24, 53, 142, 153, 159, 161, 169
Caproni, Giorgio, 260
Cardozo, Benjamin N., 239, 316
Casagrande, Enrico, 277, 281, 283, 288, 297, 298, 299, 316, 317
Casarsa, 12, 13, 96, 98, 99, 103, 104, 117, 127, 133, 134, 135, 137, 138, 140, 143, 207, 208, 209, 210, 211, 212, 219, 220, 222, 227, 245, 258, 321, 324
Catharsis, 22, 27, 30
Cecilia, 210, 215, 216, 217, 218, 219
Ceneri di Gramsci, Le, 8, 145, 153, 260, 322
censura, 238, 242, 244, 245, 248, 255
Centro di documentazione, 50, 53, 54, 62, 63, 65
Centro studi - Archivio Pier Paolo Pasolini, 238, 255, 317, 330
Che cosa sono le nuvole? 4, 76
chiesa, 80, 104, 160, 162, 166, 214, 218
Chiesi, Roberto, 255, 317
Christ, 15, 74, 75, 124

cinema, 3, 6, 8, 11, 16, 17, 41, 46, 50, 65, 71, 74, 76, 80, 88, 89, 90, 91, 92, 93, 122, 126, 133, 144, 145, 146, 148, 149, 150, 165, 169, 174, 180, 182, 229, 246, 255, 258, 264, 279, 280, 281, 292, 294, 295, 296, 297, 298, 302, 313, 315, 316, 317, 318, 319, 320, 321, 324, 325, 326, 329, 330, 332
cineteca nazionale, 255
circo mediatico-giudiziario, 241
circolo vizioso, 167
civil rights movement, 35, 36, 40
"Civil War", 35, 45
class struggle, 38, 43
classe operaia, 68, 140, 301, 304
Clementi, Pierre, 169, 183
Cohen, Stanley, 18, 242, 317, 327
collective intellectual, 22, 27
Come un cane senza padrone, 271, 296
Comizi d'amore, 72, 73, 249, 250, 313, 321
Commedia, 122, 123, 125, 178
Communist Party, 34, 44, 119
comunicazione, 73, 83, 84, 92, 174, 240, 242, 246, 247, 250, 270, 297, 311,
comunismo, 167, 176, 177, 216
comunisti e democristiani
conoscenza, 65, 83, 84, 131, 132, 133, 151, 168, 178, 180, 182, 190, 202, 243, 311
consenso, 148
consumerist society, 122
contamination, 11, 72, 121, 122
contaminazione, 246, 250, 294, 296, 297
contiguità, 107, 179
Contini, Gianfranco, 118, 122, 128, 143, 2111, 212, 219, 222, 245, 317
continuità, del comunismo e dell'esperienza borghese, 177
continuità, tra il vecchio e il nuovo potere, 159
corpo, 5, 54, 63, 84, 133, 135, 136, 137, 138, 139, 140, 144, 145, 146, 147, 148, 149, 174, 183, 186, 187, 188, 189, 190, 191, 192, 193, 194, 195, 196, 197, 198, 199, 200, 201, 202, 203, 208, 216, 233, 249, 250, 253, 254, 256, 272, 281, 287, 297, 310, 311, 312, 319
Corporale, 16, 261, 262, 263, 264
corporalità, 145, 146, 148, 150
corporeità, 311
"Cos'è il campo?" 52
"Cos'è un popolo?" 54
coscienza, 27, 28, 30, 58, 59, 61, 63, 64, 79, 100, 121, 133, 135, 142, 143, 144, 152, 160, 164, 165, 170, 175, 180, 181, 182, 188, 192, 214, 222, 224, 253, 259, 274, 285, 286, 325
counter-hegemony, 29
cristianesimo e comunità, 218
critique of discourse, 115
Cronologia, 219, 220, 221, 222, 321, 322, 323
cultural representation
cultural revolution, 21
Cvetkovich, Ann, 29, 317

D'Angeli, Concetta, 219, 220, 317
D'Elia, Gianni, 144, 153, 299, 317
Dante Alighieri, 12, 17, 73, 95, 122, 123, 124, 125, 128, 129, 178, 317, 324, 331
Davoli, Ninetto, 159, 168, 229, 230
De Beauvoir, Simone, 317
De Curtis, Antonio, 108
De Filippo, Eduardo, 108, 332
De Gasperi, Alcide, 209, 213, 218, 223, 320

Index

De Gironcoli, Franco, 117
De Laude, Silvia, 93, 323, 324, 326
De Lillo, Don, 296
Decameron, Il, 243, 322
deconstruction, 116, 118, 121
Del Buono, Oreste, 256, 322
Del Fabbro, Beniamino, 118
Del Re, Alisa, 62, 317, 326
Deleuze, Gilles, 283
deserto, 160, 167, 179, 183, 216, 274, 275, 277, 281, 283, 288, 289, 309, 312
destra, **97**, 173, 176, **270, 275, 282,** 303, 304, 306, 307, 308, 314
Di Gennaro, Giuseppe, 241, 255
Di Giacomo, Salvatore, 106, 107, 108, 318
dialetto casarsese, 96, 97, 99, 141
dialetto romanesco, 141, 145, 156, 210
Dio, 64, 95, 166, 167, 182, 203, 231, 253, 270, 310, 322
Dioniso, 297
diritto e letteratura, 237, 239, 241, 243, 145, 247, 249, 251, 253, 255
diritto naturale, 251
diritto positivo, 251
Disagio della civiltà e altri saggi, Il, 319
discourse, 7, 10, 11, 29, 36, 38, 39, 40, 42, 43, 44, 45, 46, 47, 48, 73, 115, 116, 117, 127
Disperata vitalità, Una, 238, 254
dissacrazione, 145, 151
disubbidienza, 169, 170, 171, 179, 183
diversità, 95, 98, 149, 252
Divina Commedia, La, 122, 123, 125, 178
Divina Mimesis, La, 125, 126, 127, 129, 161, 323
Dombroski, Robert S., 24, 318
Don Chisciotte, 181

dopo-storia, 80
dream, 15, 28, 225, 228, 229, 231
dualismo, 201, 202, 253
Duflot, Jean, 126, 127, 180, 318, 321, 322, 324
Easton Ellis, Bret, 296
eccezione, 55, 57, 58, 60, 61, 182, 2112, 231
Eco, Umberto, 2, 47, 129, 304, 330
Edipo Re, 228
Elettra, 253
Eligio, vittima del lavoro, 211, 212, 215, 217, 218, 223,
emigrazione in Jugoslavia, 220
emigrazione in Svizzera
empathy, 22, 29, 30
Empirismo eretico, 6, 47, 79, 90, 144, 150, 161, 165, 167, 244, 255, 314, 322
Engagement, v, 9, 19, 21, 24, 25, 29, 78
Engels, Friedrich, 54, 62, 67, 318
enigma, 197, 198, 200, 230, 272
entropia borghese, 161, 163, 169, 174, 177, 178
Erinni, 252
erotismo, 165, 170, 171, 174, 175
Eschilo, 251, 252, 256, 318
Esercito, 160, 162
establishment, 7, 10, 36, 37, 38, 116
Eumenidi, 252
experimentalism, 129
external reality, 119, 120

falsa tolleranza, 160, 177
Fanciullino, Il, 118
Fanfani, Amintore, 10, 50, 56, 62, 65, 318, 326
Fanny & Alexander, 299
fantasy crime wave, 243
fascism, 5, 61, 88, 89, 98, 154, 159, 170, 174, 179, 186, 203, 307

Index   337

fascists, 231
father, vi, 15, 16, 37, 43, 115, 116, 117, 127, 225, 226, 227, 228, 229, 230, 231, 232, 233
Faut-il brûler Sade? 173, 317
Ferreri, Marco, 168
Fido, Franco, 17, 209, 318
Figli di papà, v, 5, 33, 40, 43, 48, 303, 308
film, 2, 5, 7, 8, 9, 10, 11, 13, 16, 17, 18, 34, 44, 48, 49, 53, 54, 55, 56, 57, 59, 60, 61, 62, 63, 64, 65, 67, 71, 72, 73, 74, 75, 76, 77, 81, 88, 89, 90, 91, 92, 120, 126, 128, 145, 146, 148, 149, 150, 151, 152, 159, 160, 161, 162, 165, 167, 169, 171, 172, 173, 174, 176, 177, 179, 181, 182, 183, 227, 228, 241, 243, 244, 246, 248, 249, 250, 251, 269, 270, 271, 272, 273, 275, 276, 277, 278, 279, 280, 281, 282, 284, 288, 289, 290, 292, 96, 298, 302, 306, 308, 309, 310, 311, 312, 313, 319, 322, 323, 327, 328, 329, 332, 334, 338, 339
filosofia del diritto, 251
Fiore di carta, 76
fireflies, disappearance of, 226, 227
flower children v, 5, 33, 40, 43, 48
flowers, v, 5, 33, 35, 37, 39, 40, 41, 43, 45, 46, 47
focalizzazione, 276, 278, 282, 284
Fondo Lire, 50, 55, 56, 65
forma, v, 30, 49, 52, 53, 54, 55, 56, 58, 59, 60, 66, 77, 78, 79, 80, 81, 82, 83, 86, 87, 91, 127, 132, 140, 141, 142, 143, 144, 151, 154, 160, 171, 176, 179, 181, 185, 190, 191, 192, 194, 220, 224, 254, 269, 270, 271, 275, 277, 278, 283, 284, 288, 291, 292, 293, 295, 296, 298, 311, 313, 321, 322
forma-progetto, 291, 293, 294, 295

Fortini, Franco, 164, 217, 245, 251, 255, 318, 319
Foucault, Michel, 13, 50, 57, 58, 66, 67, 148, 149, 154, 251, 318, 320
Frabotta, Maria Adelaide, 62, 63, 65, 319
free indirect speech, 121, 122
French Revolution, 31
Freud, Sigmund, 253, 254, 319
Friulan dialect, 117
Friuli, 14, 31, 97, 99, 104, 152, 208, 209, 212, 219, 220, 227, 318, 321
funzione sacerdotale, 27
Furie, 252

Gadda, Carlo Emilio, 208, 258, 260
Garboli, Cesare, 303, 313
Garzanti, 207, 219, 260, 261, 315, 316, 317, 320, 321, 322, 323, 324
Garzanti, Livio, 245, 255,
Genet, Jean, 296
Geremia, 270
gesto, 57, 83, 84, 86, 97, 127, 150, 153, 159, 160, 161, 286, 301, 309, 313
gestualità, 145, 147, 150
gestus brechtiano, 281
Gil, José, 145, 146, 154, 319
Ginsberg, Allen, 5, 10, 35, 36, 37, 38, 39, 40, 41, 42, 43, 44, 46, 47, 48, 319, 326
Giornale di bordo, 118
Giorni del lodo De Gasperi, I, 209, 213, 214, 218, 223, 320
giorno festivo, 210, 216
Giotto, 75, 133, 136, 244
Giovani al pci, I, 303
giovani friuliani, 215
giustizia, 220, 240, 243, 251, 252, 253, 298
Godard, Jean-Luc, 76, 319, 332
Golino, Enzo, 17, 207, 213, 219, 221, 222, 318

338 Index

Gordiani, borgata, 49, 55, 66, 316
Gordon, Robert, 117, 319
grafismo, 85
Gramsci, Antonio, 8, 9, 22, 27, 28, 31, 145, 148, 153, 171, 223, 249, 256, 260, 315, 319, 322, 326
Gramscian/Marxist ideology, 119
Grattarola, Franco, 255, 319
Greggio, Danny, 275, 285
Grosz, George, 168, 170
Guastini, Daniele, 128, 319

Hardt, Michael, 59, 65, 67, 317, 319, 326
Havelock, Eric A., 319
Hegel, 25, 191
Heretical Empiricism, 2, 6, 7, 11, 12, 36, 47, 313
Hitler, Adolph, 169, 170, 171
Homo sacer, 52, 60, 66, 315
Hulot, 169

ibridazione, 272, 279
idealizzazione, 132, 138, 253
identità, 81, 84, 132, 143, 152, 160, 179, 188, 192, 201, 202, 203, 213, 250, 272, 274, 301, 303, 308, 309, 310, 312
ideologia, 22, 23, 28, 78, 121, 125, 129, 135, 141, 143, 148, 149, 152, 153, 163, 182, 193, 196, 202, 246, 318, 321, 322
idioletto, 99, 112
Illustrazione italiana, L', 219
immagine, v, 53, 63, 67, 77, 88, 90, 92, 93, 99, 100, 136, 138, 180. 181, 195, 201, 202, 203, 244, 247, 249, 250, 255, 257, 272, 274, 277, 280, 281, 284, 285, 289, 291, 292, 302, 304, 306, 307, 311, 313, 317
immagine mediatica di Pasolini, 240

impegno politico, 65, 137, 306
Impero, 59, 319
Ina-Casa, 50, 51, 56, 63, 65, 318, 326
inautenticità, 160, 163, 163, 174
incoscienza, 143, 144
Index, 333
indice, 153, 175
individualità, 309
inquadratura, 149, 279, 283, 284, 285, 286, 289
intellettuale, 7, 18, 28, 31, 59, 65, 78, 141, 148, 164, 165, 173, 182, 189, 193, 198, 202, 241, 242, 244, 249, 250, 254, 260, 264, 304, 313, 314, 326
Ionesco, Eugene, 231
Ipotesi sul Circeo, 248
Ironia, 168, 306
Irrealtà, 163, 164, 256
Italia dialettofoba, 97

John XXIII, 76
Justine et Juliette, 173

Kalc, Pina, 102
Kellner, Douglas, 29, 317
Klossowski, 166, 167, 173, 320
Kristeva, Julia, 132, 152, 320

Lautréamont et Sade, 173
Law and Literature, 239, 316
Lazzarato, Maurizio, 54, 67, 320
Léaud, Jean-Pierre, 167
legge, 4, 49, 51, 55, 57, 60, 66, 100, 106, 115, 166, 186, 197, 207, 216, 238, 243, 251, 252, 253, 279, 287
Leonardo Da Vinci, 75
Leopardi, Giacomo, 102
letteratura, vi, 55, 77, 79, 82, 83, 85, 89, 90, 91, 128, 152, 175, 237, 239, 245, 246, 251, 255, 259, 279, 293,

295, 298, 307, 315, 318, 323, 324, 325, 326,
Lettere luterane, 23, 155, 182, 228, 238, 255, 256, 322
lettore, 55, 60, 64, 83, 86, 88, 99, 104, 108, 112, 160, 170, 185, 186, 195, 196, 208, 220, 223, 272, 283, 284, 285, 286, 287, 289, 291, 292, 293, 294, 296, 318
Lévi-Strauss, Claude, 145, 255
lingua, 66, 67, 77, 78, 90, 93, 95, 96, 97, 98, 99, 102, 104, 015, 106, 107, 108, 110, 111, 116, 120, 123, 128, 134, 135, 137, 144, 146, 150, 151, 152, 174, 175, 279, 292, 312, 314, 316
lingua di formazione, 96, 105
lingua orale, 144, 150
linguaggio, v, 54, 77, 78, 79, 80, 83, 84, 85, 86, 87, 88, 89, 90, 91, 92, 97, 104, 108, 112, 115, 117, 118, 132, 134, 140, 146, 147, 152, 154, 165, 174, 175, 176, 179, 181, 182, 185, 208, 264, 293, 296, 312, 331
linguaggio somatico, 147
linguistica, 77, 78, 89, 91, 96, 98, 101, 119, 121, 144, 151, 152, 174, 211, 287, 295, 313
Lionello, Alberto, 168
Longhi, Roberto, 118
Luperini, Romano, 265, 320
Macchina mondiale, La, 261
Macciocchi, Maria-Antonietta, 174, 176, 320
Magnani, Anna, 63, 64
malattia borghese, 159, 162
Mallarmé, Stephane, 118
Mamma Roma, 10, 49, 61, 62, 63, 64, 72, 74, 307
Manifesto per un nuovo teatro, 229
Marshall Plan, 50, 52, 54, 64, 65
Martone, Mario, 271

Marx, Karl, 137, 153, 217, 218, 223, 224
marxismo, 59, 137, 318
Masaccio, 74, 75
mass media e Pasolini, 15, 248
Mastropasqua, Fernando, 298, 320
Mauri, Fabio, 250
Mauri, Silvana (lettere a), 207, 208, 209, 211, 219
Medea, 151, 251, 302, 309
media, 15, 16, 24, 42, 43, 146, 240, 241, 242, 243, 248, 250, 272, 279, 295, 320, 327
Meglio gioventù, La, vi, 137, 152, 162, 163, 176, 207, 208, 209, 211, 213, 214, 215, 217, 218, 219, 221, 222, 223, 224, 258, 320, 321
Mejerchol'd, Vsevolod Emil'evič, 278
Memoriale, 260
messa in scena, 173, 271, 279, 280
metafora, 63, 81, 85, 89, 134, 174, 178, 183, 275, 289
Metz, Christian, 289, 290, 298, 320
mimesis, 12, 115, 116, 118, 121, 122, 123, 124, 125
Mingus, Charles, 22, 31, 32, 321
modernizzazione, 50, 52, 53, 55, 62, 63, 64, 66
Molteni, Angela, 97, 98, 321
Monadologia, 181
Mondo operaio
Mondo, Il, 218, 219, 222, 321
Mondo salvato dai ragazzini, Il, 162, 164, 171, 183, 321
montaggio, 90, 91, 92, 145, 178, 279, 282, 286, 288, 289, 290, 297, 302, 309, 313
moral panic, 15, 18, 242, 243, 317
Morante, Elsa, 162, 164, 165, 171, 183, 258, 260, 264, 321
Moravia, Alberto, 2, 17, 79, 185, 249, 258, 274, 299, 321

340   Index

mother, 12, 75, 115, 116, 127, 225, 229
Motus, vii, 4, 16, 269, 271, 274, 276, 277, 279, 280, 281, 282, 284, 285, 288, 291, 294, 295, 296, 297, 298, 299, 320, 321, 325
multimedialità, 291, 295
Murieta, Joaquim, 263, 264
musicalità, 96, 101, 102, 104, 108, 109
mutazione antropologica, 147
mysticism, 36, 40
mystification
myth (mythic), vi, 7, 15, 51, 115, 116, 117, 235, 317, 326

Naldini, Nico, 17, 47, 48, 117, 141, 152, 167, 169, 174, 177, 178, 219, 220, 221, 222, 226, 227, 259, 264, 321, 322, 323
narcisismo, 132, 198
national language, 117, 119
"National popular", 119
nazione, 50, 53, 55, 95, 98, 171, 211, 314
Nazione, 146, 160, 162
Negri, Antonio, 59, 67, 319
Nel '46! 227
Neoavanguardia, 41, 262
neo-avantgarde, 124, 129
neocapitalismo, 153, 159, 161, 169
neodialettale, 316
neoexperimentalism, 122
neologismo, 101
New Left, 34, 35
New York, 4, 5, 31, 33, 34, 35, 36, 37, 46, 48, 92, 315, 316, 318, 319, 320, 321, 325, 326, 329, 331, 332
Nicolò, Daniela, 277, 281, 283, 288, 297, 298, 299, 317
Nini, 210, 211, 212, 215, 216, 217, 218, 220, 221

nostalgia del sacro, 253
nullificazione, 309
Nuovi Argomenti, 48, 321, 324

Oedipus, 51, 226, 231, 317
Officina, 121, 129, 153
Olivetti, Adriano, 258
omicidio di Pasolini, 241, 265
"Omnes et Singulatim", 57, 67
omologazione, 89, 122, 144, 146, 147, 161, 301, 302, 306, 308, 309, 312, 313
opinione pubblica, 127, 240, 242, 243, 247, 250, 254
oracle, 225, 226, 231
oralità, 275, 291
Orestea, 251, 252, 256
Orestiade, 183, 251, 318, 322
organic intellectual, 27
Orpheus Glance, 280, 288, 297
oscenitá, 238, 243, 244
ospite, vii, 4, 16, 159, 160, 162, 171, 174, 269, 271, 272, 273, 274, 275, 276, 277, 278, 279, 281, 282, 283, 284, 285, 286, 287, 288, 289, 291, 293, 295, 296, 297, 299, 302, 303, 308, 309, 310, 311, 312, 313, 316, 321, 325
Ospite, L', 269, 271, 272, 288, 296
ossimoro, 245
other, the, vi, 12, 13, 113, 116, 120, 121, 122, 316
otherness, 73, 116, 127

Padroncina impaziente, La, 212, 215
Pagine corsare, 307
parola, 6, 81, 82, 83, 84, 86, 88, 92, 97, 101, 102, 103, 105, 106, 118, 147, 163, 169, 175, 181, 191, 219, 245, 256, 271, 275, 279, 284, 291, 292, 293, 311, 312, 315
parola poetica, 81, 83

Paron, Pia, 216 224
Parronchi, Sandro, 257, 325
Pascoli, Giovanni, 96, 118, 128, 129, 216, 324
passione, 22, 23, 28, 77, 102, 129, 135, 140, 141, 142, 151, 152, 153, 168, 321, 322
"PCI ai giovani! Il", 308
performance, 122, 125, 246, 250, 296, 319, 331
periferie, 50, 51, 52, 141, 147, 247, 271
personaggio, 169, 187, 203, 215, 223, 242, 252, 253, 272, 275, 279, 280, 283, 285, 286, 289, 290, 291
Petrolio, vi, 11, 14, 16, 83, 86, 87, 127, 162, 173, 174, 185, 186, 187, 188, 189, 190, 191, 192, 193, 194, 195, 196, 201, 202, 203, 233, 262, 264, 271, 275, 278, 293, 299, 323, 331
Phaedo, 233
Philosophe scélérat, Le, 166
photography, 126, 320
piccola borghesia, 170
Piero della Francesca, 75, 76
Pilade, 251, 252, 253, 254, 256, 324
Piscator, Erwin, 278
Pivano, Fernanda, 37, 46, 47, 325
Plato, 227, 256, 319
Playtime, 169, 178
plurilingualism, 122
Poesia dialettale del Novecento, 119, 152, 321, 323
Poesia in forma di rosa, 254, 275, 321, 322
Poesie a Casarsa, 98, 99, 103, 104, 117, 127, 220, 245, 321, 324
poeta civile, 2, 21
poetic discourse, 46
Police, 231
politica fascista, 98

political discourse, 29, 36, 38,
polizia, 59, 60, 67, 68, 213, 214, 220, 223, 243, 248
"Polizia sovrana", 60, 68
Pontormo, 74
Porcile, vi, 13, 159, 160, 161, 163, 165, 167, 168, 169, 170, 171, 173, 175, 176, 177, 178, 179, 181, 182, 183, 288, 302, 306, 322, 323
Porte dell'appennino, Le, 260
Post meridiem, 106, 107, 111
potere, vi, 50, 52, 58, 59, 60, 63, 63, 66, 80, 86, 88, 133, 144, 145, 146, 147, 148, 149, 153, 154, 159, 160, 161, 165, 166, 167, 168, 169, 170, 171, 172, 173, 174, 176, 177, 178, 179, 181, 181, 192, 193, 202, 203, 213, 227, 247, 251, 254, 264, 265, 291, 301, 305, 307, 308, 318,
potere fascista, 174, 179
potere, vecchio e nuovo, 169
poveri, 49, 51, 52, 60, 72, 100, 137, 138, 193, 208, 212, 304
primitive, 108, 116, 143, 145, 153, 154
Principia mathematica, 182
"Pro o contro la bomba atomica", 164
Problema sociale della casa, Il, 10, 50, 56, 326
processi di Pasolini, 240, 254
progetto multiteatrale, 291, 293, 295, 296
progresso, 44, 63, 64, 177, 183, 253, 313
prospettiva antiborghese
prospettivismo, 143

Quaderni del carcere, 256, 319
Quaderni rossi, 209, 219
Quatre Hérésies Cardinales pour Pasolini, 174, 320

Rabbia, La, 161, 164
Raboni, Giovanni, 257, 325
Racconti di Canterbury, I, 244, 322
raddoppiamento etico-psicologico, 251
Ragazzi di vita, 65, 121, 207, 248, 260, 302, 322
ragione, critica della, 180
rapporti familiari, 304
rappresentazione, 4, 77, 78, 80, 83, 85, 87, 88, 92, 117, 118, 132, 135, 144, 153, 198, 200, 201, 202, 216, 242, 248, 275, 279
Reaganism, 29
realism, 42, 119, 120, 122, 123, 129, 325
realismo, vi,128, 131, 133, 135, 137, 139, 141, 143, 144, 145, 147, 149, 151, 153, 155, 175, 248, 319
reality, v, 8, 11, 12, 13, 14, 26, 42, 44, 71, 72, 73, 74, 75, 76, 115, 116, 118, 119, 120, 122, 123, 124, 125, 126, 127, 229, 230, 239, 325, 327
realtà, 4, 26, 61, 77, 78, 81, 82, 83, 84, 85, 86, 87, 88, 89, 90, 91, 92, 93, 101, 106, 108, 110, 112, 122, 127, 133, 134, 137, 141, 143, 144, 145, 146, 149, 150, 153, 160, 161, 163, 164, 168, 177, 178, 182, 186, 187, 188, 189, 191, 192, 193, 194, 202, 211, 216, 229, 230, 231, 242, 247, 248, 251, 252, 256, 265, 286, 290, 292, 293, 297, 301, 302, 303, 304, 306, 310, 314
Reggio Emilia, 60
regime di verità, 50, 58, 66
Resistance, 35, 39, 40, 119, 327
Resnais, Alain, 76
rhetoric, 64, 116, 120, 124, 316, 329
Rhodes, John D., 54, 65, 66, 325
Rhodie, Sam
Ricotta, La, 72, 74, 76, 241

rifiuto, 59, 67, 81, 117, 124, 176, 180, 186, 294, 296
Rimbaud, Arthur, 118, 160, 164, 171, 279
Rinaldi, Rinaldo, 124, 125, 129, 325
Rinascita, 164, 318
ripresa, 149, 232, 278, 280, 281, 302
rite, 229
rivelazione, 85, 133, 269, 270, 273, 280, 286
Rocco e i Suoi fratelli, 59
Rodotà, Stefano, 255
Roma, 10, 49, 55, 61, 62, 63, 64, 65, 66, 72, 74, 93, 105, 120, 140, 142, 208, 210, 217, 219, 220, 222, 255, 258, 259, 261, 306, 307, 310, 315, 316, 317, 318, 319, 320, 321, 322, 325, 326
romanzo, 4, 23, 67, 86, 88, 139, 146, 171, 185, 186, 187, 188, 189, 191, 207, 208, 209, 210, 211, 212, 213, 214, 215, 216, 217, 218, 219, 220, 222, 223, 248, 255, 260, 261, 262, 263, 264, 269, 270, 271, 272, 273, 275, 276, 277, 278, 279, 281, 282, 283, 284, 285, 286, 289, 290, 291, 293, 296, 298, 299
Rooms, 277, 278, 281, 288, 296, 317, 320
rosada, 97, 98, 99, 101
Rosso Fiorentino, 75

sacralità, 78, 79, 139, 140, 149, 253, 309
sacred, 4, 8, 13, 34, 74, 75, 76, 115, 116, 117, 122, 227, 228, 229
sacrifice, 232, 233
sacrificio, 162, 308, 309
sacro, 8, 18, 100, 145, 149, 151, 170, 171, 227, 253, 270, 273, 276, 289
Sade dans le temps, 173
Sade, Fourier, Loyola, 173, 175

Index   343

Sade, Marquis de, 88, 89, 165, 166, 167, 172, 173, 174, 175, 178, 179, 315, 316, 317, 320, 326
Sade, mon prochain, 166, 173, 320
Said, Edward W., 9, 23, 24 325
Saint Paul, 34, 128
Salò o le 120 giornate di Sodoma, 88, 243, 322
scandalo, 144, 176, 245, 247, 252, 256, 270
sceneggiatura, 126, 271, 279, 280, 282, 286, 287, 292, 293, 294, 296, 298, 299, 324
"sceneggiatura come 'struttura che vuole essere altra struttura', La," 126, 298, 324
scenografia
Scritti corsari, 23, 51, 66, 146, 153, 154, 226, 231, 322, 323
scrittura, 77, 78, 79, 80, 81, 82, 83, 85, 86, 87, 88, 89, 91, 92, 102, 106, 131, 141, 146, 173, 179, 182, 186, 188, 255, 261, 271, 275, 278, 279, 283, 284, 291, 292, 294, 307, 313
"Seconda forma de *La meglio gioventù*", 176
segno, 77, 83, 84, 86, 87, 92, 126, 144, 163, 291, 293, 294, 302, 312
self-effacement, 116, 120
semiotica, 77, 92
Senso
Sereni, Vittorio, 257, 325
sesso, 5, 165, 174, 175, 194, 195, 202, 249, 270
sesso, come linguaggio, 172
sessualità, 99, 141, 174, 175, 309
setaccio, Il, 118, 128
significante, 85, 145, 146, 147, 154, 174, 292
significante fluttuante, 145, 146, 147, 154
significato, 59, 83, 85, 86, 87, 88, 91, 101, 126, 141, 146, 154, 159, 278, 288, 313,
Simon del deserto, 167
sineciosi, 245, 255
sinistra, 8, 162, 170, 173, 176, 243, **270**, 303, 304, 306, 307, 308, 314, 315
sintagmi cinematografici, 279
Sipario ducale, Il, 263, 264
sistema linguistico, 83, 87
Siti, Walter, 93, 292, 298, 299, 323, 324, 326
social commitment, 36, 41
società, vi, 23, 25, 46, 49, 50, 52, 53, 54, 57, 62, 63, 64, 65, 67, 68, 78, 81, 86, 89, 93, 98, 99, 111, 117, 128, 140, 142, 144, 145, 147, 148, 149, 153, 154, 159, 160, 161, 164, 166, 167, 169, 170, 173, 175, 176, 177, 179, 182, 217, 228, 237, 239, 240, 241, 242, 248, 251, 252, 253, 254, 255, 256, 264, 270, 274, 277, 281, 295, 297, 302, 304, 308, 309, 311, 313, 315, 318, 324, 326
sociologia delle comunicazioni, 240
Socrates, 233
sodalizio dei poteri, 170
Soffici, Ardengo, 117, 118, 128, 323
soggettificazione, 55, 57, 64
Sogno di una cosa, Il, 14, 22, 29, 30, 137, 207, 208, 209, 210, 211, 217, 218, 219, 221, 223, 224, 315, 318, 320, 323
Sogno e i racconti giovanili, *Il*,
Sogno e i romanzi giovanili, *Il*, 209, 210, 211
Sogno, nessi cronologici. *Il*
Sogno, romanzo formato da tre blocchi narrativi, *Il*, 218
Sogno, romanzo *in fieri*, *Il*, 207
Sogno, struttura diaristica, *Il*, 210

344   Index

Sollers, Philippe, 173, 326
Sophocles, 15, 226, 230,
Sopralluoghi in Palestina, 73
sottoproletariato, 4, 49, 53, 54, 55, 58, 59, 63, 64, 65, 140, 143, 147, 149, 307, 308, 309,
Soulez Larivière, Daniel, 241, 326
Spagnolli, Giovanni, 10, 50, 56, 57, 65, 326
sperimentalismo, 106, 144, 262
sperimentazione, 101, 111
spettatore, 88, 149, 165, 179, 275, 276, 278, 279, 280, 282, 284, 286, 289, 291, 296
Spinoza, Baruch, 171, 181
stagione paterna, 15, 226
standard language, 120
stile, 78, 91, 92, 101, 102, 227, 278, 294, 305, 306
storia, 26, 50, 53, 63, 64, 79, 80, 81, 83, 86, 87, 140, 141, 147, 150, 151, 153, 162, 163, 165, 166, 175, 176, 177, 179, 180, 181, 182, 183, 186, 187, 188, 189, 190, 191, 192, 193, 202, 223, 238, 244, 247, 251, 252, 254, 261, 278, 283, 313, 315, 316
Strada per Roma, La, 222, 261
student movement, 9, 36, 37, 39, 40, 42, 44, 45, 46
Studi sullo Stile di Bach, 102
Style, 7, 15, 118, 122, 124
successo, 68, 195, 238, 243, 260, 261, 306, 307
Surrealism, 320
Surveiller et punir, 58

Tambroni, governo, 60, 67
Tasso, Torquato, 102, 262
Tati, 169, 178
teatro, 93, 134, 159, 169, 227, 228, 229, 230, 246, 271, 278, 279, 281, 284, 295, 297, 316, 317, 320, 321, 325, 331

Tel Quel, 166
Tempo illustrato, 262, 263
tempo mitico, 135, 302
Teorema, v, vii, 4, 5, 8, 13, 16, 17, 44, 48, 159, 160, 161, 162, 163, 164, 165, 167, 168, 169, 171, 173, 174, 175, 176, 177, 178, 179, 181, 183, 228, 269, 270, 271, 272, 273, 274, 277,, 283, 286, 288, 289, 291, 294, 296, 297, 298, 301, 302, 303, 305, 307, 308, 309, 310, 311, 312, 313, 316, 319, 321, 322, 325, 326
Terra vista dalla luna, La, 76
terzo mondo, 161, 162, 253, 255
Teta veleta, 229
tetro entusiamo, 28, 29
Thatcherism, 29
"The end of the avant-garde", 40
"The PCI to the Young", 43
Third World, 33, 116, 320
Tognazzi, Ugo, 168
Tolstoi, 279
tragedia, 167, 169, 171, 181, 251, 252, 271, 280
tragedy, Greek, 228, 231
tragic hero, 226
transcodificazione, 286
trasumanar, 21, 34
Trasumanar e organizzar, 4, 31, 46, 80, 81, 83, 162, 164, 232, 262, 322
tribunale di Atena, 252
"Trilogia della vita", 159
Tronti, Mariot, 28, 31, 326
truth, 12, 15, 23, 27, 66, 115, 116, 117, 119, 226, 228, 318
"tuguri, I", 53, 58, 61, 64
Tuscolano, II, 49, 63

Uccellacci e uccellini, 177, 302, 312
ulcer, 15, 226, 227
umorismo, 4, 306
United States, 1, 4, 7, 33, 38, 40, 46, 329

Unrra-Casas, 56, 315
urbanizzazione, 53, 54, 56, 57

Valletti, Carlo, 264
Vangelo secondo Matteo, Il, 73, 74, 75, 250
Verga, Giovanni, 208, 209
Vernant, Jean Pierre, 256, 326
Vidal-Naquet, Pierre, 256, 326
video, 281, 284, 288, 297, 320, 325
Vie Nuove, 7, 10, 49, 55, 60, 64, 67, 223, 321
vilipendio alla religione, 238, 241
Villagrossi, Emanuela, 290, 291
Visconti, Luchino, 59
Visentini, Bruno, 262
Vita violenta, Una, 65, 67, 121, 207, 223, 248, 255, 319, 324
Vitti, Antonio, 214, 222, 326
voce, 55, 78, 79, 80, 84, 99, 104, 107, 109, 110, 134, 137, 144, 151, 211, 273, 275, 277, 279, 281, 291, 302

Volkstaat, 54, 67
"Volontà di Dante a essere poeta, La," 122
Volponi, Paolo, vi, 5, 15, 16, 222, 257, 258, 259, 260, 261, 262, 263, 264, 265, 320, 327, 330,

Wagstaff, Christopher, 121, 327
Weil, Simone, 171
Weisberg, Robert, 239, 327
Welfare, 62, 65, 317, 318
Welles, Orson, 75
Wiazemsky, Anne, 168

Young, Jock, 243, 327
Youth, 31, 33, 226, 227, 228, 329

Zabagli, Franco, 298, 324, 326
Zanzotto, Andrea, 219, 256, 322

www.ingramcontent.com/pod-product-compliance
Lightning Source LLC
Chambersburg PA
CBHW021800220426
43662CB00006B/138